Regina Wall

Auf die Plätze, Kuss - und Tor!

Über das Buch

Sein bester Freund aus Kindheitstagen und ehemaliger Kollege seines Mannheimer Eishockey-Teams ist tot! Ben Kowalczyk kann es immer noch nicht fassen. Während er noch seine Trauer zu bewältigen versucht, meldet sich eine aufdringliche Stimme in seinem Hinterkopf zu Wort: „Jetzt ist sie endlich frei!"
Seit Jahren schon steckt Ben in einer tückischen Zwickmühle, da er die Frau seines besten Freundes Julian liebt. Selbst seine mehrjährige berufliche Flucht nach Kanada hat nichts an seinen Gefühlen für die schöne und warmherzige Fiona ändern können, die nichts von seiner tiefen Liebe zu ihr ahnt. Deshalb quält Ben nach seiner Rückkehr in sein Heimatdorf die Frage: Wird er sich Jahre nach Julians Tod endlich aus der unliebsamen Freundezone befreien können? Oder sollte er sich doch lieber mit dieser Rolle zufriedengeben?
Während er mit seinem immer zu Späßen aufgelegten Eishockey-Team noch Jagd auf entscheidende Punkte für den Meistertitel macht, hofft er auf die Erfüllung seiner geheimsten Wünsche.

Über die Autorin

Regina Wall liebt es schon von klein auf, sich in der Welt der Bücher zu verlieren. Deshalb machte sie ihr Hobby zum Beruf und studierte Bibliothekswesen. Als sich 2004 eine Idee zu einer Geschichte hartnäckig in ihrem Kopf festsetzte, war der Grundstein zu ihrer ersten Liebeskomödie gelegt.

Bisher von Regina Wall erhältlich:

- ***Elementarteilchen küssen besser***
- **Die *Pitbulls* - heiß auf Eis! / Band 1: *Auf die Plätze, Kuss - und Tor!***

als gedrucktes Exemplar bei der Autorin unter regina-wall@gmx.de
als E-Book bei Amazon und vielen bekannten Plattformen im Internet

*** Weitere Romane in Vorbereitung ***

Regina Wall

Auf die Plätze, *Kuss* - und Tor!

Roman

Michael J. Franklin

<u>Die *Pitbulls* – heiß auf Eis!</u>

Band 1: Auf die Plätze, Kuss – und Tor!

1. Auflage

Published by Michael J. Franklin, Hügelsheim

Umschlaggestaltung von Regina Wall
Bildelemente u. a. von www.pixabay.com/

ISBN 978-3-941101-22-7

Für das coolste Eishockeyteam überhaupt:
die *Baden Rhinos* des ESC Hügelsheim.

Ihr habt mir mit euren packenden Spielen
schon viele ungemein spannende und
unvergessliche Stunden beschert!
Vielen Dank euch allen!

Prolog

Drückend heiß lag die flimmernde Luft über dem ausgedörrten Feld, auf dem jeder Grashalm wie erstarrt wirkte. Kein Geräusch war zu hören, die Natur schien zum Stillstand gekommen zu sein. Nur eine einsame Grille zirpte träge zwischen den ausgetrockneten Pflanzen ihr trauriges Lied.

In der ausladenden Blätterkrone eines alten knorrigen Baums am Rande der Wiese saßen zwei sechsjährige Jungen und brachten mit ihren Schweizer Taschenmessern kurze Holzstücke in Form. Sie verlebten im Sommer viele Tage hier auf dem Kletterbaum, der mittlerweile zu einem geheimen Hauptquartier für ihre Agentenspiele geworden war.

Der dunkelhaarige Junge blickte versonnen mit zusammengekniffenen Augen über das flirrende Feld und meinte: „Dem Timo sein älterer Bruder war heute Mittag wieder mal total sauer. Als ich im Garten war, hab' ich ihn durch die offenen Fenster rumschreien hören wie 'nen Bekloppten."

Der andere hielt in seiner Bewegung inne und legte das Taschenmesser auf seinen Schenkel, der von abgetragenen, staubigen Shorts im Militärlook bedeckt war. „Der hat eh 'ne Meise", brummte er geringschätzig und fuhr sich über sein braun gebranntes, schweißglänzendes Gesicht und anschließend durch sein strohblondes Haar, das in alle Richtungen abstand. „Worum ging's diesmal?"

„Mmh, ... irgendwas wegen seiner *Freundin*." Das letzte Wort zog der andere bedeutungsschwanger in die Länge und grinste, wobei er eine Zahnlücke entblößte. Dieser ganze Mädchenkram war ihm noch höchst suspekt. Es hatte zwar ein Mädchen in seiner Kindergartengruppe gegeben, die ein süßes Lächeln gehabt und mit der er sich gut verstanden hatte. Aber mehr ...? Das war alles viel zu eklig, um darüber überhaupt nur nachzudenken. Aber manchmal kitzelte ihn doch die Neugierde. „Anscheinend hat ihm sein bester Freund sein Mädchen geklaut." Nach einer kurzen Pause fragte er mit funkelnden braunen Augen: „Denkst du, die haben schon rumgemacht?"

„Klar", bestätigte der Blonde mit einem kurzen, aber ernsthaften Nicken. „Der ist ja auch schon ewig alt. Sechzehn oder so. Die haben bestimmt schon geknutscht."

Diese Aussage bescherte dem dunkelhaarigen Jungen – trotz der unerträglichen Hitze – ein wohliges Gruseln mit Gänsehaut. „Aber so blöd

Timos Bruder auch ist, so was hat keiner verdient. Das war ganz schön gemein von seinem Freund."

Erneut nickte der Blonde zustimmend, da es zu diesem Thema nichts weiter zu sagen gab. Dann schnitzten sie schweigend weiter.

Nach einer Weile wischte sich der dunkelhaarige Junge mit dem sonst so gewinnenden Lächeln mit dem T-Shirt-Saum die feinen Schweißperlen vom Nasenrücken und meldete sich wieder nachdenklich zu Wort: „Oma meint, ich lerne in der Schule den Ernst des Lebens kennen. Kennst du den Jungen zufällig?" Dann machte er eine runzlige Stirn und blickte seinen besten Freund skeptisch an. „Eigentlich will ich den gar nicht kennenlernen, vor allem wenn der genauso dumm ist wie Timos Bruder."

„Keine Sorge. Wir kommen ja in dieselbe Klasse. Wenn dieser komische Ernst dir blöd kommt, geb' ich ihm feste eins auf die Nase, das verspreche ich dir." Wie zur Bekräftigung seiner Aussage spuckte er aus.

Erfreut über die unerschütterliche Loyalität seines Freundes erwiderte der andere: „Und ich verspreche dir, dass wir immer die besten Freunde bleiben werden und uns nichts auseinanderbringt. Nicht mal ein Mädchen", ergänzte er dann noch schelmisch und strahlte seinen besten Freund mit diesem offenherzigen Lächeln an, das wichtiger Bestandteil seines ausgeglichenen Charakters war und ihm regelmäßig die Sympathie seiner Mitmenschen einbrachte.

„Darauf schwören wir", meinte der strohblonde Junge feierlich. Dann blickte er nachdenklich auf sein Taschenmesser und gab zu bedenken: „Winnetou und Old Shatterhand haben darauf einen Blutschwur geleistet."

„Du meinst ..." Das strahlende Lächeln des anderen Jungen geriet ins Wanken und verblasste, während er seinen Blick auf das scharfe, nicht gerade saubere Messer seines Freundes senkte.

„Mmh, eigentlich schon." Allerdings hörte sich das im Hinblick auf seinen immer bleicher werdenden Freund nicht mehr so überzeugt an wie vorher. „Aber bevor du mir hier beim Anblick unserer blutenden Handgelenke noch vom Baum kippst, sollten wir das vielleicht doch lieber anders regeln."

Der andere blickte wegen seiner unmännlichen Schwäche beschämt zu Boden. „Mama hat auch mal gemeint, dass man Wunden immer sauber halten muss, damit sie sich nicht *ensünden*."

Irritiert blickte sein Freund auf. „Was ist *ensünden*? Hat das was mit

Sünde zu tun?"

„Keine Ahnung, ist aber was Schlimmes, glaube ich." Dann fügte er noch murmelnd an: „Und darauf habe ich eigentlich keine Lust."

Der andere stimmte nach einem kurzen Zögern zu, wodurch sich sein Freund beschämend erleichtert fühlte. Der Anblick eines mittleren Blutbads würde ihm also erspart bleiben.

„Dann machen wir das aber anders", begann nun der Blonde, der sich von der Schwäche seines Gegenübers nicht von seinem Schwur abbringen lassen wollte, und gab seinem Freund ein Zeichen, mit ihm vom Baum zu klettern.

Auf der knochentrockenen Erde ging er in die Hocke und schraubte seine Wasserflasche auf. Dann schüttete er etwas Flüssigkeit in eine flache Mulde und verwandelte sie in eine kleine Schlammpfütze, durch die er die Klinge seines Messers zog. Als Nächstes richtete er sich auf und führte die stumpfe Seite des Messers über sein Handgelenk, sodass ein brauner Strich zurückblieb. Feierlich übergab er das Messer an seinen Freund, der es ihm erleichtert nachtat.

Als sie die Handgelenke aneinanderlegten und sich ernst in die Augen blickten, schien selbst die Natur den andächtigen Moment zu würdigen: Kein Lüftchen regte sich in der schwülen Hitze, kein Geräusch war zu hören, selbst die Grille hatte aufgehört zu zirpen.

Dann sprach der Blonde einen feierlichen Schwur: „Wir schwören, dass wir für alle Zeiten beste Freunde bleiben. Immer füreinander da sind. Uns gegenseitig helfen, wenn uns einer dumm kommt. Bis über den Tod hinaus."

Der dunkelhaarige Junge nickte ernst. „Ich schwöre." Dann fiel ihm noch etwas ein, was ihm in diesem Zusammenhang wichtig zu sein schien. „Und wir nehmen uns nicht gegenseitig irgendwelche Mädchen weg."

„Ich schwöre", bestätigte sein Freund mit einem ernsten Nicken.

Dann tranken sie etwas aus ihren Wasserflaschen, kletterten wieder auf den Baum und schnitzten weiter.

Zu diesem Zeitpunkt war keinem der zwei Jungen klar, wie ernst einer der beiden den Schwur nehmen und welche Folgen er für sein Leben haben würde.

Kapitel 1

„Er ist tot!!" Das letzte Wort wurde von einem Schluchzen in zwei Teile gerissen – wie das Herz der Frau, die am anderen Ende der Telefonleitung weinte.

Ben Kowalczyk fühlte sich bei diesen Worten wie vor den Kopf gestoßen. Wie konnte das sein? Erst vor drei Tagen hatte er mit seinem besten Freund per Internet telefoniert, gelacht und herumgeflachst. Und nun sollte er tot sein? Er spürte, wie verkrampft seine Finger plötzlich das Handy hielten und die Hülle an seinem Ohr knacksen ließen. Sein Blick schien auf dem Notebook vor ihm festgefroren zu sein.

Mühsam würgte er an einem Schluck Spucke, bevor er mit erstickter Stimme fragen konnte: „Wie? Und wann?"

Fiona unterdrückte ein Schluchzen und erwiderte aufgelöst: „Vorgestern Nacht, als er vom Klassentreffen heimfuhr. Ein LKW hatte defekte Bremsen und konnte am Abhang vor der Ampel nicht rechtzeitig halten – und hat Julians Auto überrollt."

Ben schloss gequält die Augen. Er konnte an ihrer Stimme hören, wie eine neue Welle des Schmerzes über Fiona zusammenschlug und sie unter sich begrub. Sie war mit Julian erst seit gut zwei Jahren verheiratet – und die beiden waren so glücklich miteinander gewesen, wie er das seinem besten Freund nur wünschen konnte.

Nach dieser Nachricht fühlte sich Bens Hals an wie zugeschnürt. Mühsam versuchte er, normal weiterzuatmen, obwohl auf seiner Brust ein tonnenschweres Gewicht zu lasten schien, das ihn um jeden Atemzug ringen ließ. Er stützte seine Ellenbogen auf den Schreibtisch und vergrub mit geschlossenen Augen die Finger der freien Hand in seinen kurzen blonden Haaren.

Ungewollt schoss eine Flut von Bildern durch seinen Kopf, die ihn an die gemeinsame glückliche Kindheit mit Julian erinnerten. An die verrückten Flausen, die sie schon zu Kindergartenzeiten im Kopf gehabt hatten. An die kindliche Sorglosigkeit, die sie beim Herumräubern auf der Suche nach Abenteuern in den Wäldern ihres Heimatortes Knopfheim genossen hatten. An die dreizehn gemeinsame Schuljahre, in denen nicht wenige Lehrer ihren gutmütigen Streichen zum Opfer gefallen waren. Selbst die Studienzeit hatte sie nicht trennen können, da sie beide in Karlsruhe studiert und vieles gemeinsam erlebt hatten. Aber ganz besonders erinnerte sich Ben an den tief empfundenen Respekt für den anderen.

Und selbst Fiona, die damals wie ein sommerlicher Wirbelwind in ihr Leben getreten war und Julians Gefühle im Sturm eroberte, hatte ihr enges freundschaftliches Verhältnis nicht lockern können. Sie hatte – ganz im Gegenteil – das Zweigespann durch ihr liebenswertes, freundliches Wesen, ihre schlagfertige Art und ihr herzliches Lachen zu einem perfekten Ganzen vervollständigt. Es war eine wundervolle Zeit gewesen.

Doch Fionas alles verändernde Worte hatten ihn hinterrücks überfallen und ihn machtlos zurückgelassen. Die scharfen Klauen des Verlusts rissen ein schwarzes Loch in Bens Brust, das durch seine zerstörerische Kraft alle Energie in sich hineinzog und ein lähmendes Vakuum hinterließ, das Ben mehr erschreckte als irgendetwas sonst in seinem bisherigen Leben.

„Die Beerdigung findet übermorgen statt, auch deshalb rufe ich an", fuhr Fiona mit belegter Stimme fort und riss Ben aus seinen Erinnerungen. „Ich weiß, dass du nicht dabei sein kannst, weil alles so kurzfristig ist, aber ich wollte …"

„Ich werde da sein", unterbrach Ben Julians Frau mit einer Stimme, die wie ein verrosteter Auspuff klang. Er räusperte sich. „Und wenn ich in einem Schlauchboot über den Atlantik paddeln muss, werde ich rechtzeitig bei der Beerdigung sein. Das bin ich meinem Freund schuldig."

Er schloss kurz seine brennenden Augen. Er hatte keine Ahnung, ob er so kurzfristig einen Flug bekommen würde. Aber, verdammt nochmal, er würde alles in seiner Macht stehende versuchen – selbst wenn er die Mitarbeiter der Fluggesellschaft bestechen musste.

Nachdem sie noch einige Worte gewechselt hatten und Ben Fiona versichert hatte, dass er sich melden würde, sobald er die Landezeit wisse, legte er auf, um sich zu sammeln.

Das eisige Gefühl in seiner Brust hatte alle Empfindungen erstarren lassen. Wie betäubt saß er auf seinem Bürostuhl und starrte blind auf seinen Schreibtisch, während die unvermeidliche Frage aus den Tiefen seines Herzens emporstieg: Warum? Warum gerade Julian? Fiona und er hatten doch erst eine so kurze Zeit miteinander verbracht. Und es gab keine zwei Menschen, denen Ben dieses Glück mehr gegönnt hätte. Das durfte einfach nicht sein!

Immer noch konnte sein Verstand nicht fassen, was Fiona ihm am Telefon erzählt hatte. Ständig versuchte sein Gehirn wie in einer Endlosschleife, einen Sinn in diese unlogische Laune des Schicksals zu bringen.

Doch ohne Erfolg.

Als er sicher sein konnte, dass er seine Stimme im Griff hatte, wählte er von seinem Festnetztelefon die Nummer einer kanadischen Fluglinie, um sich nach dem nächsten Flug nach Frankfurt zu erkundigen.

Eine Lautsprecherdurchsage drang in sein Unterbewusstsein, die alle Passagiere aufforderte, die Sitze in eine aufrechte Position zu bringen und sich anzuschnallen, da sie demnächst mit dem Landeanflug auf den Flughafen Frankfurt begännen.

Ben blinzelte verschlafen und richtete sich in seinem Sitz am Gang auf, der – in Anbetracht seiner Körpergröße – für eine geruhsame Nacht eigentlich zu beengt war. Während er noch seine Beine sortierte, fuhr ihm ein scharfer Schmerz in den Nacken, da er die letzte Stunde in einer unbequem abgeknickten Haltung verbracht hatte. Während er die Verspannung mit den Fingern wegmassierte, erinnerte er sich daran, wie eine freundliche Stewardess seinen emotional bedürftigen Zustand richtig erkannt und ihm unaufgefordert ein kleines Kissen mitsamt leichter Decke gebracht hatte. Daraufhin war er tatsächlich weggedöst und hatte auf dieser Schlussetappe seiner fast fünfzehnstündigen Reise nach Hause – wenigstens für kurze Zeit – sein gedankliches Karussell zum Stillstand bringen können.

Seufzend beugte er sich vor und blickte an zwei Passagieren vorbei aus dem kleinen Fenster des Flugzeugs. Die fahle Dezembersonne war im morgendlichen Dunst nur schwer zu erkennen. Nach einem kurzen Blick auf die Uhr stellte er fest, dass sie planmäßig landen würden. Fiona hatte versprochen, ihn abzuholen und mit ihm direkt zur Beerdigung zu fahren. Deshalb trug er schon die farblich passende Kleidung.

Er wusste nicht, was ihn zuhause erwartete. Schon seit etwas mehr als zwei Jahren hatte er sich nicht mehr dort blicken lassen – seit er sich beruflich für einen mehrjährigen Aufenthalt in Kanada bei einer neuen Niederlassung seiner Firma, die forstwirtschaftliche Maschinen entwickelte und produzierte, entschieden hatte.

Seine Mutter war sicher ganz aus dem Häuschen, ihn endlich wieder in die Arme schließen zu können – wäre der Anlass für seinen Besuch nicht so erschütternd gewesen. Seinen kleinen Bruder Marius hatte er auch schon vermisst. Eigentlich hatte Ben geplant, die beiden im Frühjahr für drei Wochen zu besuchen. Doch nun war alles anders gekommen als gedacht …

Er hatte im Moment noch keine Ahnung, wie jemals wieder Routine und Freude in seinen Alltag einkehren sollten. Die Nachricht von Julians Tod hatte einen Teil seines Herzens lahmgelegt. Aber irgendwie würde er auch das überleben. Er hatte in seinem Leben immerhin schon so einiges weggesteckt.

Um wen er sich aber wirklich Sorgen machte, war Fiona. Die Liebe ihres Lebens schon nach so kurzer Zeit zu verlieren …, das konnte sie umbringen. Nachdenklich fragte er sich, wie sie mit dem Verlust zurechtkommen – und in welcher Verfassung sie ihn wohl vom Flughafen abholen würde.

Ben kniff sich mit den Fingern in die Nasenwurzel und schloss frustriert die Augen. Er würde für Fiona ein treuer Freund sein, das schwor er sich. Eine seelische Stütze in dieser kommenden Eiswüste tiefen Verlusts und nachtschwarzer Trauer – so gut er das während seines zweiwöchigen Urlaubs tun konnte und später dann von Poshewa aus, einer Stadt sechzig Kilometer von Toronto. Dank E-Mail und Skype.

Fionas und Julians Bild erschien vor seinem geistigen Auge, als sie vor Kurzem über Internet mit ihm telefonierten – wie sie es öfter getan hatten. Fiona lachte über etwas, das Julian sagte. Dann blickten ihre warmen dunklen Augen ihren Mann voller Liebe an, während ihre langen dichten Haare wie brauner Seidenstoff über ihre Schultern bis tief den Rücken hinabflossen. Ja, Julian hatte diese Frau mehr als jeder andere verdient. Und es war ihm leider nur eine so kurze Zeit mit ihr vergönnt gewesen.

Als die Räder des Flugzeugs in einer butterweichen Landung deutschen Boden berührten, atmete Ben unbewusst aus. Nun hieß es, sich gegen einen heftigen Gefühlsansturm zu wappnen. Nicht nur gegen das überwältigende Leid, das ihm bald als kondolierende Gäste bei einer Beerdigung begegnen würde, sondern auch in Form von glücklichen Erinnerungen in seinem Heimatort, die ihm den Verlust nur umso schmerzhafter vor Augen führten.

Da er im Flugzeug ziemlich weit vorne saß, war er einer der Ersten, die den Flieger verließen. Ohne nach rechts und links zu schauen, marschierte er mit langen Schritten die Gangway entlang direkt zur Gepäckausgabe. Und als er nach einer gefühlten Ewigkeit endlich seinen Trolley vom Förderband hievte, hielt ihn nichts mehr zurück. Einige Meter nach dem Zoll öffneten sich zwei Schiebetüren und er konnte schon die freudig lachenden Menschen erblicken, die ihre Lieben in die Arme schlossen, sich nach dem Flug erkundigten und tatkräftig nach den Gepäckstücken griffen.

Und inmitten dieses Trubels sah er sie.

Ruhig und unbewegt stand sie da. Eine reglose schwarze Madonna in einer bunt wogenden Menge. Fionas Gesicht wurde zur Hälfte von einer großen dunklen Sonnenbrille verdeckt. Ihr Haar trug sie offen, damit es von dem erschütterten Ausdruck in ihrem schmalen Gesicht mit den ausgeprägten Wangenknochen ablenkte. Zusätzlich hatte sie den Kragen ihres schwarzen Wollmantels hochgeschlagen, als würde sie in dieser überhitzten Wartehalle bis in die Knochen frieren.

Doch in dem Moment, in dem sie ihn entdeckte, kam Leben in ihre reglose Gestalt. Mit wenigen Schritten stolperte sie ihm entgegen. Sie schob die Brille in die Haare – und er begegnete ihrem Blick. Der Schmerz darin brach ihm das Herz.

Als sie schließlich bebend an seiner Brust lag, legten sich seine langen Arme wie von selbst um ihren schlanken Oberkörper. Er schloss seine Augen, legte die Wange auf ihren Scheitel und atmete ihren vertrauten Duft ein, der sich über die lange Zeit, die er fort gewesen war, nicht verändert hatte. Der blumige Duft einer Sommerwiese. Und während Erinnerungen an eine glückliche Vergangenheit wie ein mächtiger Wasserfall auf ihn einstürzten, spürte er, wie seine Augen feucht wurden.

Unmengen von Passagieren strömten weiterhin durch die Schiebetüren, an ihnen vorbei, um sie herum. Begrüßten sich lautstark. Winkten sich erfreut zu. Doch Ben und Fiona standen wie ein unverrückbarer Fels in dieser wogenden Menschenmasse, die wie tosende Wellen eines stürmischen Meeres um sie herumbrandeten.

Lange Zeit – wie es ihm schien – blieben sie einfach nur ruhig stehen, während Fiona ihre Verzweiflung in sein Hemd schluchzte. Selbst durch den Wintermantel kam sie ihm so dünn, in ihrer Verzweiflung so zerbrechlich vor. Automatisch zog er sie noch fester an sich und strich ihr beruhigend über den Rücken, während er mit seiner Trauer kämpfte. Noch einmal schwor er sich, sie in dieser schweren Zeit zu stützen und zu beschützen, soweit es ihm möglich war. Wenn er seinen Freund schon nicht wieder zurückbringen konnte, war es das Mindeste, was er für ihn – und Fiona – tun konnte.

Irgendwann löste sie sich von ihm und blickte zu ihm hoch. Es mussten keine Worte gewechselt werden. Er sah die Qual in ihren Augen und die Dankbarkeit, ihn hier bei sich zu haben. Deshalb fasste er nach dem Griff seines Trolleys, legte seinen Arm um ihre Schulter und führte sie schweigend Richtung Ausgang.

Endlich war alles vorbei. Keine Menschen, keine Abschiedsreden, keine Beileidsbekundungen. Nur ein buntes Blumenmeer am Grab.

Als Fiona die Haustür öffnete und eintrat, seufzte sie innerlich erleichtert auf und schloss für kurze Zeit die Augen. Obwohl sie gewusst hatte, dass ihr Mann in Knopfheim sehr beliebt gewesen war, hätte sie mit dieser Menge an Menschen bei seiner Beerdigung niemals gerechnet. Glücklicherweise war es hier nicht üblich, sich am Grab aufzustellen und der Witwe einzeln zu kondolieren. Das hätte sie nie und nimmer überstanden und wäre schon auf halber Strecke nervlich zusammengebrochen.

Dennoch war sie über die Anwesenheit zweier Menschen sehr froh gewesen. Ihre beste Freundin Nina hatte ihr während der letzten Tage und die ganze Zeit während der Beerdigung treu zur Seite gestanden. Genauso wie Ben, der sie während der Ansprache des Pfarrers seine Hand hatte ergreifen und drücken lassen, damit sie über einen Halt in diesem entfesselten Sturm der Trauer verfügte. Danach hielt er noch eine kurze, dafür wundervolle Abschiedsrede für Julian, die seine lebenslange Achtung und Wertschätzung für seinen besten Freund zum Inhalt hatte und ihr erneut heiße Tränen des Verlusts in die Augen trieb. Am offenen Grab schließlich zog er nach der traditionellen Schaufel Erde etwas kleines Flaches aus seiner Manteltasche und murmelte ein paar Worte, während er es an seine Brust drückte. Dann warf er es ins Grab. Da Fionas Augen zu dem Zeitpunkt in Tränen schwammen, konnte sie nicht genau erkennen, um was es sich handelte.

Beim anschließenden Leichenschmaus – wie sie dieses Wort hasste, es hatte für sie immer so einen kannibalischen Unterton – wäre sie am liebsten vor ihrer Verpflichtung geflohen. Ihre Schwiegermutter hatte die erforderliche Logistik nach der Beerdigung ihres Sohnes besser eingeschätzt als Fiona und deshalb die Festhalle mit einem fähigen Partyservice gebucht, der Kaffee und süße Stückchen anbot. Glücklicherweise hatte Fiona – dank Ben und Nina – die Zeit in einer relativ ruhigen Ecke absitzen können, bevor sie die Zelte abbrechen und dem Aufräumteam des Partyservices den Weg freimachen konnten.

Und jetzt war sie hier, in ihrem großen leeren Haus, in dem niemand auf sie wartete.

Plötzlich spürte sie mehr, als dass sie sie hörte, eine Bewegung in ihrem Rücken. „Darf ich dir den Mantel abnehmen?“ Sie hatte Ben völlig vergessen, der sie mit ihrem Wagen hierher gebracht hatte und mit ins Haus gekommen war.

„Danke.“ Sie schlüpfte aus den Ärmeln ihres warmen Wintermantels, sodass Ben ihn an die Garderobe hängen konnte, neben der eine massive Kommode aus Fichtenholz stand.

„Soll ich Tee machen?“, fragte er, wobei er sich um einen neutralen Tonfall bemühte – ganz so, als erkundige er sich nach einem Einkaufsbummel, ob sie sich mit einem heißen Getränk aufwärmen wolle.

Als sie mechanisch nickte, steuerte Ben zielgerichtet die offene Küchentür an, obwohl er noch nie hier im Haus gewesen war. Dankbar für einen Moment der Ruhe ging Fiona in ihr gemütliches Wohnzimmer und setzte sich auf die königsblaue Couch, die sie erst vor einem Jahr gekauft hatten. Dann fiel ihr Blick auf das schwarz-glänzende Klavier, mit dem Julian sie immer verzaubert hatte. Er war ein talentierter Klavierspieler gewesen.

Erinnerungen stürmten auf sie ein, wie schon die letzten beiden Tage seit diesem tragischen Unfall. Doch sie wollte nicht schon wieder weinen. Energisch versuchte sie, die ungebetenen Bilder in die hinterste Ecke ihres Kopfs zu schieben. Eine kleine Ablenkung stellte immerhin Ben dar, der ins Wohnzimmer kam und sich kurz umsah.

„Soll ich den Kamin anmachen? Du frierst bei diesem feuchtkalten Wetter vermutlich bis auf die Knochen.“

Ohne ihre Antwort abzuwarten, begann Ben fachmännisch Holzscheite zu stapeln, sodass schon nach kurzer Zeit ein munteres Feuer im Kamin brannte. Dann stand er auf, holte eine herumliegende Wolldecke und breitete sie über Fionas Beinen aus, nur um wieder in die Küche zu gehen und den Tee aufzugießen.

Ohne dass sie es wollte, rührte sie seine wortlose Fürsorge zu Tränen. Als er mit zwei dampfenden Tassen Tee vor ihr stand, hatte sie sich wieder einigermaßen im Griff und nahm eine davon mit einem dankbaren Nicken entgegen.

Ben setzte sich mit einem müden Seufzen auf den bequemen Sessel links neben ihr, streifte seine Schuhe ab und zog mit den Zehen des rechten Fußes den Fußschemel zu sich heran – genauso, wie Julian es jeden Abend getan hatte, wenn er müde von der Arbeit heimgekommen war.

Tränenblind schnellte Fiona hoch, verhedderte sich fast in der weitläufigen Decke und murmelte erstickt: „Bin gleich wieder da." Dann stürzte sie aus dem Wohnzimmer.

Oh Gott! Sie konnte das nicht. Sie konnte nicht ohne Julian weiterleben – in diesem Haus, wo alles und jedes sie an ihn und ihre gemeinsame glückliche Zeit erinnerte. Während dicke Tränen ihre Wangen hinunterkullerten, stolperte sie die Treppe hoch in ihr gemeinsames Schlafzimmer. Sie lebten erst seit eineinhalb Jahren hier in diesem wunderschön renovierten Haus, das Julians Großmutter gehört hatte. Und doch hatten sie schon so viele wunderbare Dinge erlebt, an die sie irgendwann hoffentlich ohne diesen überwältigenden Schmerz zurückdenken konnte.

Schluchzend warf sie sich aufs Bett, in dessen Kissen sie noch Julians vertrauten Duft erahnen konnte, der sie immer berauscht hatte, wenn sie sich liebten.

Wie sollte sie diesen Verlust nur überleben?

Ben blickte überrascht auf, als Fiona so überstürzt das Zimmer verließ. Es war ein schwerer Tag für sie gewesen. Selbst ihn hatte die Trauer am Grab fast in die Knie gezwungen, da sein Verstand nicht begreifen wollte, dass in dieser Holzkiste wirklich Julian lag. Ein offener Sarg zum Abschiednehmen war wegen der Schwere des Unfalls undenkbar gewesen.

Immer wieder hatte Ben während der Beerdigungszeremonie in der Erwartung über den Friedhof geblickt, Julian hinter einem dieser alten knorrigen Bäume mit einem lachenden „April, April!!" hervorspringen zu sehen. So bodenständig und verantwortungsbewusst er immer schon gewesen war und so erfreut er Verantwortung für seine Frau und eine zukünftige Familie übernommen hatte, als er Fiona heiratete, hatte Julian sich doch im Grunde seines Herzens den kleinen Strolch aus seiner Kindheit bewahrt. Und dieser kleine Lausbub hätte mit Freude die ganze Trauergesellschaft hinters Licht geführt.

Wenn Ben an die Massen von Trauernden zurückdachte, war vermutlich der ganze Ort gekommen – was ihn in seinem Schmerz sehr freute. Julian war dem Leben stets mit offenem Herzen und einem warmen Lächeln begegnet. Diese Leichtigkeit hatte Ben schon immer bewundert.

Als Junge hatte Julian einen warmherzigen, natürlichen Charme versprüht, der jeden seiner Mitmenschen für ihn einnahm, was sich auch im Erwachsenenalter nicht geändert hatte. Nüchtern stellte Ben fest, dass zu seiner eigenen Beerdigung vermutlich nicht einmal ein Viertel der Trauergäste kommen würden.

Er war dankbar, dass seine Mutter und sein Bruder heute auch da gewesen waren und ihm emotional den Rücken gestärkt hatten. Ebenso fast alle Spieler aus ihrem früheren gemeinsamen Eishockeyteam der Sportschule in der Nähe von Mannheim. Julian hatte in der Verteidigung gespielt, Ben als Stürmer. Doch mit sechzehn hatte Julian aufgehört, da er sich bei einem Spiel eine komplizierte Handgelenkfraktur zugezogen hatte und längere Zeit aussetzen musste. Zu dem Zeitpunkt war Ben zum legendären U-18-Team des Mannheimer ERC aufgestiegen, um sie im Kampf um den Meistertitel der Deutschen Nachwuchsliga zu unterstützen. Doch Julian legte nach seiner Genesung andere Prioritäten für sich fest. Als er das Abitur in der Tasche hatte, gehörte sein Hauptaugenmerk dem bevorstehenden Studium.

Als Ben einen Schluck von seinem fast kalten Tee nahm, bemerkte er, wie die Zeit vergangen war. Fiona war noch immer oben. Sollte er nach ihr sehen oder sie lieber in Ruhe lassen? Nach einigem hin und her entschied er sich, leise nach oben zu gehen.

Im Flur war es in der Dämmerung dieses trüben Wintertags schon fast dunkel. Doch Ben ließ das Licht aus und tastete sich die Treppe nach oben. Alle Türen waren geschlossen. Als er an derjenigen, hinter der er das Schlafzimmer vermutete, horchte, hörte er ein leises Geräusch, das sich nach durch ein Kissen gedämpftem Wein anhörte.

Tief betroffen zog er sich zurück. So gerne er sie in seine Arme genommen und getröstet hätte, würde er sich nicht in ihre Privatsphäre einmischen. Wenn sie es vorzog, im Stillen ihres Schlafzimmers zu weinen und nicht bei ihm im Wohnzimmer, würde er das respektieren. Vielleicht schlief sie sogar vor Erschöpfung ein und musste sich nicht stundenlang in Hoffnung auf Schlaf umherwälzen.

Leise machte er kehrt und stieg die Treppen hinunter. Als er das Wohnzimmer betrat, fiel sein Blick auf einen niedrigen Holzschrank rechts neben der Tür, auf der ein Plexiglaskästchen stand und seinen Inhalt stolz präsentierte. Als Ben sich vorbeugte, um die Inschrift im Dämmerlicht der Stehlampe genauer erkennen zu können, stockte ihm der Atem, während sein Herz vor Schmerz aufheulte.

Als sich Fiona die Nase schnäuzte, wunderte sie sich, wie dunkel es im Zimmer geworden war. War sie tatsächlich schon so lange hier oben gewesen? Sie konnte es nicht sagen.

Während sie sich noch mit den Fingern durch die offenen Haare fuhr, um sie zu glätten, merkte sie, wie überreizt und erschöpft sie sich fühlte. Als ob sie achtundvierzig Stunden ohne Schlaf auszukommen gezwungen war – was so in etwa die Wachphase seit dem Unfall umriss.

Sie sollte sich jetzt am Riemen reißen, ihr Selbstmitleid zum Teufel jagen und zu Ben hinuntergehen, um sich für seine Hilfe an diesem schweren Tag zu bedanken. Julians Eltern hatten selbst mit ihrer bodenlosen Trauer zu kämpfen gehabt, weshalb Fiona heute für Bens stille Präsenz bei der Beerdigung und seine liebe Fürsorge danach besonders dankbar war. Er war an diesem Tag ihr Ruhepol in diesem emotionalen Chaos, ihr Licht in dieser allumfassenden Dunkelheit gewesen, die ihr Herz in Besitz genommen hatte. Aber vermutlich war er schon längst zu seiner Mutter heimgegangen, da sie ihn so lange allein gelassen hatte. Das konnte sie ihm wahrlich nicht verübeln.

Als sie das Wohnzimmer betrat, fiel ihr Blick sofort auf das gemütliche Kaminfeuer, in dessen Schein Ben still auf dem Sessel saß und etwas in der Hand hielt. Seine Augen blickten ins Leere und widerspiegelten die züngelnden Flammen. Als sie sich ihm näherte, hob er den Blick und sie erschrak vor dem Leid, das sie darin erkannte und das ihrem eigenen in nichts nachstand.

„Er hat ihn aufgehoben“, flüsterte er mit rauer Stimme und starrte sie erschüttert mit feucht-glänzenden Augen an. „Ich fasse es nicht. Er hat ihn die ganzen Jahre über aufgehoben und sogar mit einem Kästchen geehrt.“

Es zerriss ihr das Herz, als sie die Qual in seinen Augen erblickte, die von tiefer Freundschaft und schrecklichem Verlust erzählten. Gleichzeitig schämte sie sich dafür, wie egoistisch sie nur an sich und ihre eigene Trauer gedacht hatte.

Ohne nachzudenken, überbrückte sie die letzten Meter, die sie von Ben trennten, und breitete beide Arme aus. Im nächsten Augenblick lag er in ihren Armen und hielt sie vor Kummer so fest, dass sie fast keine Luft mehr bekam. Und dann brach sich seine Verzweiflung in trockenem Schluchzen freie Bahn und ließ seine Brust wie bei einem Erdbeben erzittern.

Etwas später saßen sie wie schon vorher in einvernehmlichem Schweigen mit einer frischen Tasse Tee vor dem Kamin. Ben fuhr sich mit seiner Hand über das Gesicht und dann über die stoppeligen Deckhaare, die im Feuerschein goldblond leuchteten.

„Ich weiß nicht, was da vorhin über mich gekommen ist", meinte er verlegen. „Aber als ich diesen Puck gesehen habe, ist meine ganze Selbstbeherrschung zum Teufel gegangen." Wieder nahm er das Glaskästchen in die Hand und studierte die Inschrift. *Der wichtigste Treffer überhaupt* stand mit einem Datum von vor gut fünfundzwanzig Jahren auf einem kleinen Metallplättchen.

„Der war wirklich von dir?", fragte Fiona neugierig. „Julian meinte immer, es handele sich um den wertvollsten Puck von ganz Knopfheim. Wie meinte er das?"

Ben lachte leise. „Ich hatte damals einen Riesenschiss vor unserem ersten richtig großen Spiel. Du hast ja mittlerweile am eigenen Leib erfahren, was es heißt, in einem verrückten Ort zu leben, in dem die Quote der Eishockeyfans bei mindestens fünfundachtzig Prozent liegt. Wir Kinder standen schon, bevor wir überhaupt richtig gehen konnten, auf Schlittschuhen. Mit fünf Jahren haben wir die ersten Trainingsspiele in der Gruppe absolviert."

Jetzt schlich sich ein leichtes Grinsen auf sein Gesicht, als er daran dachte, wie sie damals mit der Schutzausrüstung ausgesehen hatten. Wie kleine Bulldozer auf Kufen. „Mein Vater war auch ein Riesenfan gewesen, obwohl er selbst nicht in einem Team spielte. Und ich wollte ihn damals unbedingt beeindrucken, als wir unser erstes Spiel gegen einen anderen Verein bestreiten sollten. Damals war ich sechs Jahre alt und ehrgeizig - obwohl mir für manche Dinge noch das Selbstvertrauen fehlte. Das Spiel lief gut, wir fühlten uns alle sehr wichtig und flitzten in voller Montur übers Eis, um die Ehre unseres Dorfes zu verteidigen."

Nun blickte Ben Fiona direkt an und merkte, dass sie während seiner Erzählung begonnen hatte, leicht zu lächeln. „Die Gegner waren uns stärkemäßig etwas überlegen, aber wir hatten die größere Fangemeinde hinter uns, die uns anheizte. Halb Knopfheim war in die Eislaufhalle gekommen und hat uns mit rhythmischen Trommeln und Sprechchören angefeuert - wie bei den Großen. Vier Minuten vor Ende des Spiels stand es fünf zu fünf. Dann checkte Julian einen Gegner, wobei der Puck freikam. Ich sah meine Chance, schnappte ihn mir und jagte damit auf den gegnerischen Goalie zu. Zwei Sekunden später schoss ich mein allererstes Tor und entschied damit das Spiel für uns. Von da an war ich nicht mehr zu halten. Dieser Treffer hat etwas in mir befreit." In Erinnerungen versunken nahm er einen Schluck Tee. „Nach dem Spiel durfte ich den Puck zum Andenken mitnehmen. Ein paar Tage später schenkte ich ihn Julian, weil er schon immer mein bester Freund gewesen war und mir durch seinen Check zu diesem Tor verholfen hatte. Allerdings hätte ich nie gedacht, dass er den Puck immer noch hat."

„Er war sehr stolz, dein Freund zu sein. Und dieser Puck war, so wie ich das sehe, das Symbol eurer Freundschaft, da du ihm damals etwas für dich so Wertvolles geschenkt hattest."

Ben betrachtete Fionas vertraute Gesichtszüge. Immer noch hatte sie ein kleines Lächeln auf den Lippen. Es tat gut, sie so zu sehen. Er wusste nicht, wie sie reagieren würde, wenn sie wüsste, dass er erst vor einigen Jahren auf etwas ungleich Wertvolleres verzichtet hatte – aus Respekt und Wertschätzung seinem Freund gegenüber. Deshalb senkte er rasch den Blick auf seine Hände, die immer noch die Tasse hielten.

Dann wurde er wieder ernst. „Ich werde immer für dich da sein, das weißt du, oder?" Fiona wollte gerade ihre Teetasse zum Mund führen, hielt aber in der Bewegung inne. „Wenn du bei irgendetwas Hilfe oder Rat brauchst, kannst du immer auf mich zählen."

Fiona schenkte ihm ein kleines, dankbares Lächeln.

Er blickte auf. „Weißt du, worüber ich mich maßlos ärgere?" Sie zog fragend die Augenbrauen hoch und schüttelte leicht den Kopf. „Erst vor ein paar Wochen ist mein Vertrag für meine Zeit in Kanada ausgelaufen. Da ich mich drüben wohlfühle und es noch so einiges in der Niederlassung zu tun gibt, habe ich ihn vor drei Monaten verlängert. Um weitere vier Jahre." Er sah sie bedauernd an. „Wenn ich auch nur ansatzweise geahnt hätte …"

„Nein, tu dir das nicht an", unterbrach Fiona ihn mit weicher Stimme und beugte sich vor, um ihre Hand auf sein Knie zu legen. „Keiner konnte so etwas ahnen – und es bringt weder dir noch mir etwas, wenn du dir Vorwürfe machst."

Ben ergriff ihre Hand und drückte sie. „Ich bin für dich da. Auch wenn wir nur über Telefon und Internet Kontakt halten können, kannst du immer auf mich zählen und mich jederzeit anrufen, wenn du das Bedürfnis hast zu reden." Als er in ihren dunklen glänzenden Augen versank, hätte er es mit dem gefährlichsten Drachen aufgenommen, um Fiona wieder glücklich zu machen. „Du siehst müde aus. Soll ich gehen, damit du schlafen kannst?"

Ruckartig schüttelte sie den Kopf, dass ihre offenen dunklen Haare in Bewegung gerieten. „Ich will nicht schlafen. Und ich will auch nicht, dass du gehst. Ich weiß, das ist egoistisch. Aber kannst du noch hierbleiben?"

Er betrachtete sie schweigend. Sah die Erschöpfung in ihren Augen. Die dunklen Ringe darunter. „Nur wenn du dich dann hier auf das Sofa legst. Ich bleibe auf jeden Fall hier, bis du eingeschlafen bist."

Als sie nickte und sich mit dem Kopf zu Ben gewandt auf ein Kissen legte, stand er auf und deckte sie mit der Wolldecke zu. Dann legte er im Kamin noch Holz nach und setzte sich wieder auf den bequemen Sessel. Als er die Füße hochgelegt hatte, ergriff sie seine Hand und fragte leise: „Darf ich?"

„Klar", murmelte Ben und beobachtete, wie sie seine Hand auf das Sofa neben ihr Gesicht zog und sie mit ihren schlanken Fingern bedeckte.

Dann flüsterte sie schläfrig: „Ben Kowalczyk, Julian hätte sich keinen besseren Freund wünschen können als dich. Vielen Dank dafür, dass du hier bei mir bist und diesen Tag mit mir durchgestanden hast."

„Gern geschehen", raunte Ben und strich mit seiner freien Hand sanft über ihr weiches Haar, bis sie eingeschlafen war.

Er hatte schon wieder das Gefühl, sein Nacken würde jeden Moment abbrechen. Ächzend setzte sich Ben aufrecht hin und bemerkte, dass er die ganze Nacht im Fernsehsessel zugebracht hatte. Das Feuer im Kamin war verloschen, doch die kleine Stehlampe neben dem Wohnzimmerschrank brannte noch immer. Ein Blick auf seine Armbanduhr zeigte ihm, dass es fast sechs Uhr morgens war.

Am Abend zuvor war er noch lange gesessen und hatte Fiona beim Schlafen zugesehen. Eigentlich hatte er vorgehabt, bald danach zum Haus seiner Mutter zu gehen und dort in seinem alten Kinderzimmer, das jetzt zu einem kombinierten Gäste-Nähzimmer umfunktioniert war, zu schlafen. Doch er hatte sich nicht losreißen können. Und irgendwann hatte ihn der Jetlag eingeholt.

Fiona hatte sich in der Nacht mit dem Gesicht zur Rückenlehne der Couch gedreht. Ihr schmaler Körper wurde von der Wolldecke modelliert und unterstrich ihren zarten Körperbau – obwohl sie für eine Frau nicht gerade klein war. Er musste in den nächsten zwei Wochen darauf achten, dass sie genug zu essen bekam, um zu Kräften zu kommen.

Seit er sie kannte, war Fiona eine Lebenskünstlerin gewesen, die sich gut auf neue Situationen einstellen konnte. Diese Fähigkeit hatte sie sich von ihrer alleinerziehenden Mutter abgeschaut, die ihr beigebracht hatte, nichts im Leben als selbstverständlich zu erachten und in dankbarer Bescheidenheit zu leben. Sie würde das auch in dieser Lebenssituation schaffen, auch wenn dies vermutlich der schwerste Prüfstein ihres jungen Lebens darstellte. Dementsprechend intensiv würde sie den Tod ihres Mannes betrauern, dann aber - ab einem gewissen Punkt - wieder den Kopf heben und nach vorne blicken.

Während er Fiona beim Schlafen betrachtete, seufzte sie einmal leicht und drehte sich zu ihm um, nur um ruhig weiterzuschlafen. Ben ließ seinen Blick über ihr attraktives Gesicht schweifen, den schönen Schwung ihrer Augenbrauen und die weichen roten Lippen. Er hätte nie erwartet, sich jemals in einer solchen Situation wiederzufinden. Schon seit einer ganzen Weile hatte er gedacht, das alles hinter sich gelassen zu haben. Doch als er Fiona nach so langer Zeit wieder in den Armen gehalten - und ihre Hand gestern Abend vor dem Einschlafen wie selbstverständlich auf seiner gespürt hatte -, da hatte er … *Nein!*, pfiff er sich zurück. Er konnte nicht … durfte nicht …

Trotzdem begann, ein unsinniges Fünkchen Hoffnung in seiner Brust zu keimen.

Vorsichtig strich er Fiona eine lose Strähne aus der Stirn. Er war froh, dass er in dieser ersten Nacht nach der Beerdigung geblieben war. Falls sie einen Albtraum gehabt hätte, wäre sie beim Hochschrecken wenigstens nicht allein gewesen.

Leise stand er auf, um in der Küche nach einem Zettel zu suchen. Dann hinterließ er ihr auf dem Couchtisch eine kurze Notiz, damit sie wusste, wo er war, wenn sie aufwachte.

Fiona spürte, wie sie aus einem erholsamen Schlaf an die Oberfläche ihres Bewusstseins driftete. Sie wollte sich gar nicht bewegen und den Kokon aus entspannender Wärme zerstören, nur um in der kalten, harten Realität aufzuschlagen. Doch ihre Blase machte ihr einen Strich durch die Rechnung.

Als sie sich mühsam aufrappelte, stellte sie fest, dass Ben nicht mehr da war. Dann fand sie seinen Zettel, nahm ihn mit ins Bad und las ihn, während sie sich erleichterte.

Liebe Fiona,
bin heute Morgen um 6 Uhr zu meiner Mutter, um zu duschen. Wenn ich mit allem fertig bin, komme ich zum Frühstück wieder zu Dir. Ich habe Deinen Hausschlüssel mitgenommen, damit ich Dich nicht wecke, falls Du noch schläfst.
Ben

Er war die ganze Nacht bei ihr geblieben. Ben war wirklich ein Schatz! Fiona schloss dankbar die Augen. Dann schoss ihr ein furchtbarer Gedanke durch den Kopf und sie riss sie wieder auf. Vermutlich hatte er bis zum Morgengrauen in diesem unbequemen Sessel neben ihr versucht, ein Auge zuzubekommen. Der arme Mann musste ja bei seiner Körpergröße eine Höllennacht hinter sich haben!

Nach einer heißen belebenden Dusche fühlte sich Fiona bereit, sich den Dämonen des Tages zu stellen. Bei der Lebensversicherung hatte sie Julians Tod zwar schon gemeldet und das Bestattungsunternehmen bevollmächtigt, sich um die bürokratischen Schritte zu kümmern, die der Tod mit sich brachte. Aber dennoch gab es noch einiges zu tun. Sie musste Julians persönliche Gegenstände bei seinem Arbeitgeber abholen und die von Behörden und Versicherungen angeforderten Unterlagen zusammensuchen. Die würde sie einfach beim Bestattungsunternehmen abgeben. In dem Zuge könnte sie noch den Antrag auf Witwenrente unterschreiben und ... Oh Gott! Sie hatte keine Ahnung, was noch so alles anstand.

Doch zuallererst würde sie mit Ben frühstücken. Ja, das war ein guter Plan. Es war immer hilfreich, ein kurzfristiges Ziel vor Augen zu haben. Dann konnte sie sich von einem Punkt zum nächsten hangeln, ohne im Morast ihrer Trauer zu versinken. Während sie die Frühstücksteller aus dem Küchenschrank holte, schaute sie durchs Fenster auf die dunkle Straße, konnte Ben jedoch nirgends entdecken.

Als sie ihn sieben Jahre zuvor kennengelernt hatte, war er ihr auf Anhieb sympathisch gewesen. Sie war damals über einen kleinen Hund gestolpert, der sich von seiner Leine befreit hatte. Bens zurückhaltendes Lächeln und seine Hilfsbereitschaft, ihr wieder aufzuhelfen, hatten sie für ihn eingenommen.

Was sie damals aber ungleich mehr fasziniert hatte, waren seine verschiedenfarbigen Augen gewesen. Bis zu diesem Zeitpunkt war sie noch keinem Menschen begegnet, der zwei unterschiedliche Augenfarben hatte. Das eine war azurblau, das andere moosgrün. Da Ben von jeher eine gesunde Gesichtsfarbe besessen hatte und seine Haare goldblond in der Sonne leuchteten, waren die intensiv blickenden Augen schon immer ein echter Hingucker gewesen.

Früher war Ben groß und schlank gewesen. Fast schlaksig. In den letzten Jahren hatte er allerdings mehr Muskelmasse aufgebaut. Das war ihr aufgefallen, als sie sich auf dem Flughafen schluchzend in seine Arme geworfen hatte. Seine Schultern waren breiter und die Oberarme muskulöser geworden. Vermutlich trainierte Ben in Kanada deutlich intensiver an seiner Kondition, da Eishockey in Nordamerika sehr viel körperbetonter gespielt wurde als in Europa.

Nachdem Ben ihr damals so bereitwillig geholfen hatte, waren sie noch eine ganze Weile an Ort und Stelle stehen geblieben und hatten sich angeregt unterhalten. Am Ende fragte Ben, ob sie Lust hätte, mit ihm und seinem Freund ein Studentenfest zu besuchen. Da sie in der Karlsruher Studentenszene noch ziemlich neu war und Ben ihr immer sympathischer wurde, sagte sie zu.

Und dann lernte sie am nächsten Abend Julian kennen.

Sie hatte keine drei Stunden gebraucht, um ihm völlig zu verfallen. Seine blitzenden braunen Augen, die bewundernd auf ihr ruhten, wenn er sie anlächelte, zogen sie magisch an. Seine ebenmäßigen Gesichtszüge mit den dunklen Haaren machten ihn zu einem sehr attraktiven Mann. Ganz besonders aber verfiel sie damals seinem natürlichen Charme, der – völlig uneitel – wie ein Sternschnuppenregen den ganzen Abend auf sie herabrieselte. Wenn er tatsächlich wusste, wie er auf Frauen wirkte, zeigte er es in keiner einzigen Minute.

Diesen ersten Abend verbrachten sie drei in ausgelassener Stimmung. Sie tanzten, lachten und futterten sich durch die ganzen Essensstände, bis Fiona meinte zu platzen. Nach diesem Abend war das Band der bisherigen Männerfreundschaft zu einem starken Dreierbund neu geschmiedet worden.

Sie wusste damals, sie konnte sich auf beide Männer felsenfest verlassen. Ben war der ruhigere der beiden. Und obwohl er sehr aufgeschlossen und offenherzig über viele Themen redete, hatte sie in den Jahren, die sie ihn schon kannte, doch immer das Gefühl, eine verborgene Seite seines Selbst nie wirklich kennenlernen zu dürfen. Sein hintergründiger Gesichtsausdruck, den er in solchen Momenten aufzusetzen pflegte, war für sie immer schwer zu deuten. Sein bester Freund hingegen war für sie gefühlsmäßig zugänglicher – und deshalb leichter zu lieben. Aus diesem Grund hatte sie sich damals Hals über Kopf in Julian verliebt.

Gerade als sie die Marmelade auf den Tisch stellte, hörte sie, wie die Haustür aufgeschlossen wurde.

„Ben?"

„Ja, ich bin's. Bist du schon wach?" Er steckte den Kopf zur Tür herein, während er seinen dunklen Mantel auszog.

„Schon seit einer Weile. Ich habe im Vergleich zu den letzten beiden Nächten fantastisch geschlafen. Danke, dass du die ganze Nacht bei mir geblieben bist."

Ben betrat mit einem frischen Hauch Winterkälte und einer Tüte ofenwarmer Brötchen die gemütliche Küche und schloss Fiona wie selbstverständlich kurz in seine Arme. „Gern geschehen. Ich wollte dich gestern nicht allein lassen."

„Was möchtest du trinken? Tee oder Kaffee?"

„Kaffee, bitte. Ich hatte zwar schon einen bei meiner Mutter, aber ein zweiter kann nach der kurzen Nacht nicht schaden."

„Der Sessel muss die Hölle für dich gewesen sein." Fionas Gesicht spiegelte deutlich ihr schlechtes Gewissen wider, als sie auf den Knopf des Kaffeeautomaten drückte und die Maschine eine Portion Bohnen mahlte.

„Ich habe schon schlechter geschlafen." Dankbar nahm er seine Tasse aromatisch duftenden Wachmachers entgegen. „Isst du immer noch so gerne Laugenknoten wie früher? Ich habe nämlich zwei für dich mitgebracht. Außerdem noch ein paar süße Stückchen, die wir heute Nachmittag zum Kaffee essen können."

Fionas Gesichtsausdruck wechselte von erfreut zu erstaunt – fast schon hoffnungsvoll. „Du bleibst bis zum Kaffee?"

„Ich bleibe, solange du mich brauchst. Dafür bin ich hergekommen." Ruhig erwiderte er ihren fragenden Blick. „Wenn du meine Gesellschaft erträgst, helfe ich dir bei all den bürokratischen Angelegenheiten, beim Putzen, Einkaufen, Kochen oder leiste dir Gesellschaft beim Spazierengehen. Ich stehe zu deiner freien Verfügung." Nun erkannte Ben uneingeschränkte Hoffnung auf ihrem hübschen Gesicht und ergänzte schmunzelnd: „So wünschenswert es für mich auch ist, rund um die Uhr für dich da zu sein – würde ich allerdings zum Schlafen das bequeme Gästebett meiner Mutter dem Sessel vorziehen."

Die gemeinsame Zeit verging wie im Fluge. Nachts schlief Ben im Haus seiner Mutter, verbrachte die Tage aber bei Fiona, um ihr bei organisatorischen Angelegenheiten beizustehen. Zwischendurch ging er auch für sie einkaufen, da sie für solche lapidaren Dinge keine Energie aufbrachte und die mitleidigen Blicke der anderen nicht ertrug. Immer wieder kam ihre Freundin Nina vorbei und nahm Fiona wortlos in den Arm. Das waren die Momente, in denen Ben sich zurückzog und sich um etwas anderes kümmerte, zum Beispiel ums Kochen - nicht, dass er mehr als einfache Gerichte zustande brachte -, auch wenn er Fiona dann häufig dazu drängen musste, etwas zu sich zu nehmen.

Ihre gelegentlichen Gespräche handelten von unverfänglichen Themen. Ben erzählte von seiner kanadischen Freundin Shannon, mit der er seit einem Jahr zusammen war, und der Niederlassung in Poshewa, bei deren Aufbau er entscheidend mitgeholfen hatte und die noch in bestimmten Produktionsbereichen an die Bedürfnisse des nordamerikanischen Marktes angepasst werden sollte. Außerdem von seinem kanadischen Eishockeyteam, in dem er mitspielen durfte und dabei sehr viel lernte, was Taktik, Konditionstraining und Körperspiel anging - und wo er schon viele Freunde gefunden hatte. Zwischendurch schob er die eine oder andere Anekdote ein und freute sich, wenn ein kleines Lächeln Fionas Gesicht erhellte.

Ansonsten schwiegen sie viel.

Manchmal machten sie lange Spaziergänge durch den kahlen Winterwald am Rande des kleinen Ortes, wenn Ben das Gefühl hatte, ihr fiele die Decke auf den Kopf. Fiona hängte sich dann einfach nur bei ihm ein und ließ sich von ihm führen. Gelegentlich versteckte sie auch ihre kalte Hand in seiner Manteltasche und drückte fest seine Finger, wenn sie innerlich mit ihrer Trauer kämpfte.

Ben hatte noch nie in seinem Erwachsenenleben so viel Zeit schweigend mit einer Frau verbracht wie mit Fiona. Doch es fühlte sich richtig an. Vertraut. Die Botschaften, die sie miteinander wechselten, waren nonverbaler Natur und drückten sich in einer Umarmung, einem verständnisvollen Blick oder einer beiläufigen Berührung aus.

Julians persönliche Dinge würde sie irgendwann später durchsehen, dafür habe sie jetzt noch keine Kraft, meinte sie mal unvermittelt, als sie beim Staubwischen waren. Dann ging sie aus dem Zimmer, wie es in diesen zwei Wochen gelegentlich vorkam, um nach einer halben Stunde wieder mit geröteten Augen die Treppe herunterzukommen. Ben sagte nie etwas dazu. Insgeheim jedoch schmerzte sein Herz, wenn er sie so sah. Er machte sich große Sorgen, wie es mit ihr weitergehen würde, wenn er wieder zurück in Kanada war.

Und dann kam der Tag des Abschieds. Fiona hatte darum gebeten, ihn allein zum Flughafen fahren zu dürfen, damit sie seine Gegenwart bis zur letzten Minute auskosten könne.

Als sie dann vor der Sicherheitskontrolle standen, ergriff Fiona Bens Hände und blickte ihm lange in die Augen, ohne sich zu rühren. Er hatte das Gefühl, als müsse sie sich jeden seiner Gesichtszüge einprägen. Nur um sich später, wenn sie wieder alleine war, an ihn erinnern zu können.

„Ich kann dir nicht einmal ansatzweise sagen, wie dankbar ich für deinen Beistand in den letzten zwei Wochen bin." Sie senkte den Blick und betrachtete ihre ineinander verschränkten Finger. „Ohne dich hätte ich es nicht geschafft. Ich weiß zwar immer noch nicht, wie mein Leben weitergehen soll - ohne Julian ..." Ihre Stimme brach. Dann räusperte sie sich und blickte ihn mit glänzenden Augen an. „Aber du hast mir aus einem tiefen Loch herausgeholfen und mir wieder eine Perspektive gegeben. Und dafür werde ich dir mein Leben lang dankbar sein."

Ben zog sie an sich und vergrub sein Gesicht in ihrem Haar. „Es war mir ein Bedürfnis, dir zu helfen. Du weißt, ich bin immer für dich da. Und du musst mir versprechen, dich sofort bei mir zu melden, wenn es dir nicht gut geht." Er blickte ihr ernst in ihre dunkelbraunen Augen. „Ich möchte aber auch von dir hören, wenn es dir *gut* geht. Versprichst du mir das?"

Fiona nickte gerührt und legte aus einem spontanen Impuls heraus ihre Handfläche an seine Wange. Dankbar für ihre Zuneigungsbekundung, bedeckte Ben ihre Hand mit seiner und hielt sie genau an der Stelle fest. Die Sekunden verstrichen, während sie sich in die Augen blickten und Kraft für den Abschied sammelten. Dann flüsterte Fiona: „Melde dich bitte auch, wenn dir danach ist, ja?"

„Versprochen." Ben küsste sie sanft auf die Handfläche, die die Wärme seiner Wange angenommen hatte, und zog sie nochmals an sich. „Aber ich muss dich warnen. Es kann sein, dass mir dreimal pro Woche danach ist, mit dir zu reden."

„So oft du willst", lächelte sie an seiner Brust - und er hätte viel dafür gegeben, sich nicht von ihr lösen zu müssen. „Ich hoffe, ich werde auch bald soweit sein, mit dir über Julian reden zu können. Ich würde gerne so viel mehr aus seiner Kindheit über ihn erfahren. Dinge, die mir seine

Mutter nicht erzählen kann, sondern nur sein bester Freund."

„Jederzeit." Widerwillig ließ er sie los.

„Ach, bevor ich es vergesse ..." Fiona öffnete ihre große Handtasche und drückte ihm das Kästchen mit seinem Puck in die Hand. „Julian hätte sicher gewollt, dass du ihn wieder bekommst. Ich hoffe, du hast in deinem Rucksack noch etwas Platz."

Ben umarmte Fiona noch einmal innig. „Vielen Dank. Und danke, dass ich dir die letzten Wochen helfen durfte. Wir telefonieren, okay?" Er drückte ihr einen Kuss auf die Stirn, drehte sich um und ging durch die Pforte in den gesicherten Bereich.

Er würde sich nicht umdrehen, das nahm er sich fest vor. Denn wenn er es täte, würde er sein Flugzeug verpassen – das wusste er mit einer Bestimmtheit, die ihm Angst machte.

Der Küchenwecker piepste und Ben deckte den Topf auf, um die Nudeln in ein Sieb zu schütten. Shannon, die die letzte Nacht bei ihm verbracht hatte, war schon nach dem Frühstück zu ihrer Samstagsschicht im örtlichen Supermarkt aufgebrochen und würde zum Mittagsessen nicht bei ihm sein. Hier in Poshewa lebte er in einer Zweizimmerwohnung, die im Wohnzimmer eine abgetrennte Küchenzeile hatte. So konnte er immerhin während des Kochens im Fernsehen die Zusammenfassung eines Eishockeyspiels der kanadischen Profiliga verfolgen. Am frühen Abend dieses Samstags würde Ben mit seiner Mannschaft auch ein Spiel gegen den Tabellenersten ihrer eigenen Liga bestreiten, der in dieser Saison noch ungeschlagen war. Wenn es nach Bens Teamkameraden ging, würden sie das bei diesem Spiel definitiv ändern.

Ben war immer noch dankbar, dass der Coach ihn so bereitwillig ins Team aufgenommen hatte, denn – wenn man ehrlich war – als Deutscher in einem kanadischen Eishockeyteam spielen zu dürfen, war das Schlaraffenland eines jeden Sportlers. Als er sich zu Beginn seiner kanadischen Dienstzeit vorgestellt hatte, meinte der Coach nur trocken, er solle ruhig mal beim Training mitmachen und sich beim Abschlussspiel von den Jungs nicht platt bügeln lassen.

Anscheinend hatte er sich jedoch besser angestellt, als erwartet, denn der Trainer meinte hinterher, er habe Potenzial und könne es bei ihnen versuchen. Nach einigen Wochen war dann seine erste Chance gekommen, sich bei einem Heimspiel zu beweisen, und er belohnte das Vertrauen seines Coachs mit einem Tor. Von da an hatte es für ihn kein

Halten mehr gegeben.

Als Ben sich einen Teller Nudeln mit Tomatensoße richtete und frisch geriebenen Parmesan drüberstreute, blickte er auf die Uhr und stellte erfreut fest, dass bald Fiona anrufen würde. Während er sich noch den ersten Löffel in den Mund schob, startete er schon sein Notebook.

In den letzten vier Wochen, die er schon wieder in Poshewa war, hatten sie alle paar Tage per Skype telefoniert. Videotelefon war schon eine feine Sache. Man konnte von Angesicht zu Angesicht mit seinem Gegenüber sprechen, sah, ob es dem anderen wirklich gut ging oder ob er das nur behauptete. Meist hatte Ben diese Gelegenheit während der Mittagspause in seinem Büro genutzt, bei Fiona war es dann nämlich gerade Abendessenszeit.

Er hatte sie ermuntert, nach seiner Abreise wieder mit der Arbeit zu beginnen, um sich abzulenken und sich langsam auf den mühsamen Weg zur alltäglichen Routine zu begeben. Dennoch gab es immer wieder Momente, wie er bemerkt hatte, in denen sie in ein tiefes Trauerloch fiel, wenn sie allein für sich zuhause war. Das erkannte er nicht zuletzt daran, dass sie ihm manchmal eine E-Mail schrieb, bei deren Inhalt ihm klar war, dass sie ihm davon nicht über Skype erzählen wollte, da er sonst ihr tränennasses Gesicht gesehen hätte. Trotzdem waren schon kleine Fortschritte zu erkennen.

Als es klingelte, nahm er das Gespräch an. Kaum dass er erfreut „Hallo“ gesagt hatte, merkte er schon, dass Fiona anders war als sonst. Sie hatte gebrochene Augen und presste die Lippen so zusammen, dass sie kaum einen Gruß herausbrachte.

„Was ist passiert?“, wollte Ben wissen.

„Ich weiß nicht, wie ich das jetzt zu diesem Zeitpunkt durchstehen soll.“ Sie wischte sich eine Träne von der Wange und blieb mit den Fingern in einer nachlässig zurückgebundenen Haarsträhne hängen. „Ich habe es erst heute Mittag erfahren, sonst hätte ich mich schon früher bei dir gemeldet. Es ist mir ein Rätsel, wie das geschehen konnte …“

„Um Gottes willen, Fiona, was ist denn Schreckliches passiert?“, konnte sich Ben nicht zurückhalten zu fragen. Er rechnete schon mit dem Schlimmsten.

Fiona machte eine kurze Pause, in der sie ihn einfach nur stumm anblickte. „Ich bin schwanger.“

Schwanger? *Schwanger?!* Ben schwirrte der Kopf, als er versuchte, sich wider Erwarten auf diese wundervolle Neuigkeit einzustellen.

Da redete Fiona jedoch schon weiter – und es kam Ben vor, als hätte sich eine Schleuse in ihrem Inneren geöffnet. „Als du wieder in Kanada warst, war ich so mit mir, meinem Job und meinem leeren Alltag beschäftigt, dass ich es überhaupt nicht bemerkte, als meine Periode ausblieb. Erst heute habe ich auf meinen Zykluskalender geblickt und begonnen zu rechnen. Der Schwangerschaftstest hat bestätigt, was ich schon vermutet habe. Rein rechnerisch müsste ich in der siebten Woche sein." Sie schniefte. „Wir haben immer aufgepasst und verhütet, da wir noch ein bisschen mit Kindern warten wollten. Aber irgendwas muss wohl doch schief gegangen sein."

Als Ben nachrechnete, stellte er fest, dass es wohl kurz vor dem Unfall passiert sein musste. „Ich kann deine Verwirrung verstehen", versuchte er, sie zu trösten. „Aber ein Kind zu bekommen ist etwas Wundervolles." Fionas große Augen füllten sich mit Tränen. „Sieh es doch so: Es gibt kein schöneres Vermächtnis, das ein Mann hinterlassen könnte, als ein Kind."

Bei diesem wunderbaren Gedanken begann sie, noch mehr zu weinen und presste dabei die Finger auf die Lippen. „Das schon. Aber ich weiß nicht, wie ich das schaffen soll. Ich habe so schon mit mir genug Probleme. Dann die Arbeit bei uns im Verlag … und wenn das Kind erst da ist …" Sie schnäuzte sich die Nase. Nach einer Weile gestand sie mit zitternder Stimme: „Ben, ich habe solche Angst."

Kapitel 2

Drei Jahre, neun Monate und acht Tage später

Sherry Lee Beaumont schob vorsichtig den Vorhang auseinander und lugte mit klopfendem Herzen in die Flugzeugkabine. Da saß er – keine vier Reihen von ihr entfernt – und las in einer der Zeitungen, die sie zu Beginn eines jeden Flugs an die Passagiere verteilten. Seine sportlich kurz geschnittenen Haare leuchteten im Schein der warmen Deckenstrahler in einem hellen Honigblond, das sehr seiner gesunden Gesichtsfarbe schmeichelte. Er trug Jeans und ein dunkelblaues Hemd, dessen Ärmel bis zu den Ellenbogen hochgekrempelt waren und seine muskulösen Unterarme freilegten.

Auch wenn er nicht wie ein Dressman aussah, hatte er eine intensive Präsenz, die mehr als eine Frau in seinem Umfeld einen zweiten - und sogar dritten - Blick auf ihn hatte werfen lassen, als die weiblichen Passagiere vor dem Abflug nach ihren Plätzen gesucht hatten. Und Sherry Lee hatte sich dieser Ausstrahlung ebenso wenig entziehen können - schließlich war sie auch nur eine gesunde, junge Frau, die optisch zu genießen wusste.

Ihr Blick wanderte zu seinen breiten Schultern, die nicht so recht an die schmale Rückenlehne passen wollten - geschweige denn seine langen Beine hinter den vorderen Sitz. Deshalb saß er auch auf einem Platz am Gang - in direkter Reichweite ihres beruflichen Catwalks -, an dem sie seit dem Start schon mehrere Male vorbeiflaniert war. Als sie beim ersten Mal Getränke an die Passagiere verteilt hatte, hatte sie sich ihm mit einem strahlenden Lächeln zugewandt und gefragt, was er trinken wolle. Als er sie in dem Moment direkt anblickte und etwas von einer Cola sagte, stockte ihr der Atem und setzte ihr Herzschlag aus. Ein blaues und ein tiefgrünes Auge strahlten sie unter dunkelblonden Brauen an wie Laserstrahlen, sodass sie sogar seine tiefe sexy Stimme ausblendete.

Mann-o-Mann, diese Augen hatten es ihr aber so was von angetan!

Widerwillig riss sie ihren Blick von diesem testosterongespickten Augenschmaus und drehte sich zu ihrem Wagen, um seinen Inhalt zu kontrollieren. Sie flog bereits seit etlichen Jahren über die Weltmeere und hatte schon viele interessante Menschen - zumeist Männer - kennengelernt. Aber dieser war das Sahnehäubchen auf einem Stück Buttercremetorte.

Sein Lächeln war genauso geheimnisvoll zurückhaltend und höflich gewesen wie seine Stimme voller unausgesprochener Versprechen, was sie mehr faszinierte als die offensichtlichen Flirtversuche mancher Passagiere, die sie je nach Sympathiepunkten erwiderte oder eben nicht. Und eine kurze weißliche Narbe auf seinem rechten Wangenknochen fügte sich nahtlos in ihren ersten unergründlichen Eindruck von ihm. Nach seinen wenigen Worten zu urteilen, war er vermutlich Deutscher, obwohl sein Akzent auf einen längeren Aufenthalt in Kanada schließen ließ. In den letzten Jahren hatte sie ein paar deutsche Liebhaber gehabt, die ihrem weltweiten Ruf in puncto Gründlichkeit alle Ehre gemacht hatten. Das waren Stunden, an die sie gerne zurückdachte.

Wieder riskierte sie einen raschen Blick und bemerkte, dass er die Zeitung weggelegt und entspannt den Kopf angelehnt hatte. Seine markanten, männlichen Züge wurden weicher, als er seinem Sitznachbarn eine Frage beantwortete und kurz darauf lächelte. Danach bekamen seine Augen wieder einen in sich gekehrten, nachdenklichen Blick, der an ihrem Herzen rührte.

Sherry Lee prüfte in einer spiegelnden Schranktür ihr Aussehen, bevor sie sich mit dem Essenswagen durch den engen Gang - an *ihm* - vorbeibewegen würde. Ihr schwarzes kurzes Haar war seit Neuestem zu einem frechen Fransenschnitt gestylt, was ihr klassisches Profil betonte. Sie zog ihre Uniformjacke nach unten und öffnete einen weiteren Knopf ihrer Bluse. Da sie schon immer schlank und grazil gewesen war, hatte ihre Oberweite früher eher dem Nildelta als den Rocky Mountains geglichen. Deshalb hatte sie vor einigen Monaten nachhelfen lassen. Natürlich nur in geschmackvollem Maße. Sie wollte schließlich nicht wie Dolly Buster aussehen oder womöglich in den schmalen Türdurchgängen der Flugzeuge steckenbleiben. Aber sie erhoffte nun, einen nachhaltigen Eindruck auf ihren Lieblingspassagier bei diesem Flug zu hinterlassen.

Nachdem sie einmal tief durchgeatmet hatte, schob sie den Vorhang beiseite und bewegte den Wagen freundlich lächelnd den schmalen Gang entlang.

Wieder einmal saß er in einem Flugzeug nach Deutschland. In den letzten vier Jahren war er dreimal zuhause zu Besuch gewesen. Heute flog Ben die Strecke zum vorerst letzten Mal, denn seine Zeit in Kanada war in diesem Oktober abgelaufen. So ereignis- und lehrreich sie auch gewesen war, er hätte nicht bleiben wollen. Seinen Aufgabenbereich in der kanadischen Niederlassung seiner Firma hatte er in fähige Hände übergeben und dann seine Sachen gepackt. Denn sein Herz zog es in die Heimat: zu seiner Mutter und seinem Bruder, zu Laugengebäck und badischen Knöpfle. Aber wenn er ehrlich zu sich selbst war, waren das nicht die ausschlaggebenden Gründe.

Er spürte einem aufgeregten Kribbeln der Vorfreude in seinem Bauch nach. Etwas war in greifbare Nähe gerückt, worauf er seit Jahren gewartet - und auf das er sich schon lange gefreut hatte.

Er hatte nun die Gelegenheit, sich um einen Menschen zu kümmern, der ihm wichtiger war als alle anderen. Nein, er musste sich korrigieren. Es waren mittlerweile zwei geworden. Dennoch würde sich seine Rolle in deren Leben im Vergleich zu früher nicht verändern.

Klar, das war zum Schreien frustrierend. Aber was sollte er sonst machen? Noch einmal würde er seinem Fluchtinstinkt nicht nachgeben. Ben fuhr sich seufzend durch sein Haar und massierte die Kopfhaut, dass die kurzen Strähnen in alle Richtungen abstanden. Er war sich vollauf bewusst, dass er zu seiner ganz persönlichen Hölle zurückkehrte, die ihn schon seit elf langen Jahren quälte.

Der Wagen mit den warmen Gerichten wurde von der Stewardess neben ihm gestoppt und riss ihn aus seinen Gedanken. Mit einem freundlichen Lächeln fragte sie ihn, was er essen wolle: Schwein oder Hühnchen. Nachdem er sich entschieden hatte, reichte sie ihm eine warme Aluschale, unter der er beim Entgegennehmen einen Zettel spürte. Überrascht blickte er auf eine schwungvoll notierte Handynummer, unter der der Name Sherry Lee stand. Als er aufblickte, war Sherry Lees strahlendes Lächeln eine Spur doppeldeutiger.

Doch Ben stand nicht der Sinn nach einem One-Night-Stand, obwohl er sich von Sherry Lees Angebot geschmeichelt fühlte. Welcher Mann würde das nicht?

Deshalb schüttelte er unmerklich mit einem kleinen bedauernden Lächeln den Kopf. Scheinbar verstand Sherry Lee seinen Wink, denn sie lächelte verständnisvoll zurück und signalisierte ihm mit einem Augenzwinkern, dass sie jederzeit bereit wäre, wenn er es sich anders überlegte.

Doch das war nicht seine Absicht.

Nach dem Essen lehnte er sich zurück und schloss die Augen. Er hoffte, wenigstens ein wenig schlafen zu können, um den Jetlag auszugleichen. Doch wieder drängten sich Bilder der letzten vier Jahre vor sein inneres Auge. Bilder, die ihm zeigten, wie wichtig es war, heimzukehren und sich um das Wertvollste in seinem Leben zu kümmern.

Als die Schiebetüren sich wohl zum hunderttausendsten Mal öffneten, erblickte Fiona endlich das Gesicht, auf das sie schon so lange wartete. Mit einem erleichterten Auflachen zeigte sie ihrer dreijährigen Tochter, die sie auf dem Arm hielt, ihren Patenonkel. Auch Bens Mutter und sein Bruder Marius, die beide ungeduldig wartend neben ihr standen, gaben einen erfreuten Laut von sich und begannen zu winken.

Ben kam mit einem schwer beladenen Gepäckwagen auf sie zugerollt – und man konnte an seinem Gang erkennen, dass er es wohl auch nicht erwarten konnte, seine Familie in die Arme zu schließen.

Er überragte die meisten Passagiere um einen halben Kopf und wirkte auf Fiona mit seinen breiten Schultern noch imposanter als bei seinem letzten Besuch vor einem knappen Jahr. Aber das konnte auch daran liegen, dass sein Bild auf ihrem Computerbildschirm seiner Ausstrahlung einfach nicht gerecht wurde.

Als Ben erst seine Mutter, dann seinen Bruder umarmte, musste sie sich korrigieren. Er hatte wirklich eine beeindruckend athletische Statur, was nicht nur auf seine väterlichen Gene zurückzuführen war, sondern auch auf sein regelmäßiges, intensives Eishockeytraining. Und dann suchten seine ungewöhnlichen Augen ihren Blick und hielten ihn fest, bis er sich von seinem Bruder löste und auf sie zutrat.

Fiona hatte Ben trotz der vielen Telefonate schon schrecklich vermisst. Deshalb wäre sie bei seinem Anblick am liebsten wie ein kleines Kind auf ihn zu gerannt und hätte sich ihm in die Arme geworfen. Der intensive Kontakt mit ihm während der letzten vier Jahre hatte ihr einen festen Halt gegeben und sie davor bewahrt, völlig zu entmutigen. Und ihre Tochter Emma hatte ihr allein durch ihre Geburt einen plausiblen Grund gegeben, weiterleben zu wollen.

Ja, sie war Gott dankbar, dass er ihr zu ihrem wunderbaren Ehemann noch den besten Freund geschickt hatte, den sie sich in ihrer jetzigen Situation hätte wünschen können.

Sie war sehr froh, dass Ben wieder zu ihnen nach Deutschland zurückgekehrt war.

Als Ben in den Wartebereich der Ankunftshalle trat, erblickte er schon gleich sein kleines, begeistert winkendes Empfangskomitee. Er schloss seine Mutter Carina Kowalczyk, die deutlich kleiner war als er, als Erstes innig in die Arme, da er wusste, wie schwer ihr die lange Trennung von ihrem ältesten Sohn gefallen war.

„Endlich bist du wieder bei uns", murmelte sie mit Tränen in den Augen.

Dann drückte Ben lachend seinen vier Jahre jüngeren Bruder Marius an seine Brust und wuschelte ihm – so wie früher – durch die Haare. Marius, der mit seinen haselnussbraunen Haaren und dem kleineren Körperwuchs eher nach seiner Mutter kam, hatte sich wegen seiner weniger beeindruckenden physischen Präsenz nie davon abhalten lassen, der gleichen Eishockeyleidenschaft zu verfallen wie sein älterer Bruder.

Doch Bens Augen wurden wie magisch von Fionas Lächeln angezogen, das seinen Magen wie verrückt hüpfen ließ. Sie stand - mit ihrer dreijährigen Tochter auf dem Arm - etwas am Rande und ließ Bens Familie den Vortritt. Ihr dunkles Haar war in einem hohen Pferdeschwanz zusammengebunden und fiel einem dunklen Wasserfall gleich ihren Rücken hinab. Es glänzte seidenweich im künstlichen Licht der Deckenstrahler, als ob es ihn einlud, seine Finger tief darin zu vergraben.

Als er auf die beiden zutrat, suchte er Emmas Blick und lächelte sie an. „Na, Emmy, weißt du noch, wer ich bin?"

Das kleine Mädchen warf einen prüfenden Blick aus schokoladenbraunen Augen auf Ben, legte den Zeigefinger an die Unterlippe und lispelte dann grinsend: „Ich kenn' dich. Du bis' Ben."

„Richtig", lachte dieser und schloss beide in seine Arme.

In diesem kurzen Moment der Begrüßung, der kürzer als ein Atemzug war, versank Ben in dem Gefühl, als Ertrinkender an eine rettende Insel gespült worden zu sein. Fionas vertrauter Duft umströmte ihn, während seine Hände auf ihrem Rücken ruhten und ihr langes, weiches Haar berührten. All diese Sinneseindrücke nahm sein Unterbewusstsein im Bruchteil dieser Sekunde wahr und vollführte einen dreifachen Salto.

Als er die beiden wieder losließ, hängte sich Fiona - mit Emmy auf dem Arm - bei ihm ein. Seine Mutter Carina tat es ihr auf der anderen Seite mit den Worten nach: „Und jetzt erzähl mal, wie dein Flug war."

Marius hatte sich schon seinen Gepäckwagen geschnappt und schob ihn hinter den ausgelassen lachenden Frauen her.

Auf der Heimfahrt durch die nasskalte Herbstlandschaft musste Ben viele Fragen beantworten. Er saß neben Fiona auf dem Beifahrersitz ihres geräumigen Minivans, der Platz für sie alle - inklusive seines Gepäcks - bot. Hin und wieder drehte er sich zu seiner Mutter um, wenn er ihr etwas erzählte. Sie sah gut aus, fand er, hatte eine gesunde Gesichtsfarbe. Sie war seit dem tragischen Tod ihres Ehemanns - und Bens Vater - vor fast zwanzig Jahren allein geblieben. Er selbst war damals fünfzehn und Marius elf Jahre alt gewesen. Die Anfangszeit war nicht einfach gewesen. Und obwohl Ben sie nach einigen Jahren immer wieder dazu ermuntert hatte, eine neue Beziehung zu suchen, hatte sie sich entschlossen, lieber alleine mit ihren Söhnen zu bleiben. Mittlerweile hatte sich seine Mutter ihr Leben gut eingerichtet und war glücklich. Andernfalls wäre er nicht so lange in Kanada geblieben.

Fiona neben ihm strahlte wie das blühende Leben. Die letzten vier

Jahre waren hart für sie gewesen, das wusste Ben aus erster Hand. Doch mit der Geburt ihrer Tochter vor gut drei Jahren war ein neuer Sinn in ihr Leben gekommen.

Fionas Schwangerschaft war – bis auf gelegentliche Übelkeit am Morgen – gut verlaufen. Am Anfang hatte sie eine ganze Zeit gebraucht, um zu verstehen, dass in ihrem flachen Bauch tatsächlich ein kleiner Mensch heranwuchs. Sie litt noch unter dem Verlust ihres Mannes, aber auch unter ihrem schlechten Gewissen, da sie sich eigentlich über das Baby freuen sollte – es aber nicht konnte. Doch mit der Zeit wurde es besser, da sie in Ben einen Freund hatte, mit dem sie freimütig über ihre Ängste und Sorgen sprechen konnte, wie sie es bei ihrer Schwiegermutter nicht wagte.

„Wir können gleich deine neue Wohnung besichtigen", schaltete sich Marius ein. „An den letzten Wochenenden haben Mama, Susi und ich die Wände gestrichen. Fiona und Emmy haben uns in der Zeit mit Essen versorgt und …"

Lachend fiel ihm Fiona ins Wort: „… und Emmy wollte sich auf deinem Fußboden verewigen, weshalb sie beide Hände bis zum Ellenbogen in die weiße Farbe getaucht und Handabdrücke auf dem Holzboden hinterlassen hat. Bis wir es gemerkt hatten, war schon das halbe Schlafzimmer vollgekleckst und meine kleine Tochter sah aus wie eine Schneekönigin in einer Winterlandschaft."

„Aber wir haben jeden Fleck wieder wegbekommen", beruhigte ihn Carina. „Auch an Emmy – nachdem wir sie in deiner Badewanne eine halbe Stunde eingeweicht haben."

„Schade, das hätte ich gerne gesehen", schmunzelte Ben und langte mit seinem langen Arm nach hinten, um Emma in ihrem Kindersitz am Fuß zu kitzeln, sodass sie vor Wonne aufquiekte wie ein kleines Schweinchen.

„Es ist schön, dass du wieder bei uns in Knopfheim wohnst", seufzte seine Mutter. „Ich hoffe, die Dorfgemeinschaft erdrückt dich nicht nach deinem unabhängigen Leben in Kanada. Du weißt, wie sie manchmal sein können."

Er hatte Marius vor einem halben Jahr gebeten, im näheren Umkreis seines Heimatorts nach einer kleineren Wohnung für ihn zu suchen, in die er bei seiner Rückkehr gleich einziehen könne. Doch sein Bruder hatte so lange hartnäckig überall in Knopfheim herumgefragt, bis er von einem früheren Klassenkameraden von der leer stehenden Eigentumswohnung der verstorbenen Großmutter erfahren hatte. Die Nachbarorte hatte er überhaupt nicht in Betracht gezogen, das Schlitzohr, da er Ben nach dessen langer Abwesenheit wieder bei sich und seiner Mutter haben wollte. Da Marius im nächsten Sommer seine Jugendliebe Susi heiraten und danach im neu erschlossenen Baugebiet am Ortsrand bauen wollte, wäre die gesamte Familie wieder vereint.

Genau in diesem Moment erreichten sie Knopfheim. Eine beruhigende Wärme breitete sich beim Anblick der vertrauten Straßen und Häuser in Bens Brust aus. Erst jetzt wurde ihm bewusst, dass ein wichtiges und lehrreiches Kapitel in seinem beruflichen Leben abgeschlossen war. Ab jetzt würde - diesmal im privaten Bereich - ein neues beginnen, in dem er sich beweisen musste. Neugierig sah er sich um. Seit seinem letzten Besuch hatte sich nicht viel verändert. Das Haus eines ehemaligen Eishockeykollegen hatte einen neuen Anstrich bekommen. Im Vorgarten eines anderen Hauses fehlte eine uralte und riesengroße Tanne, die vermutlich morsch gewesen war.

„Und mit dem Coach habe ich auch schon gesprochen", unterbrach Marius seine Gedanken. „Du sollst dich so schnell wie möglich einleben und dann deinen Arsch zum Training schwingen, damit er in dieser Saison noch einen schlagkräftigen Mann mehr auf dem Eis hat. Die können's kaum noch erwarten, dass du ihnen hilfst, die Heilbronner *Schneewölfe* mit einem gezielten Tritt in den Hintern in die sibirische Tundra zu schicken. In den letzten Jahren haben die uns nämlich jedes Mal im letzten Moment den Klassensieg vor der Nase weggeschnappt." Er stieß ein empörtes Schnauben durch die Nase aus. „Aber dieses Jahr wird das garantiert anders, wenn du mitspielst. Da werden die sich ganz schön warm anziehen müssen."

Ben schmunzelte. Überall gab es ein Team, das unbedingt aus Gründen der Ehre geschlagen werden musste. Davon lebte der Sport. Knopfheim hatte vermutlich die höchste Eishockeyspieler-pro-Einwohner-Zahl im größeren Umkreis - wenn nicht gar in ganz Deutschland. Es war schon seit Jahrzehnten Tradition, dass (zumeist) Väter deren Kinder in die Geheimnisse des Eishockeyspielens einweihten und sie vertrauensvoll der intensiven Jugendarbeit des Mannheimer Eishockey-Klubs überließen. Denn die Knopfheimer Bevölkerung war davon überzeugt, dass man als Erwachsene nicht mehr lernte, was man als Kind verpasst hatte.

Nachdem es Franz Müller in den fünfziger Jahren des zwanzigsten

Jahrhunderts von Knopfheim über den Mannheimer ERC bis in die erste Liga geschafft hatte, war der Grundstein für die enorme Eishockeybegeisterung in Bens Heimatort gelegt - und diese immer größer werdende Lawine war über die Jahrzehnte nicht mehr zu stoppen gewesen. Dementsprechend viele Knopfheimer verbrachten ihre Wochenenden in der SAP-Arena, um die *Adler* Mannheim, die ganz oben in der ersten Bundesliga mitmischten, zu neuen Höhenflügen anzutreiben.

Es gab natürlich auch die Zugezogenen, die sich nicht am Knopfheimer Vereinsleben beteiligten. Die zufrieden damit waren, auf die Arbeit zu gehen, bei schönem Wetter auf der Terrasse Kaffee zu trinken und ihren Garten zu pflegen. Aber es fanden sich auch immer welche, die dem Gemeindeleben offen gegenüberstanden und innerhalb von Monaten mit dem Eishockeyvirus infiziert waren.

Ben freute sich, dass er wieder mit vielen seiner alten Teamkameraden spielen konnte. Damals waren in seinem Jahrgang überdurchschnittlich viele Jungen geboren worden, von denen fast alle mit Eishockey begonnen hatten. Und so hatte er in den kalten Wintern seiner Kindheit viel Zeit auf dem zugefrorenen Baggersee am Rande des Orts beim Eishockeyspielen und Trainieren verbracht. Manchmal gab es auch ein großes Dorffest mit Turnieren, bei denen sie ihre Kräfte messen konnten. Später trieb jemand einen Sponsor auf, der eine betonierte Fläche bauen ließ, die man bei kaltem Wetter in eine Eisfläche verwandeln konnte.

Sie hatten schon ein eishockeyverrücktes Dorf.

Mit einem „Und hier sind wir" bremste Fiona ihren Minivan vor einem kleinen Mehrfamilienhaus, das in einem ruhigen Wohngebiet lag – gerade mal zwei Straßen weit von Fionas Haus entfernt.

Schicksal?

Ben wagte nicht, darüber zu spekulieren.

„Wenn wir deine Sachen hochgetragen haben, kannst du dich erst mal ausruhen", meinte Carina zu ihrem Sohn und fügte mit einem erfreuten Blinzeln an: „Und heute Abend treffen wir uns dann zum Essen bei mir im Haus. Fiona, Marius und Susi kommen auch."

Nachdem Ben das Nötigste ausgepackt und geduscht hatte, legte er sich auf das alte französische Doppelbett aus Marius' früherer Wohnung. Den kleinen Fernseher, den er nun einschaltete, hatte sein Bruder wohl auch für die erste Übergangszeit organisiert. Irgendwann in den nächsten Wochen und Monaten würde Ben sehen, welche seiner eingelagerten

Möbel er benötigte und welche nicht in die Wohnung passten. Aber das hatte noch Zeit.

Während Ben – von der langen Reise erschöpft – durch die Kanäle zappte auf der Suche nach etwas niveauvollerem als der wöchentlichen Gerichtssoap, wanderten seine Gedanken automatisch zu seiner gemeinsamen Zeit mit Julian und Fiona zurück.

Er konnte sich noch gut an den Ausdruck auf Julians Gesicht erinnern, als dieser ihm in der Mensa davon erzählte, dass Fiona ihn am Abend davor zum Abschied geküsst hatte. Und wenn er küssen sage, meine er nicht so ein Bussi-Bussi-Küsschen auf die Wange, sondern einen richtigen Kuss.

„Hey, Ben, ich kann dir sagen, mich hat es fast rückwärts aus den Latschen gehauen, als sie mir zum Abschied nicht einfach wie sonst nur ihre Wange hinhält, sondern ihre Hand in meinen Nacken legt und zielstrebig meine Lippen sucht." Julian lachte bei der Erinnerung auf und schüttelte ungläubig mit dem Kopf. Als er weitererzählte, konnte Ben den inneren Aufruhr seines Freundes daran erkennen, wie er gedankenverloren mit seiner leeren Gabel in der Luft herumfuchtelte. „Du weißt, wie das manchmal ist. Eins führt zum anderen, noch erzählt sie davon, dass wir morgen alle zusammen ins Kino gehen könnten und plötzlich lagen ihre Lippen auf meinen. Mann, die Frau hat echt Pfeffer im Blut. Sie hat mich mit ihrer Entschlossenheit wirklich überfahren."

Ben saß Julian still gegenüber, wie es oft seine Art war, und beobachtete das strahlende Gesicht seines Freundes, während dieser haltlos von Fiona schwärmte. Als Julian mit seiner unglaublichen Neuigkeit herausgeplatzt war, hatte sich ein weißglühendes Gefühl des Verlusts in Bens Brust breitgemacht, das nun wie ein heißer Steinklumpen höllisch brannte. Das Essen lag unberührt auf seinem Teller und wurde kalt, während Julian immer noch dabei war, von der süßen Fiona zu erzählen, und wie er sich in den letzten Wochen genau das, was gestern passiert war, gewünscht, aber darauf nicht zu hoffen gewagt hatte. Dinge, von denen Ben auch geträumt hatte, seit er Fiona zum ersten Mal begegnet war.

Wenn Julian so überglücklich lächelte, sah er mit seinem ebenmäßigen Gesicht und den regelmäßigen, weißen Zähnen noch attraktiver aus als sonst. Bens Freund war schon immer wie ein Honigtopf in einem Wald voller Bären gewesen. Er hatte ein aufgeschlossenes, freundliches Wesen, das ihn – gepaart mit seinem überwältigenden Charme – für Frauen unwiderstehlich machte. Sein respektvolles, aber auch liebenswürdiges Verhalten, das strahlende Lächeln und die aufmerksamen, tiefbraunen Augen vermittelten jeder Frau, es gäbe zu diesem Zeitpunkt keine wichtigere Aufgabe für ihn, als sich mit ihr zu unterhalten oder ihr zuzuhören. Die Frauen fühlten sich von Julians amüsanten, neckenden Worten angezogen und von seiner ehrlichen, aufrichtigen Reaktion ernst genommen und respektiert, was sie schon nach kürzester Zeit reihum für ihn begeisterte.

Und dabei konnte man ihm noch nicht mal den Vorwurf machen, das sei alles nur Show, um die Weiber flachzulegen. Nein. Das war schlicht und ergreifend Julians natürliche Persönlichkeit, die ihn zu einem liebevollen Mann und wertvollen Mitglied der Gesellschaft machte.

Und deshalb war er auch schon so lange Bens bester Freund.

Was er überdies an Julian immer sehr geschätzt hatte, war, dass er nie über die Herkunft eines Menschen wertete, obwohl er selbst als Einzelkind in einer Familie der gehobenen Mittelschicht aufgewachsen war. Er hatte Ben immer akzeptiert, wie er war, und nie ein Wort darüber verloren, aus welch einfachen Verhältnissen er abstammte: Der Enkel eines polnischen Gastarbeiters, der sich in den fünfziger Jahren in Mannheim niedergelassen hatte, und der Sohn eines nicht-gesellschaftsfähigen Vaters, über den das halbe Dorf spottete.

Julian unterstützte seinen Freund immer in allem, wobei er helfen konnte. Er war tolerant und zuverlässig, loyal und einfühlsam. An Julians Seite würde Fiona ein gutes, glückliches Leben führen. Und dass sie zusammenbleiben würden, bis dass der Tod sie schied, stand für Ben zu jenem Zeitpunkt außer Frage.

„Wir haben uns ja auf Anhieb gut verstanden. Aber ich hätte nie gedacht, dass sie wirklich ernsthaft etwas von mir will – und dann noch nach so kurzer Zeit den ersten Schritt macht."

Mittlerweile war Julians Begeisterung im siebten Himmel angelangt. Bens Kehle war trocken und er schluckte mühsam. Es kostete ihn seine ganze Selbstbeherrschung, nicht einfach aufzustehen und zu gehen, um draußen seine Enttäuschung herauszuschreien und die tiefen Wunden zu lecken.

„Mann, die Frau geht mir unter die Haut ... Ich werde gleich heute Nachmittag nach den Vorlesungen bei ihr vorbeigehen. Oder was meinst du?"

Natürlich stimmte Ben seinem Freund zu und ermunterte ihn, aktiv zu werden. Er erblickte das vollkommene Glück in Julians Augen und konnte nicht anders, als ihm seinen Segen zu geben.

„Ich freue mich für euch." Das meinte Ben ehrlich, auch wenn es sich für ihn im Moment noch nicht so anfühlte. Julian war sein bester Freund. Er war ein verdammt guter Mensch und hatte alles Glück der Erde verdient – einschließlich einer wunderbaren Frau wie Fiona. Außerdem konnte Julian am wenigsten dafür, dass sie sich schlussendlich für ihn und nicht für Ben entschieden hatte.

Bens starrer Blick war auf dem Fernseher festgefroren, der mittlerweile eine laut plappernde Moderatorin zeigte, die während einer Kochsendung die neueste Kreation des Starkochs probierte und in den höchsten Tönen lobte.

Julian hatte auch immer gerne gegessen, besonders wenn Fiona gekocht hatte. Vielleicht würde Ben wieder einmal in den Genuss kommen, bei Fiona essen zu dürfen, wenn er schon in ihrer Nähe wohnte und der Pate ihrer Tochter war.

Bei diesem Gedanken knurrte sein Magen und er musste an eine andere Gelegenheit denken, die auch schon lange zurücklag und bei der er ganz gegen seine Gewohnheit nicht vollkommen ehrlich zu Fiona gewesen war. Julian war gerade mal ein Jahr mit ihr zusammen gewesen, als sie eine knifflige mündliche Prüfung bestanden hatte, nachdem sie die vorangegangenen zwei schriftlichen Durchgänge in den Sand gesetzt hatte. Und das wollte sie abends mit ihren zwei 'Lieblingsmännern' feiern.

Wie immer gingen sie in ihre urige Stammkneipe auf dem Campus und Fiona bestellte zur Feier des Tages den größten Extra-Doppel-Cheeseburger, den der Laden anbot. Nach der letzten nervenaufreibenden Lernwoche habe sie sich den verdient, meinte sie lachend.

Gegen später wurde die Laune an ihrem Dreiertisch immer ausgelassener, da sich Fiona und Julian versuchten, beim Sprücheklopfen zu überbieten. Ben mischte gut gelaunt mit und heizte die beiden noch mehr an.

„Oh Gott, mir tut der Bauch vom Lachen weh! Ihr seid mit euren Sprüchen echt schlimmer als die Folterknechte im Mittelalter“, keuchte Fiona. „Ich hätte nicht so viel essen sollen. Aber in den letzten zwei Wochen habe ich garantiert drei Kilo abgenommen, weil ich so nervös wegen der Prüfung war.“

„Dann weiß ich ja, wie ich dich in nächster Zeit verwöhnen kann“, raunte Julian ihr zu und flüsterte noch etwas in ihr Ohr. Dabei nahm er eine lange Strähne ihres offenen Haares zwischen die Finger und strich damit bedächtig von ihrer Halsschlagader bis in den tiefen V-Ausschnitt ihres Tops, dass sie erschauderte.

„Das werde ich dir garantiert nicht aus deinem Nabel lecken. Da bin ich ja eine ganze Woche beschäftigt, bis du wieder sauber bist“, lachte Fiona und schlug gegen seine Hand, damit er mit der süßen Folter aufhörte.

„Von mir aus kannst du dir dafür so viel Zeit nehmen, wie du willst. Ich bin jederzeit bereit.“ Julian blickte sie mit erwartungsvollem Grinsen an.

„Ich aber nicht", verneinte Fiona resolut. „Ich will jetzt noch ein Bier. Ist einer der Herren an diesem Tisch bereit, mir eines zu besorgen?"

Ben schob den Stuhl nach hinten und stand auf, bevor Julian überhaupt nur seinen lüsternen Blick von Fiona losreißen konnte. „Ich besorg' dir eins. Ich glaube nicht, dass Julian im Moment ansprechbar ist. Vermutlich verliert er sich gerade in seinen schmutzigen Fantasien für heute Nacht."

„Mein Freund Ben kennt mich besser als jeder andere", grinste Julian, während er Fiona immer noch mit seinen dunklen Augen verschlang.

Als das neue Glas schon wieder fast geleert war, merkte man Fiona an, dass sie redselig wurde. Sie legte einen ihrer gebräunten, schlanken Arme um Julians Schulter, den anderen um Bens und zog sie zu sich heran. Leutselig schnurrte sie mit ihrer sinnlichen Stimme: „Jungs, ich liebe euch beide, wisst ihr das eigentlich? Dich", sie wandte sich Ben zu und blickte ihm so tief in seine unterschiedlich farbigen Augen, dass es ihm heiß und kalt den Rücken runterfloss, „weil du immer für mich da bist und mich zum Lachen bringst. Weil du mir den f-funktionellen Zusammenhang zwischen einem Ventil-s-sitzring und einem Zylinderkopf so erklären kannst, dass es sogar eine in technischen Dingen miner … min … minderbemittelte Germanistikstudentin versteht." Sie schüttelte den Kopf und sagte wie zu sich selbst: „Das is' aber ein schweres Wort."

Ben merkte, wie sein Herz einen kleinen Satz machte und dann doppelt so schnell weiterschlug. Sie liebte ihn? Hatte er denn doch das Glück, einen Platz in ihrem Herzen zu besitzen? Er spürte, wie er sich wegen ihrer Aufmerksamkeit – wider besseres Wissen – geschmeichelt fühlte.

Dann fuhr sie jedoch fort: „Außerdem werde ich dir für alle Ewigkeit dankbar sein, dass du mir deinen besten Freund vorgestellt hast. Die Liebe meines Lebens."

Mit diesen Worten wandte sie ihre volle Aufmerksamkeit Julian zu, ohne ihre Arme von den Schultern der Männer zu nehmen. Und da sich die beiden verliebt in die Augen sahen, merkten sie nicht, dass Fionas letzte Worte auf Ben wirkten wie eine kalte Dusche.

Nachdem sie ihrem Freund gestanden hatte, wie sehr sie ihn liebte, schwenkte ihr Kopf – wie bei einem kleinen Wackeldackel im Auto – wieder zu Ben herum und sie blickte ihn vorwurfsvoll mit ihren schönen dunklen Augen an, die von den längsten Wimpern der Welt umrahmt wurden. „Warum hast du eigentlich noch k-keine feste Freundin? Irgendein n-nettes Mädchen, mit dem du glücklich sein kannst? Ich kann das echt nich' mehr mit ansehen, wie alleine du bist und nur ab und zu mal an einer Frau n-naschst."

Tja, auf diese direkte Frage hatte er ihr leider keine direkte – und vor allem ehrliche – Antwort geben können, ohne seine Freundschaft mit Julian aufs Spiel zu setzen und sich von ihr einen schmerzhaften Korb einzuhandeln. Denn die Antwort, er habe die Richtige noch nicht gefunden, wäre eine glatte Lüge gewesen.

Ben erhob sich vom Bett, um das unliebsame Gefühl der Zurückweisung abzuschütteln. Die Vergangenheit war schon lange passé. Er wusste, dass Fiona ihn sehr mochte und ihm dankbar für seine Unterstützung in den letzten Jahren war. Doch mehr Hoffnungen durfte er sich nicht machen, nur weil er wieder in Deutschland lebte - und sie frei war. Schließlich war er bereits seit elf Jahren in der Freundezone gefangen, aus der man bekanntlich nicht herauskam.

Fiona war schon immer ein wunderbarer Mensch gewesen. Sie war warmherzig, kümmerte und sorgte sich um die, die ihr am Herzen lagen, und hatte beim Reden stets ein Lächeln auf den wundervoll geschwungenen Lippen, für die er sogar den Meistertitel eintauschen würde. Er freute sich, wieder mehr Zeit mit ihr verbringen zu können. Das barg jedoch auch die Gefahr, den Riss in seinem Herzen noch weiter zu vergrößern.

Die ersten beiden Jahre in Kanada war es ihm gut ergangen. Er hatte gedacht, die Distanz habe sein Herz heilen lassen. Ihm die Gelassenheit zurückgegeben, die er vorher verloren hatte - trotz regelmäßiger Telefonate mit Julian und Fiona. Doch am Tag der Beerdigung vor knapp vier Jahren hatte er feststellen müssen, dass er sich gründlich geirrt hatte. Als er abends wie ein wehleidiger Jammerlappen flennend bei ihr vor dem Kamin gesessen und den Puck angestarrt hatte, hatte sie ihn zwar mit ihrer Umarmung aus einem Meer voller Schmerz und Verzweiflung gerettet. Aber er konnte sich in dem Moment, als er in ihren Armen lag, nicht mehr selbst belügen: Er stellte fest, dass sich nichts - absolut gar nichts - an seinen Gefühlen für sie geändert hatte. Er hatte gedacht, er sei über sie hinweg, hatte gedacht, er habe akzeptiert, dass er sie nie für sich haben könne. Doch seine urtypisch männliche Besitzgier hatte sich genau diesen Augenblick ausgesucht, um mit aller Macht und martialischem Gebrüll durch den halbherzig gebauten Schutzwall seines Herzens zu brechen.

Sie war endlich wieder frei!!

Der Zeitpunkt für eine Inbesitznahme war jedoch denkbar ungünstig. Nicht nur hatte sie ihren Mann gerade verloren, er hatte auch seinen besten Freund an diesem Nachmittag begraben und schämte sich bodenlos ob dieser verräterischen Gedanken. Dennoch konnte er bei der Umarmung ihre wunderbar seidigen Haare unter seinen Händen und das Gefühl ihres warmen weichen Körpers an seinem nicht ausblenden.

Es war eine bittere Erkenntnis für ihn gewesen, dass er gar nichts unter Kontrolle hatte und die alten Gefühle wieder unbeherrscht aufbrachen. Während der letzten vier langen Jahre in Kanada war es schon schlimm genug gewesen. Sie aber jetzt leibhaftig vor sich zu sehen, ohne sie so berühren zu können, wie er es gerne wollte, würde ihn vermutlich umbringen.

Kopfschüttelnd blickte Ben auf sein Gepäck. Noch hatte er eine Stunde, bis er zum Abendessen los musste und sie wieder traf. Er würde die Zeit nutzen, seine Koffer auszupacken und sich zu sammeln – was er bitter nötig hatte.

Kapitel 3

Lebendige Erinnerungen fluteten durch Bens Gehirn, als er mit seiner überdimensionalen Sporttasche, in die locker ein Kleinwagen gepasst hätte, in den Eingangsbereich der Mannheimer Eislaufhalle trat und ihm die vertrauten blau-weiß-roten Teamfarben der Mannheimer *Pitbulls* ins Auge sprangen. Er hatte seine Mannschaft schon richtig vermisst.

Erinnerungen an schweißtreibende Trainingseinheiten, großartige Spiele und jubelnde Fans flirrten wie körnige Bilder einer Super-8-Kamera vor seinen Augen und weckten die dazugehörigen Adrenalin übersprudelnden Gefühle aus ihrem sechsjährigen Tiefschlaf.

Johann, der langjährige Betreuer, kreuzte mit einem Haufen Zubehör seinen Weg zur Kabine und begrüßte ihn erfreut per Handschlag. „Hab' schon gehört, dass du wieder im Lande bist. Jetzt können sich die Heilbronner ganz schön vorsehen." Breit grinsend stapfte er davon.

Ben blickte auf die Uhr. Er hatte sich etwas verspätet, da ihn die Arbeit aufgehalten hatte. Nach einer Woche Eingewöhnungsurlaub hatte sein erster Arbeitstag an diesem Montag richtig reingeschlagen. Einige personelle Strukturen hatten sich verändert. So war der neue Leiter der Abteilung, mit der er nach seiner Rückkehr eng zusammenarbeiten musste, niemand anderer als der Kollege, der sich damals auch für den Posten in Kanada beworben hatte. Schleimscheißer-Sören schien in Bens langjähriger Abwesenheit wirklich fleißig am Stiefellecken gewesen zu sein, dass er die Karriereleiter so hochgepurzelt war. Das konnte ja heiter werden.

Viele vertraute Dinge in seiner Firma waren scheinbar jedoch nicht totzukriegen: der altersschwache Süßigkeitenautomat vor seinem alten Büro; die braune Soße in der Kantine, von der er nicht wissen wollte, wie sie hergestellt wurde; der Dufterfrischer auf der Herrentoilette, der ihn immer an eine Mischung aus Gummibärchen und Lakritze denken ließ – und schlussendlich die erschreckend kompetente Chefsekretärin Mildred Hofer, ein Urgestein, das schon vor einigen Jahren hätte in Rente gehen sollen, aber immer noch wie ein gefräßiger Drache im Vorzimmer des allseits geschätzten Chefs thronte und jeden Ankömmling mit scharfem Blick taxierte, um die Wichtigkeit seines Anliegens einzuschätzen.

Mildreds Begrüßung, als Ben vor ihr gestanden hatte, war für ihre Verhältnisse überaus warmherzig und begeistert ausgefallen – und hatte ihm gezeigt, wie sehr sie ihn doch als Mitarbeiter schätzte: Sie hatte hinter ihrer großen Jackie-Onassis-Brille eine Augenbraue hochgezogen, dazu den gegenüberliegenden Mundwinkel, sodass genau zweieinhalb Zähne zu sehen waren. Ein solch offenes Lächeln reservierte sie normalerweise nur für ihre Lieblingsmitarbeiter, zu denen Ben scheinbar noch immer zählte.

„Schön, Sie wieder bei uns zu haben, Herr Kowalczyk“, war alles, was sie mit ihrer tiefen, vom vielen Rauchen kratzigen Stimme gesagt hatte – und das war deutlich mehr, als andere Mitarbeiter in einer solchen Situation erwarten konnten.

Wie schon gesagt: ein Urgestein.

Als Ben den langen Gang zur Umkleidekabine entlangging und die Tür öffnete, begrüßten ihn nicht nur lautes Gelächter und Fetzen einer konzentriert geführten Unterhaltung, sondern auch der vertraute Geruch nach altem Schweiß, Gummi und Kunststoff.

Als die Spieler ihn bemerkten, schallte ihm von vielen Seiten ein erfreutes „Hey, Ben!“ entgegen. Ein Spieler, der bis auf den Helm schon komplett umgezogen war, stand auf und trat auf ihn zu. Sein breites Lächeln mit unwiderstehlichen und überaus attraktiven Grübchen in den Wangen ließ normalerweise die Herzen der Frauen schmelzen – und die eine oder andere sogar in Ohnmacht fallen.

Ben ergriff seine ausgestreckte Hand und begrüßte seinen Freund aus Kindheitstagen und langjährigen Teamkollegen. „Hallo, Kai. Schön, wieder bei euch zu sein."

„Du kommst genau zum richtigen Zeitpunkt."

Ben schmunzelte. „Ich weiß schon. Die Heilbronner."

„Genau!" Kai Messner lachte überrascht auf und schlug Ben kameradschaftlich auf die Schulter.

Coach Dennis, der mit seiner langen hageren Gestalt und der Adlernase wie ein Raubvogel wirkte, löste sich von seinem Gesprächspartner und kam mit einem kleinen Lächeln auf die beiden zu. In der Hand hielt er ein neues Trikot für Ben, auf dem ein grimmig dreinblickender Pitbull abgebildet war. „Gut, dich hier zu haben, Mann." Dabei schüttelte er Ben die Hand und stellte ihm kurz die Neuzugänge im Team vor. Dann erzählte er, dass Joachim Feißt seit vier Jahren in Folge zum Kapitän gewählt worden war. Der dunkelhaarige Stürmer blickte nur kurz von seinem Gespräch mit einem Mitspieler auf und nickte Ben ernst zu.

Darauf wandte sich der Trainer wieder Ben zu: „Ich hoffe, du hast bei den Kanadiern gut aufgepasst und kannst auch bei uns mit deinem Schläger zaubern, damit die Heilbronner blass vor Neid werden."

„Jau! Denen geben wir's", johlten viele Stimmen durcheinander und begannen wie auf Kommando ausgelassen zu lachen.

„Beim letzten Spiel vor zehn Tagen hatten die nur Glück, sonst hätten wir sie plattgewalzt wie die Bulldozer", rief Erik Sandler, ein junger, schlaksiger Nachwuchstorwart mit milchiger Haut und einem karottenroten Lockenkopf, und stopfte seine Kleidung fröhlich ins Regalfach über seinem Sitzplatz.

Fast alle Spieler waren schon zum Training umgezogen. Bei manchen fehlte noch das Trikot über der Schutzausrüstung oder die Schlittschuhe. Dennoch schienen sie alle durch die Bank weg heiß darauf, wie die Teufel zu trainieren, um die vergangene Schmach beim nächsten Spiel wieder wettzumachen. Das Saisonziel schien eindeutig: der Heilbronner Mannschaft einen ordentlichen Tritt auf den zweiten Platz zu geben.

„Ja und du hast nach dem Spiel geflennt wie 'n Mädchen. 'Buhuhu'", begann der russisch-stämmige Mikhail Petrow, dessen Haarfarbe an den hellen feinen Sand karibischer Strände erinnerte, und rieb sich die imaginären Tränen aus den eisblauen Augen. „'Der gemeine Kerl von Torwart hat mir kurz vor Schluss einfach so den Puck weggenommen und sein Kollege hat es auch noch gewagt, mir ein Bein zu stellen.'"

Erik, der wegen seines Aussehens und seiner Jugend von allen Babyface genannt wurde, versuchte sich an einem ganz gefährlichen Blick und warf eine Wasserflasche nach seinem Teamkollegen. „Und du, Mischa, hast dich vermutlich nach der letzten Niederlage von dieser heißen Braut trösten lassen, die nach dem Spiel noch beim Ausgang auf dich gewartet hat. Kannst du dich an die erinnern? Ich mein' die mit dem Dreitagebart?"

Als diesmal ein Handschuh quer durch die Kabine geflogen kam, wandte Ben sich an den Coach und fragte, wo auf der durchgängigen Holzbank er sich umziehen dürfe. Dennis zeigte auf einen freien Platz neben zwei Spielern, die die Köpfe zusammensteckten und frech grinsten, als ob sie einen Streich ausheckten. Rafael Bergmann, der älteste der drei Goalies, und Urs Decker, ein braunhaariger Verteidiger, kannte Ben noch von früher. Sie schienen immer noch die engsten Kumpel zu sein.

„Wie sieht's mit deiner Ausrüstung aus, Ben? Hast du alles?"

„Ich habe meine alte Tasche ausgegraben. Die Schlittschuhe sind noch in Ordnung. Aber vermutlich sind demnächst ein paar neue Handschuhe fällig."

Nickend wandte sich Coach Dennis ab und drehte sich zu Erik, um ihn daran zu erinnern, beim Lauftraining mal einen Gang höher zu schalten als in der letzten Woche. Als dieser gerade seinen Helm aufsetzte, begannen plötzlich ein paar Spieler zu lachen. Die anderen schauten auf und stimmten in die allgemeine Heiterkeit mit ein. Nur Erik schaute verdutzt in die Runde.

„Als wir nach dem letzten Spiel geduscht haben", rief Kai und kugelte sich fast vor Lachen, „hatte ich beileibe nicht den Eindruck, dass du den Größten des ganzen Teams hast!"

Als Erik immer noch nicht auf den Trichter kam, schlug ihm Mischa zweimal auf seinen Helm, dass dessen Halswirbel erzitterten. Als Erik ihn wieder absetzte, entdeckte er an der Stirn einen weißen Aufkleber, auf dem „Goalies have the biggest stick of all" stand.

„Das sagt gerade der Richtige", erwiderte Erik nur trocken. „Du brauchst doch eine Lupe, um beim Pinkeln deinen Schwanz zu finden."

„Ach ja?", konterte Kai und blitzte ihn aus hellgrünen Augen amüsiert an. „Aber immer noch besser, mit einer Lupe durch die Gegend zu laufen, die keiner sieht, als mit deiner neuen Angeberkarre rumzufahren, auf deren Kennzeichen du mit deiner Schwanzgröße angibst: MA-XL. Das sagt doch schon alles! XL – ich bitte dich!" Dann fiel ihm noch eine andere Interpretationsmöglichkeit ein und er begann zu lachen: „Oder bezieht sich das darauf, dass du die größten Eier von uns allen hast? ***Meine Aier in XL***?"

„Kann ich was dafür", verteidigte sich Erik postwendend, „wenn der Vorbesitzer des Wagens Max hieß, aus Bayern stammte und ausgerechnet von allen Maxl gerufen wurde?!"

„Ja, aber mal ehrlich, die anschließende Nummer sagt doch alles: Sex-Sex-Sex-Sex", stöhnte Mischa voll Wonne. „War der Vorbesitzer etwa ein Pornostar, oder was?"

„Himmel, Arsch und Zwirn!", rief Erik mit hochrotem Gesicht und fragte sich zum ersten Mal, ob es nicht besser gewesen wäre, das Nummernschild des Vorbesitzers, der wieder in seine geliebten bayerischen Berge gezogen war, *nicht* zu übernehmen. „Kann ich was dafür, dass der Typ am sechsten sechsten sechsundsechzig Geburtstag hat?!!"

Zwanzig Minuten später setzte Ben seinen ersten Schritt auf die Eisfläche und genoss das mühelose Gleiten, das er schon sein Leben lang gewohnt war – und über alles liebte. Die anderen drehten schon ihre Aufwärmrunden, denen sich Ben routiniert anschloss. Nach dem anschließenden Lauftraining übten sie Torschüsse, wobei jeder Spieler im vollen Lauf einen der fast dreißig herumliegenden Pucks am Torwart vorbei in Richtung Netz abfeuerte.

„Kopftreffer zählen doppelt", rief Erik auf einmal laut, der ganz genau wusste, wem er den Streich zu verdanken hatte, und gab einen Schlagschuss von der blauen Linie Richtung seinem Torwartkollegen ab, nur um Rafael prompt am Helm zu treffen.

„Hey!", schrie dieser überrascht auf und begann, sich mit Händen und Füßen gegen die plötzlich auf ihn einprasselnde Puckflut zu wehren. „Erik, pass' bloß auf. Dich mach ich nach dem Training so was von alle, da musst du dir deine wenigen verbliebenen Zähne auch noch überkronen lassen. Das versprech' ich dir!"

„Ich freu' mich drauf", rief Erik gut gelaunt zurück und setzte zum nächsten Schuss an.

Es hatte sich nichts geändert, schmunzelte Ben in sich hinein. Absolut nichts. Die Jungs waren immer noch die gleichen Lausbuben wie vor sechs Jahren. Vielleicht ein bisschen älter und nur wenig weiser, dafür aber immer noch zu jeder Schandtat bereit.

Plötzlich zuckte Ben erschrocken zusammen. Ein Puck hatte ihn hart an der Schulter getroffen und war von der Seite an sein Visier geprallt. Glücklicherweise hatte das Polster die größte Wucht dieses Hammerschusses abgefangen, sonst hätte er in den nächsten Wochen ein Riesenproblem mit seinem Arm gehabt und wäre verletzungsbedingt ausgefallen. Als er sich umschaute, konnte er keinen Schützen entdecken, alle flitzten immer noch um das Tor herum und gaben harte Schüsse auf Rafael ab. Da war so ein Querschläger nichts Besonderes.

Nach einigen anderen Übungen setzte Coach Dennis ein abschließendes Trainingsspiel an, das Ben wieder an seine gemeinsame Eishockeyzeit mit Julian denken ließ. Sie waren ein gutes Team gewesen und hatten mit drei anderen Teamkollegen in der ersten Reihe der Mannschaft gespielt. Ben hätte viele seiner unzähligen Tore damals nicht ohne Julians Vorarbeit schießen können. Es war schade gewesen, dass sein Freund nicht auch noch während seines Studiums gespielt hatte. Aber immerhin hatte Julian mit Fiona damals fast alle seine Spiele als Fan miterlebt.

Vor Fionas erstem Spiel überhaupt hatte Julian ihr gegenüber Bens Fähigkeiten so in den Himmel gelobt, dass es Ben fast schon peinlich gewesen war. Gut, er hatte wirklich ein Händchen für den Puck und ein Gefühl für Torchancen, die er oft verwirklichte. Aber dennoch war die Ausdrucksweise, Ben sei ein Virtuose auf Kufen, wie eine Beschreibung aus einer schmalzträchtigen Nachmittagssoap.

Julian hatte Fiona in dem Moment tief in die Augen gesehen und sich wie so oft von seiner Begeisterung mitreißen lassen: „Wenn du ihn bei Angriffssituationen siehst, wirst du absolut fasziniert von der unbändigen Kraft seiner Körpersprache und der absoluten Leichtigkeit seiner schlittschuhläuferischen Qualität sein. Seine Eleganz, wenn er bei einem Angriff die Gegner umspielt, ist zum Niederknien. Er spielt mit dem Puck in solchen Situationen wie ein Jongleur mit sechs Bällen und lässt seine Gegner echt alt aussehen, dass nicht nur den gegnerischen Spielern auf der Ersatzbank der Mund sperrangelweit offen steht." Julian hatte schon immer einen Hang zur dramatischen Übertreibung gehabt. „In solchen Momenten treibt mir sein Talent die Tränen in die Augen und macht mir absolut klar, warum *er* Eishockey spielen *muss* – und *ich nicht sollte.*"

Oh Gott, er vermisste Julian so sehr.

Als Ben zwei Wochen später abends in seine Wohnung trat und das Licht im kleinen Flur anschaltete, merkte er, dass sein Anrufbeantworter blinkte. Es war ein anstrengender Tag gewesen. Auch nach mittlerweile drei Wochen Arbeit war Ben von der täglichen Routine noch weit entfernt. Es gab viele Bereiche, in die er sich einarbeiten musste, und viele weitreichende Entscheidungen zu fällen. Zu allem Überfluss hatte er sich heute bei einer Besprechung im Chefzimmer mit Schleimscheißer-Sören herumschlagen müssen. Ben hatte sich beim Hinausgehen noch gewundert, dass er nicht auf dem verbalen Abfallprodukt ausgerutscht war, das seinem Kollegen eine Stunde lang mit einschmeichelnder Stimme aus dem Mund geflossen war.

Nachdem Ben seinen Schlüssel wieder eingesteckt hatte, griff er zum Telefon, um die Nachricht abzuhören. Er gab es ganz offen und ehrlich zu. Er hoffte auf eine bestimmte Person, die ihn fröhlich lachend begrüßen würde.

Und tatsächlich meldete sich Fionas warme Stimme, die seinen dunklen, grauen Winterabend erhellte. Sie habe vor, heute Abend seit Langem mal wieder gefüllte Cannelloni zu backen – und er wisse, davon könne sie keine kleine Portion machen. Ob er nicht Lust habe, zum Abendessen vorbeizukommen? Um sieben? Dann könnten sie zu dritt essen und Emmy noch rechtzeitig ins Bett bringen. Wie auf Kommando krähte Emma bei der Nennung ihres Namens freudig auf, was Fiona zum Lachen brachte – und postwendend Ben ein wohliges Prickeln über den Rücken jagte.

Als er auf seine Armbanduhr schaute, fluchte er. Schon nach halb acht. Er ließ einfach alles stehen und liegen und machte sich schleunigst zu Fuß durch den leichten Nieselregen auf den Weg zu Fiona. Keine fünf Minuten später klingelte er leicht außer Atem an ihrer Haustür – und sein Herz, der hinterhältige Verräter, zog sich vor sehnsüchtiger Erwartung nach ihr zusammen. Er musste sich beruhigen, Herrgott nochmal. Das war einfach ein Abendessen unter Freunden. Fiona war nur eine Freundin – eine vertraute zwar – aber wirklich nur eine Freundin.

Ja, klar, das kannst du deiner Großmutter erzählen.

Er war für sie auch nur ein Freund, versuchte er sich zu überzeugen. Der beste Freund ihres Mannes und der Patenonkel ihrer Tochter.

Doch selbst nach fünfmaliger Benutzung des Wortes 'Freund' hatte die unsinnige Hoffnung sein Herz immer noch fest im Griff. Während der ersten beiden Wochen hier zuhause hatte er jeden Abend dem Drang widerstehen müssen, an ihrer Tür zu klingeln, nur um sich davon zu überzeugen, dass sie tatsächlich in Fleisch und Blut vor ihm stand – und eben nicht nur auf dem Computerbildschirm zu sehen war.

Andererseits war es die Hölle für ihn, sie wirklich und wahrhaftig vor sich stehen zu sehen, sie aber nicht so berühren zu dürfen, wie es sein sehnlichster Wunsch war.

Und das Schlimmste war, dass sie vermutlich dachte, er würde sie lieben wie eine Schwester. Es war doch wirklich zum Heulen!

Trotz all seiner geheimsten Fantasien war ihm nämlich eines klar: Sie würde ihn nie mit einem solchen Blick ansehen, den sie nur für Julian reserviert hatte: mit bedingungsloser Liebe – und flammender Leidenschaft in den dunklen, glühenden Augen, wenn sie meinte, es würde niemand bemerken. Ein Blick, der Bens Leben in seinen Grundfesten erzittern lassen würde.

Und deshalb würde er sich, in Gottes Namen, zusammenreißen wie ein erwachsener Mann, der er war.

Aber als Fiona dann strahlend wie die aufgehende Sonne die Tür öffnete und meinte, sie habe ihn schon aus dem Küchenfenster kommen sehen, waren bei ihrem Anblick all seine guten Vorsätze wie weggewischt. Ihr langes glattes Haar fiel ihr dunkel über den weinroten Strickpulli, den sie zu blauen Jeans trug, und ihre vergnügt funkelnden Augen glichen zwei Töpfen schwarzer Tinte. Zu allem Überfluss waren ihre Wangen auch noch leicht gerötet, als habe sie zu nah am Kaminfeuer gesessen. Und ihre vollen ungeschminkten Lippen entblößten ein strahlendes Lächeln, das nur ihm galt und seine Sinne bezauberte. Sie sah zum Anbeißen aus.

Bens Herz geriet ins Stolpern.

Fiona breitete ihre Arme aus und zog ihn zur Begrüßung an sich, wobei er ihr wie gewohnt einen flüchtigen Kuss auf die Wange hauchte, der in ihm alle Saiten zum Schwingen brachte. Gott, er musste wirklich etwas an seiner Einstellung ändern! Aber es war verdammt schwer, wenn sie so perfekt in seine Arme passte und er sich ihrer unbewusst wie einen fehlenden Teil seines Selbst bemächtigte. Er wusste, diese Umarmung bei jeder Begrüßung war eigentlich eine masochistische Angewohnheit seinerseits, aber er brauchte diese homöopathisch dosierten Zärtlichkeiten wie die Luft zum Atmen.

„Tut mir Leid wegen der Verspätung, aber ich bin erst jetzt nach Hause gekommen." Ben löste sich widerstrebend von ihr und betrat das Haus. Genussvoll sog er das würzige Aroma eines original italienischen Ofengerichts ein.

„Kein Problem, ich habe das Essen warmgestellt. Als die Cannelloni fertig waren, konnte ich Emmy natürlich nicht mehr halten. Deshalb habe ich sie abgefüttert und bettfertig gemacht. Sie sagt gerade ihren Puppen im Wohnzimmer Gute Nacht."

Nachdem sich Ben die Jacke ausgezogen hatte, betrat er das heimelig eingerichtete Wohnzimmer und entdeckte Emma, die neben dem Sofa vor ihrer Puppenecke auf dem Boden saß. Sie trug einen pinkfarbenen Pyjama mit aufgedruckten goldenen Kronen und gestrickte Schlafsöckchen. Es war kaum zu glauben, dass dieses kleine Mädchen dasselbe Baby war, das Fiona ihm vor gut drei Jahren über Skype stolz als ihre Tochter vorgestellt hatte. Einfach erstaunlich. Emma war damals in eine Babydecke gewickelt gewesen, hatte ein gestricktes Mützchen aufgehabt und schlief mit gerunzelter Stirn, als ob sie im Traum die Quadratwurzel aus 3631 ziehen sollte. Er hatte sie sofort in sein Herz geschlossen.

Ben setzte sich schräg hinter sie. „Hi, Emmy."

Die Kleine drehte sich zu ihm um und schenkte ihm ein strahlendes Lächeln, das Ben sehr an Julian erinnerte. „Hi." Sie nahm eine Puppe vom Töpfchen und erklärte mit gewichtiger Miene: „Lorchen hat Pipi gemacht. Vor'm Schlafen muss man Pipi mach'n."

„Ja, das ist richtig", bestätigte Ben genauso ernst.

Dann stellte Emma ihrem Patenonkel reihum alle Puppen und gefühlte hundert Kuscheltiere mit Namen und Lebensgeschichte vor. Ben sagte allen artig „Hallo" und „Gute Nacht" und half ihr, sie in ausgepolsterte Kisten zu legen und zuzudecken.

„So, un' jetz' sing'n wir susamm'n noch für alle *La, li, lu*." Zielstrebig ergriff sie Bens Hand und begann mit der ersten Strophe.

Ben schluckte. Singen? Da würde er lieber einen Mördercheck gegen die Bande kassieren, als vor Zeugen zu singen.

Kapitel 4

Als Fiona in der Küche den Salat fertig angemacht hatte, lugte sie durch einen Türspalt ins Wohnzimmer. Aha, Emma war gerade bei ihrer Vorstellungsrunde. Sie hoffte, dass Ben es nicht auf halber Strecke an den Nerven bekam, da ihre kleine Tochter in der Beziehung sehr ausdauernd und hartnäckig war. Wenn man sich öfter begegnete, fand

Emmy, sollte man sich auch korrekt vorgestellt worden sein. Glücklicherweise schien sie schon am Ende angekommen zu sein, denn sie bat Ben, ihr zu helfen, ihre Lieblinge ins Bett zu bringen.

Fiona lächelte leise in sich hinein. Ben war wirklich süß. Er bemühte sich redlich, aufmerksam allen Informationen zu folgen und zum richtigen Zeitpunkt die richtigen Geräusche von sich zu geben oder die passenden Fragen zu stellen.

Die beiden gaben, wie sie da nebeneinander mit dem Rücken zu ihr auf dem Boden saßen, ein Bild ab, das Fionas Herz rührte. Ihre kleine, süße Tochter in ihrem gerüschten Prinzessinnenpyjama, an der alles weich, rund und knuffig wirkte. Daneben ein großer durchtrainierter Eishockeyspieler mit scharf geschnittenen Gesichtszügen und breiten Schultern, die fast sein hellblaues Hemd sprengten, und dessen gesamte Statur das absolute Gegenteil von 'weich' und 'knuffig' verkörperte.

Als alle Puppen und Kuscheltiere friedlich in ihren Betten lagen, war Fiona gespannt, ob Emmy Ben auch in ihr allabendliches Gute-Nacht-Lied miteinbeziehen würde. Und tatsächlich ergriff sie seine Hand und blickte ihn mit diesem süßen unwiderstehlichen Lächeln an, dem sich kein Erwachsener einfach so entziehen konnte. Dann forderte sie ihn auf, mit ihr zu singen. Fiona konnte Bens Gesichtsausdruck nicht sehen. Aber seine Körpersprache verriet ihr nur allzu deutlich, dass er alles andere lieber getan hätte als das. Doch wenn Emmy sich etwas in den Kopf gesetzt hatte, konnte man sie kaum wieder davon abbringen. Und sie hatte sich vorgenommen, mit ihrem Patenonkel zusammen ihre Puppen in den Schlaf zu singen.

Während Fiona den beiden Stimmen lauschte – Emmas hohem Sopranstimmchen und Bens brummigem Bass –, musste sie lächeln. So schlecht hörte sich das gar nicht an. Allerdings dachte Ben vermutlich gerade, dass er sich seine Cannelloni in Schwerstarbeit verdienen musste.

Als sie geendet hatten, blickte Emma zu Ben hoch und lächelte ihn dankbar an: „Das war echt schön. Machs' du das jetz' jeden Abend mit mir?"

Es war Ben hoch anzurechnen, dass er nicht mit einem lauten Schrei aufsprang und aus dem Haus rannte. Stattdessen verzog er sein Gesicht zu einem schiefen Lächeln, strich sanft über ihr braunes Haar und meinte nur: „Jeden Abend habe ich leider keine Zeit, weißt du? Ich muss zweimal in der Woche zum Training und habe an den Wochenenden oft

Spiele, die ich helfen muss zu gewinnen. Aber ich sag dir was: Wenn ich mal etwas früher von der Arbeit heimkomme, schaue ich gern bei euch vorbei und helfe dir, deine Puppen ins Bett zu bringen. Vielleicht kannst du deine Mama überreden, mir dann noch eine kleine Portion von ihrem leckeren Essen abzugeben. Sie kocht nämlich wirklich toll."

„Das mach' ich. Aber ich sag' ihr, sie soll dir 'ne ganz ganz *große* Potsion geben, weil du mit mir sings' und du so ein großer Kerl bis'", lispelte sie herzallerliebst.

„Danke", murmelte Ben und drückte Emmy mit seinem langen Arm kurz an seine Seite. „Aber ich denke, jetzt ist es auch für dich Zeit, oder nicht?"

Fiona merkte an Emmys verändertem Gesichtsausdruck, dass sie nicht seiner Meinung war.

„Hast du denn schon deine Zähnchen geputzt?" Als sie nickte, lobte er sie und entknotete beim Aufstehen seine langen, muskulösen Beine in einer einzigen geschmeidigen Bewegung. „Jetzt schauen wir mal, wo deine Mama ist." Er streckte ihr seine große Hand hin, die sie wie selbstverständlich ergriff, so gut es mit ihren kurzen Fingerchen ging.

Als sich die beiden umdrehten, merkte Fiona, dass bei ihrem Anblick ein leichtes Unbehagen über Bens Gesicht huschte. „Sag mir bitte, dass du gerade eben erst aus der Küche gekommen bist und nicht schon seit zehn Minuten da in der Tür stehst." Der Gedanke war ihm sichtlich peinlich.

Deshalb konnte sich Fiona auch nicht verkneifen zu sagen: „Ich stehe schon so lange hier, dass ich euch nur raten kann, mit eurem Duett zu *Deutschland sucht den Superstar* zu gehen." Dann musste Fiona wegen Bens gequältem Gesichtsausdruck laut auflachen. „So schlimm fand ich es wirklich nicht. Du darfst dein Können nicht so unter den Scheffel stellen."

In gespielter Verzweiflung winkte Ben ab und sagte zu Emma: „Und dich bringe ich jetzt ins Bett. Ich will nämlich endlich mein Abendessen, sonst werd' ich ganz schwach vor Hunger und muss kleine Prinzessinnen anknabbern."

Mit einem Satz schoss er vorwärts und verfolgte Emmy, die vor Wonne kreischend in ihr Kinderzimmer flüchtete.

Als Ben Emmy endlich im Bett hatte und im dämmrigen Schimmer des Nachtlichts ganz leise die letzten Takte ihres Schlafliedes sang, zog er ihr die Decke mit Motiven von Winnie Puuh und Tigger bis zu ihrem Kinn hoch und gab ihr einen Kuss auf die Stirn. „Und jetzt schlaf, meine Süße", flüsterte er. „Sonst packst du es morgen im Kindergarten nicht und schläfst noch in der Puppenecke ein."

Emma kicherte müde, drückte ihren Kuschelteddy an sich und drehte sich zur Wand. Leise verließ Ben das Kinderzimmer und ging die Treppe hinunter ins Erdgeschoss.

„Du hast wirklich Talent", empfing ihn Fiona lächelnd im Wohnzimmer, wo sie mit einem Glas Wein gemütlich auf dem Sofa vor dem prasselnden Kamin saß. „Das hat ja wie am Schnürchen geklappt."

„Du hättest sie in ihrem Zimmer erleben sollen. Ich habe eine gefühlte Ewigkeit gebraucht, bis ich sie überhaupt nur in der Nähe des Bettes hatte, weil sie sich einfach nicht vom großen bösen Wolf fressen lassen wollte." Ben lachte und fuhr sich verlegen durch die strohblonden Haare. „Das war so kurz vor dem Schlafengehen nicht gerade meine schlaueste Idee gewesen."

„Auf jeden Fall hast du dir dein Abendessen redlich verdient. Komm setz dich."

Fiona führte ihn zum Esstisch aus hellem Holz, von dem aus man in das brennende Kaminfeuer blicken konnte und der bereits für zwei Personen gedeckt war. Auf einem weihnachtlich dekorierten Keramikteller standen zwischen etwas Tannengrün vier rote Adventskerzen, von denen eine schon angebrannt war. Der Tisch verströmte familiäre Wärme und Geborgenheit. Und obwohl Ben nicht behaupten konnte, dass sich Fiona um eine romantische Stimmung bemüht hatte – warum sollte sie auch? –, herrschte im Wohnzimmer durch den warmen Schein des Feuers und der einzelnen Lampen in den Ecken des großen Raums eine gefühlsbetonte Atmosphäre.

„Magst du Rotwein zu den Cannelloni oder etwas anderes?"

„Einen kleinen Schluck und dann noch Wasser, wenn möglich", antwortete Ben.

Er setzte sich auf den angebotenen Platz und blickte Fiona nach, die in die Küche ging, um die Auflaufform zu holen. Ben hatte sich noch nie an ihren runden, weichen Bewegungen und dem leichten Hüftschwung beim Gehen sattsehen können. Ungewollte Bilder tauchten vor seinem geistigen Auge auf, die er schnell unterdrückte. So etwas konnte er jetzt weiß Gott nicht gebrauchen! Um auf andere Gedanken zu kommen, schob er sein Besteck in eine perfekt ausgerichtete Position, obwohl es schon vollkommen korrekt lag. Dann kam Fiona auch schon zurück und verteilte das Essen.

Als er den ersten Bissen zum Mund führen wollte, knurrte laut vernehmlich sein Magen und brachte Fiona zum Lachen. „Ich hoffe, das Essen reicht für deinen hungrigen Wolf, damit er nicht auch noch über mich herfällt."

„Keine Angst. Ich lass den Wolf nur selten von der Leine", beruhigte Ben sie und musste sich um einen neutral-freundlichen Gesichtsausdruck bemühen. Der Gedanke, sich auf sie zu stürzen und seinen langjährigen Hunger endlich zu stillen, pulsierte übermächtig durch seine Adern.

Um sich abzulenken, schob er die erste Gabel Cannelloni in den Mund und seufzte, als seine Geschmacksknospen vor Verzückung jubilierten. Meine Güte! Fiona konnte wirklich kochen. Der Feldsalat mit halben Cocktailtomaten in Balsamicosoße sah auch fantastisch aus. Er war froh, dass er nicht alleine zuhause bei einem Fertiggericht aus der Mikrowelle saß.

„Wie läuft's bei dir auf der Arbeit?", fragte Fiona zwischen zwei Bissen. „Hast du dich soweit eingelebt?"

Ben schnaubte und schluckte den zerkauten Bissen hinunter. „Weit davon entfernt." Er spießte ein Stück Tomate auf seine Gabel und erzählte ihr von seinem Arbeitsalltag als Werksleiter, der nicht einmal entfernt ahnen ließ, was Routine wirklich war. Dabei gab er noch ein paar amüsante Anekdoten über Mildred, die Sekretärin, zum Besten, dass sich Fiona vor Lachen an einem Bissen Cannelloni verschluckte.

Als sie fertig gehustet hatte, nahm sie einen Schluck Wasser und fächelte sich grinsend Luft zu. „Meine Güte ist mir warm!"

Kurzerhand - und ohne sich ihrer Wirkung bewusst zu sein - zog sie sich den roten Wollpulli über den Kopf, dass ihre dunklen Haare kaskadengleich über ihre nackten Schultern fielen. Ben schluckte und merkte, wie sich seine mühsam zusammengekratzte Fassung auflöste und sein Gehirn mitsamt seinen guten Vorsätzen förmlich - und auf direktem Wege - in seine Hose rutschte. Sie trug nur noch ein schwarzes, enges Top mit Spaghettiträgern, wie Frau es wohl unter Pullovern so trug.

Ein Top, das ihre vollen, wunderbar gerundeten Brüste mitsamt den deutlich abgezeichneten Knospen verführerisch umspannte.

Und wenn er sich nicht völlig irrte …

… er wagte nicht, zu offensichtlich in ihre Richtung zu starren.

Herr im Himmel! Tatsächlich.

Sie trug noch nicht mal einen BH.

Es war auf jeder Schulter nur ein Träger zu sehen.

Nämlich der des Tops.

Ben zog zischend den Atem ein, als er von sündigen Gedanken überschwemmt wurde.

„Oh, was ist?“ Fiona blickte erschrocken auf.

„Heiß“, war Bens genuschelte – mehr als ehrliche – Ausrede, deren Doppeldeutigkeit Fiona zum Glück nicht erfasste.

„Ja, das ist der Nachteil bei italienischen Ofengerichten.“ Sie lächelte und griff wieder das Gespräch auf. „Erstaunlich, dass sie immer noch arbeitet.“

Wer arbeitete immer noch? Ben hatte bei Fionas Anblick völlig den Faden verloren.

„Müsste sie nicht längst in Rente sein? Wie alt ist sie überhaupt?“

Ach so, das Urgestein der Firma. „Das weiß keiner“, erwiderte Ben schmunzelnd. Jetzt hatte er sich wenigstens wieder einigermaßen im Griff. „Vermutlich noch nicht mal unser Chef.“

Dann erzählte Ben noch von seinen Kollegen und dem manchmal sehr gewöhnungsbedürftigen Essen in der Kantine – welches nicht zu vergleichen war mit Fionas Kochkünsten.

Währenddessen versank Fiona in seinem Mienenspiel. Sie war so froh, Ben zum Freund zu haben. Er war ein wunderbarer Mensch. Sie wüsste nicht, wie es ihr heute erginge, hätte Ben ihr nicht in der schwärzesten Phase ihres Lebens treu und unerschütterlich zur Seite gestanden. Durch seine ruhige und besonnene Art hatte Ben es damals geschafft, die Taubheit in Fionas Seele Stück für Stück verschwinden zu lassen, um neuem Lebensmut Platz zu machen.

Er forderte nie etwas, ohne selbst etwas zu geben. Das Einzige, das er je von ihr erwartet hatte, war Ehrlichkeit. Und so waren in der Zeit nach Julians Unfall all ihre Ängste, Unsicherheiten und Sorgen aus ihr herausgesprudelt, ohne dass sie sich darüber Gedanken machen musste, welchen Eindruck sie auf Ben machte oder ob er sie dafür verachtete. Deshalb kannte sie vermutlich niemand auf der Welt besser als er.

Er war ihr stets mit vernünftigem Rat zur Seite gestanden, hatte sie aber nie zu etwas gedrängt. Irgendwie hatte sie ständig das Gefühl gehabt, dass ihre Sorgen immer kleiner wurden, je öfter sie mit Ben darüber sprach – genauso, als ob sie von einem schwarzen Loch eingesaugt wurden und in dieser Form nie wieder in ihrem Leben auftauchten. Mit der Zeit hatte sie gespürt, wie eine Ahnung der alten Leichtigkeit wieder in ihren Alltag zurückkehrte.

Während Ben noch mit ruhiger, tiefer Stimme von dem Missgeschick eines Kollegen erzählte, betrachtete sie seine unterschiedlich farbigen Augen, die dabei lustig funkelten. Sie liebte diese Augen, die genauso etwas Besonderes waren wie Ben selbst.

Im gedämpften Schein der Lampen waren seine Kriegsverletzungen, wie Ben die Überreste seiner trainingsbedingten Blessuren scherzhaft nannte, kaum zu sehen: Die kurze Narbe auf dem Wangenknochen, die ihm von einem zu hoch geführten Eishockeyschläger zugefügt worden war. Und seine einmal gebrochene Nase, die so gut verheilt war, dass man deren kleine Unregelmäßigkeit selbst bei Tageslicht nur erahnen konnte. Außerdem fielen sowieso Strähnen seines kurzen blonden Haares leuchtend golden in seine Stirn, was optisch von den verheilten Verletzungen ablenkte. Er hatte ihr mal erzählt, dass jede andere – längere – Frisur unter dem Helm beim Eishockeyspielen nur eine Zumutung für ihn darstelle. Doch die im Nacken kurz rasierten Haare schmeichelten seiner Kopfform, fand Fiona, und betonten das schmale Gesicht mitsamt der hohen Wangenknochen und dem kantigen Kinn.

Ben war ein eindrucksvoller Mann, der auf sportliche Art sehr gut aussah. Alles an seinem Körper wirkte hart und athletisch. Dennoch hatte er ein großes Herz, das sich um sie und ihre kleine Tochter kümmerte, ganz ohne Erwartungen.

Fiona verstand nicht, warum Ben noch keine eigene Familie besaß. Es war so schade, da er ein herzensguter Mann war und so liebevoll mit Kindern umgehen konnte. Klar, er hatte einen unkonventionellen Berufsweg eingeschlagen, der ihn für sechs Jahre ins Ausland geführt hatte. Davor hatte er allerdings, seit sie ihn kannte, auch im seltensten Fall eine ernst zu nehmende Partnerschaft gehabt. Deshalb sah Fiona ihn, immer wenn sie an ihn dachte, eher als Einzelgänger, denn in einer festen, erfüllenden Beziehung.

Immerhin war er in Kanada eine Zeit lang mit einer Frau zusammen gewesen. Einer sehr netten Frau. Shannon. Fiona und Julian hatten sie hin und wieder über Skype begrüßt, wenn sie bei ihren Telefonaten mit Ben in der Nähe gewesen war. Doch vermutlich hatte keiner der beiden sein Heimatland für den anderen aufgeben wollen, um in einer neuen Kultur ein neues Leben aufzubauen. Fiona musste zugeben, dass sie über Bens Entscheidung, wieder nach Deutschland zurückzukehren, sehr froh war. Dafür fühlte sie sich in seiner Gesellschaft zu wohl, um völlig auf ihn und seine Freundschaft zu verzichten. Außerdem gehörte er, auch wenn Ben nicht Julians Bruder war, für sie zur Familie.

Aber immer noch umgab ihn, wie sie feststellte, neben all seiner Unbeschwertheit und Gelassenheit ein Hauch von etwas Geheimnisvollem. Hinzugekommen war in den letzten Jahren eine Spur von Einsamkeit, da ein immens wichtiger Teil von ihm fehlte. Sein bester Freund.

Dadurch wirkte Ben fast ein bisschen verloren.

Bevor sie sentimental werden konnte, riss Ben sie aus ihren Gedanken: „Darf ich noch eine Portion bekommen?“ Dabei zeigte er auf die Auflaufform. „Es schmeckt wirklich fantastisch.“

„Natürlich“, entgegnete Fiona erfreut und legte ihm noch ein Stück auf den Teller.

„Es müsste mal jemand einen Zweitmagen zum Ausklappen erfinden“, sinnierte Ben, „dann könnte ich noch eine dritte Portion deines superleckeren Essens verdrücken, ohne mich wirklich voll zu fühlen.“

Diese Bemerkung ließ Fiona in ein amüsiertes Lachen ausbrechen, das Ben einen wohlig-heißen Schauer bescherte. Er liebte ihr Lachen.

Als sie mit dem Essen fertig waren, half Ben, das Geschirr in die Küche zu bringen. Bevor er jedoch alles in die Spülmaschine räumen konnte, nötigte ihn Fiona, wieder mit ihr ins Wohnzimmer zu kommen. Sie wolle den Abend gemütlich ausklingen lassen und nicht in der Küche aufräumen. Mit diesen Worten zog sie zu Bens Bedauern wieder ihren Pullover über.

So saßen sie noch eine ganze Zeit lang und unterhielten sich über früher. Ben erzählte Fiona einiges aus seiner gemeinsamen Kindheit mit Julian, da sie solche Gelegenheiten immer dazu nutzte, ein besseres Bild des Mannes zu bekommen, den sie in der kurzen Zeit ihres Zusammenseins nicht so gut hatte kennenlernen können, wie sie wollte.

Doch irgendwann blickte Ben auf seine Armbanduhr und meinte, er würde jetzt gehen, da es schon spät sei. „Vielleicht können wir ja demnächst mal was zusammen trinken gehen“, meinte er und verachtete sich, als er selbst hörte, wie hoffnungsvoll seine Stimme klang. „Seit ich wieder hier bin, habe ich es noch nicht geschafft, ins *Bully* zu gehen.“

Früher hatte er sich mit seinen Teamkollegen regelmäßig in der örtlichen Kneipe getroffen, die nach den neun Anstoßpunkten auf der Eisfläche benannt war.

„Gern." Fiona reichte ihm seine Jacke, nachdem er sich die Schuhe angezogen hatte.

„Hat sich dort viel verändert?", fragte Ben in dem Wissen, dass sich am Charme der Kneipe schon seit über fünfzig Jahren nichts Wesentliches gewandelt hatte.

Fiona tat so, als müsse sie angestrengt überlegen. „Nein, nicht wirklich. Ich denke, du wirst dich so wohl fühlen wie eh und je. Es hängen dort immer noch dieselben Eishockeyidioten herum wie früher."

Für diese Frechheit zwickte Ben sie in den Bauch und genoss das leise quiekende Geräusch, das ihrem Mund entschlüpfte, während sie grinsend seine Hand wegschlug. Zum Abschied zog Ben sie kurz an sich und bedankte sich für den schönen Abend.

„Jederzeit wieder." Fiona begleitete Ben mit einem kleinen Lächeln zur Haustür und meinte, als er schon nach der Klinke greifen wollte: „Danke übrigens noch für die schönen alten Geschichten. Es ist immer so tröstlich, von Julian zu hören. Ganz besonders wegen gestern. War wieder mal nicht so leicht für mich."

Ihre Bemerkung ließ Ben in seiner Bewegung erstarren. Mit großen Augen drehte er sich zu ihr um. „Gestern?"

„Sein Todestag", erklärte Fiona und bemerkte, wie Bens Miene noch mehr gefror.

„Gestern war Julians Todestag?!", fragte er gepresst.

„Ja. Der zweite Dezember." Fionas Lächeln war aus ihrem Gesicht verschwunden.

Ben fluchte unterdrückt und fuhr sich durch seine kurzen Haare.

Fiona murmelte: „Ich war gestern auf dem Friedhof und habe eine Rose auf sein Grab gelegt. Emmy war auch dabei. Sie kommt langsam in das Alter, in dem es ihr bewusster wird, dass sie keinen Papa hat wie andere Kinder."

Ben merkte, wie Fiona tapfer versuchte, die Tränen wegzublinzeln, und hätte sie am liebsten noch einmal in seine Arme gezogen.

„Es war für mich dieses Mal schon etwas leichter als noch letztes Jahr. Aber es ist trotzdem immer wieder schwer."

„Und ich war die letzten Tage so beschäftigt, dass ich keinen einzigen Gedanken daran verschwendet habe", machte Ben sich Vorwürfe. „Es tut mir so leid." Sein Gesicht spiegelte sein schlechtes Gewissen wider.

„Mach dir keine Gedanken", beruhigte ihn Fiona und legte ihre Hand auf seinen Arm. „Julian weiß auch so, dass du ihn nie vergessen würdest."

Als Ben zu Fuß über die leeren, regennassen Straßen nach Hause ging, fühlte er sich schrecklich. Gestern war Julians vierter Todestag gewesen und er hatte ihn völlig vergessen und sich heute Abend zu allem Überfluss gedanklich an dessen Witwe rangeschmissen.

Das war so widerwärtig.

Er sollte sich wirklich schämen! Was war er nur für ein Freund? Eigentlich sollte er sich so weit wie möglich von Fiona fernhalten - wenn sie dann nicht berechtigte Fragen zu seinem unlogischen Verhalten stellen würde. Und dann müsste er ihr gestehen, was mit ihm los war. Nein, das war keine Option. Er musste sich einfach mehr am Riemen reißen.

Mann, er war so ein Scheißkerl.

Morgen würde er als Allerserstes nach der Arbeit zum Friedhof fahren und bei Julian Abbitte leisten.

Hingerissen strich Julian über Fionas seidige Haut und beobachtete, wie sich eine Spur Gänsehaut unterhalb ihres Schlüsselbeins bildete. Da es an diesem Sommertag in seiner abgedunkelten Studentenbude mehr als warm war, lag diese Reaktion weniger am Wetter als an seiner zarten Berührung. Erfreut bemerkte er, wie sich Fionas Rücken durchbog und lange Strähnen ihres glatten Haares wie dunkle Seide über ihre wunderschönen Brüste glitten. Genießerisch kämmte er mit seinen langen Fingern durch ihre Haarpracht und berauschte sich am blumigen Duft ihres erregten Körpers auf seinem Bett.

Er konnte sein Glück immer noch nicht fassen. Seit gut neun Monaten waren sie nun schon zusammen und er fühlte sich immer noch berauscht wie ein Hippie von seiner Wasserpfeife. Fiona war die erste Frau, die ihn in seiner Seele berührte. Die in ihm den unbändigen Wunsch weckte, sich ihr völlig zu öffnen und sie mit Liebe zu überschütten, bis sie in Glückseligkeit ertrank. Sie war eine Frau, die sein Herz vervollständigte – und die ihm zeigte, was ihm sein Leben lang gefehlt hatte.

Und – dem Himmel sei Dank – empfand sie genauso für ihn.

Als er genussvoll seufzend mit den Fingerspitzen die Grenze zwischen ihrer Sonnenbräune und den hellen Brüsten entlangfuhr, die durch die zahlreichen Freibadaufenthalte entstanden war, merkte er, wie sie ihn unter halb gesenkten Lidern beobachtete. Wie bei einem Streich ertappt, huschte ein bubenhaftes Lächeln über seine Lippen und er küsste nacheinander ihre beiden Brustspitzen, die wie reife Himbeeren in einem Meer von Milchkaffee schwammen. „Ich liebe diese zwei kleinen Früchte." Dann blickte er ihr tief in ihre schokoladenbraunen

Augen. „Aber dich liebe ich mehr als alles andere."

Fionas Hände fuhren durch seine kurzen, dunklen Haare und zogen seinen Kopf zu sich herab. Nach einem glutvollen Kuss flüsterte sie: „Und meine Liebe zu dir ist tiefer als der Pazifik."

Julian legte seine Stirn an ihre und murmelte: „Was hätte ich nur mit meinem Leben angefangen, wenn Ben dich nicht zufällig getroffen hätte? Dann hätte ich dich nie kennengelernt." Er schauderte. „Ein schrecklicher Gedanke."

„Nicht auszudenken", bestätigte Fiona.

Dann fiel Julian noch etwas ein und er stützte seinen Kopf auf den abgewinkelten Arm. „Ben hat übrigens noch drei Karten für das Konzert am Samstag ergattert. Frag mich nicht, wie er das geschafft hat. Eigentlich hieß es, es sei ausverkauft."

„Cool!" Fiona strahlte. „Das wird sicher super."

„Ja, Ben ist manchmal echt nützlich", grinste Julian ironisch. „Erst liefert er mir meine Traumfrau auf dem Silbertablett und erbeutet dann noch die absolut letzten Karten für ihre Lieblingsband."

Spielerisch schlug Fiona gegen seine gebräunte Brust. „Als ob du je fähig wärst, so abfällig über Ben zu denken. Du liebst ihn doch abgöttisch!"

„Das stimmt überhaupt gar nicht." Julian richtete sich leicht auf und funkelte Fiona streitlustig an. „Er ist manchmal sehr nützlich, wenn ich ein paar Botengänge zu vergeben habe. Das ist der einzige Grund, aus dem ich ihn überhaupt in meiner Gegenwart dulde."

„Ha!", rief Fiona aus und überraschte Julian, indem sie sich mit Schwung aufsetzte und ihn mit beiden Händen auf den Rücken drückte. Aufreizend langsam schwang sie sich auf seine nackten Hüften und ließ ihre langen Haare wie warmen Sommerregen über seine Brust fallen, um ihn sanft zu quälen. „Und wie war das, als Ben Geburtstag hatte? Da hast du dich fast überschlagen, um eine Überraschungsparty für ihn zu organisieren inklusive sexy Tänzerin, die im knappen Politessenkostümchen ihre Hüften aufreizend geschwungen hat. Und vor ein paar Wochen hast du vor Rührung fast geheult, als Ben dir dein Lieblingsbier aus Frankreich mitgebracht hat."

Ganz konzentriert darauf, Julians Arme unten auf dem Bett zu halten, merkte Fiona nicht, wie er einen Fuß aufstellte und sie mit so viel Schwung auf den Rücken drehte, dass es sie beide fast aus dem Bett katapultierte. Mit einem siegreichen Gesichtsausdruck grinste Julian auf sie hinunter und drückte sie mit seinem ganzen Körper auf die Matratze. „Niemand … kein Mensch darf ungestraft sagen, dass ein knallharter Kerl wie ich zu einer Heulsuse mutiert, bloß weil …"

„Na, da bin ich aber mal gespannt", unterbrach ihn Fiona mit einem frechen Grinsen und rieb ihre Brüste lustvoll an Julians Oberkörper. „Komm schon,

bestraf' mich. Ich bin ganz wild darauf!"

Mit einem Stöhnen fiel Julian wie ein Verhungernder über ihren Mund her und leckte, knabberte und saugte sich einen lustvollen Weg von ihrem Hals über die Brüste bis hin zu ihren Pobacken, in die er spielerisch hineinbiss.

Laut kreischend lachte Fiona auf und schlug Julians Hände weg. Julian liebte dieses Geräusch. Gott, wie schön das Leben doch war! Dann kuschelten sie sich wieder aneinander. Fiona legte ihre Wange an Julians Schulter und murmelte: „Du bist ihm trotzdem völlig verfallen und würdest alles Menschenmögliche für ihn tun, wenn er in Schwierigkeiten geraten würde."

„Ja", murmelte Julian in Fionas weiches Haar. „Das stimmt. Irgendwie hat schon immer alles zwischen uns gepasst."

„Ich finde es nach wie vor erstaunlich, wie eng ihr zueinandersteht. Und ich bewundere euren Respekt füreinander und das tiefe Vertrauen, das eure innige Freundschaft prägt." Sie machte eine nachdenkliche Pause. „Ihr wirkt nach außen hin so verschieden – und seid doch die engsten Freunde, die ich kenne." Mit der Fingerspitze ihres Zeigefingers fuhr sie den Schwung von Julians Mund nach. „Du bist mit einem Lächeln auf den Lippen und deinem Herzen auf der Zunge geboren. Ben hingegen wirkt oft so ruhig und gefasst. Wie der geheimnisvolle Fremde in einer Seifenoper, den man bis zuletzt nicht einschätzen kann."

Julian lachte bei diesem treffenden Vergleich auf. „Ben hat schon immer einen auf harten Kerl markiert, das stimmt. Egal, ob wieder etwas Peinliches mit seinem Vater vorgefallen war oder es Knatsch in der Schule oder beim Eishockey gegeben hatte. Unerschütterlich stand er seinen Mann und nahm die Schwachen in Schutz – obwohl er selbst manchmal noch ein halbes Kind war. Stoisch, ruhig, Clint-Eastwood-mäßig." Julian hauchte einen Kuss auf Fionas Fingerspitzen. „Aber tief in seinem Inneren ist er ein ganz Sensibler. Loyal bis in den Tod. Und wenn er was verspricht, kannst du darauf gehen, dass er alles Menschenmögliche tut, um es einzuhalten."

„Ein starker Charakter. Das ist mir auch schon aufgefallen. Außerdem habe ich, wenn wir zu dritt zusammen sind, das Gefühl, dass er mehr von sich preisgibt als bei anderen. Und dann überrascht er mich mit einem strahlenden Lächeln, das so uneingeschränkt offen ist, dass es mir fast den Atem verschlägt, und einem trockenen Spruch, über den ich mich halb totlache."

Zustimmend nickte Julian. „Diese Seite seines Charakters zeigt er nur sehr wenigen auserwählten Personen. Von denen du eine bist. Er muss dich sehr mögen."

„Ich mag ihn auch." Fiona hob ihren Kopf, um Julian in die Augen zu sehen. „Aber dich mag ich lieber. Außerdem warte ich immer noch auf die Bestrafung für mein loses Mundwerk. Wie war das? Ben tut sein Menschenmögliches, um

seine Versprechen zu halten? Und was ist mit dir? Du willst in der Beziehung doch sicherlich nicht hinter deinem besten Freund zurückstehen, oder?", fragte sie mit einem kecken Augenaufschlag.

Gott, wie er diese Frau liebte! Julian konnte dieser Herausforderung natürlich nicht widerstehen. Mit einem kurzen Blick auf die Uhr versicherte er sich, dass er noch genügend Zeit bis zur Nachmittagsvorlesung hatte, um sich mit Hingebung um Fionas Strafe zu kümmern.

Kapitel 5

Schwarze unförmige Büsche säumten seinen Weg, als Ben vom dunklen Parkplatz zum schmiedeeisernen Törchen des Dorffriedhofs ging. Er war direkt von der Arbeit hierher gefahren, ohne den Umweg über seine Wohnung zu nehmen. Immer wieder hatte sich tagsüber sein schlechtes Gewissen gemeldet. Doch nun konnte er sein Versäumnis endlich nachholen.

Vereinzelte Laternen erhellten die Wege zwischen den Gräbern, deren Grabsteine wie überdimensionale Zahnreihen eines Gebisses dunkel und bedrohlich aus der Erde ragten. Der nächtliche Himmel strahlte hingegen wie schwarzer Samt mit Tausenden von Diamanten bestickt. Ben stapfte über die Kieswege – seine Hände tief in den Jackentaschen vergraben – und empfand das laute Knirschen wie kleine Explosionen in seinen Ohren, die die Ruhe der Toten störten. Niemand war zu sehen. Aber was sollte auch jemand an einem frostigen Dezemberabend um acht Uhr auf dem Friedhof tun? Die Temperatur der Nachtluft war im Vergleich zum Abend davor deutlich abgefallen, sodass Ben bei jedem Atemzug feine Dampfwolken aus seinem Mund entweichen sah.

Als er schließlich vor Julians Grab stand, starrte er eine ganze Zeit lang mit leerem Blick auf den Grabstein.

„Entschuldige bitte, dass ich gestern nicht hier war", murmelte er und betrachtete ein Trockengesteck, das zwischen weißer Heide und wintertauglichen Grünpflanzen aufgestellt war. In der Mitte lagen zwei einzelne Rosen auf der dunklen Erde: eine weiße und eine rote. Konserviert in voller Blüte durch die frostige Luft. „Ich war zu sehr mit mir selbst beschäftigt, als dass ich an meinen besten Freund hätte denken können. Es tut mir leid."

Nachdem er noch eine Weile so dagestanden war, begann er, leise vor sich hin murmelnd, von den letzten Jahren zu erzählen. Erst stockend, dann immer flüssiger. Von seiner Zeit in Kanada, wie interessant seine Arbeit gewesen war und wie stark ihn das kanadische Niveau in seinem Eishockeyteam gefordert - und wie viel er dabei gelernt hatte. Er erzählte seinem Freund, wie schwer für Fiona die erste Zeit nach seinem Tod gewesen war. Wie aber irgendwann dieser entschlossene Ausdruck in ihren Augen auftauchte und sie meinte, jetzt müsse sie an ihr ungeborenes Baby denken.

Während der Schwangerschaft hatte Fiona Ben in die aufregende Vorbereitungszeit aktiv mit einbezogen, was Kinderzimmereinrichtung, Babykleidung und Vor- und Nachteile einzelner Kinderwagenmodelle betraf. Ben hatte es gefreut, ihr helfen zu können, da er die Zeit von Fionas Schwangerschaft als völlig neue Erfahrung genießen konnte.

Noch gut erinnerte er sich daran, wie sie mit leuchtenden Augen und einem Ultraschallbild vor dem Notebook gesessen und ihm ihre ungeborene Tochter vorgestellt hatte. In den Wochen danach hatte sie ihm auch ihren sich stets wölbenden Bauch gezeigt, der jede von Bens Vorstellungen von der Endphase einer Schwangerschaft sprengte. Auch die ulkigen Atemübungen und Brunftschreie, die im Geburtsvorbereitungskurs eingeübt wurden, zu dem ihre beste Freundin Nina sie begleitete, führte sie ihm unter viel Gelächter vor und erzählte, sie fühle sich mittlerweile wie ein gestrandetes Walross.

Es war damals so schön gewesen, sie wieder herzlich lachen zu hören.

Doch dann wurde sie manchmal wieder schlagartig ernst. Tränen traten in ihre Augen und sie sagte, sie wünsche sich, Julian wäre hier und könne das miterleben. Und dass diese blöden Hormone sie noch umbrächten, da sie ständig in einem Wechselbad der Gefühle lebe.

Ben lächelte in sich hinein, als er an ein spezielles Telefonat dachte, das ihn ganz besonders beeindruckt hatte. Fiona war in der vierunddreißigsten Schwangerschaftswoche gewesen und hatte ihm die Bewegungen ihres Babys über Skype zeigen wollen. Erst verstand Ben sie nicht so recht - wie sollte das ohne Ultraschallgerät gehen? Doch dann zog sie kurzerhand ihr Oberteil ein Stück hoch und stupste gegen ihren prallen Bauch. Plötzlich drückte etwas Spitzes von innen dagegen und verschwand kurz darauf wieder. Ben lachte überrascht auf und blickte in Fionas strahlende braune Augen. Und in dem Moment hätte er alles dafür gegeben, bei ihr zu sein und seine Hand auf ihren geschwollenen

Bauch zu legen. Zärtlich über die seidig weiche Haut streicheln zu dürfen und den Bewegungen ihrer kleinen Tochter nachzuspüren …

Genau in dem Moment überraschte sie ihn mit der Frage, ob er der Patenonkel ihrer Tochter werden wolle und was er von dem Namen Emma halte. Als Zweitnamen wolle sie mit Juliane ihrem Mann ein Andenken setzen.

Es war ihm natürlich eine Ehre gewesen.

Und dann kam das erste Mal, als Fiona ihm stolz ihre Tochter – und sein Patenkind – präsentierte. Er hatte die Kleine beim ersten Anblick sofort in sein Herz geschlossen. Dennoch konnte Ben sich noch lebhaft daran erinnern, dass er sich nach dieser intensiven Wartezeit um eine wichtige Erfahrung betrogen gefühlt hatte: nämlich bei der Geburt dabei sein zu dürfen. Wie der stolze Vater, der er *nicht* war.

Ben verlor sich ganz und gar in seinen Erinnerungen, während er immer noch auf die im schummrigen Laternenlicht kaum erkennbare Schrift des Grabsteins starrte. Er hätte nicht sagen können, wie viel Zeit schon vergangen war. An seinen kalten Ohren und den halb erfrorenen Zehen in seinen dünnsohligen Büroschuhen merkte er allerdings, dass es wirklich schon spät sein musste.

Blinzelnd versuchte er, seinen Blick zu klären. „Ich verspreche dir, mich um Fiona und Emmy zu kümmern – so wie es mir als Freund und Patenonkel zusteht. Und ich werde es besser machen als mein Vater, der uns schon so früh im Stich gelassen hat", murmelte er zum Abschied, nickte einmal kurz und machte sich auf den Weg zum Auto.

Das Häuschen war klein, aber picobello in Schuss. Carina Kowalczyk strich liebevoll mit den Fingern über die alten Spitzengardinen aus rohweißer Baumwolle, die Mirkos Mutter einmal gehört hatten und nun in ihrer Küche hingen. In den letzten neunzehn Jahren hatte sie geackert wie ein Pferd. Gut, während der letzten zehn Jahre war es natürlich leichter gewesen, weil ihre Jungs aus dem Gröbsten raus waren und selbst schon in guten Berufen ihren Lebensunterhalt verdienten. Direkt nach dem Tod ihres Mannes hatte sie jedoch zusehen müssen, woher sie das Geld bekam, um ihre – so schien es ihr – ständig hungrigen Söhne zu füttern und einen Kredit abzubezahlen. Aber sie hatte es geschafft.

Sie dachte mit Stolz an Ben und Marius. Sie hatte nie Klagen von ihnen gehört, als sie finanziell kürzertreten mussten. Ben war damals mit seinen fünfzehn Jahren schon sehr reif gewesen und hatte neben dem intensiven Training und den vielen Spielen, die er parallel zur Schule bestreiten musste, immer noch Zeit für einen Nebenjob gefunden – so wie schon in den Jahren zuvor. Auf diesem Wege hatte er sich seine gesamte – gebrauchte – Eishockeyausrüstung finanziert, um seiner Mutter nicht auf der Tasche zu liegen.

Marius liebte seinen Bruder und eiferte ihm nicht nur auf einem Gebiet nach. Er war ein dankbarer Abnehmer für Bens zu klein gewordene Schlittschuhe und Schützer und vergalt es ihm, indem er doppelt so hart trainierte wie seine Klassenkameraden. Manchmal musste Ben seinem kleinen Bruder auch mal den Kopf waschen, wenn die sportlichen Leistungen deutlich besser waren als die schulischen. Doch dann riss sich Marius wieder am Riemen und die Noten stabilisierten sich. Später hatte er dann eine Schreinerlehre begonnen, den Meister draufgesetzt und nach einigen Jahren zusammen mit einem Freund die hiesige Schreinerei übernommen, deren Besitzer sich zur Ruhe gesetzt hatte.

Und Ben …

Eine warme Hand legte sich auf Carinas Schulter. „Du bist froh, dass er wieder da ist, hab' ich recht?"

Sie drehte sich zu ihrer zukünftigen Schwiegertochter um und lächelte sie an: „Kannst du Gedanken lesen? Woher weißt du, woran ich gedacht habe?"

„Das ist offensichtlich", lächelte Susi ihr zu und verweilte mit ihrem verständnisvollen Blick auf Carinas entspannten Gesichtszügen, die ein zufriedenes Strahlen nicht verbergen konnten. Ihre kurzen blonden Haare, die schon von einigen Silberfäden durchzogen waren, hatte sie heute festlich frisiert. „Du wirkst erst seit einigen Wochen, als wäre deine Seele endlich vollständig."

Carina nahm Susis Hand und drückte sie leicht, während sie in ihre großen warmherzigen Augen blickte. Ihre zukünftige Schwiegertochter war genauso klein wie sie selbst und wirkte mit ihrem zierlichen Körperbau wie eine blonde Elfe. „Ja, du hast recht. Es ist schwer, eines seiner Kinder so lange herzugeben – auch wenn es schon erwachsen ist und sein eigenes Leben führt."

Sie ließ die Hand los und wandte sich zum Kaffeetisch, um die gestapelten Kuchenteller auf die Plätze zu verteilen. Sie freute sich sehr, dass Ben sich ihrer Kaffeerunde am heutigen Sonntag anschließen würde. Susi besorgte aus der Besteckschublade unaufgefordert kleine Löffel und Kuchengabeln und begann, die Servietten zu falten. Carina mochte ihre zukünftige Schwiegertochter sehr. Sie hätte sich für Marius keine bessere Frau wünschen können. Dennoch kehrten ihre Gedanken wieder zu ihrem ältesten Sohn zurück.

„Ben war immer mein Sorgenkind, musst du wissen. Er hat damals vor Mirkos Tod sehr viel von den ganzen Höhen und Tiefen unseres Familienlebens mitbekommen, weil er einfach vier Jahre älter war als Marius und schon so früh Verantwortung übernehmen musste. Und er war immer so ernst." Ein Schmunzeln huschte über ihr Gesicht. „Ich weiß, dass er auch viel gelacht und Blödsinn gemacht hat, meist mit Julian. Aber dennoch hatte ich Angst, dass er zu viel in sich hineinfrisst und irgendwann krank wird. Ich habe damals viel mit ihm gesprochen, hatte auch manchmal das Gefühl, dass er ganz gut mit der Situation klarkommt. Aber sicher wusste ich es nie."

Carina warf einen kurzen Blick auf Susi, die auf einem Stuhl am Tisch saß, das Kinn auf die Hand gestützt, und ihr verständnisvoll zuhörte. Dann setzte sie sich ihr gegenüber und erzählte weiter: „Sein Vater war ein herzensguter Mann, aber auch konfliktscheu. Er fraß immer viel zu viel in sich hinein. Das wurde ihm im Endeffekt zum Verhängnis. Ich habe Angst, dass es Ben auch so gehen könnte, weil er manchmal so ruhig und zurückhaltend ist. Vielleicht nicht ganz so wie bei Mirko ..." Gedankenverloren entfernte sie ein Stückchen Wachs von einer der Adventskerzen. „Aber ich denke, dass ihn die letzten schwierigen Jahre vor Mirkos Tod doch sehr geprägt haben und er davon vielleicht irgendeinen Knacks abbekommen hat. Vielleicht hat er dadurch Bindungsängste und sucht deshalb kaum feste Beziehungen zu Frauen." Sie seufzte und blickte Susi bekümmert an. „Er war früher natürlich schon immer wieder mit jemandem zusammen, aber gehalten hat das nie. Und jetzt ist er schon vierunddreißig und hat immer noch keine Frau gefunden, die er wirklich lieben kann. Ich weiß auch nicht, ob sich das jemals ändert. Ich würde es ihm so sehr wünschen." Sie zwang sich zu einem leichten Lächeln und blickte wieder auf. „Ach, ich weiß auch nicht, ich mache mir einfach nur Vorwürfe, dass ich damals bei Ben nicht so viel von ihm fernhalten konnte wie bei Marius."

„Das brauchst du nicht." Mit einem beruhigenden Lächeln legte Susi ihre Hand auf die ihrer Schwiegermutter. „Du hast das damals sicher alles so gut bewältigt, wie es in dieser schwierigen Situation eben ging. Und Ben ist ein erwachsener Mann, der hin und wieder vielleicht etwas zurückhaltend und schweigsam ist, das kann schon sein. Aber ich empfinde es eher so, als beobachte er zuerst die Situation und würde dann ein Urteil fällen. Das ist weit entfernt vom Probleme-in-sich-hineinfressen. Und konfliktscheu ist er mit Sicherheit nicht, sonst wäre er beruflich nicht so erfolgreich und könnte sich beim Eishockey nicht so gut durchsetzen." Carina musste bei dem Gedanken lachen. „Außerdem war er mit Shannon in Kanada - wie lange? - drei Jahre zusammen. Das ist doch schon mal was."

„Ich bin so froh, dass Marius dich gefunden hat." Carina stand auf und zog Susi fest an ihre Brust. „Er hat eine gute Wahl getroffen. Eine *sehr* gute. Und ich habe nun die Tochter, die ich niemals hatte."

„Soll ich eigentlich an Weihnachten noch irgendwas zum Essen mitbringen?", fragte Susi, als sie sich voneinander lösten. „Ein Dessert vielleicht?"

„Nein, das ist nicht nötig. Ich möchte euch alle bekochen. Wenn Ben das erste Mal seit sechs langen Jahren mit uns zusammen Weihnachten feiern kann, möchte ich euch alle nach Strich und Faden verwöhnen." Carina nahm ein Messer und schnitt die Linzer Torte auf. „Ich bin dir sehr dankbar, dass ihr zwei mit uns feiern könnt."

Susi musste grinsen. „Ich habe meinen Eltern schon vor einem halben Jahr gesagt, dass sie am Heiligen Abend nicht mit Marius und mir zu rechnen brauchen. Da würden wir garantiert mit dir und Ben feiern."

„Feiern deine Geschwister am vierundzwanzigsten mit deinen Eltern zusammen Weihnachten?" Als Susi nickte, meinte Carina: „Ich finde es schön, dass alle einverstanden waren, am ersten Weihnachtsfeiertag zu uns zum Kaffee zu kommen. Ich möchte in diesem Jahr meine Familie an den Festtagen in vollen Zügen genießen."

„Genau so, Emmy. Das machst du prima", lobte Fiona ihre Tochter, die mit einem Staublappen voll Begeisterung über ein niedriges Wohnzimmerregal aus hellem Holz wischte, dass sie fast einen Bilderrahmen herunterfegte. Fiona lachte über ihren Enthusiasmus. „Uups! Nichts passiert. Nochmal Glück gehabt."

„Glück gehabt", echote Emma und strahlte ihre Mutter mit süßen Grübchen in den Wangen an, dass diese nicht anders konnte, als in die Hocke zu gehen und ihre Tochter an sich zu drücken. Sie fand es herzallerliebst, dass Emmy an diesem letzten Samstag vor Weihnachten unbedingt helfen wollte, die Wohnung auf Vordermann zu bringen - auch wenn Fiona dadurch doppelt so lange benötigte als allein. Deshalb hatten sie sich beide in alte Leggins geworfen, ein verwaschenes T-Shirt angezogen und die langen, dunklen Haare zu einem hohen, munter wippenden Pferdeschwanz gebunden. Nun sahen sie aus wie eineiige Zwillinge – mit neunundzwanzig Jahren Altersunterschied.

„Du bist meine Honigmaus, das weißt du, nicht?“ Sie tat so, als knabberte sie an Emmas Hals, bis diese vergnügt quietschte. „Meine süße kleine, klebrige Honigmaus, von der ich nie genug bekommen kann.“

„Du auch“, erwiderte ihre Tochter und patschte leicht mit einer Handfläche auf Fionas Wange, während sie mit den Fingern der anderen an einer gelösten Haarsträhne ihres Pferdeschwanzes herumspielte.

„Was bin ich auch?“

„Du bis' auch süß“, gab sie lispelnd das Kompliment zurück, sodass Fiona ein wehmütiges Ziehen bis in den kleinsten Winkel ihres Herzens spüren konnte.

Gott, wie liebte sie dieses Kind! Sie seufzte. Der Unfall lag jetzt schon vier Jahre zurück, sie hatte sich in ihrem Leben neuen Dingen zugewandt – und dennoch … Sie konnte ihre Gefühle nicht einfach abschalten. Nach all den Jahren liebte sie ihren Mann noch immer. Denn es war schwer, damit aufzuhören. Warum sollte sie auch? Die Erinnerungen pulsierten noch lebendig und allgegenwärtig um sie herum. Nicht zuletzt hatte sie eine Tochter, die sie täglich voll Zuneigung an ihren geliebten Mann denken ließ. Emmy hatte so viel von ihrem Vater geerbt, dass Fiona beständig an Julian erinnert wurde. Sie besaß seine Augenform mit denselben langen, dunklen Wimpern, das warmherzige Lächeln und den sprühenden Charme, mit dem Emmy sie immer um den Finger zu wickeln versuchte. Sie war ein liebes, unkompliziertes Kind.

Fiona war schon sehr gespannt, wann ihre Tochter die Trotzphase nachholen würde, die sie mit zwei Jahren – im Gegensatz zu vielen anderen Kleinkindern – ausgelassen hatte. Bei ihrem übersprudelnden Temperament konnte das eine sehr turbulente Zeit werden.

Dennoch konnte sich Fiona wirklich nicht beklagen. Es ging ihr – wie man so schön sagte – den Umständen entsprechend sehr gut. Sie führte ein glückliches Leben mit ihrer Tochter im Heimatort ihres verstorbenen Mannes. Ihre Schwiegereltern waren ihr zu jeder Zeit eine große Stütze, wenn sie sie brauchte.

Und Ben war auch wieder hier bei ihr.

Okay, das war ein sehr egoistischer Gedanke, da sie sich sehr wohl in seiner Gegenwart fühlte und natürlich auf seine freundschaftliche Hilfe baute. Dennoch durfte sie ihn – das war ihr klar – nicht immer so in Beschlag nehmen. Schließlich hatte er noch ein eigenes Leben.

Fiona ergriff den Staubsauger und machte Emmy ein Zeichen, sich die Ohren zuzuhalten. Angst hatte die Kleine nicht vor dem lauten Gerät, im Gegenteil, manchmal ritt sie auf dem weinroten Körper wie auf einem Pferd und ließ sich vor Wonne jauchzend die warme Luft über den Po wehen. Dennoch war ihr das monotone Dröhnen manchmal einfach zu viel. So auch heute. Mit einem lauten Quietschen sprang sie Richtung Tür und verschwand im Flur.

Lachend begann Fiona, sich durch das Wohnzimmer zu schieben und in allen Ecken Staub zu saugen. Dabei musste sie daran denken, wie sie Ben in der letzten Woche zweimal zu sich gebeten hatte, weil einmal der Zulauf der Spülmaschine gestört war und ein andermal die Waschmaschine aufgemuckt hatte. Gott sei Dank war es nichts Ernstes gewesen. Vor Weihnachten noch im alljährlichen Festtagstrubel eine neue Waschmaschine kaufen zu müssen, wäre das Letzte gewesen, was sie sich gewünscht hätte.

Dennoch hatte Ben wieder zwei Abende bei ihr verbringen müssen, obwohl er jedes Mal spät und sicher auch müde von der Arbeit heimgekommen war – nur um dann eingekeilt hinter der Waschmaschine zu hocken und an irgendwelchen Teilen des Motors herumzuschrauben. Sie selbst hatte von solchen Dingen überhaupt keine Ahnung, dafür Ben umso mehr. Nicht umsonst arbeitete er bei einer Firma, die Maschinen für die Forstarbeit entwickelte und baute.

Sie hatte natürlich versucht, es mit einem leckeren Abendessen wieder gut zu machen. Dennoch drückte sie das schlechte Gewissen, da sie Ben ständig so in Beschlag nahm.

Mit einem schweren Aufseufzen rückte sie den schweren Sessel zurück vor den Kamin und wischte sich über die feuchte Stirn, als Emmy mit den Händen auf den Ohren auf ihren kurzen Beinchen hereingerannt kam und rief: „Klingel!!“

Überrascht tippte Fiona mit dem Fuß auf den Ausschalter des Staubsaugers und ging zur Haustür. Wer das wohl war? Sie schaute auf ihre Armbanduhr, die Julian ihr damals zum fünfundzwanzigsten Geburtstag geschenkt hatte. Um diese Zeit konnte es eigentlich nur Peter, der Briefträger, sein, der ein Päckchen abgeben wollte.

Nachdem sie sich einmal kurz über die Haare gestrichen hatte, öffnete sie mit einem freundlichen Lächeln die Tür.

Kapitel 6

Er sollte eigentlich nicht hier sein. Den ganzen Samstagmorgen über hatte er verzweifelt nach Dingen gesucht, die erledigt werden mussten, um bloß nicht mit einer Tüte voller Brötchen vor Fionas dunkelroter Haustür zu stehen und sich selbst zum Frühstück einzuladen. Das war wirklich jämmerlich! Ein gestandener Mann von Mitte dreißig sollte sich doch besser im Griff haben!

Doch dann hatte er sich an ein Versprechen Emma gegenüber erinnert, das ihm einen guten Vorwand lieferte, für den er erbärmlich dankbar gewesen war. Die kleine Maus wollte ihm unbedingt die Lisztäffchen im Mannheimer Luisenpark zeigen, die sie so liebte, und er hatte ihr versprochen, an einem freien Wochenende mit ihr dorthin zu gehen.

In der letzten Woche hatte er feststellen müssen, dass es verdammt viel schwerer war als vermutet, sein Wort zu halten, das er seinem Freund noch zwei Wochen zuvor an dessen Grab gegeben hatte. Allein in den letzten fünf Tagen hatte er zweimal alles stehen und liegen lassen, um Fiona bei der Reparatur ihrer Haushaltsgeräte zu helfen – was man ja noch als Hilfe unter Freunden definieren konnte. Seine Gedanken allerdings waren jedes Mal alles andere als jugendfrei gewesen, als er Fiona vor sich gesehen hatte.

Er war wirklich ein charakterloses Schwein!

Und nun stand er wieder hier mit klopfendem Herzen wie ein unbeholfener Teenager vor seinem ersten Date, strich sich einmal prüfend über seine kurzen, blonden Deckhaare und die etwas längeren Ponyfransen und drückte dann auf die Klingel. Er wollte die beiden Damen des Hauses fragen, ob er sie ausführen dürfe, bevor er für sein Heimspiel an diesem Abend gegen die Freiburger *Pumas* seine Sachen packte.

Als niemand öffnete, legte er sein Ohr an die Tür. Es musste doch jemand da sein! Fionas Auto stand vor der Garage und drinnen vernahm er ein leises Dröhnen. Als er erneut klingeln wollte, verstummte das Geräusch und Sekunden später wurde die Tür aufgerissen.

Wenn er gedacht hatte, nichts könne ihn mehr an Fionas Äußerem überraschen, da er sie schon in allen Lebenslagen erlebt hatte, hatte er sich gründlich geirrt. Vor ihm stand eine Frau, die jedem Fotomodell mit ihrer Schönheit Konkurrenz hätte machen können – und seine Selbstbeherrschung auf eine harte Probe stellte. Gierig saugten seine Augen ihren Anblick in sich auf, um ihn sich für spätere Stunden in einem geheimen Teil seines Herzens zu bewahren.

Ihre abgetragenen, dunkellila Leggins mit Schlag saßen wie eine zweite Haut auf ihren wohlgeformten Hüften. Das weite, weiße T-Shirt mit U-Boot-Ausschnitt war an der Hüfte mit einem Knoten zusammengebunden und über ihre Schulter gerutscht, auf der ein pinkfarbener BH-Träger ruhte. Er musste sich beherrschen, um seinen Blick nicht länger als eine Millisekunde über die runden Wölbungen gleiten zu lassen, die unter dem locker anliegenden Stoff zu erahnen waren.

Oh … Mann!

Dann schnellte sein Blick wieder wie ein Gummiband nach oben und verfing sich in ihrem dichten, espressofarbenen Haar, das ein breiter Haargummi – wie so oft – in einem hohen Pferdeschwanz bändigte, der seidig bis unterhalb der Schulterblätter fiel. Zwei Strähnen hatten sich seitlich daraus gelöst und umrahmten ihr erhitztes, ebenmäßiges Gesicht, auf dem ein dünner Schweißfilm glänzte. Ihm fielen beinahe die Augen aus dem Kopf, als sie ihn mit ihrem strahlenden Lächeln beglückte.

Sie hatte für ihn noch nie bezaubernder ausgesehen.

Lachend schloss sie ihn zur Begrüßung kurz in die Arme und legte ihre warme Wange an sein von der Winterluft kühles Gesicht. Sofort umfing ihn ihr vertrauter Duft nach Wiesenblumen und Blütenhonig.

„Schön, dass du vorbeikommst." Fiona zog Ben an der Jacke in den warmen Flur und schloss die Haustür, um die Kälte auszusperren.

„Du solltest achtgeben, wem du in diesem Aufzug die Tür öffnest", flachste Ben mit einem deutlichen Blick auf ihre Erscheinung und hängte seine Jacke an die Garderobe.

„Wieso?", fragte Fiona verwundert und blickte an sich hinunter. An ihrem Gesichtsausdruck konnte Ben erkennen, dass sie sich für das nächste Mal vornahm, etwas Gesellschaftsfähigeres anzuziehen, bevor sie die Tür öffnete.

Bevor er sich auf die Zunge beißen konnte, erwiderte Ben mit einem Augenzwinkern: „Sonst klingelt bei dir der Postmann zweimal und vernascht dich noch auf der Türschwelle."

„Aber doch nicht in *den* alten Klamotten!" Entgeistert starrte sie ihn mit großen Augen an, in deren dunklen Tiefen Ben am liebsten versinken würde.

„Vertrau mir. Ich bin ein Mann." Zur Sicherheit schickte er noch ein freches Grinsen hinterher, um den wahren Kern seiner Aussage hinter seinem gespielt machomäßigen Verhalten zu verbergen, damit sie ihn nicht aus Versehen richtig verstand.

Glücklicherweise winkte Fiona nur fröhlich ab und erzählte, dass sie gerade am Putzen für Weihnachten seien und er bitte über das Chaos hinwegsehen solle. Emma stand dabei neben ihr und strahlte ihn zur Begrüßung so süß von unten herauf an, dass Ben sie einfach hochziehen und einmal um seine eigene Achse wirbeln musste.

Als er zum Stehen kam, vergrub sie ihre kleine Stupsnase kurz an seinem Hals und murmelte verzückt: „Mmh, du riechs' immer so gut!", dass beide Erwachsene überrascht auflachten.

„Emmy hat schon ganz feste Staub gewischt. Stimmt's, meine Kleine?" Fiona strich ihr über den zerzausten Pferdeschwanz.

Ben grinste. „Dann habt ihr euch ja auch meine Überraschung verdient, wegen der ich vorbeigekommen bin."

„Überras'ung, Überras'ung!", jubelte Emmy ausgelassen auf seinem Arm. Fiona blickte ihn nur mit hochgezogener Augenbraue fragend an.

„Ich hätte heute Zeit, mir von Emmy und dir die Lisztäffchen im Luisenpark vorstellen zu lassen." Weiter kam er nicht, da seine kleine Patentochter die Ärmchen hochriss und in lautes Freudengeheul ausbrach.

Doch Fiona machte ein bedauerndes Gesicht. „Ich stecke mitten im Putzen und muss spätestens in zwei Stunden fertig sein, weil ich dann noch einen Termin habe."

„Mmh." Ben blickte nachdenklich die strahlende Emmy an, die Fionas Worte nicht gehört hatte. „Ich kann auch mit ihr alleine gehen, dann kannst du in aller Ruhe deine Sachen erledigen. Ich würde sie heute Nachmittag spätestens um vier heimbringen, weil heute noch das letzte Spiel vor Weihnachten stattfindet."

Erleichtert strahlten Fionas braune Augen auf. „Das wäre super. Ohne Emmy brauche ich nur halb so lange."

„Na, Emmy", fragte Ben und kitzelte die kleine Prinzessin, die auf Emmas T-Shirt gedruckt war, „stellst du mir die Äffchen auch ohne deine Mama vor?"

„Klar", rief Emma und schlang ihre feisten Ärmchen so fest um Bens Hals, dass er überrascht nach Luft schnappte.

„Du meine Güte, Emmy, hast du eine Kraft!", röchelte er in gespielter Verzweiflung und sank mit ihr auf dem Arm entkräftet zu Boden, sodass sie auf seiner Brust zum Liegen kam. Trotz seiner geschlossenen Augen konnte er Emmas Verblüffung spüren. Probeweise bohrte sich ein spitzer Finger in seine Rippe und traf eine Stelle, die ihn überrascht aufkeuchen – und Emmy siegessicher grinsen ließ.

Zwanzig Minuten später waren sie zu zweit in Bens Auto zum Luisenpark unterwegs. Fiona hatte Emma, so wie sie war, eine Strickweste übergezogen und in einen lila Schneeanzug gesteckt, damit sie rundum warm hatte. Nun saß sie zufrieden in ihrem Kindersitz auf der Rückbank und schaute aus dem Fenster.

Ben freute sich auf die nächsten Stunden, denn er war gerne mit Emma zusammen. Noch schöner wäre es natürlich gewesen, auch Fiona an seiner Seite zu haben … Allerdings wäre er dann wieder in Versuchung geraten, sie mit anderen als freundschaftlichen Augen zu betrachten.

Meine Güte! Nur Fiona schaffte es, selbst in abgetragenen Klamotten wie eine sinnliche Sirene vor ihm zu stehen, sich lachend für das Chaos in ihrer Wohnung zu entschuldigen, aber über ihren Aufzug kein Wort zu verlieren. Andere Frauen hätten verlegen an ihrem alten T-Shirt herumgezupft, die gelösten Haarsträhnen hinters Ohr gesteckt oder sich sonst irgendwie unwohl gefühlt.

Nicht so Fiona. Sie hatte sich in seiner Gegenwart so frei und unbefangen verhalten, dass offensichtlich war, wie wohl sie sich in seiner Gesellschaft fühlte. Das war ganz gewiss auf der einen Seite sehr positiv. Schließlich zeigte ihm ihr Benehmen, welch enges Verhältnis sie zueinander hatten. Man konnte ihr Verhalten allerdings auch so interpretieren, dass sie in ihm nur einen Freund sah, bei dem es ihr nicht auf gutes Aussehen ankam, da sie ihn schließlich nicht verführen wollte.

Mist, verdammter!!

So sehr Ben sich über Fionas Natürlichkeit freute, so frustrierend empfand er – als Mann – ihre kameradschaftliche Sorglosigkeit. Viel lieber wäre es ihm, wenn sie ihm mit klopfendem Herzen und vor Aufregung geröteten Wangen die Tür öffnete – und er wenigstens ansatzweise das Gefühl hätte, in ihrem Bauch würden seinetwegen eine Horde von Schmetterlingen flattern. *Seinetwegen,* einem besonderen aufregenden Mann, der ihr den Kopf schwirren und sie ganz kribbelig werden ließ.

Aber er war eben niemand *so* Besonderer für Fiona.

Ein leises Seufzen glitt über seine Lippen. Er sollte seine Hoffnung endlich begraben, dass sich ihr freundschaftliches Verhältnis zu ihm je zu etwas Intimeren entwickeln könnte. Es war offensichtlich, dass Fiona ihn als Freund sehr schätzte. Dass sie dankbar für seine herzlichen

Gefühle ihrer Tochter gegenüber war. Und dass sie sich gerne mit ihm über die alten Zeiten und ihren verstorbenen Ehemann unterhielt – den sie ganz offensichtlich immer noch liebte.

Ben schloss vor lauter Frust kurz die Augen, als er an einer roten Ampel stand. Er musste endlich akzeptieren lernen, dass sie ihm schlicht und ergreifend nicht das geben konnte, was er seit Jahren ersehnte. Dann würde er endlich besser schlafen – und sich vielleicht auch für den Gedanken öffnen können, sich einer anderen Frau mit seinem ganzen Herzen hinzugeben – was bisher immer den Knackpunkt seiner früheren Beziehungen dargestellt hatte.

Erst als er auf einen freien Parkplatz vor dem Eingang zum Luisenpark fuhr, stellte er fest, dass es ungewöhnlich ruhig im Wagen war. Neugierig blickte er in den Rückspiegel und war nicht erstaunt, dass Emma entspannt in den Gurten ihres Kindersitzes hing und ein kleines Mittagsschläfchen hielt. Leise stieg er aus und öffnete ihre Tür.

„Wir sind da, meine Süße", raunte er und strich mit einem Finger sanft über ihre Wange, um sie nicht zu erschrecken.

Als sie verschlafen die braunen Augen öffnete, schnallte er sie ab und setzte ihr die wollene Wintermütze auf. Dann nahm er sie auf den Arm und erzählte ihr mit leiser Stimme, was sie sich jetzt anschauen würden. Während er mit ihr zur Kasse ging, um den Eintritt zu bezahlen, legte sie ihr Köpfchen schläfrig an seine Schulter und eine Hand vertrauensvoll auf seine Brust.

„Ben?", fragte eine weibliche Stimme hinter ihm, die so viel mehr Wärme ausstrahlte als das winterliche Wetter. „Ben Kowalczyk?"

Er drehte sich mit Emma auf dem Arm vom Anblick ihrer Lieblingsäffchen weg und musste seinen Kopf senken. Meergrüne Augen strahlten ihn von unten freundlich aus einem herzförmigen Gesicht voller Sommersprossen an. Vor ihm stand eine zierliche Frau um die dreißig, die sich in eine dicke, schwarze Winterjacke gewickelt und eine türkisfarbene Bommelmütze über ihre hellroten, lockigen Haare gestülpt hatte. An ihrer Hand hielt sie einen etwa fünfjährigen Jungen.

Bevor Ben etwas erwidern konnte, wurde ihr Lächeln noch etwas breiter und sie nickte wie zur Bestätigung: „Ja, du bist es. Dich würde ich schon allein an deinen ungewöhnlichen Augen überall wiedererkennen."

Während Ben ein freundliches „Hallo" von sich gab und angestrengt nachdachte, warum ihm diese Frau so bekannt vorkam, warf sie ihren Kopf in den Nacken und lachte laut auf, sodass eine kleine Atemwolke ihren dezent geschminkten Mund verließ. „Du weißt nicht mehr, wer ich bin, stimmt's?“ Der kleine Junge machte sich von ihrer Hand los und stellte sich direkt vor den Käfig, um neugierig hineinzuschauen.

Mit einem gequälten Lächeln schüttelte er leicht den Kopf. Irgendetwas an der Art, wie sie den Mund beim Lachen verzog, kam ihm seltsam vertraut vor. Er kam nur nicht drauf, an wen sie ihn erinnerte.

„Ich bin Maxis kleine Schwester Simone.“ Als der Groschen bei ihm immer noch nicht fiel und das auf seiner Miene vermutlich mehr als deutlich zu erkennen war, ergänzte sie: „Maximilian Fink aus deiner Parallelklasse am Gymie.“

Ah, jetzt legte sich in Bens Gehirn ein Schalter um, der die richtige Verbindung herstellte. „Maxi! Den habe ich seit dem Abi nicht mehr gesehen. Wie geht es ihm?“ Sein Mitschüler aus der Parallelklasse, so konnte er sich erinnern, war einer der wenigen Jungen aus Knopfheim gewesen, der in Bens Gesamtschule kein Eishockey gespielt hatte. Er hatte als begabter Cellist das dort angebotene Musik-Profil gewählt.

„Gut. Er hat, wie es sein größter Wunsch war, Musik studiert und ein Engagement beim philharmonischen Orchester in Würzburg angenommen.“

„Das freut mich“, meinte Ben mit einem kleinen Lächeln. „Das freut mich wirklich.“

Er erinnerte sich, dass Maxi auf der täglichen Busfahrt von Knopfheim zur Schule durch seine künstlerische Neigung einen schweren Stand bei manchen von Bens eishockeybegabten – und damit sehr körperbetonten – Mitschülern gehabt hatte. Dass er mit seiner hellen Haut, den welligen rotbraunen Haaren und der schmächtigen Statur wie das klischeehafte Abziehbild eines sensiblen Künstlers schlechthin aussah, half ihm gegen die immer wiederkehrenden Hänseleien nicht wirklich.

Simones Lächeln wurde noch etwas breiter, wodurch ihn ihre regelmäßigen weißen Zähne anstrahlten. „Erst kürzlich hat Maxi wieder bei einer Familienfeier erzählt, dass du mal in der siebten Klasse Jo Feißt im Bus in den Schwitzkasten genommen hast, weil er nicht hatte aufhören wollen, meinen Bruder zu ärgern. Deshalb warst du damals mein Held.“

Simone ließ sich nach ihrer letzten Bemerkung nicht von Bens hochgezogener Augenbraue irritieren, sondern blickte sinnierend zu Ben auf, der seine Tochter liebevoll auf dem Arm hielt und mit seiner markanten Physiognomie noch genauso gut aussah wie damals.

Nein, das stimmte nicht. Die vergangenen Jahre hatten es sehr gut mit ihm gemeint und ließen seine gereiften Gesichtszüge noch anziehender wirken. Außerdem konnte sie sich nicht daran erinnern, ihn je in so guter Form gesehen zu haben. Seine Winterjacke war trotz der trockenen Kälte halb geöffnet und gab den Blick frei auf eine breite Brust und einen flachen Bauch. Auf dem Kopf trug er noch nicht mal eine Wintermütze. Deshalb konnte sie sehen, dass er sein Haar kürzer trug als früher. Es war mit den Jahren etwas nachgedunkelt, schimmerte aber selbst an diesem düsteren Wintertag wie Weizenähren in der Sommersonne.

Sie konnte sich erinnern, dass Ben schon als Jugendlicher sehr reif für sein Alter gewesen war. Natürlich hatte er mit seinem Freund Julian mehr Streiche ausgeheckt, als sie zählen konnte. Aber die waren nie auf Kosten Schwächerer gegangen. Er gehörte nicht zu denen, die ihr Selbstbewusstsein stärkten, indem sie andere erniedrigten. Denn er lebte nach einem unausgesprochenen Ehrenkodex. Das war etwas, was sie damals wie magisch zu ihm hingezogen hatte.

Natürlich war sie ihm nie aufgefallen, da sie durch den Altersunterschied von drei Jahren in völlig verschiedenen gesellschaftlichen Sphären rangierten. Dennoch war er ihrem Bruder Maxi in schwierigen Situationen stets zur Seite gestanden, ohne dass sie erklärte Freunde gewesen waren. Und dafür war sie ihm immer noch dankbar. Allerdings stellte sie fest, dass sie ihn mit der Heldenbemerkung tatsächlich in Verlegenheit gebracht hatte.

„Ich war dir damals wirklich sehr dankbar – und bin es auch jetzt noch. Und weil wir in unserer Kindheit nie ein Wort miteinander gewechselt haben, musst du dir das halt heute anhören." Wieder musste sie grinsen. „Du warst damals mein großer, starker Ritter in schimmernder Rüstung, der die Schwachen beschützt und die fiesen Kerle verkloppt – und du weißt vermutlich, wie kleine Mädchen haltlos schwärmen können." Sie gab sich seinem intensiven Blick hin, da sie sich nicht entscheiden konnte, von welchem Auge sie sich lieber gefangen nehmen lassen wollte: von der stürmischen azurblauen See oder dem unergründlichen Geheimnis eines moosgrünen Waldes. Diese Augen hatte sie an ihm schon früher geliebt. „Mein ganz persönlicher Robin Hood."

Die Bescheidenheit, mit der Ben verlegen abwinkte, war so typisch für seinen hilfsbereiten Charakter. Es freute sie, dass sich daran auch als

Erwachsener nichts geändert hatte. „Das war doch keine große Sache."

„Für Maxi damals schon." Eine Erinnerung überfiel Simone und ließ sie auflachen. „Ich bin dir früher manchmal mit dem Fahrrad gefolgt, wenn du mit Julian zu eurem Kletterbaum gefahren bist. Dort habe ich mich dann auf die Lauer gelegt und euch beim Schnitzen zugesehen. Oder ich habe euch im Winter beim Training auf unserem gefrorenem Eisplatz beobachtet und mich gefragt, wie man sich auf dem Eis nur so schnell und wendig bewegen kann wie du - und dann noch den Puck so zielgenau ins Netz schießt." In ihren leuchtend grünen Augen blitzte Bewunderung auf. „Ich habe damals keins eurer Spiele verpasst. Aber, wie du weißt, werden auch kleine Mädchen mal groß."

Als die Kleine auf Bens Arm unruhig wurde und sich wieder ihren Lieblingsäffchen zuwenden wollte, stellte Ben sie auf eine breite niedrige Mauer vor dem Gitter und hielt sie am rückwärtigen Teil des Schneeanzugs vorsorglich fest. Simone trat neben die beiden.

„Wie heißt deine Tochter?" Sie blickte lächelnd auf das kleine Mädchen hinab, das mit großen Augen zu der Kletterkonstruktion aufblickte, in der die Affen saßen.

„Emma - und sie ist mein Patenkind. Julians Tochter. Ich bin nicht verheiratet." Warum Ben das jetzt klarstellen musste, wusste er selbst nicht. Vielleicht lag es an der stillen Bewunderung in Simones Blick, wenn sie ihn so von unten herauf anblickte - was ganz offensichtlich seinem Ego schmeichelte. Oder an der Tatsache, dass sie eine angenehme Art an sich hatte, bei der man sich sofort wohlfühlte.

„Das mit Julian tut mir für dich sehr leid. Ich habe davon gehört, als ich vor einem Jahr wieder nach Knopfheim gezogen bin."

Ben nahm die Beileidsbekundung mit einem leichten Nicken an. „Und der junge Mann hier ist dein Sohn?"

„Nein, das ist mein Neffe Till. Scheinbar sind heute nur Paten mit ihren Patenkindern unterwegs." Sie lachte und legte ihre zierliche Hand auf dessen Kopf. „Die Lisztäffchen sind Tills Lieblinge hier im Park."

„Das ist auch bei Emmy so, stimmt's?" Ben kitzelte seine Patentochter an der Wange.

„Ja, die sin' so süüüß", lispelte sie und verdrehte die Augen, dass alle lachen mussten.

„Und seit wann bist du wieder aus Kanada zurück?", fragte Simone.

„Seit Ende Oktober." Er musste schmunzeln. „Es ist unglaublich, wie gut informiert die Knopfheimer Bevölkerung immer ist."

„Du weißt, die Buschtrommeln sind fleißig." Wieder lächelte sie und half dem Jungen auch auf die kleine Mauer, von der aus er besser sehen konnte. „Es hat alles seine Vor- und Nachteile. Es ist aber schön, dass du wieder zuhause bist. Da ist der Trainer sicher froh, dich als Unterstützung zu haben. Du spielst doch im Team, oder?"

Ben nickte.

„Ich war in dieser Saison noch bei keinem Spiel. Hatte irgendwie nie Zeit. Wann ist eure nächste Begegnung?"

„Heute Abend. Die letzte in diesem Jahr."

Ihr Gesicht überzog ein hoffnungsvolles Leuchten. „Geschickt, da hätte ich sogar Zeit. Vielleicht sehen wir uns ja dort."

Die Stunden im Luisenpark vergingen wie im Fluge. Simone stellte Ben viele Fragen zu seiner Zeit in Kanada und seinem dortigen Eishockeyteam. Sie kannte sich aus. Man merkte, dass sie ein Knopfheimer Kind war. Er wiederum befragte sie zu Aktiengeschäften, nachdem er erfahren hatte, dass sie als Bankkauffrau von einer Mannheimer Bank zu der in seinem Heimatort ansässigen Filiale gewechselt hatte. Simone war eine angenehme Gesprächspartnerin – und überdies eine attraktive Frau.

Als sie zum Aufwärmen im Seerestaurant einkehrten, da beide Kinder hungrig und durstig waren, zog sie die voluminöse Pudelmütze aus und enthüllte einen hellroten Lockenkopf, der ihr zartes Gesicht bezaubernd umrahmte. Ihr warmes Lächeln und ihre gelassen-herzliche Art im Umgang mit Till und Emma fielen ihm besonders positiv auf. Ja, sie hatte ein sehr angenehmes und einnehmendes Wesen.

Beim Abschied auf dem Parkplatz meinte Simone, sie könnten ja vielleicht mal im *Bully* etwas zusammen trinken gehen. Amüsiert bemerkte Ben das hoffnungsvolle Glitzern in ihren grünen Augen, das sie nicht vollständig unterdrücken konnte.

Kapitel 7

„Mann, die Freiburger sind echt angefressen“, meinte Mischa Petrow zu Ben, als der sich nach dem fliegenden Wechsel neben ihm auf der Ersatzbank niederließ und zu ihm aufrutschte. Zur Bekräftigung seiner Worte spuckte der russisch-stämmige Spieler kräftig aus, während er mit seinen Augen, die so sibirisch blau leuchteten, dass sie Eis schneiden konnten, konzentriert das Spielgeschehen vor sich verfolgte.

Ben griff nach einem weißen Handtuch und wischte sich den Schweiß vom Gesicht, der nach seinem fünfundvierzigsekündigen Einsatz auf dem Eis nur so in Strömen in den Kragen seines Trikots lief. „Ja, sie hatten einen gigantischen Start und waren im ersten Drittel saugefährlich in der Offensive …“

Gerade, als Ben zu seiner Wasserflasche greifen wollte, stockte ihm der Atem. Er beobachtete entsetzt, wie Urs Decker, dem blonden Verteidiger seines Teams, vor dem eigenen Tor der Puck übers Schlägerblatt rollte und einem gegnerischen Stürmer vor die Schlittschuhe rutschte.

„Pass auf!!“, schrie er Urs zu. Ein gegnerisches Tor zu diesem Zeitpunkt hätte ihnen gerade noch gefehlt!

Doch der Verteidiger hatte die Situation entschärft und spielte den Puck passgenau seinem Kapitän Jo Feißt zu, der dann sofort in gebückter Haltung mit weit ausholenden Armbewegungen und kräftiger Beinarbeit aufs gegnerische Tor zuschoss.

Die Halle tobte. Mitreißende Trommeln und Sprechchöre feuerten den Kapitän der *Pitbulls* zu Höchstleistungen an, obwohl sie mit einem Tor in Führung lagen. Doch Ben war zu konzentriert, um überhaupt etwas davon wahrzunehmen. Während er das Spielgeschehen beobachtete, führte er seine Wasserflasche an die Lippen und wollte sich etwas davon in den Mund spritzen. Doch er stellte überrascht fest, dass sie leer war.

Schon wieder.

Sofort wandte er sich an den Betreuer und erhielt eine Ersatzflasche. Das war schon seltsam. Einmal konnte es vielleicht vorkommen, dass ein anderer Spieler eine falsche Flasche erwischte und leer trank. Aber zweimal in einem Spiel …? Jede Flasche hatte eine aufgedruckte Spielernummer, was Verwechslungen normalerweise von vornherein ausschloss.

In den letzten Wochen hatte es für Ben auch schon andere kleine Zwischenfälle im Training gegeben, die harmlos, aber ärgerlich waren wie zum Beispiel verschwundene Handschuhe, die er erst nach fast einer halben Stunde fand, oder einen verknoteten Schwitzanzug, den er normalerweise unter seiner Ausrüstung trug. Erst hatte er Rafael und Urs, die zwei Spaßvögel im Team, in Verdacht gehabt. Mit der Zeit jedoch hatte er daran zu zweifeln begonnen, da sie sich normalerweise innerhalb kürzester Zeit zur Urheberschaft ihrer Streiche bekannten. Bei Ben musste es jemand anders sein, der ihn unerkannt ärgern wollte. Bloß wer?

Ben war es gewohnt, Opfer diverser Streiche zu sein, das war in Kanada nicht anders gewesen. Doch bei leeren Wasserflaschen während eines wichtigen Spiels hörte der Spaß auf.

Das Geschehen auf dem Eis lenkte Ben wieder von seinen Gedanken ab. Die Freiburger *Pumas* hatten sich gerade richtig gut im Drittel seiner eigenen Mannschaft festgesetzt und schnürten sein Team mit gezielten Aktionen ein. Coach Dennis, der auf seinen langen dünnen Beinen normalerweise wie eine Heuschrecke hinter der Ersatzbank auf und ab patrouillierte und einzelnen Spielern Anweisungen gab, rief unzufrieden Richtung Eisfläche: „Hört auf, Walzer zu tanzen. Da muss mehr Hard Rock rein!"

Jo schien seine Gedanken gelesen zu haben, denn er befreite sich aus einer Zwickmühle und stanzte seinen Gegner mit einem Monstercheck voll in die Bande. Die Zuschauer schrien vor Begeisterung auf. Doch die routinierte Befreiungsaktion hatte Folgen. Der Arm des Schiedsrichters ging hoch und das Spiel wurde abgepfiffen, da der gegnerische Spieler verletzt am Boden lag. Der Kapitän musste in dieser wichtigen Phase des Spiels für zwei Minuten auf die Strafbank – und gab der gegnerischen Mannschaft nun die Möglichkeit, mit einem Spieler mehr auf dem Eis den Punktestand auszugleichen.

Ben beobachtete, wie Jo fluchend mit der behandschuhten Hand gegen die Abtrennung aus Plexiglas schlug, die die Zuschauer von den Spielern trennte, und kopfschüttelnd zur Strafbank glitt. Solche Unfälle kamen trotz der Härte des Spiels selten vor. Zum Glück war dieser glimpflich verlaufen, sonst hätte Jo noch eine Disziplinarstrafe aufgebrummt bekommen und wäre für die Dauer des gesamten Spiels ausgefallen.

Ben spritzte sich noch einmal Wasser in den Mund und zur Abkühlung in den Nacken und machte sich dann mit Mischa und Kai für einen Wechsel bereit. Nach dem Anpfiff nahmen die Freiburger den Puck in

Beschlag und gingen sofort in Power-Play-Aufstellung, um Ben und sein reduziertes Team kräftig unter Druck zu setzen. Während sie sich gegenseitig in einem Affenzahn den Puck zupassten, immer auf eine Lücke in der Mannheimer Abwehr lauernd, wartete Ben auf eine Möglichkeit zuzuschlagen. Als ein Schlagschuss mit der Geschwindigkeit eines Autos bei Vollgas auf der Autobahn auf Ben zuflog, zog er reflexartig die Hand hoch und wehrte ihn ab. Was sich danach vor dem Tor zutrug, glich einem Gemetzel zweier Straßengangs. Jeder wollte, sich des Pucks bemächtigen. Drei der Freiburger Spieler versuchten vor Rafaels Torraum, mit Stochern und Schieben den Puck ins Netz zu befördern. Doch sie hatten die Rechnung nicht mit Ben und seinen Mitspielern gemacht, die sich erfolgreich mit Händen, Füßen und Schlägern gegen die Offensive zur Wehr setzten.

Und die Strafzeit lief gnadenlos ab.

Zehn Sekunden vor Schluss der zweiminütigen Strafe wurde wegen eines Regelverstoßes abgepfiffen und Bully im Drittel der *Pitbulls* gegeben. Kai Messner gewann den Einwurf und beförderte die Scheibe direkt vor Bens Schlittschuhe, der seine Chance ergriff. Das plötzlich hochschießende Adrenalin setzte schubartig neue Energie in seinem Inneren frei und ließ ihn mit weit ausholenden, kraftvollen Gleitbewegungen auf das Freiburger Tor zu preschen. Ein Gegner fuhr seitlich auf ihn zu, um ihm den Puck abzujagen, doch Ben umfuhr ihn geschickt, ohne sonderlich viel von seiner Geschwindigkeit zu verlieren. Schon nach der halben Strecke brannten die Muskeln in seinen Oberschenkeln. Aber das war jetzt egal. Er hatte die Möglichkeit, für sein Team ein Tor zu schießen und damit den Vorsprung auszubauen. Während er noch mit weit vorgebeugtem Oberkörper und schwingenden Armen über das Eis schoss, war sein Blick konzentriert auf den Freiburger Torhüter gerichtet und sein Kopf völlig leer. In solchen Momenten flog er, ohne zu denken, übers Eis und überließ sich ganz seiner Intuition, die ihn vor Gefahren warnte, bevor sie überhaupt eintraten.

Kurz bevor er zum Schuss ansetzen konnte, kam ein gegnerischer Spieler von der Seite angeschossen und angelte mit seinem Schläger nach der Scheibe. Ben reagierte instinktiv, wich nach rechts aus und umrundete in voller Fahrt das gegnerische Tor. Dann stieg er voll in die Bremsen, drehte sich um hundertachtzig Grad und schoss zur gleichen Zeit aus dem Handgelenk aufs Tor.

Die Sirene erklang und die Zuschauer flippten aus.

Sie führten fünf zu drei.

Während Ben jubelnd zu seinen Mitspielern glitt, saß der Freiburger Torwart noch regungslos auf den Knien, bis sich seine Verärgerung über das unnötige Tor Bahn brach. Er warf den Schläger stinksauer auf den Boden und hüpfte wie ein trotziges Kind auf seinen Schienbeinschonern auf und ab.

Ben, der von Mischa, Kai und Urs umringt war, die ihm lobend auf den Helm klopften, sah das und musste lachen. Er zeigte mit seiner behandschuhten Hand auf den Torhüter und meinte nur trocken: „Ich wusste gar nicht, dass die Freiburger seit Neuestem Bugs Bunny im Team mitspielen lassen."

Die anderen lachten und stimmten ihm zu. Dann schwang Ben seine langen Beine über die Bande und setzte sich zur wohlverdienten Pause auf die Ersatzbank. Während er sich Wasser ins Gesicht spritzte, kam der Trainer von hinten und schlug ihm mit seiner großen Hand auf die Schulter. „Gutes Tor, Ben. Du machst wirklich aus Scheiße Gold."

Ben wusste genauso wie der Coach, dass sich jeder gute Eishockeyspieler – egal wie weit sein Team führte – nie im Leben die Chance auf ein Tor entgehen lassen würde. Selbst wenn nur noch zehn Sekunden in einem Spiel zu absolvieren waren.

Kurz ließ er den Blick über die jubelnden Zuschauer gleiten, bevor er sich wieder auf das Spielgeschehen auf dem Eis konzentrierte. Irgendwo dort stand Fiona. Seit Julians Tod war sie bei keinem Spiel mehr gewesen. Es freute ihn umso mehr, dass sie heute kurzerhand die Gelegenheit wahrnahm, ihn spielen zu sehen. Dieses Tor widmete er im Stillen ihr.

Auch Simone war vermutlich hier in der Halle. Er konnte sich vorstellen, wie sie mit angehaltenem Atem und großen grünen Augen seinen Konter verfolgt hatte. Bei seinem Tor war sie sicherlich vor Freude auf der Stelle auf und ab gehüpft, wobei ihre Locken lustig mitgeschwungen hatten. Er hatte den Nachmittag mit ihr sehr genossen. Vielleicht würden sie sich wirklich nochmal in Knopfheim über den Weg laufen. So groß war der Ort schließlich nicht.

Auf ein Zeichen des Trainers stellte sich Ben auf und machte sich für den nächsten fliegenden Wechsel bereit.

Das Spiel war noch nicht vorbei und er würde den Teufel tun, den Freiburgern die geringste Chance auf einen Sieg zu schenken.

„Bitte noch hundert Gramm Salami", bat Ben die Verkäuferin an der Wursttheke des örtlichen Supermarkts. „Das wäre dann alles. Danke."

Wenn er sie recht erkannte, war sie die älteste Tochter der Nachbarin seiner Mutter. Martina. Er hatte sie schon seit ewiger Zeit nicht mehr gesehen, da sie einige Jahre älter war als er und früh geheiratet hatte. Vermutlich wusste sie auch nicht mehr, wer er war. Er gehörte schließlich nicht wie Julian zu den Menschen, die gleich mit jedem ins Gespräch kamen und sich mit ihrem natürlichen Charme und ihrer Liebenswürdigkeit unauslöschlich in deren Gedächtnis brannten.

„Du bist doch Carinas Ältester, oder?", fragte Martina, während sie die gewünschte Menge auf ein beschichtetes Papier legte.

Überrascht blickte Ben auf. „Ja, stimmt. Wie geht es dir?"

„Gut, danke. Und dir?"

Es war doch unglaublich. Er hatte diese Frau schon seit gut zwanzig Jahren nicht mehr gesehen und dennoch konnte sie sich noch an ihn erinnern.

„Letztes Wochenende hast du einen Hattrick gegen Freiburg geschafft, wie ich beim Bäcker gehört habe. Deine drei Tore haben unseren Jungs Flügel verliehen und sie zum Sieg getragen. Weiter so." Sie lächelte ihm aufmunternd zu und legte die verpackte Wurst auf die Ladentheke. „Frohe Weihnachten dir und deiner Familie."

Ben bedankte sich, gab die weihnachtlichen Wünsche zurück und drehte sich kopfschüttelnd um, da er sich nach seinen unabhängigen Jahren in Kanada erst wieder an den steten Informationsfluss in Knopfheim gewöhnen musste.

Als er sich aufmachte, seine Käufe zu bezahlen, erblickte er Julians Mutter Iris Winkler vor dem Nudelregal. Seit er zurück war, hatte er sie noch nicht gesehen. Sie wirkte abgehärmt. Aus der gut aussehenden Frau von früher war eine von Schlafproblemen gezeichnete ältere Frau geworden. Als sie zufällig in seine Richtung schaute, nickte sie ihm zu und verzog die Lippen zu einem kleinen Lächeln, das den verbitterten Zug um den Mund nicht auszulöschen vermochte. Bevor sich Ben in ihre Richtung in Bewegung setzen konnte, um sie zu begrüßen, wandte sie sich jedoch schon ab und schob den Wagen in die entgegengesetzte Richtung.

Ben stach ihre Reaktion ins Herz. Der Verlust ihres Sohnes belastete sie immer noch stark, das konnte selbst ein Blinder sehen. Und er selbst erinnerte sie vermutlich allein durch seine Anwesenheit genau daran.

Iris hatte Ben damals als Julians besten Freund wortlos akzeptiert. Begeistert war sie aber wegen Bens einfacher Herkunft als Sohn eines schlichten Mechanikers vermutlich nicht gewesen. Diesen Eindruck hatte Ben früher manchmal gehabt. Dafür war die gesellschaftliche Kluft zwischen den beiden Jungen einfach zu groß. Doch sie hatte nie ein Wort gesagt und ihre eventuellen Zweifel hinter einer Schicht Freundlichkeit versteckt.

„Bist du dir wirklich sicher, dass das eine gute Idee ist?", fragte Fiona skeptisch, als sie mit ihrer Freundin Nina durch die überfüllten Ausstellungsräume eines großen Mannheimer Möbelhauses schlenderte. Sie war sehr erleichtert, dass sie Emma bei ihrer Schwiegermutter gelassen hatte. Sonst hätte sie die kleine Maus in dem Gewühl womöglich noch verloren.

„Ja. Du weißt, ich brauche unbedingt ein neues Bett, nachdem die Beine des alten nach dem Besuch meiner Cousine mit ihren zwei kleinen Rackern völlig hin waren. Unglaublich, welche Kraft zwei hopsende Kleinkinder auf ein altersschwaches Bett ausüben." Sie schmunzelte und strich eine dunkle Strähne ihres asymmetrisch geschnittenen Bobs hinters Ohr. „Aber jetzt habe ich wenigstens einen guten Grund, mir ein wunderschönes neues Bett kaufen zu müssen."

„Mit Seidenhimmel, Spitzenkissen und blumiger Laura-Ashley-Bettwäsche", frotzelte Fiona gutmütig, da sie wusste, wie zuwider Nina alles Rüschenbesetzte war. Ihre Freundin bevorzugte klare Linien, frische Farben und eindeutige Muster. Diese Vorliebe spiegelte sich auch in ihrem Charakter wider, da sie selbst sehr gradlinig, ehrlich und direkt war. Man bekam bei Nina immer genau das, was draufstand.

Eine weitere positive Eigenschaft war ihre Entscheidungsfreudigkeit. Denn wenn sie einmal wusste, was sie wollte, brauchte sie nicht lange, um eine Wahl zu treffen. Fiona hingegen wägte gerne das Für und Wider ab, schlief noch ein paar Nächte darüber und fällte dann erst eine Entscheidung. So konnte sie manchmal ihre Freundin bei wichtigen Fragen etwas bremsen, wohingegen Nina Fiona hin und wieder einen Schubs gab, damit diese nicht zu lange über etwas brütete. Das war in einigen Situationen seit Julians Tod bereits sehr hilfreich gewesen, weshalb sie Nina – neben Ben – als zweite stabile Säule in ihrem Leben betrachtete – und sehr dankbar für diese erfüllende Frauenfreundschaft war.

„Außerdem", begann Nina, „habe ich in den Tagen zwischen Weihnachten und Silvester nur heute Zeit – und keine Lust nochmal zwei Wochen mit der Matratze auf dem Boden zu schlafen." Sie hakte sich bei Fiona unter und schenkte ihr ein herzliches Lächeln, das ihre graublauen Augen aufleuchten ließ. „Der wichtigste Grund dafür, dass du dabei sein musst, ist allerdings der, dass ich mit dir wahnsinnig gerne shoppen gehe, da du immer so ein gutes Auge für Details hast."

Fiona ließ sich lachend mitziehen. „Bei solchen Menschenmengen hier im Laden kann ich dir aber nicht garantieren, dass mir die Details überhaupt auffallen", gab sie zu bedenken und hängte ihre Winterjacke über den anderen Arm.

„Egal. Erzähl mal. Wie war's bei dir über Weihnachten? Hast du mit Emmy wieder bei Iris und Wolfgang gefeiert?"

„Ja, es war wie jedes Jahr sehr schön. Am Heiligen Abend kann ich ihnen ihre Enkelin schließlich nicht vorenthalten. Ihr Tannenbaum war diesmal sogar noch eindrucksvoller als in den letzten Jahren. Emmy sind fast die Augen aus dem Kopf gefallen, als sie davorstand." Vergnügt lachte Fiona auf, als sie an das völlig entrückte Gesicht ihrer Tochter dachte. „Und den Kampf mit dem Geschenkpapier hat meine kleine Tochter nicht nur an Heilig Abend gewonnen, sondern auch am ersten Feiertag, als wir bei Bens Mutter zum Kaffee eingeladen waren. Sein Bruder Marius war mit seiner Verlobten, deren Eltern und ihren beiden Geschwistern mit Familie auch da gewesen – und Emmy ist in Geschenkpapier ersoffen."

Nina blickte sie mit einem Lächeln auf den Lippen an, das Fiona nicht richtig einordnen konnte. Doch bevor sie die Gelegenheit bekam, sich Gedanken darüber zu machen, waren sie in der Schlafzimmerabteilung angekommen und Nina stürzte sich mit Begeisterung auf die Betten.

„Also, du weißt noch, was ich dir gesagt habe, oder? Es soll auf jeden Fall ein Doppelbett sein, falls mir mein Traummann doch noch im nächsten Jahrhundert über den Weg laufen sollte. Keine Schnörkel oder sonstiger prinzessinnenhafter Kitsch. Schlichte Eleganz würde ich vorziehen, es darf aber auch ein bisschen Raffinesse nicht fehlen. Die Farbe ist ziemlich egal, das Material auch erst mal."

„Na, wenn das alles ist. Kinderspiel", murmelte Fiona mit gerunzelter Stirn und warf sich ins Gewühl.

Schon nach kurzer Zeit waren sie sich einig, dass es eigentlich nur ein einziges Bett gab, das Ninas Anforderungen fast vollständig erfüllte –

und in ihre Augen ein gieriges Glitzern zauberte: ein Traum aus schmiedeeiserner Handwerkskunst. Der Bettrahmen war aus hellem Ahornholz gefertigt, das nur sehr wenig Maserung aufwies und an dem massive, schlichte Beine aus schwarzem Schmiedeeisen befestigt waren. Das hohe Kopfteil bestand aus demselben Material, jedoch befand sich über den senkrechten schwarzen Eisenstäben ein elegant geschwungener Abschluss, der die beiden Bettpfosten miteinander verband. Ein Fußteil gab es nicht.

„Das muss ich haben", seufzte Nina.

„Es ist allerdings nur ein Meter sechzig breit", gab Fiona zu bedenken. „Du wolltest doch ein normales Doppelbett, oder nicht?"

„Ach papperlapapp, bei solch einem Bett ist es doch wahrlich egal, ob man zwanzig Zentimeter näher beieinanderliegt. Ich hoffe ja immer noch auf den einen Mann, bei dem mir auch ein schmales Bett von neunzig Zentimetern reicht, weil ich nicht genug von ihm kriegen kann." An ihrem strahlenden Gesicht konnte Fiona erkennen, dass das Bett schon so gut wie gekauft war. „Aber mal im Ernst. Was hältst du wirklich davon?"

„Von deinem Traummann, von dem du nicht genug kriegen kannst?" Fiona tat so, als überlege sie. „Der ist definitiv nötig."

„Nein, Fiona, vom Be-ett", flötete Nina und legte sich probehalber darauf.

„Ich finde es wunderschön", gab Fiona ehrlich zu, „und es passt fantastisch zu dir und deinem Stil."

„Und stabil scheint es auch zu sein, was sich nicht nur positiv in Bezug auf die Kinder meiner Cousine auswirkt, sondern auch auf andere Aktivitäten, von denen ich im Moment leider nur träume", grinste Nina schelmisch, als sie probehalber hin und her ruckelte. „Der Preis ist zwar höher, als ich geplant hatte. Dafür wird mir das Bett hoffentlich bis ins hohe Alter zu Diensten sein."

Nachdem sich Nina so lange an die Fersen eines Verkäufers geheftet hatte, bis er mit einem anderen Kunden fertig war, ließ sie sich ein Exemplar des Betts reservieren und kam freudestrahlend mit einem Zettel wedelnd auf Fiona zu.

„Und jetzt gehen wir ins Restaurant in den vierten Stock und feiern. Hast du Hunger?"

„Wie ein Bär", gestand Fiona, die am Morgen nur Zeit für eine schnelle Tasse Kaffee und eine Banane gehabt hatte.

Als sie sich nach einer gefühlten Ewigkeit mit zwei Tabletts von der Kasse zum überfüllten Sitzbereich aufmachten, entdeckte Nina mit Adlerblick, dass sich ein älteres Ehepaar zum Aufstehen bereit machte. Sofort strebte sie in die betreffende Richtung und nahm den kleinen Tisch in Beschlag, auf dem gerade mal ihre beiden Tabletts Platz hatten. Mit einem leisen Seufzen ließen sie sich nieder.

„Mann, war das anstrengend!“, stöhnte Nina und strich ihre dunklen Haare zurück. „Ich habe das Gefühl halb Mannheim und Umgebung will hier sein Weihnachtsgeld loswerden.“ Sie griff zur Gabel und stach ein Stück von ihrer Käsesahnetorte ab. „Wenn diese eine Frau an der Dessertheke noch länger gebraucht hätte, um sich zu entscheiden ... ich schwöre dir, ich hätte sie mit einem gut platzierten Check in die Auslage befördert.“ Sie schnaubte erbost auf. Fiona kicherte in sich hinein. Man merkte, dass Nina in Knopfheim aufgewachsen war. „Was ist daran denn so schwierig, frage ich dich. Es gab nur zwei Desserts im Angebot. Und entweder habe ich Lust auf etwas Schokoladiges, dann nehme ich natürlich das. Oder mir steht der Sinn eher nach etwas Fruchtigem, dann würde meine Wahl selbstverständlich auf das andere fallen.“ Sie schüttelte ungläubig mit dem Kopf. „Die hat eine richtige Doktorarbeit daraus gemacht ...“

Während Fiona ihren ersten Schluck Cappuccino nahm, ließ sie ihren Blick wandern. Alle Kunden schienen schon einen Möbelmarathon hinter sich zu haben. Dennoch strahlten ihre Gesichter glücklich, während sie sich unterhielten und bei einer Mahlzeit stärkten. Ob viele der Kunden ihr Traummöbelstück gefunden hatten so wie Nina? Oder nutzten sie die freien Tage, um einfach so durch die Ausstellungsräume zu bummeln, ohne etwas zu kaufen? Solche Leute sollte es angeblich auch geben.

„Wie wär's denn, wenn wir uns mal wieder auf einen alten Schinken treffen würden?“, fragte Nina und unterbrach damit die Gedanken ihrer Freundin.

Sie liebten beide die alten amerikanischen Screwball Komödien der vierziger und fünfziger Jahre, weshalb sie sich – alleinstehend wie sie waren – immer wieder mal bei Fiona zu einem gemütlichen Filmabend trafen, während Emmy im Kinderzimmer schlief.

Nina überlegte: „Auf *Manche mögen's heiß* hätte ich wieder Lust oder *Die Nacht vor der Hochzeit*. Was meinst du?“

„Gute Idee. *Arsen und Spitzenhäubchen* wäre aber auch noch eine Alternative. Wie wär's gleich morgen Abend?"

„Abgemacht." Nina machte ein Gesicht, als würde ihr etwas einfallen. „Wie geht's eigentlich deiner Mutter? Hast du sie in letzter Zeit besucht?"

„Unverändert, Gott sei Dank." Ein trauriger Ausdruck huschte über Fionas hübsches Gesicht. „Sie hat immer noch Aussetzer, aber sie sind zum Glück nicht häufiger geworden. Trotzdem ist sie besser im Pflegeheim aufgehoben. Nicht auszudenken, was alles passieren könnte, wenn sie alleine leben würde."

Weil Nina ihre Freundin gut kannte und die unausgesprochenen Selbstvorwürfe wie so oft in der Luft hingen, legte sie ihr die Hand auf den Arm und meinte sanft: „Sie könnte nicht bei dir leben, das weißt du. Wer würde auf sie aufpassen, während du täglich sechs Stunden im Verlag arbeitest? Es ist besser so, wie es jetzt geregelt ist. Sei froh, dass du ein so gutes Pflegeheim hier in der Nähe gefunden hast."

Fiona blinzelte kurz die Tränen weg, die bei diesem Thema immer aufzusteigen drohten, und blickt ihre Freundin dankbar an. „Ja, ich weiß. Aber die Schuldgefühle sind immer noch so stark. Sie war mein ganzes Leben lang für mich da. Und jetzt, wo sie mich braucht, kann ich mich nicht so um sie kümmern, wie sie es verdient."

„Du kannst aber auch nichts dafür, dass sie in einem noch relativ frühen Alter vaskuläre Demenz bekommt, die schnell fortschreitet. Wie alt ist deine Mutter jetzt? Siebzig?"

Fiona nickte. „Und ich kann natürlich auch nichts dafür, dass ich das Produkt einer kurzen Affäre bin, die meine Mutter mit siebenunddreißig hatte. Aber wenn mein Vater uns gewollt hätte, wäre er vielleicht jetzt da, um sich in den Stunden um Mama zu kümmern, in denen ich arbeiten würde."

Fiona nahm gedankenverloren einen Schluck ihres Cappuccinos, weil der letzte Bissen des leckeren Himbeerkuchens wie aufgeweichte Pappe geschmeckt hatte.

Immer noch schmerzten die Zurückweisung und die verpassten Gelegenheiten von damals, obwohl es schon so lange her war. Erinnerungen schwammen durch ihr Gehirn, die sie viele Jahre zurücktrugen und ihre bittere Enttäuschung und die alten Schuldgefühle wieder aufleben ließen.

Als sie nach einer Weile mit ihren Gedanken wieder in die Realität zurückkehrte, bemerkte sie, dass das Gesumme der vielen Gespräche im

Restaurant etwas abgeflaut war. Vermutlich waren einige Kunden schon weitergezogen. Nina hatte bereits das ganze Kuchenstück auf ihrem Teller weggeputzt und schielte stumm, aber so gierig auf Fionas halbes, dass diese lachen musste. Das schätzte sie so an ihrer Freundin: Nina wusste genau, wann sie Fiona einen Schubs in die richtige Richtung geben und wann sie einfach die Klappe halten musste - wie gerade eben. Sie schob ihr den Teller mit dem halben Kuchenstück hin. „Du kannst gerne den Rest haben."

Während sich Nina begeistert über den Kuchen hermachte, fragte Fiona: „Und, hast du schon einen geeigneten Kandidaten zum Probeliegen für dein neues Bett in Aussicht?"

„Nein, gar nicht. Seit ich wieder in Knopfheim wohne, hat es ja nur Dirk gegeben, den ich, wie du weißt, vor einem guten halben Jahr in den Wind geschossen habe." Sie trank einen Schluck Kaffee und verzog das Gesicht, weil er nur noch lauwarm war. „Bei mir im Geschäft gibt es nur Idioten. Im Knopfheimer Turnverein gehen nur Frauen ihrer Fitness nach - und ein paar wenige Männer jenseits der Hundert, weil sie zu alt und gebrechlich sind, um Eishockey zu spielen. Und mit allem, was auf Kufen steht und zur Männersorte Anabolikamonster trifft Frankenstein gehört, was die körperlichen und geistigen Qualitäten angeht, gebe ich mich nicht ab." Sie verstummte und blickte mit großen erschrockenen Augen auf Fiona. „Also, Ben ist da sicher eine Ausnahme." Nochmal hielt sie die Luft an. „Und Julian natürlich auch."

Dann bedeckte sie, peinlich berührt, mit beiden Händen ihr Gesicht, um sich nicht noch länger Fionas amüsiertem Blick mit tadelnd hochgezogener Braue aussetzen zu müssen. Wenn man ein Loch im Boden brauchte, um darin zu verschwinden, waren mal wieder alle besetzt. Das war doch zum Aus-der-Haut-fahren! „Oh Gott, ist das jetzt peinlich! Beachte mich und das riesengroße Fettnäpfchen einfach nicht, in das ich gerade mit vollem Schwung hineingetappt bin."

Fiona warf den Kopf in den Nacken und lachte schallend, bevor sie ihre Hand beruhigend auf Ninas Arm legte. „Kein Problem. Ich weiß schon, dass du mit Eishockeyspielern schlechte Erfahrungen gemacht hast, als du noch jung und dumm warst."

Nina lugte vorsichtig zwischen ihren Fingern hervor. „Verzeihst du mir meine absolut taktlosen Worte?"

„Aber ja", meinte Fiona, wechselte den Platz, um näher bei ihrer Freundin zu sitzen, und drückte sie in einer herzlichen Umarmung an sich.

„Das ist der Grund, warum ich dich so gern habe", nuschelte Nina in Fionas Haar. „Du bist die warmherzigste Person, die ich kenne, die immer an erster Stelle das Gute in einem Menschen sieht. Und ich danke dir für deine Freundschaft."

Als sie sich voneinander gelöst und Nina den letzten Bissen ihres Kuchens vernichtet hatte, rieb sie sich grinsend über den Bauch und sagte: „Das war lecker. Wie sieht's aus? Teilen wir uns noch ein Stück? Ich nehm' den Kuchen und du dafür die Kalorien."

Vergnügt lachte Nina auf, als sie Fionas irritierten Gesichtsausdruck sah, winkte dann aber ab und wechselte mit der Geschmeidigkeit eines Traktors wieder zurück zum alten Thema. Nachdem Fiona sie schon auf einen potenziellen Kandidaten angesprochen hatte, konnte sie sich natürlich auch nicht zurückhalten, Fiona auf den Zahn zu fühlen: „Und wie sieht es bei dir aus? Gibt es jemanden, der dein Herz höher schlagen lässt?" Dabei behielt sie ihre Freundin unauffällig – dafür nicht weniger genau – im Blick.

„Bei mir?" Fiona nahm den letzten Schluck ihres mittlerweile kalten Cappuccinos und stellte die Tasse wieder auf den Unterteller. Erst dann blickte sie auf und Nina konnte einen Ausdruck in Fionas Augen erhaschen, der ihr das Herz vor Mitgefühl zusammenziehen ließ. „Nein. Ich kann das irgendwie noch nicht. Du weißt, ich habe zweimal versucht, mit jemandem nur etwas trinken zu gehen. Aber ich habe mich so – von mir selbst und meinen Erwartungen – unter Druck gesetzt gefühlt, dass es sich total falsch angefühlt hat. Ich denke, es war auch einfach viel zu früh. Außerdem braucht mich meine Tochter – und es ist sowieso kein passender Kandidat da."

Nina wartete einen Moment, bis Fiona die gestapelten Teller und Tassen auf die aufeinandergelegten Tabletts gestellt hatte, bevor sie mit sanfter Stimme die Bombe platzen ließ. „Und was ist mit Ben?"

Kapitel 8

Fiona blickte ruckartig auf. „Wie, mit Ben?“

„Na ja“, begann Nina, „ihr kennt euch schon ewig und verbringt so viel Zeit miteinander, seit er wieder da ist, dass man ja fast schon von einer Beziehung sprechen könnte. Manche Ehepaare sehen sich nicht so häufig wie ihr - und tauschen sich vor allem auch nicht so intensiv über die alltäglichen Dinge aus. Ihr habt dieselben Interessen und passt auch so gut zueinander.“ Nina konnte sehen, wie es hinter Fionas hoher Stirn heftig zu arbeiten begann. „Außerdem strahlst du seit November etwas aus, das ich, seit ich dich kenne, noch nie bei dir bemerkt habe. Und ich kenne dich immerhin, seit du mit Julian nach Knopfheim in euer Haus gezogen bist ...“

Fiona hatte ihre Sprache wieder gefunden und unterbrach ihre Freundin mit einer Handbewegung, bei der sie fast die Kaffeetassen umgeworfen hätte. „Nein, das kann nicht sein. Wir treffen uns zwar oft, aber eigentlich will er nichts von mir, da bin ich sicher. Er hat jedenfalls noch nie in dieser Hinsicht einen Schritt auf mich zu gemacht.“

Fiona verstummte, als ihr ein blitzartiger Erinnerungsfetzen durch den Kopf schoss, von dem sie geglaubt hatte, er sei tief in ihrem Gehirn begraben und schon längst vergessen: Bens weiche Lippen auf ihren. Ihre Zunge, die über die Innenseite seiner Oberlippe leckte und seinen berauschenden Geschmack aufnahm. Ein erregendes Kribbeln, das sie so in seiner Intensität nur bei Julian gespürt hatte - und doch war noch etwas Geheimnisvolles, Dunkles beigemischt gewesen, das sie hatte erschaudern lassen. Und dann war es vorbei gewesen und sie konnte in Bens Augen unzweifelhaft die Erkenntnis erblicken, einen großen Fehler gemacht zu haben. Und dabei war sie alleine an dieser Situation schuld gewesen.

Julian war schon mehr als zwei Tage auf Exkursion - und Fiona vermisste ihn ganz schrecklich. Nie in ihrem Leben hätte sie erwartet, dass ihr je eine so große, so einzigartige Liebe begegnen würde. Ihre Mutter war nicht gerade mit bestem Beispiel vorangegangen.

Beim Abschied hatte Julian sie so leidenschaftlich geküsst, dass sie ihn am liebsten gar nicht hätte gehen lassen. Selbst die anerkennenden Pfiffe seiner Kommilitonen hatten ihn nicht davon abhalten können, sich ganz und gar Fiona zu widmen, bevor er sie für fünf lange Tage verlassen musste. Ben hatte er das Versprechen abgenommen, auf sein Mädchen aufzupassen, damit sie von keinem Studenten angegraben wurde – was Ben natürlich als guter Freund pflichtschuldigst versprach.

Nun saß Fiona über den Unterlagen einer trockenen germanistischen Vorlesung, die sie nicht die Bohne interessierte. Dreimal hatte sie schon den Absatz gelesen und den Inhalt immer noch nicht begriffen. Immer wieder ertappte sie sich dabei, wie sie mit einer langen Strähne ihres Haares spielte und verträumt in die Ferne blickte. Kurz darauf schloss sie das Vorlesungsskript mit einem lauten Knall und einem frustrierten Seufzen.

Sie wollte Julian eine Freude machen, wenn er übermorgen zurückkam. Dass sie ihm nach einem leckeren Abendessen, das sie für ihn kochen würde, das Dessert im Bett servierte – auf ihrem nackten Körper –, war für sie fast schon ein Muss. Aber dann fiel ihr noch etwas ein. Julian hatte sich vor Kurzem beklagt, dass er fast keinen Platz mehr für seine ganzen Studienunterlagen habe, da das kleine Regal in seinem Studentenzimmer bei Weitem nicht mehr reichen würde.

Fiona setzte sich an ihrem Schreibtisch aufrecht hin. Genau! Sie würde für ihn ein Bücherregal kaufen, das seinen Bedürfnissen gerecht wurde. Kurzerhand griff sie zum Telefon und rief Ben an, um ihm von ihrer Idee zu erzählen und zu fragen, ob er heute Abend Zeit für den Aufbau habe.

Als sie an diesem frostigen Wintertag wieder mit einem großen Karton – und einer kleinen Tüte mit einem Hauch von Nichts, dem sie einfach nicht hatte widerstehen können – auf den Parkplatz des Studentenheims zurückkehrte, half Ben ihr, das schwere Paket in Julians Zimmer zu tragen. Zu zweit war das Regal in kurzer Zeit aufgebaut und mit Büchern, Ordnern und anderen Dingen bestückt.

„Darf ich dich heute Abend zum Dank bekochen, Ben?"

Er grinste und ließ seine zweifarbigen Augen strahlen. „Zu deinem Essen sage ich nie Nein."

In ihrer Wohngemeinschaft hatte Fiona Ben kurzerhand auf einen Stuhl verwiesen und ihm etwas zu trinken mit den Worten in die Hand gedrückt: „So, jetzt lass dich von mir verwöhnen." Dann begann sie sogleich, mit Töpfen und Pfannen zu hantieren und – sich mit Ben unterhaltend – einen wunderbaren Auflauf zu zaubern. Denn mit keinem anderen Menschen verstand sie sich so gut wie mit Ben – von Julian mal abgesehen.

Nach dem reichhaltigen Essen saßen sie noch bis weit nach Mitternacht bei Kerzenschein am großen Tisch der Gemeinschaftsküche zusammen und unterhielten sich.

Als es für Ben Zeit wurde zu gehen, bestand Fiona natürlich trotz seiner amüsierten Gegenwehr darauf, ihn nach Hause zu begleiten. Er wohne zwar nur ein paar Schritte quer über den Hof, aber immerhin sei er schließlich ihr

Gast.

Als sie vor die Tür traten, stellte Fiona überrascht fest, dass die Nacht klirrend kalt war. Den Himmel überzogen Tausende von Sternen und es war so frostig, dass einem beim Einatmen fast das Zäpfchen im Rachen gefror.

„Uups, ich hätte mir doch etwas Dickeres anziehen sollen", lachte Fiona und produzierte in der kalten Luft eine riesige Dampfwolke. „Aber die paar Meter wird es schon gehen."

Mit beiden Armen umschlang sie zitternd ihren Oberkörper, der nur in einer dünnen Wollweste steckte. Kavalier, der er war, öffnete Ben seine Jacke und zog sie mit dem Rücken in seine wärmende Umarmung. So an seine Seite gekuschelt, überquerten sie flachsend und laut lachend den Hof des Wohnheims. Vor seiner Haustür angekommen, zog Ben seine Jacke aus und hängte sie Fiona um die Schultern.

Während er sie noch vorne am Reißverschluss zusammenhielt, murmelte er: „Danke für den schönen Abend. Du kannst mir die Jacke morgen vorbeibringen, ich habe noch eine andere."

Ihre Gesichter waren sich in dem Moment so nah, dass Fiona in Bens warmem Blick zu versinken schien. Sie fühlte ein statisches Kribbeln zwischen ihnen beiden, das sie so vorher noch nie wahrgenommen hatte. Ein sinnliches Prickeln, das immer heißer und intensiver wurde, je länger Fiona in seinen Augen versank. Augen, die sie normalerweise nur spöttisch lächelnd kannte, die sie in diesem Moment jedoch zum ersten Mal bis auf den Grund seiner Seele blicken ließen.

Und was Fiona dort zu sehen vermochte, wühlte ihr Innerstes auf wie ein Sturm die hohe See und berührte einen ihr völlig unbekannten Teil ihres Herzens.

Und dann lagen ihre Lippen auf seinen. Fiona drückte sich an Bens festen Körper und krallte ihre Finger in den Stoff seines Kapuzenshirts. Sein wunderbar herb-frischer Duft stieg ihr verführerisch in die Nase und vermischte sich mit dem überwältigenden Geschmack seines Mundes. Ihre Zungenspitze wagte sich hervor und leckte sich einen Weg zwischen Bens geschlossene Lippen. Nach kurzem Zögern gab er mit einem leisen Stöhnen nach und öffnete sich ihrer sinnlichen Verführung – und Fiona versank rettungslos in einem unbekannten wollüstigen Rausch.

Doch plötzlich merkte sie, wie sich Bens Körper versteifte und er einen Schritt zurücktrat. Seiner Wärme und Stabilität beraubt, geriet Fiona ins Wanken, fasste sich aber schnell wieder, während ihr Blick sich klärte. Bens schmerzerfüllte Miene ließ ihr die Schamröte ins Gesicht schießen.

Was hatte sie nur getan?!

Glücklicherweise war er nach diesem unfreiwilligen Kuss klar genug im Kopf, die vertraute Distanz wieder herzustellen und gab mit rauer leiser Stimme von sich: „Vielen Dank für das Abendessen, Fiona. Bis morgen."

Und schon war er in seiner WG verschwunden.

Als sie langsam – und trotz Bens Jacke zitternd – zurückging, konnte sie sich im Nachhinein nicht mehr erinnern, wie es zu diesem Kuss gekommen war. Aber sie wusste noch genau, dass sie sich in diesem ungewohnt intimen Augenblick wie magisch von Bens weichen Lippen angezogen gefühlt hatte und partout hatte wissen müssen, wie sie schmeckten. Und sie hatte unbedingt ergründen wollen, ob dieser starke, schön geschwungene Mund genauso tiefgründig küssen konnte, wie seine wunderschönen Augen hier vor der Tür in ihr Innerstes geblickt hatten.

Nach diesem Ausrutscher wusste sie es mehr als genau und schämte sich ob ihrer Gedankenlosigkeit in Grund und Boden.

Sie würde ihrer beider Verhalten ja gerne damit entschuldigen, dass sie zu viel Alkohol getrunken hatten. Aber Ben war stocknüchtern gewesen, da er sowieso kaum Alkohol trank und sich an diesem Abend nur mit einer Cola zufriedengegeben hatte. Und sie hatte nur ein halbes Glas Rotwein zum Essen gehabt, was beileibe keine Entschuldigung für ihr Verhalten darstellte.

Dass Ben sie nach längerem Zögern tatsächlich zurückgeküsst hatte, konnte sie ihm nicht verdenken, so wie sie ihn mit ihrer Zunge bedrängt hatte. Da würde vermutlich bei jedem Mann irgendwann die Sicherung durchbrennen. Aber glücklicherweise hatte sich Ben nicht so mitreißen lassen wie sie selbst.

Sie liebte Julian – und er vertraute ihr. Außerdem war sie kein Flittchen, das es mit zwei Männern gleichzeitig trieb. Vor allem war ihre Aktion Ben gegenüber unfair, der immer loyal hinter seinem Freund stand und ihr bisher noch nie irgendwelche Signale gegeben hatte, dass er sich für sie mehr als nur als Freundin seines besten Freundes interessierte. Nun hatte sie ihn in einen Gewissenskonflikt gestürzt. Sie konnte es ihm noch nicht einmal vorwerfen, wenn er Julian nach seiner Rückkehr über ihre Treulosigkeit aufklären würde.

Doch Ben hatte den Mund gehalten. Als sie am nächsten Tag bei ihm vorbeigegangen war, um sich bei ihm zu entschuldigen, hatte er mit der Hand abgewinkt und gemeint, das sei erledigt. Er wisse, dass sie Julian liebe und dass das am Abend zuvor nur eine Kurzschlussreaktion aufgrund emotionaler Vernachlässigung mit daraus resultierender romantischer Bedürftigkeit gewesen sei.

Danach hatte er darüber kein Wort mehr verloren und sich ihr gegenüber glücklicherweise genauso freundschaftlich verhalten wie zuvor.

Was für ein anständiger, ehrenhafter Mann!

Trotzdem hatte sie damals lieber nicht wissen wollen, was er über sie dachte.

Fasziniert stellte sie fest, dass sie schon ewig nicht mehr an diesen Kuss gedacht hatte. Auch wenn sie Ben in den letzten Jahren seit Julians Tod nie als möglichen Partner gesehen hatte, konnte sie dennoch nicht leugnen, dass sie sich immer schon in seiner Gegenwart sehr wohl gefühlt hatte. Aber ob das wirklich als gute Basis für eine stabile Partnerschaft reichte, wagte sie zu bezweifeln.

Auf jeden Fall hatte ihr sein Verhalten der letzten Jahre gezeigt, dass sie recht hatte: Er wollte nichts von ihr.

„Heute ist wohl der Tag der Tagträume", frotzelte Nina, die ihrer Freundin immer noch gegenübersaß, das Kinn in die Handfläche aufgestützt, und die letzten drei Minuten deren überaus fesselndes Mienenspiel beobachtet hatte. Nach anfänglicher Überraschung und darauffolgendem Erstaunen hatte sich Sehnsucht und ein bisschen Beschämung eingeschlichen. Ungeheuer faszinierend. „Ich würde sehr viel von meinen Besitztümern hergeben, nur um zu wissen, was dir jetzt gerade eben durch den Kopf gegangen ist."

„Nichts Wichtiges", wiegelte Fiona ab. „Ich habe nur an etwas denken müssen." Nie im Leben würde Fiona ihr von diesem Kuss erzählen. Sonst wäre das Wasser auf Ninas hartnäckig mahlenden Mühlen, die Fiona schon seit Längerem von der Notwendigkeit einer neuen Beziehung zu überzeugen versuchten. Und das wollte Fiona ihren Nerven und ihrer Selbstbeherrschung nicht zumuten.

„Und du bist dir mit Bens nicht vorhandenem Interesse wirklich sicher?" Nina blickte ihre Freundin skeptisch an. „Ganz ehrlich: Kein Mann verbringt mit einer Frau so viel Zeit, ohne dass er Interesse an ihr hat. Außer er ist schwul", sie lachte trocken auf, „und das ist bei Ben mit Sicherheit nicht der Fall."

Auch Fiona konnte sich ein Grinsen nicht verkneifen. „Nein, das kann ich mir jetzt auch nicht vorstellen."

Nun wurde Nina ernst. „Aber eins ist klar wie Kloßbrühe: Du bist die Witwe seines besten Freundes. Wenn er wirklich Interesse hätte, würde er nicht mit der Sensibilität einer Abrissbirne über dich herfallen, sondern dir kleine Hinweise schicken."

Fiona schien nicht wirklich überzeugt. „Ich weiß, dass er gerne mit mir zusammen ist. Aber du darfst auch nicht vergessen, dass ich einer der wenigen Menschen bin, mit dem er frei über Julian reden und in Erinnerungen schwelgen kann. Ich denke, das ist ein ganz wichtiger Grund, warum er immer wieder meine Gesellschaft sucht – davon mal abgesehen, dass er Emmys Patenonkel ist. Außerdem bin ich über jede Anekdote, über jedes Abenteuer glücklich, das ich von ihm über meinen Mann zu hören bekomme, und dadurch neue Facetten an Julian kennenlerne, obwohl er nicht mehr bei mir ist." Ein trauriges Lächeln umspielte ihre Lippen. „Und auch Ben braucht, glaube ich, diese Erinnerungen wie die Luft zum Atmen, denn er vermisst Julian ganz schrecklich. Das kann ich jedem seiner leicht dahingesagten Worte entnehmen, wenn er Geschichten von früher erzählt, egal ob sie mich zum Lachen bringen oder mir die Tränen in die Augen treiben."

„Aber es ist schon vier Jahre her", erinnerte Nina sie sanft. „Es wird Zeit loszulassen – nicht zu vergessen."

Fiona starrte sie stumm an, da sich widersprüchliche Gefühle in ihrer Brust einen heftigen Kampf lieferten.

„Und bedenke", fuhr Nina fort und beugte sich vertraulich zu Fiona über den kleinen Tisch. „Es gibt neben seinen vielen anderen guten Eigenschaften einen Grund, der meiner Meinung nach am meisten überzeugt, ihn endlich auch als Mann und nicht nur als Freund wahrzunehmen: Er liebt Emmy über alles."

Seit vier Jahren war das heute wieder mal eine Premiere. Fiona bürstete ihr langes, dunkles Haar, bis es über ihre Schultern floss wie glänzende Seide, und zog einen Seitenscheitel. Sie würde es heute zur Feier des Tages offen tragen, da sie es im Alltag sonst sehr oft zu einem praktischen Pferdeschwanz oder lockeren Knoten zusammengebunden hatte.

Sie fühlte sich eigenartig nervös. Dabei würde sie heute mit Ben einfach nur in der örtlichen Kneipe ins neue Jahr feiern. Die letzten drei Silvester hatte sie alleine zuhause mit Emmy oder auch mal im Haus ihrer Schwiegereltern verlebt. Heute hatte sie ihre Tochter schon vor Stunden zu Iris und Wolfgang gebracht, damit sie den Abend dort verbringen und jederzeit schlafen gehen konnte, wenn sie müde war.

Als Fiona in der massiven Holzkommode, die im fast quadratischen Flur neben der Haustür stand, nach einer kleinen Handtasche suchte, schweiften ihre Gedanken zu Ninas Worten zurück. Trotz einigem Gedankenwälzen in den letzten drei Tagen glaubte sie nicht, dass ihre Freundin recht hatte. Ben hatte nie sexuelles Interesse an ihr gezeigt. Weder durch Berührungen noch durch Worte. Hatte sie nie mit Blicken aufgefressen, wie es andere Männer gelegentlich taten, wenn sie sich irgendwo aufhielt. An ihrer inneren Reaktion auf diese ungewollte Aufmerksamkeit in den letzten Jahren hatte sie stets gemerkt, dass sie einfach noch nicht soweit war. Noch nicht soweit, sich auf einen fremden Mann emotional einzulassen, ihm grenzenlos zu vertrauen, die Sorgen und Freuden des Lebens mit ihm zu teilen.

Während Fiona etwas Geld und den Hausschlüssel in der Handtasche verstaute, wurde ihr klar, dass bei Ben diese Hürden natürlich schon lange genommen wären. Sie vertraute ihm blind und war sich sicher, dass er immer nur in ihrem Sinne handeln und sie nie zu etwas zwingen würde, was sie nicht tun wollte. Sie liebte ihn aus ganzem Herzen, hatte es schon von Anfang an getan. Doch der Funke war damals bei Julian übergesprungen. Dennoch war sie sich sicher, dass Ben nicht mehr mit ihr im Sinn hatte, als die gute Beziehung zur Frau seines besten Freundes und der Mutter seines Patenkinds zu pflegen.

Und ihr wurde auf einmal klar, dass es stimmte, was Nina sagte: Genau aus dem Grund, weil Ben ihr schon immer nur auf freundschaftlicher Ebene begegnet war, hatte Fiona ihn irgendwie nie als Mann wahrgenommen.

Natürlich war er in den letzten Jahren zum sicheren Zentrum ihrer Welt geworden. Eine verlässliche Konstante, auf die sie stets zurückgreifen konnte, wenn sie sich einmal verloren fühlte. Aber dennoch war er ein Mann. Und ein sehr charismatischer noch dazu.

Automatisch schoben sich aus verschiedenen Lebenssituationen Bilder von Ben wie Schnappschüsse vor ihr geistiges Auge, auf denen er seinen Charme sprühen ließ. Denn auch er hatte von Geburt an mehr als genug davon abbekommen. Nur zeigte er diese Seite seines Charakters nicht so offenherzig, wie Julian es früher immer getan hatte, weshalb Ben oft als der Stillere, Zurückgezogenere der Beiden gewirkt hatte. Dabei schaffte er es mit einem kleinen Lächeln und einem spitzbübischen Zwinkern seiner ausdrucksstarken Augen, eine Frau vor Wonne aufseufzen zu lassen.

Denn: Bei keinem anderen Menschen wurde man von einem Lächeln so überrascht wie bei Ben, das war ihr schon von Anfang an aufgefallen. Man blickte in seine ernsten, fast unzugänglichen Gesichtszüge und dachte, er würde die Situation emotionslos bewerten. Doch dann teilten sich plötzlich seine charakteristischen Lippen zu einem warmen, einnehmenden Lächeln, das man bis in die Zehenspitzen spüren konnte.

Sein harter Gesichtsausdruck und das kantige Kinn wurden weicher und passten sich dem übermütigen Funkeln in seinen unterschiedlich farbigen Augen an, die sie an die leuchtenden Farben eines Kaleidoskops erinnerten. Und schon allein dadurch gab er einem das Gefühl, jemand Besonderer zu sein.

Es war schon seltsam, dass sie Bens überaus männlich-kraftvolle Ausstrahlung nie auf sich und ihre Bedürfnisse bezogen hatte. Sie kannte natürlich mittlerweile Bens ausgeprägte Gesichtszüge in- und auswendig, als ob sie sich über die vielen Jahre hinweg, die sie ihn schon kannte, mit einem Brenneisen in ihr Gehirn gebrannt hätten: den Schwung seiner dunkelblonden Augenbrauen, die Linie der hohen kantigen Wangenknochen oder den manchmal stoischen Zug um seinen Mund. Dabei hatte sie ihn in den letzten vier Jahren während ihrer zahlreichen Gespräche nach Julians Tod hauptsächlich auf dem Bildschirm ihres Rechners betrachten können. Es hatte in dieser Zeit auch – bis auf die seltenen Besuche seinerseits – nie eine Gelegenheit für Berührungen gegeben; sie war nie in seinen starken Armen gelegen, wenn er sie über etwas hinwegzutrösten versuchte, oder hatte seine langen kräftigen Finger in ihrem Haar gespürt, wenn er ihr aufmunternde Worte zugeflüstert hatte.

Allein der Gedanke an körperliche Zärtlichkeiten brachte Fionas liebebedürftiges Blut – nach den langen, enthaltsamen Jahren – in Wallung: heiß, gierig und verlangend.

Um sich abzulenken, blickte sie auf ihre Armbanduhr. Ben würde in fünf Minuten kommen, um sie abzuholen. Sie griff nach ihren großen, goldenen Kreolen, die sie durch die Ohrläppchen steckte. Dann blickte sie sich im Garderobenspiegel an. Ja, das war für eine Silvesterparty angemessen. Nicht ganz Alltag, ein bisschen festlich, aber nicht aufgetakelt wie für die Oper. Zufrieden streifte sie ihren warmen schwarzen Wollmantel über und zog mit einer Hand ihr langes Haar aus dem Kragen. Als sie gerade ein gemustertes Wolltuch in dunklen Rottönen um den Hals legte, klingelte es.

Das war sicher Ben.

Als sie die Tür öffnete, stand er vor ihr. Groß, breitschultrig und beeindruckend. Seine wie gemeißelten Gesichtszüge wurden weicher, als er wie jedes Mal einen Schritt auf sie zu trat und sie kurz in seine Arme schloss, nur um mit seinen von der Nachtluft kühlen Lippen zur Begrüßung über ihre Wange zu streifen.

Mit geschlossenen Augen genoss Fiona den kurzen intimen Moment, den sie bisher immer als selbstverständlich und normal angesehen hatte. Dann rief sie sich jedoch innerlich zur Ordnung und verbot sich jede sehnsuchtsvolle Schwäche. Schließlich wollte sie an diesem Abend mit Ben zwanglos ins neue Jahr feiern, ohne dass sie jede seiner Handlungen auf die mit Hintergedanken geeichte Goldwaage legte.

Mit einem frechen kleinen Grinsen auf dem Gesicht fragte er mit seiner tiefen Stimme: „Bist du für die Idioten bereit?“, und spielte dabei auf ihre Bemerkung vor einiger Zeit an, was das geistige Niveau des Publikums in Knopfheims Eishockeystammkneipe anging.

„Aber sicher!“, erwiderte Fiona mit einem kecken Lächeln und griff voll Vorfreude nach ihrer Tasche. Dann zog sie mit Schwung die Haustür hinter sich zu und schloss ab.

Als sie sich wieder zu Ben umdrehte, hatte er bereits seinen Arm abgewinkelt und lud sie mit dieser Geste ein, sich bei ihm einzuhängen. Wie schon bei vielen ihrer schweigsamen Spaziergänge vor vier Jahren nahm sie sein Angebot vertrauensvoll an und schlenderte an seiner Seite durch die frostige Winternacht ins nahegelegene *Bully*.

Doch schon nach wenigen Schritten merkte sie, dass irgendetwas anders war als früher. Etwas hatte sich in ihrem Inneren verschoben, sodass sie versucht war, dem beiläufigen Körperkontakt eine neue Bedeutung beizumessen. Ihre Erwartungshaltung hatte sich in der letzten halben Stunde verändert.

Ob das wirklich gut war?

Von Weitem wurden sie bereits von gedämpfter Musik und ausgelassenem Gelächter begrüßt. Ben war sich Fionas Nähe neben sich auf dem gesamten Weg sehr bewusst. Selbst in der kalten Nachtluft konnte er erahnen, wie gut sie duftete. Konnte sie so vertraut neben sich spüren wie bei ihren langen Spaziergängen nach Julians Tod. Und seine Körperseite, die Fiona so nahe war wie eine zweite Haut, fühlte sich so lebendig an wie seit … na ja, jedenfalls schon seit sehr langer Zeit nicht mehr.

Von der Straße führte ein kleiner Hof zu einem älteren, urigen Backsteingebäude, das über und über mit Efeu bewachsen war. Oberhalb der waldgrünen Eingangstür prangte ein weißes, beleuchtetes Schild mit einem Eishockeyspieler in Aktion und dem in schwungvoller, roter Schrift geschriebenen Namen der Kneipe, das über das Hauptinteresse der Gäste informierte.

Automatisch hatte Ben seine Schrittlänge ihrer angepasst, da Fiona wegen ihrer hohen Schuhe – trotz ihrer Körpergröße – nur kleinere Schritte machen konnte. Aber das störte ihn überhaupt nicht. So hatte er sie immerhin länger für sich allein.

Dennoch würde er nicht egoistisch handeln und mit ihr eng umschlungen die Kneipe betreten, in der sich das halbe Dorf aufhalten würde. Er musste ihren Ruf im Ort schützen. Deshalb griff er nach ihrer Hand und drückte sie leicht, bevor er sie losließ und ihr die Tür aufhielt.

Die Luft, die ihnen entgegenschlug, war geschwängert von den unterschiedlichsten Düften nach alkoholischen Getränken, diversen warmen Snacks und tanzenden Gästen – und pulsierte vor ausgelassener Energie. Die rustikale Theke aus dunkelbraun gestrichenem Holz, die im Dämmerlicht einzelner Lampen noch dunkler wirkte, war behängt mit Erinnerungen an großartige Spiele und noch großartigere Spieler. Eine kurze bunte Lamettagirlande darüber war das einzige Zugeständnis an die festlichen Tage und den bevorstehenden Jahreswechsel. Vermutlich schauten genau aus diesem Grund die meisten Männer Knopfheims so gerne regelmäßig hier vorbei. Es gab hier keinen unnötigen Firlefanz, sondern nur echte Erinnerungsstücke an ehrliche sportliche Leistungen.

Vor der Theke saßen die hartgesottenen Gäste, die sich über feuchtfröhliche Jahre hinweg ihre ureigensten Stammplätze erarbeitet und damit eine lebenslange Daseinsberechtigung im *Bully* ertrunken hatten. Davor gab es ein paar Stehtische, die mit vorwiegend männlichen Gästen voll besetzt waren. Deren Augen klebten an einem großen Flachbildfernseher, auf dem traditionsgemäß an Silvester die aufgezeichneten Spiele der *Pitbulls* aus der aktuellen Saison liefen. Ein paar Männer rissen sich vom Anblick aufeinanderprallender Körper los, um Ben mit erhobener Hand und einem Kopfnicken über die Menge hinweg zu begrüßen.

Er half Fiona, sich aus ihrem Mantel zu schälen, und hängte ihn an die bereits überfüllte Garderobe in der Nähe der Eingangstür, bevor er seine Winterjacke ebenfalls auszog. Als er sich wieder zu ihr umdrehte, stockte ihm der Atem. Was er erblickte, ließ sein Verlangen nach Fiona anschwellen wie die Feuerbrunst eines Waldbrandes nach wochenlanger Dürre.

Sie sah atemberaubend aus. Was sie trug, ließ seine Fantasie Purzelbäume schlagen und sein Herz heftig gegen die Rippen hämmern. Die Schwangerschaft hatte ihrer Figur gut getan. Das fiel ihm heute erst wirklich auf. Denn der kurze enge Rock über ihren langen Beinen umschmeichelte ihre weiblich gerundeten Hüften auf sehr attraktive Art und Weise. Das enge brombeerfarbene Oberteil schmiegte sich um ihre schlanke Taille und umfasste mit einem gerafften Bustierteil ihre runden Brüste. Über ihr wunderschönes ebenholzfarbenes Haar brauchte er keine Worte zu verlieren.

Er schluckte trocken.

Mit glänzenden Augen und einem erwartungsvollen Lächeln schaute sie sich um, bis ihr Blick wieder bei Ben landete. „Ich hoffe, wir finden im Nebenraum noch zwei Plätze. Vielleicht hat Nina uns ja was reserviert."

Ben konnte nur stumm nicken und begleitete sie durch einen breiten Torbogen in den geräumigen Nebenraum, der normalerweise mit geschickt aufgestellten Tischen und Stühlen den Gästen gemütliche Nischen bot. Für diesen Abend jedoch war eine größere Ecke komplett leer geräumt, wo sich schon einige Gäste rhythmisch im Takt der Musik eines DJs bewegten.

Auf dem Weg durch dicht stehende Grüppchen konnten weder die gedämpfte Beleuchtung im Raum noch die herumirrenden Lichtreflexe der kleinen Discokugel Ben von Fionas sinnlich schwingenden Hüften ablenken. Angespannt kaute er mit seinen Backenzähnen auf einem imaginären Kaugummi herum und verfluchte ihre Reize, die ihn stets zu einem gehirnamputierten Trottel mutieren ließen. Dann riss er seinen Blick widerwillig von diesem Geschenk Gottes vor ihm, um nicht beim Starren ertappt zu werden. *Solche Stöckelschuhe sollten in der Öffentlichkeit verboten werden,* dachte Ben und konzentrierte sich auf die Leute um ihn herum, von denen ihn viele erfreut begrüßten.

Kapitel 9

„Hallo Fiona, ich habe eure zwei Plätze in der letzten halben Stunde mit meinem jungen Leben verteidigt", begrüßte Nina ihre Freundin mit einer kurzen Umarmung und strahlte sie stolz an. Sie saß am Ende des Nebenraums an einem erhöhten Tisch auf einem Barhocker. „Ich hätte mir heute eine goldene Nase verdienen können, wenn ich die freien Stühle meistbietend versteigert hätte."

Dann begrüßte sie mit einem freundlichen Lächeln Ben und gab ihm die Hand.

„Hallo Nina, lange nicht mehr gesehen", meinte Ben erfreut. Er hatte Nina wegen ihrer offenen Art schon immer gemocht. „Spielst du noch immer Klavier?"

Überrascht lachte Nina auf und strich sich verlegen eine kurze Haarsträhne hinters Ohr. „Unglaublich! Das weißt du noch?"

„Klar. Ich habe dich oft genug bei festlichen Anlässen der Ortsverwaltung und einiger Vereine spielen hören. Und Julian war von deinem Talent auch immer sehr angetan." Dann wandte er sich an Fiona. „Sie war mit Sicherheit die jüngste Pianistin, die je beim Neujahrsempfang des Bürgermeisters hier in Knopfheim gespielt hat. Ich habe sie damals sehr dafür bewundert."

Nina schien sein Kompliment sehr zu freuen, denn ihre Wangen wurden von einer leichten Röte überzogen und ihr Lächeln etwas breiter. Sie sah heute Abend hübsch aus, fand Ben. Der asymmetrische Kurzhaarschnitt mit hochrasiertem Nacken und dem bis zum Kinn spitz zulaufenden, dunklen Haaren schmeichelte ihrem schmalen Gesicht und ließ ihre leicht geschminkten Augen noch größer und runder wirken. Sie erinnerte ihn ein wenig an Bambi.

„Ich hatte aber schon eine ganze Weile keinen Unterricht mehr. Das bringt leider das Berufsleben mit sich."

„Trotzdem spielst du immer noch fantastisch, ich habe dich in den letzten Jahren schließlich ein paar Mal gehört", wischte Fiona die unausgesprochenen Zweifel ihrer Freundin vom Tisch und glitt auf einen der beiden freien Stühle, wobei sie die Beine übereinanderschlug. Dabei schob sich ihr schwarzer Rock nach oben und teilte sich über dem linken Oberschenkel.

Herr im Himmel!, fluchte Ben im Stillen. Es reichte nicht, dass der Rock nur aus einem kleinen Fetzen Stoff bestand und jedermanns Fantasie zu Höchstleistungen ankurbelte. Jetzt offenbarte ein Schlitz noch mehr von Fionas schönen schlanken Schenkel und deutete allein schon durch seine Form wie ein Wegweiser ganz frivol in diese eine Richtung, in die sich die Fingerspitzen eines jeden Mannes vortasten wollten. Eindeutiger konnte selbst die Leuchtreklame über der Eingangstür eines Puffs nicht sein!

Ben, der noch vor dem erhöhten Tisch stand und Ninas fast leeres Glas musterte, fragte schnell: „Was möchtet ihr haben? Ich hole uns was zu trinken."

Als die beiden Frauen ihre Wünsche geäußert hatten, wandte sich Ben ab und schob sich durch die lachende Menge bis zur Theke, wo sich Gloria Wagner, die knapp fünfzigjährige Besitzerin des *Bully* in dritter Generation, mit ihrem Mann und deren Tochter routiniert um die feuchtfröhlichen Bedürfnisse der Gäste kümmerte. Während Ben wartete, bis er an die Reihe kam, warf er automatisch einen Blick auf den großen Flachbildfernseher in der rechten Ecke über der Bar und verfolgte ein paar Spielzüge.

Hier an den Stehtischen vor der Theke hatten sich viele bekannte Gesichter versammelt: Neben Kai Messner, Mischa Petrow und dem Torwart Rafael erblickte Ben auch Sinan Gökhan, der zu den schweigsameren Spielern bei den *Pitbulls* gehörte. Er war an die zwei Meter groß, hatte schwarze Haare und grobe Gesichtszüge, zu denen auch Spuren einer gebrochenen Nase gehörten, und einen beeindruckenden Brustkorb, den nicht mal Ben mit beiden Armen umfassen konnte – so kam es ihm jedenfalls immer vor, wenn er vor ihm stand. Sinan war eine Schrankwand auf Kufen und wurde von allen im Team 'Metzger' gerufen.

Das hatte zwei Gründe: Zum einen bedeutete der Name Sinan im Arabischen „scharfe Klinge". Zum anderen hatte jede Mannschaft grundsätzlich einen Spieler, der für die Drecksarbeit zuständig war. Bei den *Pitbulls* war das Sinan 'der Metzger' Gökhan. Mit seinen ein Meter neunundneunzig und einem Nacktgewicht von einhundertzwölf Kilo wollte sich keiner freiwillig mit ihm anlegen. Wenn er in brenzligen Situationen mit einer Menge Körpereinsatz auf dem Eis aufräumte, machte er den Weg frei für Torschützen wie Kai, Jo, Mischa und Ben.

Im privaten Leben nutzte Sinan seine fingerfertigen Talente in der Küche einer kleineren Mannheimer Firmenkantine, wo er gekonnt mit scharfen Messern dem Gemüse den Garaus machte und den Hühnchen eines regionalen Bauern den Hals umdrehte.

Ben nickte Sinan zu, der mit stoischer Miene zurückgrüßte und sich dann wieder dem Spiel auf dem Fernsehbildschirm zuwandte. Neben ihm und ein paar anderen von Bens Teamkollegen standen noch einige Männer der älteren Generation, die schon länger ihre Eishockeytrikots an den Nagel gehängt hatten. Dennoch verfolgten sie nicht minder interessiert die Spiele der *Pitbulls*.

„Hey Ben", begrüßte Kai ihn erfreut und rückte näher. „Bist du allein hier?“

Er schüttelte den Kopf. „Mit Fiona.“ Als Kai nachdenklich die Stirn in Falten legte, erklärte Ben: „Julians Frau.“

„Ach ja, richtig. Fiona.“ Kai war anzusehen, dass er sehr genau wusste, wie Fiona aussah, denn sein sympathisches Grinsen wurde breiter und hinterließ ein tiefes Grübchen in jeder Wange. Seine hellgrünen Augen, die durch die schwarzen Wimpern noch intensiver wirkten, begannen, doppeldeutig zu zwinkern und offenbarten den Spitzbuben, der in ihm steckte. „Klar.“

„Nichts ist klar. Sie hat die letzten drei Silvesterabende im engsten Familienkreis verbracht. Deshalb habe ich sie heute mitgebracht, damit sie wieder unter Menschen kommt.“

„Wenn du das sagst ...“

Die Menge vor der Bar johlte laut auf und begann durcheinanderzureden, als auf dem Bildschirm von einem gegnerischen Spieler ein harter Schlagschuss aufs Tor der *Pitbulls* abgegeben wurde und der Goalie quer durch den Torraum hechtete, um ihn rechtzeitig abzufangen.

Ein alter Mann mit Bart hob sein Glas Bier und prostete Rafael zu: „Starker Save, Rafe!“

Dieser nahm das Lob mit einem Nicken und einem vergnügten Glitzern in den Augen an. „Bei dem Spiel haben wir es diesem Haufen Schwuchteln ganz schön gezeigt. Die sind trotz verzweifelter Gegenwehr mit einem Null zu Sechs und eingeklemmten Schwänzen in die Kabine geschlichen, ohne einmal über die Schulter zu blicken.“

„Jau, das war ein geiles Spiel!“, rief Mischa und schlug in Rafaels erhobene Hand ein. „Bockstark!“

Ben ließ Kais letzte Bemerkung über Fiona unkommentiert und grinste in sich hinein, als er den wohlvertrauten Gesprächen lauschte. Das Spiel selbst hatte zu Beginn der Saison – noch vor seiner Rückkehr – stattgefunden. Aber er hatte sich schon oft an ähnlichen Wortwechseln beteiligt.

Da Kai bereits mit Mischa in eine hitzige Debatte über die letzte Schiedsrichterentscheidung verwickelt war und ihn nicht mehr beachtete, ließ er seinen Blick in die Runde wandern und entdeckte eine zierliche Frau, die gerade aus dem Nebenraum getreten war. Ihr breites Lächeln war ihm gleich vertraut, auch wenn er sie schon sehr lange nicht mehr gesehen hatte. Erfreut nickte sie ihm zu und schickte ihm ein lautloses „Hallo“ über das Stimmengewirr durch den Raum.

Spontan dachte er an die eine Nacht, die er mit Annie verbracht hatte, nachdem er sie Trübsal blasend bei einem Glas Wein im *Bully* angetroffen hatte. Sie kannten sich schon lange und er hatte ihr an jenem Abend sein Ohr geliehen, damit sie sich den Frust über ihr gebrochenes Herz von der Seele reden konnte. Ihr Freund habe sie sitzenlassen und sie hätte ihm am liebsten die Pest und noch so ein paar unangenehme Krankheiten an den Hals gewünscht. Je später der Abend wurde, desto klarer war, dass sie beide die Nacht miteinander verbringen würden. Er war damals gerade zwanzig gewesen.

Am nächsten Tag war ihr Ex wie eine Dampfwalze über Ben hergefallen, da er von einem Bekannten erfahren hatte, dass Ben mit seiner Freundin im *Bully* gesichtet worden war und sie schamlos verführt hätte. Und dann hatte er versucht, Ben zu verprügeln. Die Betonung lag auf „versucht". Es hatte im Vorgarten seiner Mutter einige Schläge gehagelt, Ben war jedoch mit einem blauen Auge und einer verrenkten Schulter aus der Sache hervorgegangen. Der andere hatte nicht ganz so viel Glück gehabt. Diese Schmach hatte er Ben lange nicht verziehen. Im Nachhinein kam heraus, dass die beiden sich zwar gestritten hatten, aber der vermeintliche Ex-Freund anscheinend nie von Trennung geredet habe – obwohl das bei seiner Freundin sehr wohl so angekommen war.

Das einzig Dumme damals war für Ben gewesen, dass es sich bei dem Nicht-Ex-Freund um Joachim Feißt, den jetzigen Kapitän seiner Mannschaft, gehandelt hatte. Schon damals hatte Ben mit ihm in einem Team gespielt und schon damals hatte Jo ihn als Rivalen bekämpft. Dumm nur, dass Jo einer der nachtragendsten Mistkerle überhaupt war. Auf dem Eis war das zwar gut, da er sich von seinen Gegnern nichts gefallen ließ und ihnen immer mächtig einheizte. Aber im privaten, zwischenmenschlichen Bereich war das sehr anstrengend, da Jo zu den Typen gehörte, denen man nicht auf die Zehenspitzen treten durfte, sonst hatte man es bei ihm bis zum Lebensende verschissen.

Na ja. Gott sei Dank war das alles ewig her und schon Schnee von gestern. Annie war vermutlich schon lange mit einem netten Mann verheiratet, der ihre liebenswürdige Art zu schätzen wusste, beruhigte sich Ben.

Gerade als er ihr lächelnd über die Menschenmenge zunickte, schob sich ein großer Mann ruppig durch eine Gruppe Männer und stieß einem Gast fast das Bierglas aus der Hand. Dann legte er seinen Arm besitzergreifend um die Schultern dieser Frau, funkelte Ben mit wütend blitzenden Augen quer durch den Raum zu und zog Annie mit sich.

O-ha! Ben zog überrascht die Augenbrauen nach oben. Der Mann war niemand anderer als Jo Feißt.

Und plötzlich lüftete sich der Schleier der Erkenntnis und Ben war absolut klar, wem er diese nervigen Streiche im Training zu verdanken hatte.

Klar, er hatte Jo vor vielen Jahren ziemlich heftig ans Bein gepinkelt. Aber dass dieser ihm den Vorfall immer noch übel nahm und die alte Rivalität nach so vielen Jahren nach wie vor offen zur Schau trug, fand Ben wirklich kindisch.

Aber vermutlich waren durch Bens Rückkehr ins Team alte Wunden aufgebrochen und die alte Antipathie hatte Aufwind bekommen. Trotz eigenen beträchtlichen Talenten war Jo schon immer auf Bens sportliche Fähigkeiten neidisch gewesen, was sich vermutlich durch seine kanadischen Erfahrungen noch verstärkt hatte.

„Na Süßer, was kann ich dir Gutes tun?", drang eine rauchige Stimme an Bens Ohr. Wenn die Besitzerin des *Bully* Cinderellas gute Fee gewesen wäre, hätte Ben genau gewusst, was er sich von ihr wünschte. Doch so, wie Gloria aussah, hätte sie es nie und nimmer in einen jugendfreien Zeichentrickfilm geschafft.

Als er sich ihr zuwandte, strich sie sich gerade die dunkel gefärbten langen Haare über die Schulter und beugte sich leicht nach vorne, um Bens Bestellung über den Lärm hinweg zu verstehen. Für ihr Alter sah Gloria noch verdammt gut aus. Volle Oberweite, die meist in einem hautengen Oberteil mit vorteilhaft tiefem Ausschnitt steckte und den männlichen Stammkunden Stoff für heiße Träume lieferte. Schmale Taille und kurvige Hüften, die bei jedem Schritt wie ein einladendes Augenzwinkern für raue Männerhände wirkte. Weibliche Lästerzungen würden behaupten, sie habe mindestens zehn Kilo zu viel auf den Rippen und sei ihrem Alter unangemessen gekleidet. Anderen - männlichen - Dorfbewohnern hingegen wurde bei ihrem Anblick der Mund wässrig und die Augen gingen vor Wonne über, da sie zu der Sorte Frau gehörte, bei der ein Mann etwas zwischen die Finger - und die Zähne - bekam.

Ohne auf die Doppeldeutigkeit ihrer Frage einzugehen, gab Ben mit einem freundlichen Lächeln seine Bestellung auf.

„Wenn du mit mir schlafen willst, dann lächle kurz!"

Nina hielt in ihrer Erzählung inne und blickte gemeinsam mit Fiona überrascht den Mann an, von dem die Bemerkung kam. Dann begann sie zu lachen und schlug ihm auf die Schulter.

„Das heißt dann wohl Ja?", fragte der Mann hoffnungsvoll und strahlte sie aus haselnussbraunen Augen an.

„Nein, Steffen. Du hast heute wohl einmal zu viel aus dem Klo gesoffen!"

Diese Bemerkung entmutigte ihn keineswegs, was an seinem noch breiter werdenden Lächeln zu erkennen war. „Die Hoffnung stirbt zuletzt. Irgendwann wirst du mit Sicherheit mal Ja sagen …"

„… und wir stellen danach fest, dass es sich so anfühlt, als lägen Brüderchen und Schwesterchen in einem Bett."

Steffen zuckte sorglos mit einer Schulter. „Und wenn nicht?" Er beugte sich zu Nina hinunter und gab ihr einen kurzen Kuss auf die Wange. „Viel Spaß euch noch." Dann nickte er Fiona freundlich zu und verschwand in der Menge.

„Was war das, bitte?!", fragte Fiona mit vor Überraschung offenem Mund.

Nina machte eine wegwerfende Handbewegung. „Das war nur Steffen."

„Ja, das habe ich auch mitgekriegt."

„Wir sehen uns alle Schaltjahre mal, aber diese Ins-Bett-krieg-Nummer ist seit Jahren ein Running Gag zwischen uns. Aber er will nicht wirklich was von mir – und ich nichts von ihm."

„Mmh", machte Fiona nur und blickte ihre grinsende Freundin skeptisch an.

„Nein, ehrlich. Wir kennen uns dafür einfach schon zu lang. Außerdem prickelt da nichts – weder bei ihm noch bei mir."

Plötzlich hielt Nina inne, als ihr Blick nach oben schnellte und ihr Gesichtsausdruck einen harten Zug annahm. Als Fiona sich umdrehte, sah sie Kai Messner mit unbewegter Miene hinter ihrem Stuhl stehen und Nina anblicken. Dann nickte er Fiona kurz zu und passierte ihren Sitzplatz, um zu einer Gruppe in der anderen Ecke zu gelangen.

„Und was war *das* jetzt?", fragte Fiona erstaunt und bemerkte, dass Nina dem Eishockeyspieler immer noch so finster hinterherblickte, als habe er ihr die Beine ihres geliebten neuen Betts abgesägt.

„Das war das Paradebeispiel für ein Arschloch erster Güte."

Bevor Nina Luft holen konnte, um das Thema zu wechseln, fragte Fiona schon: „Davon weiß ich ja noch gar nichts. Ich kenne ihn vom Sehen und dachte immer, er sei ganz sympathisch. Und was hat er dir angetan, um diesen sehr zweifelhaften Ehrentitel zu verdienen?"

Ninas Gesichtsausdruck schien von einer neuen Gewitterwolke überschattet zu sein. „Frag nicht. Ich habe in der Schule fast zwei volle Jahre für Kai geschwärmt, bis er mich tatsächlich im letzten Schuljahr aus freien Stücken fragte, ob ich mit ihm ausgehen wolle. Nach unserem dritten Date landeten wir nachts am Knopfheimer Baggersee und haben auf einer Picknickdecke aneinander gekuschelt einen Sternschnuppenregen bestaunt. Danach hatte er leichtes Spiel mit mir."

Erschrocken riss Fiona ihre schönen braunen Augen auf. „Er hat dich aber zu nichts gezwungen, oder?

„Nein. Der Sex war unglaublich, und das sage ich nicht, weil es für mich damals das erste Mal war. Deshalb verwöhnte er mich noch ein weiteres Mal nach Strich und Faden, bevor er mich heimbrachte und mir den süßesten aller Gute-Nacht-Küsse gab, den man sich vorstellen kann."

„Und was lief schief?"

„Am Montagmorgen in der großen Pause wusste schon unsere ganze Klassenstufe, dass ich beim Sex mit Kai anscheinend hemmungslos herumgestöhnt und mich wie ein wildes Tier gebärdet habe", spuckte Nina verächtlich hervor. „Er hat über seine Eroberung einfach nicht die Schnauze halten können. Vermutlich hat es ihm bei seinen Freunden noch Extrapunkte eingebracht, dass ich Jungfrau war. Und das verzeihe ich ihm nicht so schnell."

„Ah, deshalb hast du also ein Problem mit Eishockeyspielern", verstand Fiona.

Nina strich sich eine Strähne aus der Stirn und atmete einmal tief ein, um sich zu beruhigen. Dann zwang sie sich zu einem kleinen Lächeln und wechselte abrupt das Thema: „Was hat Ben heute eigentlich zu deinem scharfen Mini gesagt?"

Überrascht blinzelte Fiona. „Äh, ... nichts. Wieso?"

„Als ihr heute auf meinen Tisch zugekommen seid, hatte ich das Gefühl, seine Augen klebten einige Herzschläge lang auf deinem Hintern."

Fiona zuckte mit den Schultern. „Ich habe nichts bemerkt."

„Ich aber ganz deutlich", erwiderte Nina mit vielsagendem Blick, worauf Fiona nur abwinkte.

Da es wegen der lauten Musik schwierig war, ein längeres Gespräch zu führen, saßen sie in gemütlichem Schweigen da und beobachteten die tanzenden Gäste. Wie so oft, wenn Fiona hier saß, wanderte ihr Blick zu den dekorierten Wänden der Kneipe. Allein in diesem Raum hingen vier signierte Eishockeyschläger, ein Helm, mehrere Trikots und unzählige Rahmen mit Mannschaftsfotos aus vielen Jahrzehnten an den Wänden. Es war für jeden Spieler eine Ehre, es mit einem Foto oder einer Auszeichnung in dieses Gemäuer geschafft zu haben, das in Anlehnung an die berühmte *Hall of Fame* augenzwinkernd *Hall of Glory* genannt wurde und dem Namen der Besitzerin huldigte.

Vor dieser ruhmreichen Ausstellung sportlicher Höchstleistungen bewegte sich im Moment ein ganzer Pulk Menschen im Takt zur aufgelegten Musik. Die reguläre Beleuchtung war ausgeschaltet, hatte aber zum festlichen Anlass Zuwachs bekommen von einigen bunten Lampen und einer kleinen Discokugel, die kleine leuchtende Flecken wie glitzernde Diamanten über die tanzenden Gäste streute und die wogende Menge noch lebendiger wirken ließ.

„Bin gleich wieder da“, rief Fiona Nina über die laute Musik zu und formte mit den Lippen ein lautloses „Toilette“. Der Kaffee, den sie an diesem Abend getrunken hatte, forderte sein Recht.

Als Fiona in der Kabine der Damentoilette dabei war, ihren Rock wieder zurechtzuziehen, hörte sie, wie zwei Frauen ausgelassen kichernd vor die Waschbecken traten.

„Er ist auch da, hast du ihn gesehen?“

„Ja, klar. Ben ist schließlich kein Mann, den man leicht übersieht.“ Fiona hörte ein leises Seufzen und ein Geräusch, als ob die Frau in ihrer Handtasche nach etwas suchte. „Mal gespannt, ob ich ihn zu einem Tanz überreden kann.“

„Mit Sicherheit. Du hast ja schon erzählt, dass ihr euch im Zoo so super verstanden habt.“

Ein Wasserhahn wurde geöffnet und nach dem Händewaschen wieder geschlossen. Fiona stand wie zur Salzsäule erstarrt und konnte nicht anders, als atemlos zuzuhören.

„Ja, das stimmt. Er ist witzig, tiefgründig, anständig ... ach, ich weiß auch nicht, einfach ein Traummann.“ Die Frau stieß erneut ihren Atem mit einem leisen Seufzen aus. „Und hast du dir mal seinen *Körper* angeschaut? Der Mann besteht nur aus Muskeln, die fast seine T-Shirts sprengen. Die Jahre in Kanada haben ihm gut getan. Oh Gott, und ich liebe seine zweifarbigen Augen. Wenn ich in ihnen versinke, würde ich ihn am liebsten an seinem Hemd in die nächste Ecke zerren und über ihn herfallen."

Die andere Frau gab ein kleines frivoles Giggeln von sich und meinte: „Zum Glück steht er, wie ich gehört habe, auf Rothaarige. Also hast du die besten Chancen." Dann schob sie die andere Frau mit den Worten „Auf in den Kampf" Richtung Ausgang.

Erst als die Tür zuschlug, spülte Fiona und öffnete die Kabinentür. Während sie die Hände wusch und ihr Spiegelbild betrachtete, stellte sie sich den ungewohnten Gefühlen, die in ihrer Brust tobten.

War das etwa die Frau, von der Emmy nach ihrem Besuch im Zoo erzählt hatte? Die so nett gewesen war? Fiona schnaubte. Eins war ganz klar: Ihr gefiel in keinster Weise, dass sich eine andere Frau einbildete, Ben umgarnen zu können. Ihre erste Reaktion darauf war in einem Maße wild und besitzergreifend gewesen, dass sie regelrecht zurückgeschreckt war. Ben war *ihr* Freund, *ihr* Vertrauter. Der Mann, der sie in- und auswendig kannte und – wenn schon nicht liebte – doch immerhin mochte, wie sie war. Den sie mit keiner anderen Frau zu teilen bereit war – außer mit ihrer Tochter, die als sein Patenkind ein Anrecht auf eine enge Beziehung zu ihm hatte.

Während sie die Hände abtrocknete, spürte Fiona, wie ihr Herz bis zum Hals schlug und ihre Wangen glühten. Ein Anflug von Panik streifte ihre Brust und ließ sie eingeengt wie in einem zu festgeschnürten Korsett zurück. Panik wovor? Ben als Freund zu verlieren? Sie schätzte ihn so verantwortungsbewusst und loyal ein, dass er immer den Kontakt zu ihr aufrechterhalten würde, egal, ob er eine eigene Familie besaß oder nicht.

Doch es wäre nicht dasselbe, erkannte sie bestürzt.

Ein Gefühl des Verlusts machte sich in ihrer Brust breit und schnürte ihr die Kehle zu. Sie erkannte ihre jahrelange Gedankenlosigkeit als folgenschweren Fehler. Wie selbstverständlich hatte sie angenommen, Ben würde immer für sie da sein, sodass sich an ihrem freundschaftlichen Verhältnis nie etwas ändern würde. Doch das konnte schneller passieren, als ihr lieb war, stellte sie mit einem leichten Schaudern fest.

Natürlich würde sich alles zu ihren Gunsten ändern, wenn sie und Ben ein Liebespaar wären. Doch vermutlich würde eher die Hölle zufrieren, bevor Ben tief in seinem Herzen irgendeine romantische Zuneigung für sie entdeckte, die bisher in all den Jahren nicht dagewesen war. Und sie selbst steckte gerade in einem solchen Wust von unterschiedlichen und erschreckend neuen Gefühlen, dass sie nicht hätte sagen können, ob sie unsterblich in Ben verliebt war.

Ja, natürlich liebte sie Ben.

Aber auch so, wie es sein sollte, um sich näher zu kommen? Oder fühlte sie sich nur von dieser Frau aus dem Ring gedrängt und reagierte eifersüchtig wie eine Furie?

Eifersüchtig? War sie eifersüchtig?

Sie konnte die Gefühle, die sie gerade so beschäftigten, kaum auseinanderhalten, da sie sich zu einem dichten Netz verwirrender Emotionen verwoben hatten.

Energisch zog sie die Tür auf, um die Toilette zu verlassen und wappnete sich gegen die laute Musik, die ihr mit dem gut gelaunten Stimmengewirr entgegenschlug.

Als sie wieder neben Nina saß, zu der sich eine Bekannte aus dem örtlichen Turnverein gesellt hatte, und in die Runde blickte, entdeckte sie von Weitem Ben, der drei Gläser zwischen den Händen balancierte und sich durch die Menschenmenge schob. Gerade, als sie ihn mit einem unvoreingenommenen Blick betrachten wollte, um ihre Gefühle zu ergründen, schob sich eine kleine zierliche Rothaarige an seine Seite und begrüßte ihn lächelnd.

An seinem erfreuten Gesichtsausdruck konnte sie erkennen, dass er diese Frau kannte. Glühende Funken kindischer Eifersucht stoben in ihrer Brust auf wie bei einem niedergebrannten Lagerfeuer, durch das ein Windstoß fuhr. Wie durch einen Schleier der Gereiztheit bemerkte sie, wie er den Kopf schüttelte und mit seinen vollen Händen in ihre Richtung zeigte. Dann beugte er sich kurz zu der Rothaarigen hinunter, da er etwas wegen des Geräuschpegels nicht verstanden hatte. Wegen der vertrauten Art, mit der diese Frau ihre Hand auf seinen Unterarm legte und ihm etwas ins Ohr raunte, hätte Fiona am liebsten Gift und Galle gespuckt. Doch dann schüttelte Ben noch einmal den Kopf und verabschiedete sich lächelnd von ihr, um auf Fionas Tisch zuzusteuern.

Langsam atmete Fiona die angehaltene Luft aus und senkte beschämt ihren Blick auf ihre fest ineinander geschlungenen Finger im Schoß. Was war nur mit ihr los? So kannte sie sich gar nicht! Sie hoffte nur, ihre normale Pulsfrequenz erreicht zu haben, bis Ben ihren Tisch erreichte.

Kapitel 10

Der Abend entwickelte sich, wie Ben es sich erhofft hatte. Er genoss Fionas Gesellschaft, die sich prächtig amüsierte, und konnte sich den ganzen Abend an ihrem hinreißenden Anblick weiden. Nina ließ sie hin und wieder am Tisch allein, um sich mit Bekannten zu unterhalten. Dafür schaute Marius mit seiner Fast-Ehefrau Susi bei ihnen vorbei, die Silvester auch traditionsgemäß im *Bully* feierten. Und gelegentlich traten Bens Freunde an ihren Tisch, um ein paar Worte mit ihm zu wechseln und neuen Gesprächsstoff beizutragen. Fiona hatte für jeden ein freundliches Wort oder stellte interessiert Fragen, auf die die Gesprächspartner bereitwillig eingingen. Immer fand sie die richtigen Worte und gab dem anderen das Gefühl, ernst genommen zu werden. Selbst wenn sie anderer Meinung war, äußerte sie sie auf eine Art, ohne ihre Mitmenschen zu verärgern. Ganz im Gegenteil machte ihr Standpunkt die Gespräche umso interessanter. Und immer wieder hatte er das Gefühl, dass Fiona in diesem schummrigen Licht der Kneipe wie eine aufgehende Sonne strahlte, um die das gesamte Planetensystem kreiste.

Sie war wirklich wunderbar. Ben schluckte. Er verdiente sie einfach nicht. Und wenn er an seine Familiengeschichte inklusive Herkunft zurückdachte, würde er es auch nie zulassen, dass sie sich auf sein Niveau herabließ, nur um ihm einen Gefallen zu tun – falls sie je mitbekommen sollte, welche Gefühle für sie in seiner Brust brannten.

Mit gemischten Gefühlen beobachtete er, wie Fiona sich mit Mischa unterhielt und auf seine leichten, charmanten Flirtversuche einging. Sie waren ein schönes Paar: Mischa mit seinen hellen sandfarbenen Haaren und den eisblauen Augen; Fiona mit ihrer dunklen Mähne und den tiefgründigen, bodenlos braunen Augen. Doch Mischa war nichts für sie, beschied er für sich. Er war noch zu lebenslustig und sorglos. Darüber hinaus war er zwei Jahre jünger als Fiona. Sie brauchte etwas Beständigeres in ihrem Leben, auch weil sie ein Kind hatte.

Jemanden wie ihn.

Schnell schob er den sehnsüchtigen, aber völlig unrealistischen Gedanken beiseite, bevor er sich wieder einmal als Hoffnungsschimmer in seiner Brust festsetzen konnte.

Trotzdem freute es Ben, dass sie sich an diesem Abend amüsierte und er sie begleiten durfte. Sie hatten auch schon gemeinsam zu Discoliedern aus den Siebzigern getanzt, wobei er sie leider nicht im Arm hatte halten können. Jeder hatte für sich allein getanzt – wobei ihm allerdings bei Fionas Hüftschwung in diesem kurzen Minirock fast die Augen aus dem Kopf gefallen waren.

Mittlerweile saß er wieder und war froh um den Sichtschutz, den ihm der Tisch bot, bis sich sein Blut wieder gleichmäßig im ganzen Körper verteilt hatte.

Das Licht über der Tanzfläche war – wenn irgend möglich – noch schummriger als zuvor. Die Discokugel wurde nur von einem einzigen Scheinwerfer angestrahlt, der vereinzelte Lichtreflexe auf die eng umschlungenen Paare warf, die sich zu der langsamen Musik träge bewegten. Das eingeschaltete Schwarzlicht ließ weiße Kleidungsstücke hell erstrahlen, alle anderen Farben jedoch mit dem dunklen Hintergrund verschmelzen. Ein Paar schien – ohne das Wissen der anderen Gäste – an einem Knutschwettbewerb teilzunehmen mit dem Ziel, klar den ersten Platz zu erringen. Vermutlich würden die beiden nach der Schmuserunde ganz schnell verschwinden und im ruhigen Hinterhof des *Bully* ihren Trieben nachgehen – wenn es nicht vier Grad unter null gewesen wäre, Tendenz sinkend.

Nina tanzte auch mit einem Bekannten, allerdings nicht ganz so eng wie die meisten. Ben unterhielt sich an einem Nebentisch mit einem seiner Teamkollegen und Fiona stand mit dem halbvollen Glas in der Hand neben ihrem Tisch und fühlte sich wie bestellt und nicht abgeholt.

Während sie die sich langsam wiegenden Paare betrachtete, merkte sie, wie sich eine große Sehnsucht in ihrer Brust breitmachte. Gott, was gäbe sie dafür, wenn sie jetzt auch jemanden hätte, bei dem sie sich anlehnen konnte. Der sie in seinen starken Armen hielt und sie nie mehr losließ. Der sie bedingungslos liebte, bis dass der Tod sie schied.

Sie schluckte. Das hatte sie immerhin schon einmal gehabt. Doch sie konnte nicht erwarten, eine solche gegenseitige, tiefe Liebe ein zweites Mal in ihrem Leben zu finden. Das wäre nicht gerecht gewesen. Manche Menschen erfuhren nie, was es hieß, vorbehaltlos geliebt zu werden. Deshalb konnte – durfte – sie nicht erwarten, erneut einem solchen Glück zu begegnen.

Als die ersten Klänge von Grönemeyers *Halt mich* erklangen, entfuhr ihr ein frustriertes Seufzen. Okay, der DJ wollte es offensichtlich ganz genau wissen. Vermutlich brannte er darauf zu erfahren, wie weit dieses eine Paar bereit war, hier vor allen Leuten zu gehen. Das war fast schon ein Beweis für seinen kranken Humor – und definitiv zu viel des Guten.

Und tatsächlich blieb der Mann nach ein paar Takten stehen, legte seine Handfläche auf die Wange der Frau, während er ihr tief in die Augen blickte. Die geflüsterten Worte waren nicht zu verstehen. Die anschließende Geste war dafür umso deutlicher. Er nahm ihre Hand und zog sie eilig von der Tanzfläche. Fiona wusste nur eins: Sie würde in den nächsten zehn Minuten mit Sicherheit nicht auf die Toilette gehen, wo sie befürchten musste, die beiden bei etwas zu stören, das sie definitiv nicht sehen wollte.

Plötzlich legte sich ein Arm um ihre Schultern und begann, sie im Takt zu wiegen. Als sie überrascht aufblickte, sah sie in Bens verständnisvolle Augen, die signalisierten: „Ich bin immer für dich da." So wissend, wie er sie anlächelte, hatte sie das Gefühl, er würde bis zum Boden ihrer Seele blicken und ihre Einsamkeit verstehen.

Dankbar legte sie den Kopf an seine breite Schulter und einen Arm um seine schmale Taille – und spürte die Hitze, die von Bens Körper ausging. Zum ersten Mal nahm sie bewusst wahr, welche Kraft diesem Körper innewohnte, welche Ausdauer er mehrmals die Woche beim Training oder einer sportlichen Begegnung erbringen musste. Wie es wohl wäre, das Spiel seiner Muskeln, das sie jetzt unter ihren Fingern an seiner Taille spürte, auf seiner nackten, glatten Haut zu beobachten?

Ben schien sich nicht mit solchen Überlegungen zu quälen. Er nutzte die Gelegenheit nicht, die die langsame Musik ihm bot, sie eng an seine Brust zu ziehen und die langen Arme fest um sie zu legen, wie sie fast hoffte. Das sagte mehr über seine Gefühle ihr gegenüber aus, als wenn sie ihn direkt gefragt hätte.

Sie schluckte die unerwartete Enttäuschung hinunter.

Okay …

Die Sache war jetzt mehr als klargestellt. Ben war ihr bester Freund – wollte aber eindeutig nicht mehr von ihr. Nach ihrer fast schon erschreckenden Reaktion auf diese rothaarige Schlampe am frühen Abend hatte Fiona sich beinahe doch irgendwelchen unsinnigen Hoffnungen hingegeben, was seine Empfindungen ihr gegenüber betrafen. Hätte Nina ihr doch bloß keinen Floh ins Ohr gesetzt! Denn sie musste sich nun wohl oder übel mit dieser Fehleinschätzung abfinden.

Und so genoss sie die tröstende körperliche Nähe ihres besten Freundes, der sich mit ihr ohne die Intimität des Blues langsam zur Musik bewegte.

Als die letzten Klänge von Grönemeyers blechern klingender Stimme verklungen waren und Daft Punks mitreißendes *Get Lucky* zum Abtanzen einlud, löste sich Fiona aus seinem Arm und blickte ihn mit einem süßen Lächeln an: „Danke, Ben."

Er nickte kurz und entschuldigte sich, als sie sich auf den Barhocker gleiten ließ, um Nina mit ihrem Tanzpartner zu begrüßen.

Meine Fresse! Er musste hier raus. Er schaffte es keine Sekunde länger, seinen neutralen Gesichtsausdruck aufrechtzuerhalten. Wenn er noch eine Minute länger in Fionas Gesellschaft verbrachte, würde die Maske seiner Selbstbeherrschung abbröckeln wie der Inhalt eines Quarkwickels nach halbstündiger Behandlung, den ihm seine Mutter früher immer so gern bei Halsschmerzen aufgezwungen hatte. Fiona hatte am Rand der Tanzfläche so einsam und verloren gewirkt, dass er sie einfach in den Arm hatte nehmen *müssen*.

Großer Fehler!!

Als sich ihr Körper auf vollkommene Art und Weise an seine Seite geschmiegt hatte, war die eisern verbarrikadierte Tür zu seinem Herzen mit einem lauten Krachen aufgesprungen und hatte ihn mit seinem ungestillten Verlangen überschwemmt.

Zusätzlich hatte das Lied ihn völlig fertiggemacht. Er hatte früher nie auf den Text geachtet, da er noch nie Grönemeyer-Fan gewesen war. Aber was er in diesen ruhigen Minuten über den Lautsprecher vernommen hatte, war wie ein Spiegel seiner langjährigen tiefen Sehnsucht, die ihn innerlich auffraß. Der Text hatte sein Begehren, seine intimsten Träume verbalisiert und ihn hinterrücks überfallen, um ihm die ganze verdammte Erbärmlichkeit seiner Existenz vor Augen zu führen.

Das Lied hatte in seiner Brust seine ganz persönliche Büchse der Pandora geöffnet.

Mein Gott, die letzten drei Minuten hatten ihn so erschüttert, dass er keine Sekunde länger in Fionas Gesellschaft hätte bleiben können, ohne sich zu verraten. Sie vertraute ihm und erwartete mit Sicherheit nicht, dass er über sie herfiel wie ein hungriger Wolf über ein zartes Lämmchen.

Als er die Tür zur Herrentoilette aufstieß, war er zum Glück allein. Schwer atmend stützte er sich auf den Waschbeckenrand und ließ seinen Kopf zwischen den Schultern hängen. Wie aufgescheuchte Fliegen über dem Scheißhaufen seines Lebens schwirrten sinngemäße Bruchstücke aus Textpassagen in seinem Kopf und ließen ihn erzittern:

In Fantasien zu schwelgen …
… dem gab er sich schon seit vielen, vielen Jahren hin.

Die Geborgenheit in einer Beziehung …
… empfand er bei keiner anderen Frau so wie bei Fiona.

Ihre Stimme, die ihn wie ein Kaminfeuer wärmte …
… und die ihn tief in seinem Innersten berührte.

Frustriert fuhr er sich mit einer Hand durch seine kurzen blonden Haare und stieß die angehaltene Luft mit einem Schnauben aus. Sein Hemd spannte an den Schultern, als ob er in einer zu engen Zwangsjacke gefangen wäre.

Ihr willenlos ergeben …
… dazu musste er wohl nichts mehr sagen.

Und wenn sie sich für ihn entscheiden sollte …
… bescherte ihm das Glück im Überfluss.

Sich in ihr zu verlieren,
von ihr im Sturm genommen zu werden …
… bei dieser Vorstellung brandete seine jahrelang
mühsam gezügelte Leidenschaft auf und verschlang
ihn mit Haut und Haaren.

Immer wieder wurde er von ihrem Liebreiz überwältigt … und so oft er es auch versucht hatte: Er wollte immer nur diese eine Frau. Denn es gab für ihn nur eine Wahrheit: Er liebte Fiona.

Und dann kamen die letzten Worte:

Leg mich zur Ruhe in deinen Arm.
Halt mich, nur ein bisschen,
Bis ich schlafen kann.
… und er würde nach langen Jahren der Frustration
und Zurückhaltung endlich seinen Frieden finden.

Als er seinen Kopf hob und sich im Spiegel anblickte, sah er einen

Mann, der seit elf Jahren einem Traum hinterherlief, der sich nie erfüllen würde. Und doch suchte sein Blick in jedem Lächeln Fionas, in jedem Augenkontakt die Erkenntnis ihrerseits, dass ihre Liebe zu ihm erblüht war – auch wenn das mehr als unwahrscheinlich war.

Und er Trottel wartete immer noch darauf.

Er verachtete sich für seine unsinnige Hoffnung und verfluchte seine Entscheidung, in Kanada alle Zelte abzubrechen und wieder zu Fiona heimzukehren.

Immer noch atemlos drehte Ben das Wasser auf und wusch sich mit der nassen Hand übers Gesicht. Er hätte kotzen können, als er merkte, wie seine Finger zitterten.

Was war nur mit ihm los?! Er führte sich auf wie eine rührselige Memme!!

Sauer wie ein Topf eingemachter Gurken riss er Papiertücher aus der Spenderbox, dass die Dübel in der Wand quietschten, und tupfte sich das Gesicht ab. Als die Tür aufging und Kai hereinkam, setzte Ben wieder ein unbeteiligtes Gesicht auf.

„Hey Ben, musst du dich ein bisschen abkühlen? Wohl zu viel mit den heißen Bräuten getanzt, was?!"

„Hey", begrüßte Ben seinen Freund mit rauer Stimme.

Während Kai sich am Pissoir erleichterte, erzählte er Ben, dass die *Pitbulls* im Januar ein Teambowling in ihrer Freizeit organisieren wollten. Ben war froh, dass sein Freund keine Antwort erwartete. So hatte er genügend Zeit, sich zu sammeln.

Als Kai sich die Hände gewaschen hatte, schlug er Ben auf die Schulter und meinte: „Brauchst du was zu trinken? Ich lade dich ein."

Froh, sich noch etwas Galgenfrist erkaufen zu können, bevor er Fiona wieder unter die Augen treten musste, stellte sich Ben mit Kai in die Schlange vor der Bar. Man merkte, dass es bald Mitternacht schlug, da Gloria und ihr Mann alle Hände voll zu tun hatten.

„Ich habe dich auf ein Bier eingeladen und du lehnst ab? Tststs, das ist nicht gerade höflich."

Ben würde diese Stimme und diesen arroganten Tonfall überall wiedererkennen. Als er den Kopf in die besagte Richtung drehte, sah er, wie Jo Feißt mit einem älteren Mann in abgewetzten Hosen sprach, der an einem Stehtisch stand und den Kopf leicht eingezogen hatte. Seine Finger umkrampften ein Glas mit Cola, als hinge sein Leben daran. Man sah ihm an, dass er jeder Konfrontation mit dem einen Kopf größeren

Eishockeyspieler aus dem Weg gehen wollte.

„Mmh, Alwin? Ich rede mit dir."

„Ich will nichts. Danke."

„Warum denn?", fuhr Jo gönnerhaft fort. „Sonst lehnst du doch auch nie ein Gläschen ab."

„Ja, aber ich habe Edith versprochen aufzuhören." Er schluckte trocken. „Und ich will …"

„Denkst du, du schaffst es … dieses Mal?" Jo zog skeptisch seine Augenbraue hoch.

„Ich hoffe es."

Ben drehte sich der Magen um. Ein altbekannter Instinkt meldete sich mit aller Macht und erwachte brüllend zum Leben.

Kapitel 11

Bevor er es noch verhindern konnte, sagte Ben mit ruhiger Stimme: „Lass ihn, Jo." Er wusste, wie gerne sein Teamkollege jemanden piesackte, der sich in einer schwächeren Position befand als er. Aber in diesem Fall konnte er das nicht zulassen.

Auch wenn er nicht laut gesprochen hatte, wanderten Jos Augen zielgerichtet zu Ben. „Ah, unser Wayne Gretzky für Arme meldet sich zu Wort. Hast sechs Jahre bei den Kanacken gespielt und denkst, du kannst heimkommen und sagen, wo's langgeht." Jos Stimme schien laut und aufdringlich durch den Raum zu klingen und die Musik im Nebenraum in den Hintergrund zu drängen. Dann versuchte er, forschen Schrittes auf Ben zuzugehen. Doch der leicht schlingernde Gang zeigte, dass Jo schon mehr als üblich intus hatte.

Ben blieb ruhig an der Theke stehen und meinte halblaut: „Wenn du die Kanadier beschimpfen willst, benutz' wenigstens das richtige Wort, was da wäre Canucks. Das Wort Kanaken wird in Deutschland als verbale Herabsetzung für Einwanderer mit südländischem Aussehen benutzt."

„Klugscheißer", zischte Jo zwischen zusammengebissenen Zähnen.

„Lieber ein Klugscheißer als ein Ignorant." Ben hatte keine Lust, sich den Abend verderben zu lassen. Deshalb würde er sich nicht provozieren lassen.

„Das sagt gerade der Richtige“, höhnte Jo und hielt sich unauffällig an einem benachbarten Stehtisch fest. „Du hast während deiner gesamten Kindheit erfolgreich ignoriert, dass dein Vater der Dorftrottel von ganz Knopfheim war. Jeder hat sich über Mirko totgelacht, wenn er mal wieder stockbesoffen mitten auf der Kreuzung im Auto gelegen und geschnarcht hat.“

„Sei ruhig, Jo“, versuchte ihn ein früherer Spieler zurückzuhalten.

Doch Jo kam gerade erst richtig in Fahrt und schüttelte die Hand auf seiner breiten Schulter ab. Er genoss die unheilvolle Stille und gespannte Aufmerksamkeit, die er mit seiner letzten Bemerkung erzeugt hatte.

„Oder erinnert ihr euch noch“, fuhr er mit lauter Stimme fort, „wenn er manchmal versucht hat, bei uns im Supermarkt ganz unauffällig eine Flasche des billigsten Fusels zu kaufen, obwohl er schon so hackedicht war, dass er noch nicht mal das Kleingeld abzählen konnte.“ Jo lachte triumphierend auf, während Ben merkte, wie sich sein ganzer Körper anspannte. „Den Vogel hat er aber abgeschossen, als er mit einer Kopfverletzung aus dem Krankenhaus abgehauen und nur mit einem OP-Hemdchen bekleidet – und nichts drunter – durch die Mannheimer Innenstadt getorkelt ist, bis die groß angelegte Suchaktion der Polizei erfolgreich war. Dumm nur, dass es an dem Tag sechs Grad unter null hatte und er mit 3,8 Promille mehr als abgefüllt war.“

Als Jo lauthals lachte, war er der Einzige, den man über die gedämpfte Musik aus dem Nebenraum hörte.

Als Ben merkte, wie sich Kai schon mit geballten Fäusten in Bewegung setzen wollte, hielt er ihn mit einem Arm auf. „War's das, Jo? Geht's dir jetzt besser?“

„Ich könnte so die ganze Nacht weitermachen. Dein Leben ist in der Beziehung mehr als ergiebig“, grinste Jo provozierend mit glasigen Augen.

„Ich würde dir nur ungern hier vor allen Leuten die Fresse polieren“, meinte Ben gefährlich leise, obwohl sein ganzer Körper bis in die Haarspitzen unter Spannung stand, „denn ich möchte nicht Glorias Einrichtung demolieren. Die Abreibung spar' ich mir lieber fürs nächste Training auf. Das macht mehr Spaß.“

In dem Augenblick schob sich die zierliche Annie zwischen ein paar Männern hindurch, dicht gefolgt von Rafael, der sie von der Tanzfläche geholt hatte.

Sie packte ihren überraschten Mann am Arm und zog ihn mehr als energisch mit den Worten „Entschuldige bitte, Ben" Richtung Ausgang.

Als Jo verschwunden war, registrierte Ben, wie die meisten Männer ihre Muskeln entspannten und die Fäuste lockerten. Man merkte ihnen an, dass sie alle schon einmal Eishockey gespielt hatten und sich für einen guten Kampf nie zu schade waren. Zwei Sätze mehr – und Jo hätte die Abreibung seines Lebens verpasst bekommen.

Kai blickte mit gerunzelter Stirn zum Ausgang. „Ich weiß nicht, was zurzeit mit Jo los ist."

„Die Heilbronner sitzen uns im Nacken … und er hat mich schon immer auf dem Kieker gehabt", meinte Ben.

„Ja, weil du mit Annie geschlafen hast und von jeher eine deutlich bessere Trefferquote hattest als er." Kai musste trotz allem grinsen. Dann wurde er wieder ernst. „Aber das mit Mirko hätte er nicht sagen dürfen. Das war selbst für seine Verhältnisse unter aller Sau."

„Nein, hätte er nicht. Aber mein Vater war nun mal so, wie er war."

Es ärgerte Ben nur, dass er nach so vielen Jahren immer noch dasselbe Gefühlsmuster bediente wie als Kind: bodenlose Scham, Übernahme fremder Verantwortung und der hilflose Versuch einer Schadensbegrenzung, die von vornherein zum Scheitern verurteilt war.

Als Kind war es Ben immer extrem peinlich gewesen, wenn sein Vater negativ aufgefallen war und sich das halbe Dorf wieder das Maul über ihn zerriss. Zum Glück war Mirko meist ein unauffälliger Alkoholiker gewesen, da er sich nur alle paar Wochen für ein paar Tage komplett volllaufen ließ und dann meist zuhause seinen Rausch ausschlief. Danach ging es fast immer einen ganzen Monat lang gut. Dann schöpfte Ben wieder Hoffnung, dass sein Vater seine Krise überwunden hatte und es bergauf ginge. Was er als Kind jedoch nicht verstand, war die Tatsache, dass Quartalstrinker nie über den Berg waren – außer sie machten eine Entziehungskur und gingen regelmäßig zu den Anonymen Alkoholikern. Doch dagegen sträubte sich sein Vater vehement, da er immer glaubte, es alleine schaffen zu können.

So ging es jahrelang, ein stetes Auf und Ab. Mal verlor er seine Arbeit und sie mussten schauen, wie sie mit dem Einkommen von Bens Mutter über die Runden kamen. Dann gab es wieder schöne Zeiten, in denen Mirko ein guter, verständnisvoller Vater war, der viel mit seinen Söhnen unternahm.

Er war auch tatsächlich ein herzensguter Mensch, der aber selten Nein sagen oder sich verbal durchsetzen konnte und grundsätzlich vor Konflikten floh, statt sich mit ihnen auseinanderzusetzen - was im Endeffekt seine Trinkbereitschaft begünstigte. Doch jedes Mal gab es erneut einen Absturz, der ihn wieder zum Gespött der Leute machte und Ben sich für seinen Vater in Grund und Boden schämen ließ.

Sein Vater hatte es Ben durch die peinlichen Zwischenfälle schwer gemacht, in der Dorfgemeinschaft voll akzeptiert zu werden. Erst Bens überragende Eishockeyleistungen überbrückten diese Kluft und ließen ihn den ehrlichen Respekt der Knopfheimer Bevölkerung spüren.

Als Ben fünfzehn war, starb Mirko dann an Leberzirrhose, die sich durch seinen regelmäßigen starken Alkoholkonsum aus einer früheren Hepatitis-Erkrankung entwickelt hatte.

Ben tauchte gedanklich wieder aus der Vergangenheit auf, als der DJ im Nebenraum über das Mikro den Countdown bis Mitternacht zählte.

„Zehn - neun - acht ..."

„Jungs, ich schmeiß' 'ne Runde dafür, dass ihr die Einrichtung meiner Bar verschont habt", rief Gloria mit ihrer tiefen rauchigen Stimme und stellte ein Tablett mit gefüllten Sektgläsern auf den Tresen.

„... zwei - eins - null!!"

Alle klopften sich auf die Schultern, drückten Hände, prosteten sich zu. Ben, der sich von den anderen mitziehen ließ, hatte jedoch nur einen Gedanken: Er musste zu Fiona.

Als er sich schließlich durch das Gedränge bis zu ihrem Tisch geschoben hatte, löste sie sich gerade aus der Umarmung einer Freundin und drehte sich lächelnd zu ihm um. Ihre Wangen glühten und sie wirkte erhitzt. Ihre Augen erinnerten ihn im schummrigen Licht der Kneipe an tiefe, geheimnisvolle Bergseen bei Nacht. Dann lag sie in seinen Armen und er wünschte ihr ein glückliches neues Jahr, während er sein Gesicht tief in ihrem wunderbar duftenden Haar vergrub.

Gott, wie gern würde er die Weichheit ihrer Lippen spüren! Von ihr hören, wie sehr sie ihn liebte. Sein Herz brodelte fast über von dem Wunsch, sich ihr endlich zu öffnen. Vielleicht war diese Nacht die perfekte Nacht, um das jahrelange Schweigen zu brechen?

Nach einer kurzen Weile hob Fiona atemlos und mit einem kleinen Lachen den Kopf und blickte in Bens Gesicht. Die vertrauliche Nähe schuf einen Kokon der Intimität in den lachenden und sich gratulierenden Gästen.

Ben konnte es nicht fassen. War das der Moment, in dem es geschehen sollte? Würde sie sich nun leicht auf die Zehenspitzen erheben und ihm ihre wunderbaren Lippen zum Kuss anbieten?

Bevor er jedoch seinen Kopf senken konnte, legte sie ihre Hand an seine Wange und meinte: „Ich wünsche dir auch Glück und Zufriedenheit für das neue Jahr. Und ich möchte dir nochmal sagen, wie froh wir alle sind, dass du wieder bei uns in Knopfheim lebst."

Auch wenn Ben versuchte, sich seine Gefühle nicht anmerken zu lassen, heulte bei dieser Verallgemeinerung sein inneres Tier gequält auf. Genau so etwas wollte er von der Liebe seines Lebens hören.

Willkommen im neuen Jahr!

Als Ben die Tür zu seinem Studentenzimmer hinter sich zuknallte, wurde ihm bewusst, dass bei diesem Lärm vermutlich das halbe Haus zu dieser fortgeschrittenen Stunde aus den Betten gefallen war. Doch das war ihm egal. Zitternd lehnte er an der Innenseite der Tür und schloss die Augen. Immer noch sah er die beiläufig ausgetauschten Zärtlichkeiten zwischen Fiona und Julian. Wie mit Salzsäure schienen sie in seinen Augenhintergrund gebrannt zu sein: Die liebevollen Berührungen, die mehr als tausend Worte über ihr intimes Verhältnis erzählten. Fionas zartes Erröten nach Julians Komplimenten. Ihr sorgloses Lachen über dessen geistreiche Bemerkungen. Die glutvollen Blicke und den unausgesprochenen Wunsch darin, endlich heimzugehen, um sich leidenschaftlich zu lieben.

Und Ben war immer dabei, bekam alles ungefiltert mit – und tat so, als würde er nichts bemerken, während sein Herz bei jedem Beweis ihrer offensichtlichen wie auch sehr innigen Verbundenheit wütend aufbrüllte.

Guter Gott, er hielt das nicht länger aus! Mit Schwung pfefferte er seine Jacke aufs Bett.

Seit neununddreißig Tagen waren die beiden nun ein Paar. Und er war schuld daran. Er war so ein Idiot gewesen! Hatte Fiona stolz seinem besten Freund vorgestellt. Hatte gedacht, er hätte Zeit, um sie zu umwerben – Frauen standen bekanntlich auf so etwas –, sie besser kennenzulernen, ohne sie mit seinen ungewohnt hormongeladenen Gefühlen zu überfallen. Denn er hatte bei ihrem ersten Zusammentreffen geglaubt, deutliches Interesse in Fionas Augen gelesen zu haben.

Doch dann hatte sie Julian kennengelernt und war dessen Charisma erlegen. Vorwürfe konnte er deshalb weder Fiona noch Julian machen. Er wusste, wie sein Freund auf Frauen wirkte. Und nur ein kompletter Trottel von Mann würde nicht merken, welch Glücksgriff eine Frau wie Fiona für ihn bedeutete. Deshalb hatte Julian vor Liebe blind zugegriffen, als sich ihm diese Gelegenheit geboten hatte und sie Ben dadurch unwissentlich vor der Nase weggeschnappt – der nun mit blutendem Herzen dastand. Allein.

Fast täglich blickte er in Fionas vergnügt blitzende Augen und hörte ihr ansteckendes Lachen, das seine Seele kribbeln ließ. Doch er durfte sich nicht anmerken lassen, welcher Kampf in seiner Brust tobte. Sie in solchen Situationen dann mit seinem besten Freund zu sehen, brachte ihn fast um.

Ben hätte alles anders machen sollen.

Dementsprechend verzweifelt hortete er in seinem Gedächtnis alle süßen Erinnerungen an Fiona und zehrte davon in seinen einsamen Stunden. Momente, in denen er allein und schlaflos in seinem Bett lag, einen Hitzeschub nach dem anderen durchlebte und an sie dachte – und wie es wäre, sie zu berühren, während er in den Tiefen ihres lodernden Blicks ertrank. In der Anonymität der nächtlichen Dunkelheit befreiten sich dann all seine unterdrückten Gefühle und schossen wie Luftblasen aus einer heißen Quelle an die Oberfläche – und kolorierten seine Träume in den Farben bittersüßer Erotik.

Diese verzweifelte Sehnsucht zerriss irgendwann noch sein Herz. Er musste endlich aufhören, sich nach Fiona zu verzehren und ihr wie ein treudoofer Hund hinterherzuhecheln, immer auf ein paar Streicheleinheiten hoffend!

Wenn Fiona es dann doch einmal zufällig tat – ihn berührte –, hinterließ dieser Kontakt eine Feuerspur des Verlangens auf seiner Haut. Und Fiona war eine sehr kontaktfreudige Frau. Sie drückte ihre Zuneigung und Freude, ihr Mitgefühl, aber auch ihre Empörung stets in körperlichen Berührungen aus. Und Ben kam dadurch sehr oft in den zweifelhaften Genuss, was für ihn gleichermaßen ekstatische Freude und grausame Folter bedeutete.

Heute Abend hatte sie noch einen draufgesetzt.

Sie hatte mit ihm bei einem Studentenfest getanzt. So harmlos es auch nach außen hin gewirkt haben mochte, so gebrodelt hatte es in Bens Innerem. Er spürte immer noch ihre Hände auf seinen Schultern. Ihre Brüste, die zufällig seinen Oberkörper streiften. Ihren Rücken unter seinen Handflächen und ihr offenes weiches Haar, das dabei über seine Haut strich.

Obwohl es schon fast zwei Stunden her war.

Er wollte mehr. Mehr von ihrem Körper. Mehr von ihrem Geschmack. Mehr von ihrer Seele. Sie sollte auf ewig mit ihm verbunden sein. Eine untrennbare Einheit. Immer füreinander da. Ben spürte, wie eine Welle heißer Begierde durch seine Lenden brandete, und schmiss sich frustriert auf sein Bett.

Verdammte Scheiße! *Das konnte doch nicht immer die einzig mögliche Lösung für ihn sein!*

Nein, er würde sich weigern, sich wieder einmal auf diesem demütigenden Wege Erleichterung zu verschaffen. Das musste aufhören. Er war ein willensstarker Mann und würde sein unstillbares Verlangen nach dieser einen Frau doch wohl in den Griff bekommen!

„In den Griff bekommen" war das Stichwort, bei dem sich sein mittlerweile beachtlich angewachsener kleiner bester Freund noch etwas mehr aufrichtete. Hart wie Eichenholz drängte er gegen Bens Reißverschluss und bettelte um Erlösung. Doch Ben weigerte sich standhaft.

„Standhaft" … Er musste wirklich an seiner Wortwahl arbeiten.

Mürrisch drehte er sich zur Wand und vergrub sein Gesicht in einem Kissen. Bilder von Fiona fluteten sein Gehirn und zogen ihn ins Reich der Wunschträume. Was wäre wenn …? Wie weich und willig wäre sie wirklich? Wie würden sich ihre Lippen auf seinen anfühlen, wie ihr Körper unter ihm?

Er sah sie vor sich, wie ihr dunkles Haar einem Fächer gleich um ihren nackten Körper floss und ihre schönen Lippen – geschwollen von seinen Küssen – appetitlich feucht glänzten, während sie ihn mit vor Lust verhangenen Augen anblickte.

Mit der Zeit glitt er immer tiefer in sinnliche Sexfantasien, die sein Gehirn berauschten und seinen Körper in Brand setzten. Das war der Moment, in dem sich Ben seinen Bedürfnissen willenlos hingab. Der Moment, in dem er sich vorstellte, wie es wäre, in Fiona einzutauchen. In die heiße Enge zu stoßen und sie komplett auszufüllen. Ihr glühende Ekstasen zu bereiten und dabei selbst über die Klippe eines berauschenden Höhepunkts zu springen.

Der auf diese Bilderflut folgende Orgasmus war zwar heftig, jedoch wenig erfüllend. Nachdem das Kissen Bens verzweifelten Aufschrei abgedämpft hatte, beruhigte sich sein Herzschlag nur langsam und er holte zitternd Luft.

Als er sich auf den Rücken drehte, spürte er, dass seine Wangen nass von verzweifelten Tränen waren.

Kapitel 12

Die frostig-klirrenden Wintertage mit blassblauem Himmel und Sonnenschein wurden abgelöst von einem leichten Temperaturanstieg mit grauen Regenwolken, die an manchen Tagen nicht mehr aufhören konnten zu weinen.

Ben war das Wetter völlig egal. Er verbrachte nach dem Jahreswechsel ein paar faule Tage, in denen er seine Wohnungseinrichtung ergänzte und alte Freunde besuchte, bevor er wieder arbeiten musste.

Immerhin hatte er es geschafft, seinem wichtigsten Vorsatz fürs neue

Jahr, Fiona nicht ständig zu belagern, treu zu bleiben. Seit Silvester hatte er sie nicht mehr gesehen und nur einmal kurz mit ihr telefoniert. Er schlug sich in Gedanken mit Stolz geschwellter Brust auf die Schulter. Acht Tage ohne Fiona. Das war doch was.

Dafür hatte er, wenn ihn die Versuchung gepackt hatte, sein übliches Fitnessprogramm noch intensiver als sonst durchgezogen und dabei seine Muskeln an diversen Geräten gestählt. Er fühlte sich so fit wie noch nie.

Dennoch hatte er – trotz aller Ablenkung – immer noch Fionas Anblick in diesem kurzen scharfen Mini mit Schlitz vor Augen, der ihm zu schaffen machte.

Das war doch zum Haareraufen!

Am Wochenende nach Dreikönig schlug das Wetter dann um. Dicke graue Wolken zogen heran und brachten nach einem Temperatursturz dichten Schneefall. Ben war gerade bei seiner Mutter Carina zu Besuch, als es losging. Nach dem Mittagessen waren schon die Vorgärten und die ganze Straße mit einer dichten weißen, pulvrigen Schicht bedeckt, die an eine weiche Decke aus fein gesponnenen Wolkenfetzen erinnerte. Die ersten Kinder kamen in Schneeanzügen und dicken Wollmützen vor die Häuser und drehten sich jauchzend unter den herabfallenden Schneeflocken, um wenigstens ein paar mit dem offenen Mund einzufangen. Ben stand am Küchenfenster und schaute amüsiert dem bunten Treiben zu.

„In einer halben Stunde gehe ich mal raus und schippe den Gehweg frei", sagte er wie zu sich selbst.

Carina trat neben ihn und schaute lachend auf die Kinder. „Das musst du nicht. Das weißt du, oder? Ich mache das schon seit langer Zeit selbst. Wenn ich mal alt und tattrig bin, kannst du das gerne übernehmen. Aber im Moment bin ich noch rüstig genug."

Ben zwinkerte ihr zu. „Ich mache das nicht etwa, weil ich denke, du seist zu alt dafür. Schneeschippen ist gutes Training für meine Arme. Dann muss ich heute Abend schon weniger an meinen Geräten schwitzen."

Während Ben noch schmunzelnd die Kinder betrachtete, bemerkte er eine Frau mit Mütze, die mit einem Weidenkorb die Straße entlangging. Erst auf den dritten Blick erkannte er die einsam wirkende Gestalt.

Während Carina noch in einem Schrank hinter ihm herumräumte, ergriff Ben die Gelegenheit. „Wie geht es eigentlich Iris?"

„Julians Mutter?“ Carina trat neben Ben und sah der verschwindenden Gestalt nach. „Sie hat sich erholt. Aber sie ist nicht mehr dieselbe wie noch vor Julians Tod. Wie sollte sie auch. Wenn ich mir vorstelle, einen meiner Söhne auf so tragische Weise zu verlieren“, sie seufzte, „ich würde mich auch bis zum Ende meiner Tage nicht mehr davon erholen. Hast du schon mit ihr gesprochen oder warum fragst du?“

„Ich habe sie vor Weihnachten im Supermarkt gesehen. Doch bevor ich zu ihr rübergehen konnte, hat sie sich nach einem kurzen Nicken einfach abgewandt und ist gegangen.“ Ben machte eine nachdenkliche Pause. „Ich denke, sie erträgt meine Gesellschaft nicht, weil ich sie mit jedem Atemzug an ihren Sohn erinnere.“

„Das kann gut sein“, vermutete seine Mutter mit einem verständnisvollen Nicken. „So eng, wie ihr immer befreundet wart. Sie engagiert sich wieder seit einiger Zeit in ihren Vereinen und Ausschüssen. Aber am gesellschaftlichen Leben nimmt sie kaum noch teil. Ein Gottesgeschenk ist Emmy, um die sie sich liebevoll kümmert und in deren Gesellschaft sie regelrecht aufblüht, was Fiona mir so erzählt hat. Ansonsten hat sie immer einen verbitterten Zug um den Mund.“ Carina ließ ihre Gedanken wandern. „Ich denke, ihr Mann geht mit seiner Trauer anders um als Iris. Ich sehe ihn noch seltener als sie, da er schließlich den ganzen Tag in Mannheim arbeitet. Aber wenn er mir mal begegnet, grüßt er mich immer freundlich und fragt, wie es dir und Marius geht.“

Eine Stunde später lag in Carinas Vorgarten ein Riesenberg Schnee, auf den sich die Nachbarskinder mit Freudengeheul stürzten. Ben hatte einfach die Gehwege der gesamten Nachbarschaft frei geschippt und alles an einer Stelle gesammelt. Nun stand er lachend daneben und beobachtete die glücklichen Kindergesichter, während sie auf dem Hosenboden den Berg runterrutschten oder mit den behandschuhten Händen Tunnel hineingruben.

Spontan beschloss Ben, auf dem Rückweg zu seiner Wohnung bei Fiona vorbeizugehen. Nach acht Tagen Abstinenz würde er sich eine Stunde bei ihr gönnen. Es war Samstag, er hatte heute kein Spiel und es schneite immer noch leicht. Und Emmy vermisste er auch schon ziemlich. Besonders freute er sich auf ihr glockenhelles Lachen, wenn sie draußen mit leuchtenden Augen im Schnee spielte. Er liebte diese kleine Kröte wirklich sehr.

Nachdem er sich von seiner Mutter verabschiedet hatte, spazierte er los und erreichte sieben Minuten später Fionas Straße. Schon von Weitem sah er sie vor ihrem Haus in einer königsblauen Winterjacke mit weißer Mütze und einer Schneeschaufel. Daneben hüpfte ein kleiner hellrosa Fleck wie ein Pingpongball auf und ab. Je näher er kam, desto besser konnte er Fionas vertraute Gesichtszüge erkennen. Ihre Wangen waren von der Kälte leicht gerötet und passten zu dem warmen rotbraunen Farbton, in dem ihre Lippen geschminkt waren. Zwei dicke geflochtene Zöpfe hingen seitlich aus ihrer Mütze heraus und fielen dunkel über die blaue Jacke.

Ben spürte, wie sich ein altbekannter Knoten in seinem Magen bildete. Eigentlich hätte ihm dieser Anblick genügen sollen. Er hätte stehenden Fußes umdrehen und heimkehren sollen. Doch wie schon so oft hatte er keine Macht über seine Beine, die ihn beständig näher an den Grund seiner schlaflosen Nächte brachte.

Dann überquerte er die Straße – während Fiona über etwas lachte, was Emmy gesagt hatte. In dem Moment wurde ihm klar, wie viel noch immer von der unbeschwerten, fröhlichen Studentin von damals, die er kennengelernt hatte, in ihr steckte. Gleichzeitig aber schimmerte eine gewisse Reife durch, die in ihrer Rolle als Mutter und Witwe begründet lag. Gerade an Letzterem war sie nicht zerbrochen, sondern dauerhaft gewachsen. Umso vielschichtiger und faszinierender hatte sich das auf die Entwicklung ihres Charakters ausgewirkt. Da blieb ihm fast die Spucke weg. Und dann hob sie mit einem Lächeln ihren Blick – und wieder einmal blieb für ihn die Welt stehen, als sich ihre Blicke trafen.

Verdammter Mist! Was hatte sie nur an sich, dass ihm jedes Mal, wenn er sie ansah, die Knie weich wie Gummibärchen wurden und sein Herzschlag abging wie Schmidts Katze?

Und dann – während sie wartete, bis er die Straße überquert hatte, um ihn zu begrüßen – spitzte sie auch noch ihren herrlich geschwungenen Mund und blies in ihre bloßen Hände, weil ihr kalt war.

Diese Lippen …

Er wusste ganz genau, wie weich diese Lippen waren. Wie glutvoll und intensiv sie küssten. Wie schnell sie ihn in den siebten Himmel katapultieren konnten.

Als sie ihn damals im Hof des Studentenwohnheims geküsst hatte, war er völlig von den Socken gewesen. Nie hätte er erwartet, dass sie sich ihm zuwenden würde, nachdem doch so offensichtlich war, wie sehr sie Julian liebte. Doch irgendwie war plötzlich vor seiner Haustür diese prickelnde Spannung zwischen ihnen entstanden, von der er immer noch nicht wusste, von welcher Himmelswolke sie so unvermittelt herabgestürzt war. Völlig unerwartet hatte es unsichtbare Funken geregnet, die sein Herz zum Glühen brachten.

Und dann lag auch schon ihr Mund auf seinem und verzauberte ihn mit diesen sanft fordernden Lippen, die das Paradies auf Erden versprachen. Erleckten sich einen willigen Einlass und führten ihn in Versuchung, ihre weiche Zunge zu schmecken.

Und er gab nach. Willenlos streckte er alle Waffen und ergab sich ihrer geballten Süße, die ihm völlig den Verstand raubte. Er ließ sich in einen heftigen Strudel ziehen, dem er machtlos gegenüberstand. Noch nie hatte ein Kuss bei ihm die Sicherungen durchbrennen lassen. Bis jetzt.

Am liebsten hätte er sich ganz in diesem besonderen Augenblick verloren, da ihn dieser Kuss in seinem tiefsten Inneren aufwühlte wie kein anderer. Viel zu früh allerdings war dann sein Notstromaggregat für Anstand und Freundschaftsfragen angesprungen und hatte ihm bewusst gemacht, was er da eigentlich gerade – zum Teufel nochmal – tat.

Er hatte damals Monate gebraucht, um diesen Kuss zu vergessen. Nein, vergessen traf es nicht im Mindesten. Er hatte Monate gebraucht, um seine Erinnerung daran so in den Griff zu bekommen, dass sie nicht jeden seiner Atemzüge, jede Minute seines Alltags beherrschte – von seinen zügellosen Fantasien ganz zu schweigen.

Ben schloss kurz die Augen, als die Erinnerung ihn wieder mit aller Kraft einholte.

Jemand rempelte Ben leicht am Ellenbogen an. Blinzelnd kam er zu sich und merkte, dass er schon seit geraumer Zeit den Professor vor der Tafel angestarrt hatte, ohne etwas mitzubekommen, geschweige denn aufzuschreiben. Sein rechter Tischnachbar im Hörsaal richtete sich wieder auf und legte etwas aus seiner Tasche auf das kleine Pult.

„'tschuldigung", murmelte er in Bens Richtung und schrieb weiter eifrig mit, während der Professor die nächste Folie seiner Power-Point-Präsentation näher ausführte.

Wieder versank Ben in seinen Gedanken. Dieser Kuss … Er hatte sich mit diesem Kuss vor ein paar Wochen mitten in die Hölle zwischen sehnsüchtiger Erfüllung seines größten Wunsches und abgrundtief schlechtem Gewissen seinem besten Freund gegenüber katapultiert. Zwar hatte Fiona aus einer Laune heraus damit begonnen. Doch Ben war nicht Manns genug gewesen, sich ihr zu verweigern. Wie hätte er auch können … Von diesem Kuss träumte er, seit er Fiona zum ersten Mal begegnet war.

Doch nie hätte er sich ausmalen können, wie brennend süß und quälend lustvoll er sein würde …

Sein verdammtes Pflichtgefühl hatte ihn schließlich den Kuss beenden lassen. Irgendwie wollte er Julian schließlich noch unter die Augen treten können, wenn dieser von seiner Exkursion zurückkehrte. Es war ihm schon wie übler Verrat vorgekommen, Julians zur Begrüßung leicht dahingestellte Frage, ob Ben sein Mädchen vor baggernden Studenten beschützt habe, zu bejahen. Denn der erfolgreichste Baggerfahrer stand in dem Moment direkt vor Julian.

Ben hatte sich so mies gefühlt. Diese Situation war die erste in ihrer lebenslangen Freundschaft, die ihr enges Verhältnis zerstören konnte – mit der Endgültigkeit einer Wasserstoffbombe.

In diesen Wochen danach hatte Ben jenen Abend unablässig vor seinem inneren Auge ablaufen lassen. Hatte jedes zwischenzeitlich gefallene Wort Fionas und jede ihrer zufälligen Berührungen auf die Goldwaage gelegt. Jeden Satz dreimal auf eine versteckte Botschaft durchleuchtet. Einen Hinweis gesucht, dass ihr dieser Kuss – und damit er selbst – mehr bedeutete als einen kleinen Ausrutscher aus Übermut.

Doch er hatte keine finden können.

Seit diesem Kuss vor seiner Haustür konnte er zu allem Überfluss abends nicht mehr einschlafen. So wie auch heute. Unruhig wälzte sich Ben in seinem Bett herum und erinnerte sich an ihre sinnlichen Lippen. Ihren weichen Körper, der sich an seinen drückte. Ihren erregenden Geschmack.

Irgendwann drohte ihm – wie so oft in letzter Zeit – die Decke auf den Kopf zu fallen. Deshalb stand er auf und spazierte durch die weitläufige Anlage im Karlsruher Studentenviertel, in der die Studierenden in kleinen Häusern lebten. Auch wenn er sich zu Beginn seines nächtlichen Spaziergangs standhaft bemühte, einen großen Bogen um Fionas Haus zu machen, führten ihn seine Füße auf dem Rückweg doch wie immer zu dem Haus, in dem sie mit drei anderen Studenten in einer Wohngemeinschaft lebte.

Wenn noch Licht brannte, konnte er manchmal ihren und Julians Schatten hinter den blickdichten Vorhängen ihres Zimmers vorbeihuschen sehen. Dann schrie sein Herz auf vor glühendem Schmerz und ungeweinten Tränen. Dennoch stand er wie fast jeden Abend wie ein Masochist minutenlang vor ihrem Fenster und blickte nach oben. Bevor ihn jedoch jemand für einen Spanner halten konnte, wandte er sich jedes Mal ab und ging mit schnellen Schritten weiter.

Und dann überfiel ihn auf dem Heimweg zu seiner WG wie immer die schmerzvolle Erkenntnis, die zerschmetternde Reflexion dieser beschissenen Situation: Er war fleißig und schrieb gute Noten. Er war im Team der schnellste Mistkerl auf Kufen und hatte die meisten Tore in der letzten Saison geschossen.

Er konnte alles reparieren, was ihm an technischen Geräten zwischen die Finger kam. Er war erfolgreich in allem, was er tat. Doch er konnte nicht beeinflussen, wen Fiona liebte.

Gegen die zwischenmenschliche Chemie kam er nicht an.

Denn es brachte nichts, Fiona in einen Gewissenskonflikt zu stürzen oder ihr gar ein Ultimatum zu stellen. Er konnte zwar alles riskieren. Doch im Endeffekt würde er mit einem einzigen ehrlich gemeinten Satz nur seinen besten Freund und die Liebe seines Lebens verlieren. Deshalb blieb ihm nichts anderes übrig, als das Pokerface zu mimen und weiterhin am Leben der beiden Menschen teilzuhaben, die er jeden auf seine Art liebte.

Ben schüttelte die intensiven Gefühle ab, die ihn stets ergriffen, wenn er an die Zeit danach dachte.

Es war gut, dass er sich Jahre später dazu entschlossen hatte, nach Kanada zu gehen. Als sich ihm die Möglichkeit bot, sich beruflich zu verändern, hatte er erleichtert und mit beiden Händen zugegriffen. Denn er hatte einen Punkt in seinem Leben erreicht, an dem er das Gefühl hatte zu ersticken, da er die enge Dreiecksbeziehung mit Fiona und Julian nicht mehr ertrug. Er brauchte Luft zum Atmen. Er musste für Abstand zu diesen beiden wichtigen Menschen sorgen, um die Freundschaft zu ihnen aufrechterhalten zu können. Denn Fiona und Julian aus unmittelbarer Nähe so glücklich zu erleben, hätte ihm auf Dauer das Herz zerrissen. Nach ihrer Hochzeit, die er als Trauzeuge miterleben durfte, hatte er sich so schnell wie möglich aus dem Staub gemacht.

Zur Begrüßung lächelte er Fiona zu. Emmy entdeckte ihn zeitgleich und rannte mit einem jauchzenden „Ben!“ auf ihn zu.

„Ah, da kommt unsere Rettung“, lächelte Fiona ihm entspannt entgegen. „Ich brauche dringend jemanden mit fähigen Händen und gewissem Fingerspitzengefühl, damit sich mein körperliches Wohlbefinden verbessert.“

Das wollte er jetzt *wirklich* nicht hören!

„Ach so, dein Lockenstab ist kaputt und ich soll ihn reparieren?“, fragte Ben mit einem Zwinkern in den Augen, da er wusste, dass Fiona ihre Haare grundsätzlich glatt trug. Dabei hob er Emmy kurz hoch und drückte sie zur Begrüßung an seine Brust. Da sie jauchzend mit ihren Beinchen strampelte, ließ er sie gleich wieder runter.

Fiona lachte laut auf und zeigte ihm ihre strahlenden, regelmäßigen Zähne. „Nein, ich bräuchte dringend eine Nackenmassage, da ich den ganzen Tag schon so verspannt bin.“

Ben würde ihr mit Vorliebe ... Doch diesen ungebeten auftauchenden Gedanken schob er schnellstmöglich beiseite, bevor sich sein Körper daran erfreuen konnte.

„Der Schnee ist der Hammer!“, fuhr Fiona fort, als sei Ben nicht in unerfüllbare Fantasien abgetaucht. „Wir sind gerade vom Einkaufen heimgekommen und konnten noch gar nicht schippen. Den ganzen Winter über hatten wir kaum eine Schneeflocke - und jetzt ersticken wir geradezu in Schneemassen.“

Ben ließ seinen Blick über den ungeputzten Gehweg gleiten, der mit einer Schneeschicht von maximal zwölf Zentimetern bedeckt war.

„Na ja, von Ersticken kann nicht wirklich die Rede sein“, schmunzelte Ben. „Da solltest du mal die Schneemengen in Kanada sehen. Dann würdest du dich über so ein paar Schneeflocken nicht weiter aufregen.“

Er blickte auf eine schmale gesäuberte Spur, die zu einem Minihaufen in Fionas Vorgarten führte.

„Das is' mein Hauf'n“, lispelte Emma stolz und klopfte mit einer Kinderschneeschaufel auf den Boden.

„Super, Emmy“, lobte Ben die Kleine. „Hast du noch eine große Schaufel, dann kann ich dir und deiner Mama beim Schippen helfen.“

Strahlend zeigte sie in Richtung Garage.

Mit Bens Hilfe war der weitläufige Gehweg innerhalb von kurzer Zeit geräumt. Das Ergebnis war ein großer Schneehaufen neben der Einfahrt, auf den sich Emmy mit Begeisterung stürzte.

Als Fiona ein Gedanke kam, blickte sie Ben neugierig an, der bei diesem kalten Wetter barhäuptig und mit offener Jacke - die Daumen in die Taschen seiner Jeans gesteckt - dastand und Emmy bei ihrem Treiben beobachtete. „Ich habe gestern beim Bäcker von deinem Zusammenstoß mit Jo an Silvester gehört. Du hast gar nichts gesagt.“

„Da war nichts zu sagen. Jo hatte zu viel getrunken und ein paar verbale Schläge unter der Gürtellinie verteilt.“

„Aber dich hat das nicht gekratzt, weil du deinen Tiefenschutz getragen hast?“

Ben musste lachen. „Ja, so könnte man es sagen. Ich wollte uns allen nicht den Abend verderben, nur um Jo körperlich in seine Schranken zu weisen. Das habe ich mir lieber fürs Training aufgehoben.“

„Davon habe ich auch schon gehört“, grinste Fiona und warf einen lockeren Schneeball in Bens Richtung, der sich wegdrehte und ihn mit dem Ellenbogen abwehrte. „Du hast ihn vor ein paar Tagen ordentlich spüren lassen, was für eine Scheiße er da an Silvester verzapft hat. Ich habe von Mehl in den Schlittschuhen, umgeworfenen Wasserflaschen, Pucks an den Helm, eine Reihe von Remplern und handfesten Checks während des Trainings gehört. Wobei das alles anscheinend nicht nur auf dein Konto ging."

Bens spitzbübisches Grinsen sprach Bände, was den Unterhaltungswert seiner Erinnerungen anging. Dabei formte er einen großen Schneeball, dem sie nicht so schnell ausweichen konnte und der auf Fionas Jacke landete. „Ja, den Jungs hat's richtig Spaß gemacht, ihn ihre Meinung zu dem Vorfall deutlich spüren zu lassen. Wenn jemand was ausgefressen hat, muss er auch die Konsequenzen tragen können. Am Ende des Trainings ist er tatsächlich zu mir gekommen und hat zugegeben, dass er zu viel getrunken habe. Punkt. Kein Wort mehr." Wieder grinste Ben. „Näher wird Jo Feißt einer Entschuldigung niemals kommen."

Plötzlich traf ihn ein großer Schneeball an der Wange und fiel ihm kalt und feucht in den Jackenkragen.

„Uups", keuchte Fiona mit weit aufgerissenen Augen und lachte laut auf. „Volltreffer."

Kapitel 13

Fiona merkte gleich, dass es gefährlich war, einen schlafenden Bullen an den Hörnern zu packen. Ben zog nämlich seine Augen zu Schlitzen zusammen, als er sie fixierte und den Abstand zu ihr einschätzte. „Das hat Kai auch gesagt, als ich Jo gnadenlos gegen die Bande getackert habe."

„Nein!" Fiona packte ein wohliger Schauer, als sie sich der Gefahr bewusste wurde, in der sie sich befand. Sie wich zwei Schritte zurück und streckte abwehrend ihren Arm aus. „Du wirst doch wohl nicht …"

Doch das Ende des Satzes blieb in der Luft hängen, da Ben Anlauf nahm, sie im Sprung mit den Armen umschlang und seitlich mit ihr auf dem Schneehaufen landete.

Mit einem Schlag war sich Fiona Bens physischer Präsenz voll bewusst. Zum Glück war er neben ihr aufgekommen, sonst wäre von ihr bei seiner Körpergröße von einem Meter sechsundachtzig und einem Gewicht von neunzig Kilogramm nur ein Fettfleck im weichen Schnee übrig geblieben. Dass sie verschont geblieben war, hatte sie mit Sicherheit nur seiner beeindruckenden Körperbeherrschung zu verdanken. Sein Bein lag quer über ihren Schenkeln und von unten wurde sie von seinem linken Arm gestützt, der den ganzen Schwung abgefangen hatte. Jetzt hoffte sie nur, dass sie nicht auf Emmy gelandet waren.

Als sie nach Luft schnappend zu ihm aufblickte, glitzerten Schneekristalle wie silbrige Lichter in seinem kurzen, strohblonden Haar und sie erhaschte einen Ausdruck in seinen Augen, den sie noch nie zuvor bemerkt hatte. Dass Emmy im Hintergrund kicherte, nahm sie nur am Rande wahr, da Fiona zu sehr damit beschäftigt war, nicht von Bens feurigem Blick aufgezehrt zu werden. Doch so schnell er erschienen war, so schnell verschwand er auch wieder.

Während er ihr noch tief in die Augen blickte, knurrte er mit gefährlich leiser Stimme: „Du willst dich doch wohl nicht mit mir anlegen, oder?"

Der bedrohliche Unterton in seiner Stimme, der ihr eigentlich hätte Angst machen sollen, bescherte ihr nur ein aufregendes Flattern tief im Bauch. Während Bens harter, athletischer Körper noch all ihre Sinne zum Kribbeln brachte, schoss eine prickelnde Hitze durch ihre Adern, die sie innerlich zu verbrennen drohte. Fiona wunderte sich, dass der Schnee unter ihr nicht in einer gewaltigen Dampfwolke verpuffte.

Bevor Fiona sich jedoch ausmalen konnte, wie viel Spaß es machen würde, sich tatsächlich mit seinem muskulösen Körper zu messen, bekam Ben einen Schlag ins Kreuz, der von Indianergeheul begleitet wurde. Bens dumpfes, aber eindeutig schmerzerfülltes Aufkeuchen ließ darauf schließen, dass etwas Hartes seine empfindlichste Stelle gerammt hatte.

Als Emmys freudig-strahlendes Gesichtchen über seiner Schulter erschien, presste er zwischen zusammengebissenen Zähnen hervor: „Jetzt kann ich die Familienplanung in den Wind schießen."

Fiona schalt ihre Tochter, sie solle doch bitte besser aufpassen, sie habe Ben wehgetan. Doch Emmy war sich der Auswirkung eines schwungvoll angezogenen Knies überhaupt nicht bewusst und blickte Ben erstaunt an. Als sie sein schmerzverzerrtes Gesicht sah, legte sie ihre kleine Hand auf seine Wange und meinte mit großen Augen und zitternder Unterlippe. „'tschuldigung."

Während er noch die Beine zusammenpresste, drehte er sich von Fiona weg und schob mit einer Hand Emmy von seinem Rücken zwischen sie beide. Dann beruhigte er sie: „Ist schon gut, Süße. Nichts Schlimmes passiert."

„Wie wäre es denn", fragte Fiona, während sie zu dritt im Schnee lagen und zu den sanft herabschwebenden Schneeflocken aufschauten, „wenn wir reingehen und uns mit einer heißen Schokolade aufwärmen? Und du", meinte sie zu Ben, „bekommst noch zusätzlich ein Pack Eis zum Kühlen."

„Dann kann ich auch einfach hier im Schnee sitzen bleiben", konnte er schon wieder frotzeln.

Etwas später saßen sie zu dritt bei einem gemütlich prasselnden Kaminfeuer am Esszimmertisch und aßen bei Kerzenschein übrig gebliebene Weihnachtsplätzchen zu ihrem heißen Kakao. Emmy hatte ihre Lieblingspuppe neben sich auf den Tisch gesetzt und fütterte sie gerade mit einem Löffel, während sie ihr von Bens Check in den Schnee erzählte.

„Ben", fragte sie danach ihren Patenonkel, „erzähls' du mir mal wieder von dein'n Spiel'n und zeigs' mir mit mein'n Puppis die Tschecks?"

Emmys Bitte überraschte Ben, sodass er grinsen musste. Sie hatte ihn vor Kurzem gefragt, was er eigentlich auf dem Eis so mache. Deshalb hatte er ihr ein paar Szenen eines Spiels nachgespielt und zur Verdeutlichung zwei ihrer Puppen als Eishockeyspieler benutzt. „Klar, kleine Maus. Das können wir gerne später machen."

„Supi!", rief Emma und hüpfte in die Puppenecke.

„Emmys Sprache hat sich wirklich schon verbessert", fiel Ben auf. Er beobachtete sie, wie sie mit ihren 'Puppis' neben dem Sofa spielte.

Fiona bestätigte seine Feststellung: „Ja, das stimmt. Sie hat dafür, dass sie so spät mit Reden begonnen hat, die Defizite wirklich rasant aufgeholt. Mit dem Ball kann sie vergleichsweise zwar immer noch tausendmal besser umgehen – ob mit den Händen, den Füßen oder mit dem Kopf – aber die Kinder entwickeln sich eben nicht in allen Bereichen gleich schnell."

In dem Moment stand Emmy auf und teilte ihrer Mutter mit gewichtiger Miene mit: „Mami, ich mus' Pipi."

„Alles klar, Emmy", lobte sie ihre Tochter, die seit vier Monaten trocken war.

Da Ben natürlich sportmäßig vorbelastet war und wissen wollte, ob Emma eventuell Julians Geschicklichkeit mit dem Eishockeyschläger geerbt hatte, fragte er neugierig: „Hast du ihr schon mal einen Schläger in die Hand gegeben?"

Fiona zog scharf die Luft ein. „Die Folgen möchte ich mir gar nicht erst ausmalen. Dafür müsste ich mir erst 'ne bessere Glasversicherung zulegen."

„Na ja", schmunzelte Ben, „wenn sie auch nur ansatzweise Julians Geschick mit dem Schläger geerbt hat, zahle ich gerne jede kaputte Scheibe in der Nachbarschaft."

Fiona verdrehte die Augen. „Dann solltest du schon mal deinen Chef fragen, ob du Doppelschichten schieben kannst." Sie verstummte kurz, als ihr etwas einfiel. „Letztens hat sie mal zu meiner Mutter ins Pflegeheim einen Tischtennisball mitgenommen, den sie auf einer dieser flachen Abdeckhauben aus Kunststoff hat hüpfen lassen. Du weißt schon, die man zum Warmhalten des Essens benutzt. Das fällt mir jetzt erst wieder ein. Es hat nämlich erstaunlich gut geklappt, ohne dass sie ihn verfehlt hätte."

„Wie geht es deiner Mutter?", wechselte Ben das Thema.

„In den letzten Wochen unverändert", meinte Fiona und nahm einen Schluck heiße Schokolade, „aber ihr Zustand hat sich im letzten Jahr rasant verschlechtert. Weißt du", sie machte eine traurige Pause und starrte in den warmen Schein der brennenden Kerze, „ich habe irgendwie das Gefühl, dass alle wichtigen Menschen mich in meinem Leben verlassen. Erst mein Vater, den ich nie kennenlernen konnte. Dann Julian. Und jetzt meine Mutter - auch wenn sie mich jeden Tag nur ein kleines Stückchen mehr verlässt."

Und du wirst mich auch irgendwann verlassen, dachte Fiona traurig und begegnete Bens Blick, der im warmen Kerzenlicht tief und unergründlich wirkte. *Spätestens, wenn du eine nette Frau gefunden hast, in die du dich unsterblich verliebst und mit der du eine Familie gründest.*

Da sich dieses Thema wie ein verhasstes Band durch ihr Leben zog, schlummerte die Angst, verlassen zu werden, immer unter der Oberfläche. Das war etwas, was sie sich eingestehen musste und an dem sie schon seit Julians Tod knabberte.

„Wie war das eigentlich mit deinem Vater und deiner Mutter?", fragte Ben. Er konnte sich zwar noch erinnern, dass Fiona vor vielen Jahren etwas darüber hatte verlauten lassen. Aber er hatte damals nicht noch mehr in sie dringen wollen, da er ihrer Stimme angehört hatte, dass sie nicht gerne über dieses Thema sprach.

„Mein Vater war bei ihrem Kennenlernen bei der freiwilligen Feuerwehr gewesen. Meine Mutter erzählte mir erst viel später, dass sie sich noch gewundert habe, dass sie diesem großen dunkelhaarigen und überaus gut aussehenden Mann überhaupt aufgefallen sei." Fiona lachte kurz auf. „Doch nachdem sie sich ein paar wenige Male getroffen hatten und die Affäre schon längst zu Ende war, stellte meine Mutter fest, dass sie schwanger war. Natürlich sagte sie meinem Vater Bescheid, da sie insgeheim die Hoffnung hegte, der impulsive Liebhaber würde als Familienvater zu ihr zurückkehren. Doch dieser Wunschtraum zerplatzte wie eine schillernde Seifenblase, als sie nach ihrer frohen Botschaft seinen Gesichtsausdruck sah. Davon wusste ich allerdings lange Zeit nichts."

Als Fiona noch klein war und mehr über ihren Vater wissen wollte, erzählte ihre Mutter ihr immer, dass er bei einem großen Einsatz ums Leben gekommen sei. Jahrelang verehrte Fiona die Männer in ihren dunklen Uniformen als Helden, die sich freiwillig unter Einsatz ihres Lebens in größte Gefahr begaben, um Menschen aus einem brennenden Haus zu retten. Wie ihr Vater.

„Natürlich war es nicht einfach gewesen, ohne Vater, ohne richtige Familie mit einer hart arbeitenden, alleinerziehenden Mutter aufzuwachsen", fuhr Fiona fort und nahm gedankenverloren wahr, wie Emmy an ihnen vorbei zum Sofa ging, um wieder mit ihren Puppen zu spielen. „Ich sehnte mich sehr nach einem männlichen Vorbild und beobachtete andere Schulfreundinnen neidisch mit ihren Vätern. Doch meine Mutter half mir mit ihrer optimistischen Art, die Lebenssituation zu akzeptieren und das Beste daraus zu machen."

Erst viel später erfuhr Fiona von ihrer Mutter die Wahrheit, dass nämlich ihr Vater schon gegangen war, bevor ihre Mutter überhaupt gewusst hatte, dass sie schwanger war. Und dass er auch von seiner Tochter und einer gemeinsamen Familie nichts hatte wissen wollen. Da war Fiona sechzehn gewesen. Dass er knapp ein Jahr nach ihrer Geburt tatsächlich bei einem Rettungseinsatz verunglückt war, war für Fiona zu dem Zeitpunkt kein wirklicher Trost. Immerhin hatte ihre Mutter in der Beziehung aber die Wahrheit gesagt.

„Dass mein Vater uns nicht wollte, brachte meine bis dahin stabile Welt gehörig ins Wanken. Fragen über Fragen brachen damals aus mir heraus. Zweifel und Schuldgefühle drückten auf mein Herz. Und über allem stand ein überwältigendes Gefühl der Zurückweisung, das mich damals beinahe in die Knie zwang."

Am schlimmsten war jedoch der Kampf, der in ihr tobte: Die bedingungslose Liebe zu ihrem heldenhaften Vater, die sie von klein auf gehegt und gepflegt hatte, wurde nun von der Enttäuschung über seine Ignoranz und Ablehnung ihnen beiden gegenüber durchwirkt wie ein krebsartiges Geschwür, das sich um gesunde Zellen legte, um ihnen die Luft abzudrücken. Gelegentlich begrub ihr ohnmächtiger Hass sie wie eine Sturmflut unter sich. Dann wiederum trauerte sie einer verpassten Liebe nach, die ihr Vater nicht bereit war zu geben.

Nur einer Sache konnte sie sich damals wirklich sicher sein: der bedingungslosen Liebe ihrer Mutter.

Auch wenn Fionas Kindheit zeitweilig kein Zuckerschlecken gewesen war, hatten sie und ihre Mutter einander innig geliebt und sich gegenseitig immer gestützt. Von ihrer Mutter hatte Fiona gelernt, das Leben und seine Stolpersteine anzunehmen und auf humorvolle Art und Weise zu meistern, da das Leben manchmal schon schwer genug sei.

Diese Einstellung half ihr auch, die Angelegenheit mit ihrem Vater zu bewältigen. Nach einem harten halben Jahr war sie endlich soweit, die Tatsache als solche zu akzeptieren und mit dem Stempel *Erledigt* zu versehen.

Dieser Optimismus war Fiona zugutegekommen, als ihre Welt nach Julians Autounfall in tausend Scherben zersprungen war und gleichzeitig ein neues Leben in ihrem Bauch heranwuchs. Damals hatte sie sich daran erinnert, wie ihr ihre Mutter in solchen Situationen die Hände auf die Wangen gelegt und ihr tief in die Augen geblickt hatte: „Du bist das Beste, was mir in meinem Leben passieren konnte."

An diesem Gedanken hatte sie sich zu jener Zeit festgehalten, als sie um den Tod ihres geliebten Mannes trauerte und sich gleichzeitig für ein neues Leben verantwortlich fühlen musste.

„Aber was lamentiere ich", seufzte Fiona und warf einen ihrer geflochtenen Zöpfe über die Schulter, „du hast auch deinen Vater verloren, als du jung warst. Das war sicher auch nicht gerade einfach."

Ben schwieg kurz und drückte mit einem Finger die übrig gebliebenen Brösel auf seinem Teller zusammen. „Nein, war es nicht. Ich war damals fuchsteufelswild, habe aber nichts nach draußen gelassen, um meine Mutter nicht noch mehr zu belasten." Er blickte auf und Fiona konnte erkennen, dass die alte Wunde noch lange nicht verheilt war. „Dieses Gefühl des Verlusts kenne ich gut. Ich habe meinem Vater damals lange vorgeworfen, er habe uns im Stich gelassen. Durch seine Trinkerei hatte sich eine Leberzirrhose entwickelt, an der er schlussendlich starb. Marius war erst elf. Manche Sachen hatte er kaum mitbekommen. Aber ich platzte damals fast vor Wut und nahm mir vor, nie und nimmer so zu werden wie mein Vater. Weder was das Trinken anging, noch das Im-Stich-lassen geliebter Menschen." Mit starrem Blick blickte er in die Kerze und Fiona konnte sehen, wie ein Muskel in seiner Wange zuckte. Mit zusammengepressten Zähnen fügte er an: „Dennoch ist das bis heute meine größte Angst. So zu werden wie er."

Mitfühlend legte Fiona ihre Hand auf seine geballte Faust, die neben seinem Teller lag. Sie wusste nicht, was sie sagen sollte. Welche tröstenden Worte ihm in seinem alten Schmerz helfen konnten. So saßen sie einige Augenblicke schweigend da, bis Fiona merkte, wie sich Bens Faust entspannte und er seine Hand öffnete, um ihre Finger zu umfassen.

Plötzlich hörte sie ihn leise lachen. Überrascht blickte sie auf und sah, dass er zum Sofa blickte, wo Emmy mit ihrer Puppe und dem Teddy zusammengerollt dalag und tief und fest schlief.

„Na, da ist aber jemand müde gewesen", amüsierte sich Ben.

„Zum Glück war sie vorhin noch auf der Toilette", war Fionas erster Gedanke.

„Willst du sie noch hier liegen lassen oder darf ich sie in ihr Bettchen tragen?" Bens leicht dahingesagte Worte täuschten Fiona nicht über die tiefe Sehnsucht in seinen Augen hinweg, als er ihre schlafende Tochter betrachtete.

„Natürlich darfst du", erwiderte sie deshalb nur leise und beobachtete, wie vorsichtig Ben seine großen Hände unter die schlafende Emmy schob und sie anhob, als wäre sie leicht wie eine Feder. Erst als sie in seinen Armen lag, regte sie sich etwas und legte ein Händchen an seine Brust. Dann kuschelte sie ihre Wange an sein weiches T-Shirt, das über seiner breiten Brust spannte, und war wieder ganz ruhig.

Sie wirkte so klein und zerbrechlich in den Armen dieses großen, starken Mannes, der ihre Tochter so ehrfürchtig wie einen kostbaren Schatz trug!

Fiona spürte bei diesem herzerwärmenden Anblick ein Ziehen in ihrer Brust. Wie sehr sie Ben dafür liebte, dass er mit Emmy so liebevoll umging! Und wieder dachte sie daran, welch wundervoller Vater und Ehemann er wäre - und spürte einen stechenden Schmerz in ihrer Brust.

Kapitel 14

So warm!

Ben hatte nicht gewusst, dass kleine Kinder im Schlaf so warm waren. Wie ein kleines Heizkissen schmiegte sich Emmy in seine Arme und an seine Brust. Sie war so wunderschön. Ihr dunkelbraunes dichtes Haar war - wie auch bei ihrer Mutter heute - in zwei dicke Zöpfe geflochten, die auf ihrem lila Schlafanzug lagen. Ihr herzförmiges Gesichtchen strahlte rosig und Ben entdeckte im rechten Mundwinkel noch einen kleinen braunen Fleck, der von der Schokoladenglasur einiger Plätzchen herrührte. Zähne würde sie heute nicht mehr putzen, schmunzelte Ben. Das konnte sie morgen früh nachholen.

Als er im Kinderzimmer ankam, blieb er noch eine Weile vor ihrem Bett stehen und genoss das Gefühl, Emmy im Arm zu halten. Sie sanft zu wiegen und ihrem leisen Atem zu lauschen.

Während er noch im schwachen Schein des Flurlichts ihre langen dunklen und so seidigen Wimpern betrachtete, merkte er, wie sie ihr kleines Stupsnäschen im Schlaf einmal kurz krauszog, als ob sie etwas kitzelte. Dann nieste sie einmal herzhaft und rieb sich mit der freien Hand über die Nase. Ben unterdrückte ein Lachen und hauchte ihr einen Kuss auf die Stirn. Dann erst legte er sie ins Bett und deckte sie zu.

Als er wieder ins Wohnzimmer kam, fragte er: „Ich habe das kleine Nachtlicht angemacht und die Tür einen Spalt offen gelassen. Ist das richtig so?"

„Goldrichtig", erwiderte Fiona, während sie die benutzten Teller zusammenstellte und in die Küche trug. Als sie zurückkam, brachte sie eine Flasche Cola und zwei Gläser mit. „Magst du?"

„Mmh", überlegte Ben und blickte auf die Uhr. „Ich sollte eigentlich langsam gehen. Du willst nach der anstrengenden Woche sicher auch einen ruhigen Abend."

„Ruhige Abende habe ich mehr als genug. Außerdem haben wir erst kurz nach sieben. Ich habe nichts mehr vor und im Kühlschrank steht noch ein halber Topf Gulaschsuppe, der darauf wartet, verputzt zu werden. Emmy kann mir heute dabei nicht mehr helfen. Du schon." Sie lächelte ihn einladend an. „Außer, du hast noch etwas anderes vor?"

Was konnte Ben da noch erwidern? Er hatte heute keine anderen Pläne. Gestern hatte er ein Auswärtsspiel gehabt, heute dafür einen freien Abend. Er hatte nichts im Kühlschrank stehen, was einer selbst gekochten Gulaschsuppe ernsthaft Konkurrenz machen konnte. Und sein größter Herzenswunsch bestand darin, Fionas Gesellschaft noch weiter auszukosten.

Nein, er würde ihr nicht vormachen, noch einen wichtigen Termin zu haben. Außerdem brachte er nicht die Kraft auf, sich nach ihren einladenden Worten jetzt schon zu verabschieden. Er wusste, dass er sich heute Nachmittag vorgenommen hatte, nur eine Stunde zu bleiben. Aber Fionas Zauber zu widerstehen, war verdammt schwer. Zum ersten Mal konnte er fast nachvollziehen, warum sein Vater nicht hatte aufhören können zu trinken. Warum der Alkohol eine solch betörende Anziehungskraft auf ihn ausgeübt hatte.

Fiona war seine ganz persönliche Droge und er der Junkie, der nicht seine Finger davon lassen konnte. Und auch wenn diese Frau, die ihm nun mit einem halb vollen Glas lächelnd gegenübersaß, nicht so tödlich sein würde wie der Alkohol für seinen Vater, war sie doch auf Dauer nicht wirklich gesund für ihn.

Ben seufzte leise.

Fiona ließ sich in die bunten Sofakissen sinken, nachdem sie Ben eingeschenkt hatte. Zum Glück musste er noch nicht gehen und konnte ihr heute Abend Gesellschaft leisten. Das Schlimmste am Single-Dasein – neben einer leeren Betthälfte – waren für Fiona die einsamen Abende, wenn Emmy schon in ihrem Bettchen lag und schlief. Sie vermisste die Gespräche, in denen man einander erzählte, was man den ganzen Tag über erlebt hatte. Sie wollte neben jemandem auf der Couch sitzen und einen schönen Film ansehen. Sie gierte nach einem langen Arm, in den sie sich kuscheln konnte, um ihren Kopf an eine starke Schulter zu betten.

Sie wusste nicht, wie Ben es so lange ohne feste Beziehung aushielt. Aber Menschen waren in dieser Hinsicht vermutlich verschieden. Deshalb fragte sie neugierig: „Warum hat das mit dir und Shannon eigentlich nicht geklappt? Ich habe sie ja leider nie persönlich kennengelernt.

Aber über Skype hat sie auf mich damals einen so netten Eindruck gemacht."

Ben blickte von seinem Glas auf und Fiona merkte sofort, dass das Thema „Kanadische Ex" kein gutes Thema war. Seine Gesichtszüge hatten sich verschlossen und um die Augen erkannte sie einen vorsichtigen Ausdruck.

Dann schüttelte er langsam den Kopf und meinte: „Sie war wirklich sehr nett, da hast du recht. Aber es hatte nicht mehr gepasst. Es hatte für *sie* nicht mehr gepasst. Unsere Beziehung hatte keine Zukunft. Das war ihr klar - und mir auch." Es entstand eine Pause. „Ich wollte nicht für immer in Kanada bleiben - und sie wäre nie mit mir nach Deutschland gezogen."

So, wie er einen Schluck aus seinem Glas nahm, es danach auf den niedrigen Holztisch stellte und die Arme locker vor der breiten Brust verschränkte, merkte Fiona, dass er nicht weiter über Shannon reden wollte. Deshalb wechselte sie das Thema.

„Darf ich dich noch etwas sehr Persönliches fragen?" Sie spielte verlegen mit ihrer Zopfspitze. „Ich weiß nicht, ob du mir antworten willst - oder kannst."

Fiona merkte, wie er ihr seinen überraschten Blick zuwandte und eine Augenbraue hochzog. Jetzt hatte sie seine ungeteilte Aufmerksamkeit und fühlte sich beinahe ein wenig unbehaglich, so wie er sie fast schon hypnotisch mit seinen ungewöhnlichen zweifarbigen Augen anstarrte. „Also, ich meine, das ist jetzt nichts so Persönliches, wie dass ich wissen will, welche Unterwäschemarke du trägst oder gar, wann du das letzte Mal Sex hattest." Seine zweite Augenbraue schoss nach oben und traf die Erste am Haaransatz. „Es hat mit Julians Beerdigung zu tun", platzte es aus ihr heraus.

Nun spiegelte Bens Miene vollkommenes Erstaunen wider. „Du willst etwas von mir über Julians Beerdigung wissen?" Als sie nickte, meinte er nur: „Du kannst mich alles fragen, was du willst. Das weißt du, oder?"

„Ja, schon." Wieder drehte sie ihren Zopf zwischen den schlanken Fingern. „Ich weiß nur nicht, ob ... Wenn das so ein Männerding ist, würde ich es verstehen ... Du hattest immer so eine enge Beziehung zu Julian. Und wenn es irgendwelche Dinge zwischen euch gab, die mich nichts angehen, dann respektiere ich ..." Erschrocken legte sie ihre Fingerspitzen an die Lippen und hielt die Luft an. „Also, ich will damit nicht sagen, dass ihr was miteinander hattet und ich nichts davon wissen durfte …“ Sie stockte verunsichert. „Hattet ihr doch nicht, oder?“, hakte sie verunsichert von diesem Gedanken nach.

Nun legte Ben seinen Kopf in den Nacken und lachte laut auf. „Nein, Julian und ich waren zwar die engsten Freunde. Aber es lief nichts zwischen uns. Dafür waren wir beide viel zu hetero.“ Lächelnd betrachtete Ben sie. „Und was wolltest du nun wissen?“

„Also“, setzte Fiona an. „Als der Sarg heruntergelassen war und meine Augen nach deiner unglaublich ergreifenden Rede das Mannheimer Jahrhunderthochwasser von 1882 nachstellten, bist du ans Grab getreten, hast etwas aus deiner Manteltasche gezogen, es kurz an dein Herz gelegt und dann auf den Sarg geworfen. Ich fragte mich damals, was das war, hatte es aber in der aufwühlenden Zeit danach völlig vergessen, bis ich gestern ein paar Sachen umgeräumt habe und mir die Kiste mit Kondolenzkarten in die Hände gefallen ist. Da lief alles wie ein Stummfilm vor meinem geistigen Auge ab – und eben auch diese Szene.“

„Es war eine Sammelkarte von Udo Kießling.“ Nun war es an Fiona ein erstauntes Gesicht zu ziehen. „Das war ein deutscher Nationalspieler, der als erster deutscher Spieler überhaupt in der nordamerikanischen National Hockey League spielte. Julian hatte damals weitaus mehr Karten von Eishockeyspielern als ich, da er mehr Taschengeld bekam und sich dementsprechend öfter diese dünnen, geschlossenen Päckchen kaufen konnte, in denen sich immer fünf Sammelkarten befanden. Aber ich hatte diese eine Sonderkarte, die es nur ganz selten gab. Udo Kießling war damals mein absolutes Idol und Julian hätte mich mit nichts auf der Welt dazu überreden können, sie herzugeben.“ Gedankenverloren drehte Ben sein Glas zwischen den Händen. „Als du mich an dem Tag vom Flughafen abgeholt hast, wusste ich, was ich zu tun hatte. Deshalb sind wir auf dem Weg zur Beerdigung noch kurz bei mir zuhause vorbeigefahren. Das war ich Julian einfach schuldig.“

Fiona überspielte ihre Rührung, indem sie einen großen Schluck Cola aus ihrem Glas nahm. „Das hätte Julian dir sicher hoch angerechnet.“ Dann blinzelte sie nochmal und murmelte: „Danke.“

Ben blickte sie ruhig an und dachte sich, was für eine wundervolle Frau sie doch war. Sie war nicht einfach nur geistreich, witzig und schön, sondern hatte ihr Herz auch noch am rechten Fleck. Und gerade deshalb sollte er jetzt gehen.

Er blickt auf seine Armbanduhr und meinte: „Es ist schon spät. Kann ich dich allein lassen? Oder brauchst du noch jemanden zum Reden?“

„Nein, nein, ist schon in Ordnung“, wehrte Fiona tapfer ab und erhob sich.

Gott, was für eine Frau! Er hätte sie am liebsten die ganze Nacht tröstend im Arm gehalten. Doch allein diesen Gedanken musste er sich aufs Strengste verbieten.

Dann fuhr sie fort: „Es war auf jeden Fall schön, dass du heute bei uns warst. Emmy hat dich nämlich schon sehr vermisst.“

Und nicht nur sie, hoffte ein aufmüpfiger kleiner Teil seines Herzens, der sich - wider alle Vernunft - nie entmutigen lassen würde. Doch er sagte nichts, sondern lächelte nur, während er sich ebenfalls erhob.

Als er im Flur seinen Mantel anzog, kam Fiona aus der Küche und hielt ihm ein kleines Päckchen hin. „Hier noch der Rest von den Weihnachtsplätzchen, die dir so gut geschmeckt haben.“

Überrascht bedankte sich Ben und wollte sich schon wie üblich mit einem leichten Kuss auf die Wange von Fiona verabschieden. Doch er hielt inne, da sie verlegen dastand wie ein schüchternes Schulmädchen und auf ihre Schuhspitzen starrte.

„Ich wollte dich fragen, ob du mich mal kurz in den Arm nehmen könntest.“ Hastig fügte sie hinzu: „Also, nur als Freund und nur wenn es dir nichts ausmacht. Irgendwie brauche ich gerade kurz einen festen Halt.“

Auch wenn die drei kleinen Worte 'nur als Freund' sich wie Säure in sein Herz brannten, konnte er ihr Bedürfnis sehr gut nachvollziehen und schloss sie ohne ein weiteres Wort in seine Arme. Und so, wie sie da zwei volle Minuten stumm dastanden, wusste Ben mit einem Mal, dass er sich seine wundervollen, berauschenden, aber völlig unrealistischen Hoffnungen abschminken konnte. Sie würde sich nie in ihn verlieben, denn er würde immer nur ihr Freund - er korrigierte sich: ihr bester Freund - sein, bis sie einen Mann fand, den sie nach Julian so lieben konnte, wie er es verdiente, und der dann Bens Platz als Vertrauter an ihrer Seite einnahm.

Diese Erkenntnis war gleichermaßen niederschmetternd wie schmerzvoll. Und deshalb gab er notgedrungen seinem Selbsterhaltungstrieb einen geistigen Tritt in den Hintern, damit er wie ein alter Motor stotternd und hustend zum Leben erwachte.

Langsam und vorsichtig löste er sich von ihr, gab ihr einen leichten Kuss auf die Stirn und trat in die Dunkelheit, die vom Leuchten des frisch gefallenen Schnees silbrig schimmerte.

Er würde an diesem Abend nicht nur die Gehwege in seiner Straße vom Schnee freiräumen, obwohl es bei ihm im Haus einen Hausmeisterservice gab, sondern auch noch eine Extraschicht an seinen Fitnessgeräten einlegen und dann hoffen, dass die anschließende Dusche Fionas süßen, betörenden und überaus sinnlichen Duft von seiner Haut spülte, damit er im Bett überhaupt Ruhe fand.

Mann, war das geil! Eine glatte Eins in Mathe. Null Fehler. Das hatte er bisher noch nie geschafft, seit er aufs Gymie ging. Meist stand er auf einer guten Zwei, weil sich halt doch ein paar wenige Fehler eingeschlichen hatten.

Diesmal jedoch nicht.

Pfeifend stieg er aus dem Bus, der ihn und seine Freunde an diesem sommerlichen Spätnachmittag von der Schule nach Knopfheim gebracht hatte. Breit grinsend verabschiedete er sich von ihnen und schlenderte mit Julian an seiner Seite nach Hause.

„Hey, da sind deine Eltern sicher mächtig stolz auf dich. Eine glatte Eins habe ich in Mathe noch nie geschafft." Julian legte grinsend seinen langen Arm um Bens Schulter und drückte ihn kameradschaftlich an sich. „Auf deinen Grips könnte ich richtig neidisch werden."

„Als ob du so schlecht wärst", frotzelte Ben, dessen Stimmlage nach Vollendung seiner Stimmbruchphase einige Stockwerke tiefer gerutscht war. „Welchen Durchschnitt hattest du im Halbjahreszeugnis in den Hauptfächern nochmal? Nein, sag es lieber nicht, sonst kann ich heute Nacht nicht schlafen und muss dich morgen im Training vor lauter Frust durch die Mangel drehen. Vor allem wenn man bedenkt, dass du noch nicht mal büffeln musst. Du liest dir das Zeug zweimal durch und bist Klassenbester."

Julian ließ sein charmantes Lächeln aufblitzen, das die Mädels reihenweise in Ohnmacht fallen ließ. „Dafür hast du gelernt zu lernen, was ich von mir nicht behaupten kann. Wenn ich was nicht checke, bekomme ich Hummeln im Hintern, wenn ich mich länger als zehn Minuten damit auseinandersetzen muss."

An der üblichen Ecke verabschiedeten sie sich. Ben war schon gespannt wie ein Flitzebogen, was seine Mutter sagen würde. Ihr Strahlen entschädigte ihn immer für alles, was ihn sonst an seiner familiären Situation bedrückte. Deshalb freute er sich stets, wenn er ihr eine Freude machen konnte.

Als er an einem unbebauten Grundstück vorbeikam, pflückte er einen kleinen Strauß Wildblumen, die seine Mutter so mochte. Vermutlich würde sie in einer halben Stunde von der Arbeit zuhause sein. Dann würde sie die in einer kleinen Vase in ihrer Küche vorfinden. Beschwingten Schrittes ging Ben im strahlenden Sonnenschein auf das kleine hutzelige Haus zu, das vor seinen Eltern schon seinen Großeltern gehört hatte.

Als er die Haustür aufschloss, schlug ihm ein penetrant saurer Geruch entgegen, den er unter allen erkennen würde. Nicht schon wieder, dachte er resigniert und schloss kurz die Augen, bevor er den Schlüssel abzog und am Band um seinen Hals zurückbaumeln ließ.

„Papa?" Vorsichtig betrat er den winzigen schattigen Flur und blickte durch die erste Tür ins Wohnzimmer. Dort lag Mirko in komatösem Zustand auf der Couch. Daneben auf dem Boden befand sich eine große Pfütze Erbrochenes, das auch die Vorderseite der Couch bespritzt hatte.

„Oh Mann, geht diese Scheiße schon wieder los?", murmelte Ben, während er die Schultasche neben die Garderobe stellte und den Blumenstrauß danebenlegte.

Seine gute Laune war mit einem Schlag verflogen. Jetzt hieß es Schadensbegrenzung, damit seine Mutter Mirko nicht so sah. Sonst bekam sie wieder diesen traurigen enttäuschten Blick, der Ben dann tagelang verfolgte. Blöderweise fühlte er sich jedes Mal schuldig, wenn sein Vater wieder mit trinken begann, nachdem er wochenlang trocken war. Als ob Ben – und nicht sein Vater – versagt hätte.

Mit einem feuchten Waschlappen wischte er Mirko das Gesicht und die Hände sauber. Zum Glück, stellte Ben fest, hatten seine Klamotten nichts abbekommen. Denn, auch wenn sein Vater für seine Größe eher schmal gebaut war, hätte er ihn in ohnmächtigem Zustand nie umziehen können. Dennoch lag noch ein knochenhartes Stück Arbeit vor ihm, ihn nämlich soweit wach zu bekommen, dass er ihn die steile Treppe ins Obergeschoss geschleppt bekam, wo er ihn immerhin aufs Bett fallen lassen konnte. Ben hoffte nur, dass seinem Vater auf dem Weg nach oben nicht noch ein Schwall hochkam.

Als Mirko endlich unter der Bettdecke lag und Ben schweißgebadet danebenstand, blickte er auf seinen Erzeuger hinunter und fühlte wieder die alte Wut in seinem Bauch brennen. Warum musste er ihnen ihr Leben zur Hölle machen? Sie waren durch ihn das Gespött von ganz Knopfheim. Und seine Mutter litt und war doch hilflos, da Mirko keine Hilfe annehmen wollte. Er wollte es alleine schaffen, der Versager!

Ben ballte die Fäuste. Bevor er jedoch in ein Kissen schlagen konnte, drehte er sich um und ging die Treppe hinunter, um den Boden im Wohnzimmer aufzuwischen, bevor seine Mutter von der Arbeit heimkam.

Er wusste, warum er fleißig in der Schule lernte, denn er wollte es einmal besser machen als sein Vater. Keine Gelegenheitsjobs, sondern eine gut bezahlte Arbeitsstelle, die ihm Ansehen und Respekt einbrachte – und das nicht nur bei den Arbeitskollegen. Er wollte Sicherheit im Leben. Regelmäßigkeit und Beständigkeit, die einem ein glückliches Familienleben garantierten. Etwas, das er aus seiner Kindheit nicht kannte. Manchmal hasste er seinen Vater aus tiefstem Herzen.

Wenn er sich zu Tode saufen würde, wären sie wenigstens alle Probleme los.

Kapitel 15

Drei Nächte nach Bens Besuch wachte Fiona mit einem Keuchen auf und orientierte sich blinzelnd im Dunkeln. Blind starrte sie an die dunkle Schlafzimmerdecke und spürte dem optischen Echo ihrer Traumbilder nach, deren letzter Eindruck nur langsam verblasste.

Ihr Federbett war völlig verdreht und klemmte zwischen ihren angespannten Schenkeln. Ihre Haut war heiß und spannte wie nach einem Wespenstich. Mit klopfendem Herzen und wirren Gedanken drehte sie sich auf die Seite und schloss die Augen.

Doch an Schlaf war so schnell nicht zu denken.

Sie hatte von Julian geträumt – hatte sie zumindest gedacht, als der Traum begann.

Jemand hatte von hinten ihre Augen zugehalten und ihren Nacken geküsst. Dabei spürte sie den harten Körper eines Athleten, der sich fest an ihre Rückseite schmiegte.

Gott, wie sie Julians Zärtlichkeit vermisst hatte!

Während er noch mit seinen sanften Lippen ihren Hals liebkoste und zärtliche Worte in ihr Ohr raunte, wanderten seine vertrauten Hände von hinten zu ihren festen Brüsten und verweilten in aufreizender Sanftheit dort. Seine langen Finger umrundeten sie und spielten mit ihren Knospen, die sich mit jeder Berührung weiter aufrichteten. Julian hatte schon immer gewusst, wie er sie stundenlang verwöhnen konnte.

Sein vertraut zärtlicher und zugleich fordernder Mund war jetzt überall in ihrem Nacken, unterhalb ihres Ohres …, bis ein Kribbeln über ihre Haut jagte, das sie erzittern ließ. Und doch … seine Berührungen veränderten sich auf eine Weise, wie sie es noch nie empfunden hatte. Etwas Dunkles, Faszinierendes schwang unter der Oberfläche mit und ließ sie erregt aufkeuchen.

Genießerisch schloss Fiona ihre Augen und legte ihren Kopf in den Nacken, wo sie eine breite Schulter spürte, die ihr als Kissen diente. Die großen Hände nahmen ihre Wanderung über ihre erhitzte Haut wieder auf und strichen sinnlich über all ihre Rundungen, bis sie ihr sehnsuchtsvoll pochendes Zentrum fanden.

Pulsierende Hitze sammelte sich wie flüssige Lava zwischen ihren Schenkeln und ließ sie verzweifelt Aufstöhnen. Als sich endlich ein Finger in sie versenkte, hätte Fiona am liebsten vor Erleichterung aufgeschluchzt. Das – *genau das* brauchte sie. Schon zu lange hatte sie dieses lang ersehnte Gefühl vermisst. Diese Situation war so vertraut – und doch so neu und aufregend, dass sie nach drei Stößen fast schon gekommen wäre.

Doch Julian zog seinen Finger zurück und trat vor Fiona, um sich zwischen ihren weit gespreizten Beinen niederzulassen.

Mit geschlossenen Augen fand sie den Weg zu seinen Lippen, nach dessen Geschmack sie sich verzehrte. Nach einem tiefen intensiven Kuss, der sie in den Grundfesten ihres Seins erschütterte, öffnete Fiona im Traum ihre Augen, um Julian lächelnd willkommen zu heißen, ... und sah etwas, das ihre Welt völlig auf den Kopf stellte. Sie wurde von zwei unterschiedlich farbigen Augen gefesselt, die sie glutvoll anblickten.

Fiona lag immer noch außer Atem im Bett und versuchte, ihre Gefühle zu sortieren. Ihr Unterbewusstsein hatte ihr einen Streich gespielt. Das war nicht zu leugnen. Vermutlich hatten alle Eindrücke, die sie in den letzten Wochen gesammelt hatte – das Gespräch mit Nina, Silvester und Bens Besuch vor Kurzem – in ihrem Hinterkopf wie in einem Rechner gearbeitet und eine Lösung für ihr Leben ausgespuckt.

Eine Lösung, die für Fiona immer noch recht ungewohnt und deren Umsetzung nach Bens Reaktion an Silvester vermutlich mehr als unrealistisch war.

„Dasselbe wie immer?"

„Ja, gerne." Ben nickte der Besitzerin des *Bully* freundlich zu, obwohl seine Laune seit dem frühen Nachmittag einen solchen Sturz in den Keller erlebt hatte, dass selbst die Talfahrt einer Achterbahn nicht mithalten konnte.

Schleimscheißer-Sören hatte ganze Arbeit geleistet und es geschafft, vor den Weihnachtsfeiertagen einen Millionenauftrag beinahe in den Sand zu setzen. Erst heute Vormittag waren die amateurhaften Vertuschungsversuche aufgeflogen und hatten zielgerichtet in Bens Richtung gezeigt.

Ben, der nach seiner Rückkehr aus Kanada als Werksleiter verantwortlich war für die Unternehmenszahlen am Hauptstandort Mannheim und der Zweitniederlassung Mittelbaden, war noch ein paar Stunden zuvor dagestanden wie ein inkompetenter Trottel. Sören hatte es aussehen lassen, als sei die Fertigung des brandneuen Produkts zum angekündigten Verkaufstermin – wegen Bens Nachlässigkeit – nicht abgeschlossen gewesen. Nach einem zeitintensiven Gespräch mit seinem direkten Vorgesetzten jedoch hatten sich manche Dinge glücklicherweise geklärt und bestimmte – berechtigte – Verdachtsmomente erhärtet, was hieß, dass es jetzt Sören ans Leder ging.

Ben wusste schon, dass sein Kollege seit langer Zeit eine heftige Antipathie gegen ihn hegte. Damals vor gut sechs Jahren war die Entscheidung, wer den Aufbau der Tochterfirma in Kanada betreiben sollte, auf Ben gefallen. Sören, der sich ebenfalls dafür beworben hatte, war leer ausgegangen. Immerhin hatte er sich jedoch in der Zeit zum Leiter der Vertriebsabteilung hochgearbeitet – oder besser gesagt: geleckt. Denn im Stiefellecken war Sören schon immer extrem talentiert gewesen. Vermutlich wäre Ben damals auf dem ganzen Glibber ausgerutscht, den Sören auf seinem Weg nach oben hinterlassen hatte.

Aber diese Retourkutsche, Sörens Unfähigkeit Ben in die Schuhe zu schieben, war unter aller Kanone. Und deshalb hatte Ben viele Unterlagen und Schriftwechsel gesichtet, um Sörens Anschuldigung zu widerlegen und seine eigene Position zu stärken. Dann war er direkt von seinem Büro ins *Bully* gefahren, um sich von dieser unerquicklichen Situation abzulenken.

Ganz ehrlich: Diese Scheiße brauchte niemand. Nun saß er nach neun Uhr abends hier und versuchte, alles für ein paar Stunden hinter sich zu lassen, bevor es am nächsten Morgen wieder weiterging.

Als Gloria Bens Getränk auf den Tresen stellte, sagte jemand hinter ihm: „Ich weiß nicht, wie du das saufen kannst! So was trinken doch nur kleine Mädchen."

Ben schloss kurz die Augen. Das hatte ihm noch gefehlt! Er war heute für niemanden eine gute Gesellschaft. Aber mit Jo konnte er sich jetzt wirklich nicht abgeben, sonst würde es gebrochene Rippen und blaue Augen hageln. Und einen Ausfall von gleich zwei Topspielern konnte sich seine Mannschaft im Moment wahrlich nicht leisten.

Bevor er sich jedoch umdrehen und sagen konnte: „Mach dich vom Acker, sonst fängst du dir eine", klopfte Jo mit der flachen Hand auf die

Theke und meinte zu Gloria: „Ich pack's dann mal. Bis demnächst."

Als Jo verschwunden war, nahm Ben einen Schluck von seinem Wasser mit Limettenscheibe und setzte sich mit dem Glas an einen Tisch etwas abseits der anderen Gäste.

Wie immer lief einer der Sportkanäle im Fernseher über der Bar. Doch heute waren die Stammgäste relativ ruhig und die Stimmung gedämpft. Das verlorene Spiel gegen Bietigheim vom letzten Samstag saß allen noch im Nacken.

Ben zog seinen Blackberry aus der Tasche und rief die Homepage der Heilbronner *Schneewölfe* auf. Falls sie bei ihrem Sonntagsspiel gestern gewonnen hatten, hatten sie die punktemäßige Führung noch weiter ausbauen können.

Scheiße.

Sie hatten das Spiel gegen die *Sharks* aus Stuttgart tatsächlich mit fünf zu drei für sich entscheiden können. Ben rieb sich mit der flachen Hand übers Gesicht. Wenn es mal scheiße lief, ging alles den Bach runter. Das Spiel der *Pitbulls* am letzten Samstag war einer der Albträume, der einem nur alle Schaltjahre widerfuhr, den man aber kein zweites Mal erleben wollte.

Es hatte schon nach dem Anpfiff völlig falsch begonnen. Die Schwenninger *Scorpions*, die normalerweise immer eine Weile brauchten, um ins Spiel zu kommen, hatten bereits nach zwanzig Sekunden durch einen dummen Zufall den Puck so nah an Rafaels Tor gebracht, dass Bens Alarmglocken in seinem Kopf laut zu schrillen begannen. Ein eigener Spieler wurde direkt vor dem Tor gecheckt, was Rafael so ablenkte, dass ein gegnerischer Spieler mit blindem Gestochere den Puck ins Tor schieben konnte.

Und dann war es so weitergegangen: Je mehr sich Bens Mannschaft bemüht hatte, das Ruder herumzureißen, desto schlimmer entwickelte sich das ganze Spiel – als ob sie im Treibsand steckten und immer schneller versanken, je mehr sie sich freizustrampeln versuchten. Das Endergebnis hatte eine mehr als deutliche Sprache gesprochen. Ben schüttelte es immer noch, wenn er an die Zwei-zu-vier-Blamage dachte.

„Hi Ben. Ist bei dir noch ein Platz frei?"

Überrascht sah Ben auf und erblickte Simone, die ihn mit einem Glas Bier in der Hand freundlich anlächelte. Ihre roten Locken waren heute besonders ausgeprägt, was vermutlich am feuchten Wetter draußen lag.

„Ja, klar!" Er deutete auf den leeren Stuhl an seinem Tisch.

„Schön, dass wir uns hier treffen. Ich war mit zwei Freundinnen was trinken, die gerade gehen wollten. Und dann habe ich dich zufällig gesehen.“ Sie stützte ihr Kinn in die Hand und blickte ihn aufmerksam an. „Wie geht es dir?“

Ben winkte müde ab. „Scheißtag im Büro.“

„Ach so“, nickte Simone verständnisvoll. „Deshalb lässt du dich auch mit“, sie inspizierte den Inhalt seines Glases genauer, „Zitronenwasser volllaufen, bis du einen komatösen Zustand erreicht hast.“

Ben musste lachen und merkte, wie er sich etwas entspannte. „Ich versuch's zumindest.“

„Willst du darüber reden?“

„Nicht wirklich. Es ändert sowieso nichts.“

„Okay. Dann wechsle ich einfach mal unauffällig das Thema.“ Sie blinzelte ihm lächelnd zu. „Wofür steht eigentlich Ben? Das habe ich früher nie mitbekommen. Benjamin, Benedikt oder was anderes?“

„Oder was anderes“, antwortete Ben und grinste. „Ich heiße schlicht und ergreifend Ben.“

„Dann sag mir, Schlicht-und-ergreifend-Ben, ob du in deinem Leben allein wegen deiner ungewöhnlichen Augen mehr eindeutige Angebote von Frauen bekommen hast als andere Männer.“

Ben lachte überrascht auf und schüttelte automatisch den Kopf. „Das glaube ich kaum. Es ist nicht so, dass sich mir die Frauen reihenweise an den Hals werfen.“

„Mmh“, Simone schaute ihn mit skeptisch zusammengekniffenen Augen an. „Das kann ich mir fast nicht vorstellen.“

„Kleine Simmi, flirtest du gerade mit mir?“

Sie schenkte ihm ein bezaubernd keckes Lächeln und meinte nur: „Kann schon sein.“

Je länger Ben sich mit Simone unterhielt, desto mehr entspannte sich seine verkrampfte Nackenmuskulatur. Sie war süß. Sie war pfiffig. Sie war alles, was ein Mann brauchte, wenn er sich – entgegen allen Klischees – tatsächlich mal unterhalten wollte. Ihre schönen grünen Augen hingen wie gebannt an seinen Lippen, während er etwas erzählte. Die Art, wie sie ihm antwortete und interessiert nachhakte, schmeichelte seinem Ego. Wer hätte gedacht, dass ein so miserables Wochenende und ein so verkorkster Arbeitstag noch so angenehm endeten?

Als Simone von ihrer Arbeit erzählte und dabei mit den Händen das Gesagte untermalte, warf sie beinahe ihr halb leeres Bierglas um, konnte den Schwung aber noch rechtzeitig auffangen, bevor sich Ben alles über den Schoß ergoss. Unter lautem Gelächter wischte sie ein paar Tropfen Bier vom Tisch und fuhr in ihrer Erzählung fort. Ben hatte schon lange nicht mehr so viel gelacht, wie an diesem Abend.

Ihre kleinen stichelnden und zum Teil anzüglichen Kommentare hätten bei einer anderen Sorte Frau aufdringlich oder vulgär gewirkt. Nicht so bei Simone. Ihr süßes Lächeln und ihre unschuldig-offene Art wirkten wie eine überwältigende Charmeoffensive, der sich Ben fast nicht erwehren konnte.

Als Ben spät abends hellwach im Bett lag, dachte er ernsthaft darüber nach, wie es wohl wäre, mit Simone zusammen zu sein. Immer wieder hatte zwischen den Zeilen ihr spitzbübisches Temperament durchgeblitzt. Mit ihr würde es vermutlich nie langweilig werden.

Einmal hatte sie ihn direkt gefragt, ob er Lust habe, sich wieder mal mit ihr zu treffen. Doch er hatte nur gemeint, er habe gerade ziemlich Stress auf der Arbeit und müsse lange arbeiten. Er wolle sich nicht mit ihr verabreden, nur um sie zwei Stunden im Restaurant warten zu lassen, weil er aus einer Besprechung nicht herauskäme. Aber er würde sich bei ihr melden, wenn sich die Lage entspannte. Pfiffig, wie sie war, kramte sie in ihrer Tasche nach einem Zettel und schrieb ihm kurzerhand ihre Telefonnummer auf.

Sie war wirklich ein süßes Ding. Simone zu wählen, wäre eine einfache Lösung, um nicht alleine zu sein. Sie war bodenständig, hatte ein herzliches Lachen, war natürlich und liebevoll. Vermutlich die ideale Mutter seiner Kinder.

Aber wollte er das wirklich? Wieder einmal würde er mit einer Frau zusammenleben, die er sehr schätzte, die er mochte, der er aber keinen Platz in seinem Herzen einräumen konnte, weil dieser Platz schon besetzt war. Und er würde die Beziehung wieder einmal von Anfang an halbherzig beginnen – wie bei Shannon und all den anderen vor ihr. Und sie wäre nachgewiesenermaßen zum Scheitern verurteilt.

Auf Fiona brauchte er allerdings, wie er schon festgestellt hatte, auch nicht zu hoffen – auch wenn ihn bei dem Gedanken das kalte Grausen packte, ein anderer Mann würde bei ihr einziehen oder sie gar heiraten und Emmys neuer Papa werden. Allein bei dieser Vorstellung zog sich alles in seinem Inneren krampfhaft zusammen und er hätte den Typ am liebsten windelweich geprügelt – auch wenn er ihn noch gar nicht kannte.

Kapitel 16

„Du bis' dran, Mami", erinnerte Emma Fiona und schob ihr ein Puzzleteil zu. Die beiden saßen gemütlich auf dem wertvollen Perserteppich in Iris' und Wolfgangs weitläufigem Wohnzimmer und legten zusammen ein Puzzle mit Figuren aus Walt Disneys *Cinderella*. „Der Prins' braucht noch Füße. Zum Tans'n."

„Ja, da hast du recht. Sonst kann er ja nicht mit Aschenputtel bis Mitternacht auf dem Ball das Tanzbein schwingen." Fiona vervollständigte den Prinzen mit einem passenden Teil und strich ihrer Tochter liebevoll übers dunkle Haar.

Sie war dem Schicksal so dankbar, das ihr Emmy in einer Situation geschickt hatte, in der sie sonst völlig verzweifelt wäre. Emmy war der Grund gewesen, weiterleben zu wollen. Und Fiona war Gott dankbar, dass ihre Tochter gesund, quietschfidel und hinreißend süß geboren worden war.

Fiona lebte sehr gerne hier in Knopfheim. Die Einwohner hatten sie nach ihrem Umzug hierher als Julians Frau sehr freundlich aufgenommen – und glücklicherweise nach seinem Tod nicht in die Schublade der zu bemitleidenden Witwe gesteckt. Sie hatte ganz früh schon Nina als enge Freundin gewinnen können und engagierte sich bereits seit Jahren mit ihr als Zweigespann im örtlichen Turnverein.

Emmy fühlte sich im Kindergarten sehr wohl, hatte viele Freundschaften geschlossen und genoss die Zeit, die sie mit ihren Großeltern verbringen konnte. Und Fiona war über alle Maßen dankbar dafür, dass sie sechs Stunden täglich als Lektorin in einem Sachbuchverlag in Mannheim arbeiten konnte, ohne sich Gedanken darüber machen zu müssen, wer Emmy vom Kindergarten abholte und bei wem sie die Zeit verbrachte, bis Fiona wieder nach Hause kam. Es hatte wirklich große Vorteile, wenn die Großeltern im selben Ort wohnten.

Fiona war wirklich glücklich und unter den gegebenen Umständen sehr zufrieden mit ihrem Leben. Sie liebte ihr renoviertes Häuschen, das Julians Großmutter gehört hatte. Außerdem konnte sie Emmy im großen Garten spielen lassen, ohne Angst um sie haben zu müssen.

Gut, es hatte da im letzten Jahr dieses mittelgroße Maulwurfproblem gegeben. Fiona musste schmunzeln, während sie den vornübergebeugten Kopf mit dem konzentrierten Gesichtchen ihrer Tochter auf der Suche nach einem passenden Puzzleteil betrachtete.

Emmy hatte jedes Mal ein Bild für die Götter abgegeben, wenn sie wie ein Soldat in geheimer Mission mit Rüschen besetzten Leggins von Erdhügel zu Erdhügel robbte, um ihrem kleinen Untermieter aufzulauern. Geduldig lag sie dann davor, hielt ihr Ohr über das Erdloch und lauschte auf ein kleines Rascheln, das ihr verriet, wo sich dieser kleine Tunnelgräber aufhielt. Das oberste Ziel ihrer Mission war gewesen, einen lebendigen Maulwurf zu streicheln. Deshalb hatte Fiona nichts dagegen, dass sie im Garten ein kleines Haustier hatten – wenn es im Frühjahr überhaupt noch da war. Irgendwann würde es vermutlich feststellen, dass die Regenwürmer in Nachbars Garten saftiger und größer waren als bei ihnen. Und dann wäre das Problem von alleine gelöst.

Das Einzige, das ihr wirklich auf dem Herzen lag, war die Tatsache, dass Emmy ohne Vater aufwuchs. In ihrem Opa Wolfi hatte sie zwar ein starkes männliches Vorbild. Doch die Rolle des Vaters hatte in einem jungen Leben eben einen ganz anderen Stellenwert.

Die Geschichte wiederholte sich, wie Fiona traurig feststellte. Erst sie selbst, dann Emmy – wenn auch aus völlig verschiedenen Gründen.

„Und du willst wirklich mit *Ben* nach Mannheim zum Spiel fahren?", fragte Iris Winkler in einem Ton, der Fiona vom fast fertigen Puzzle aufsehen ließ. Der Ton in Verbindung mit dem verkniffenen Mund und der skeptisch hochgezogenen Augenbraue machte ganz klar deutlich, was sie von dieser Idee hielt: als ob Fiona einen Ausflug in eine mittelalterliche Leprakolonie planen würde.

Während Fiona noch ihre Überraschung hinunterschluckte, erklärte sie: „Ja, habe ich doch gesagt. Es ist das wichtigste Spiel überhaupt, weil sie Heilbronn mit einem Gewinn ordentlich auf die Pelle rücken können." Fiona schaute ihrer Schwiegermutter schweigend zu, wie sie die letzten Gläser vom Mittagessen zusammenstellte und die Tischdecke glättete. „Ich fahre mit ein paar Bekannten hin und nach dem Spiel mit Ben zurück. Er möchte mir danach nämlich noch die Umkleidekabinen zeigen. Da das Spiel um sieben Uhr beginnt, weiß ich eben nicht, wann wir wieder zuhause sind, weshalb Emmy auch bei euch schläft."

„Mmh", war das Einzige, was Iris von sich gab, als sie eine Schale mit frischen Blumen auf die Mitte des Esstischs stellte. Dieser kurze Ton kam so missbilligend rüber, dass Fiona ihre Schwiegermutter genauer ins Auge fasste.

Sie wusste schon, dass Iris kein Eishockeyspiel mehr besucht hatte, seit

Julian als Teenager mit diesem Sport aufgehört hatte. Sie war von diesem Knopfheimer Virus noch nie befallen gewesen. Nach dem Tod ihres Sohnes hatte sie ganz aufgehört über dieses Thema zu reden, das hier im Ort allen unter den Nägeln brannte.

Fiona hatte sich stets gut mit ihrer Schwiegermutter verstanden. Auch wenn sie nicht immer in allem einer Meinung waren, waren sie doch schnell gute Freundinnen geworden. Deshalb konnte sie ihre Reaktion nicht nachvollziehen. „Ich will Ben einfach nur anfeuern. Das Spiel heute ist ihm sehr wichtig."

Das sollte Iris doch verstehen. Sie kannte Ben durch die Freundschaft mit Julian schließlich schon sein ganzes Leben lang und hatte sein enormes Talent hautnah miterlebt. Fast wie bei einem Sohn. Deshalb musste sie nachvollziehen können, wie wichtig es für Ben war, heute von Fiona angefeuert zu werden – und hoffentlich zu gewinnen. Doch Iris' abweisende Miene ließ nicht auf eine geänderte Meinung hoffen.

„Juhuu, fertig!", ertönte es neben Fiona. Emmy strahlte ihre Mutter mit leuchtenden Augen an und präsentierte stolz das fertige Puzzle.

„Super! Ich habe gar nicht gemerkt, wie schnell du die letzten paar Teile gelegt hast." Fiona drückte ihre Tochter kurz an sich. „Du bist ja schneller als Speedy Gonzalez."

Emmy, die die Zeichentrickfilme dieser rasanten Maus über alles liebte, quiekte vor Freude über das Kompliment laut auf.

Die Schlusssirene ertönte und die Nebenhalle der SAP-Arena in Mannheim stand Kopf – und Fiona mittendrin. Über tausend Zuschauer grölten, pfiffen, klatschten und feierten unter aufpeitschenden Trommelschlägen ihre Helden: Die *Pitbulls* hatten über die *Schneewölfe* triumphiert und den Punktestand beinahe ausgeglichen. Durch die spannende Aufholjagd war der Meistertitel zum ersten Mal in greifbare Nähe gerückt.

Dass es ein knapper Sieg geworden war, kratzte im Moment niemanden in der Halle – außer vielleicht die Heilbronner Mannschaft, die sichtlich frustriert in eine Reihe glitt, um den Siegern per Handschlag zu gratulieren.

Persönliche Tagesform, die Qualität des Eises und ein Quäntchen Glück entschieden häufig über den Spielausgang bei Teams, die auf Augenhöhe spielten. Nicht zuletzt trug auch die Stimmung in der Halle dazu bei, eine Mannschaft zum Sieg zu führen – und die Knopfheimer

Fangemeinde hatte sich heute wieder einmal selbst übertroffen.

Fiona freute sich von Herzen für Ben! Sie beobachtete, wie er mit seinen Teamkameraden über das Eis glitt und freudestrahlend die Anerkennung der Zuschauer wie warmen Regen auf sich herabrieseln ließ. Seine Augen blitzten, das Strahlen seines Lächelns übertraf noch die Helligkeit eines sonnigen Sommertages und seine energiegeladene Körpersprache schrie lauthals heraus: „Wir haben es geschafft! Wir sind unbesiegbar!!“

Als die Heilbronner Mannschaft schon längst in ihrer Kabine verschwunden war, wurden die *Pitbulls* immer noch lautstark gefeiert. Fiona taten schon die Hände vom Klatschen weh. Doch sie konnte nicht anders, als sich über die gestandenen Männer auf dem Eis zu amüsieren. Mittlerweile hatten alle ihre Helme, Stöcke, Trikots sowie den Oberkörperschutz abgelegt und tanzten wie die Kinder umeinander herum – wobei der hüpfende Schritt auf Schlittschuhen Fiona eher an das Märchen *Rumpelstilzchen* erinnerte: „Heute back' ich, morgen brau' ich …“

Selbst der größte und massigste Spieler – Fiona glaubte, sich daran zu erinnern, dass ihn alle den Metzger nannten – war für seine sonst ruhigen Verhältnisse richtiggehend aus dem Häuschen.

Dann rutschte der lange schlaksige Erik mit den roten Haaren aus und fiel auf seinen gepolsterten Allerwertesten. Bevor er sich noch aufrappeln konnte, warfen sich zwei Mitspieler wie Profi-Wrestler auf ihn und rollten sich mit ihm lachend auf dem kalten Eis herum.

Fiona grinste. So hart, wie sich manche Eishockeyspieler gaben, waren sie gar nicht. Sie waren eher wie kleine Kinder: Sie rauften und lachten gerne, spielten anderen mit Vorliebe Streiche und waren für jeden Schabernack zu haben.

Irgendwann war auch der letzte Spieler zum Duschen in die Kabine verschwunden. Überall in der Halle fand man Zuschauergruppen, die sich lachend über das Spiel unterhielten. Fiona stand gerade mit einigen Bekannten aus ihrer Nachbarschaft zusammen, als Ben frisch geduscht und mit übermütig blitzenden Augen auftauchte. Seine noch feuchten Haare waren einige Schattierungen dunkler als sonst und nachlässig mit den Fingern nach hinten gekämmt. Der ganze Mann strahlte eine solche Selbstzufriedenheit aus, dass Fiona laut auflachen musste. Kaum hatte er grinsend seine Arme ausgebreitet – nach dem Motto: „Na, was sagst du zu unserem Sieg?“ –, lag Fiona auch schon an seiner Brust.

„Mann, war das ein Spiel!!“, plapperte sie gleich drauflos und sog genussvoll den Duft nach Duschgel, Waschpulver und männlicher Vitalität ein. „Ich bin fast gestorben vor Aufregung. Ich freue mich so für dich! Du hast fantastisch gespielt! Mein Gott, ich wusste gar nicht, dass du *so* gut spielen kannst!"

Bens gelöstes Lachen polterte durch seinen Brustkorb. Fiona spürte es bis in ihr Zwerchfell. Genau dieses Lachen, das von ganz unten aus seinem Bauch heraus kam, liebte sie so an ihm: tief, etwas rau und von Herzen kommend. In Kombination mit dem jugendlichen Schalk, der dazu in seinen Augen aufblitzte, war es für jede Frau einfach unwiderstehlich.

Als Ben sie zum Dank einmal fest an sich drückte und dann locker ließ, um ihr ins Gesicht zu sehen, leuchteten seine unterschiedlichen Augen wie frisch poliert. „Ich habe einfach versucht, mein Bestes zu geben." Sein Arm lag immer noch fest um ihre Taille. „Bist du bereit für die Höhle der Löwen? Die Jungs sind jetzt alle fertig mit Duschen – und ich hoffe für deren Gesundheit, dass alle nackten Ärsche bedeckt sind, wenn du dir den Umkleideraum ansiehst."

Mit diesen Worten ließ er sie los – und Fiona vermisste sofort den sicheren Halt seines starken Arms. Doch sie schob diesen wehmütigen Gedanken schnell beiseite und verabschiedete sich bei ihren Bekannten, um Ben erwartungsvoll zu den Umkleideräumen zu folgen.

Das Erste, was ihr entgegensprang, war kein nackter Hintern, sondern ein Geruch, der ihr im ersten Moment den Atem raubte. Aber was erwartete sie, wenn sich gut zwanzig adrenalingeflutete Männer in einem Raum aufhielten?

Ben schien das nicht weiter zu stören. Er atmete normal weiter und erklärte Fiona einige Besonderheiten im Eingangsbereich wie zum Beispiel eine lange, an die Wand gedübelte Schiene mit Halterungen, in die man in den Drittelpausen den Griff seines Schlägers reinklicken konnte – nach Spielern durchnummeriert selbstverständlich. Daneben war ein Schraubstock angebracht, in den man einen neuen Schläger spannen konnte, um ihn bei Bedarf auf passender Höhe abzusägen.

Als Fiona an der Tür zur Umkleide stand und im harten Neonlicht mit vielen Männern in unterschiedlichen Bekleidungsstadien und mit unterschiedlich langen Bärten konfrontiert wurde, rief Urs Decker gerade Mischa Petrow zu: „Dein Babypuder hat heute echt Wunder gewirkt. Du warst der absolut schnellste Mistkerl auf dem Eis. Wie du die Nummer vierundzwanzig abgehängt hast, war echt rekordverdächtig!"

Mit verwundert hochgezogenen Augenbrauen schaute sie zum grinsenden Ben hoch, der so ziemlich der einzige glatt rasierte Spieler hier in diesem Raum war. „Vor Jahren ist mal am Tag eines Spiels eine Flasche Babypuder kopfüber in Mischas rechten Schlittschuh gefallen. Wo die herkam, kann ich dir zwar nicht sagen, aber seit seinem Sieg an jenem Abend macht er das regelmäßig vor jedem Spiel."

Er deutete auf Kai Messner, der Erik Sandler über seine frisch geföhnten, roten Locken wuschelte und ihn aufzog, er sehe aus wie ein rotblonder Rauschengel. Das war natürlich nichts, was ein knallharter Eishockeyspieler über sich hören wollte. Dementsprechend körperbetont fiel Eriks Reaktion aus.

„Und Kai lässt sich direkt vor jedem Spiel von einem hübschen Mädchen aus dem Zuschauerraum auf den Mund küssen. Vor Jahren hat sich ihm eine kurvenreiche Blondine, kurz bevor er das Eis betreten wollte, an den Hals geworfen und ihm ihre rosige Zunge in den Hals gesteckt. Nachdem sein Team damals das Spiel haushoch gewonnen hatte, hat er diese Gewohnheit beibehalten. Mittlerweile muss er nach keiner Frau mehr suchen. Sie stehen - oft leicht bekleidet - an der Tür zur Eisfläche Schlange und warten mit klopfendem Herzen, wen er sich für dieses Spiel aussucht. Da könnte man manchmal echt neidisch werden." Ben lachte und warf seinem Freund einen Blick zu. „Immerhin muss man ihm zugutehalten, dass er einen großen Gerechtigkeitssinn besitzt und versucht, bei jedem Spiel ein anderes Mädchen zu beglücken."

„Ein Strahlemann und Frauenschwarm, also", meinte Fiona nur und erinnerte sich an Ninas abweisende Miene an Silvester, als sie Kai erblickt hatte.

„Er weiß jedenfalls zu genießen, nicht wahr, Kai?!" Ben hatte seine Stimme erhoben, obwohl sein Teamkollege gar nicht so weit entfernt stand und vermutlich jedes seiner Worte gehört hatte.

Fiona hatte recht vermutet, denn es folgte prompt ein gut gelauntes „Fick dich ins Knie, Opa!", gefolgt von seinem ausgestreckten Mittelfinger. „Du bist ja nur neidisch, weil sich die Mädels einem alten Mann wie dir nicht an den Hals werfen."

„Von wegen alt!", brummte Ben und war mit zwei großen Schritten bei Kai, um ihn in den Schwitzkasten zu nehmen.

Als er dessen Hals in seine Armbeuge geklemmt nach unten drückte, spannten sich Kais gut trainierte Muskeln in seinem nackten Rücken an und man merkte, wie viel Spaß es ihm machte, mit seinem Freund zu rangeln.

Mit gespielt drohender Stimme fragte Ben: „Wie viele Jahre älter als du bin ich?"

Kai quetschte nur ein dünnes „Ein Jahr" heraus.

„Und? Macht mich das zu einem alten Mann?"

„Aber klar doch ..." Ben drückte ihn noch ein bisschen weiter nach unten. „Nein natürlich nicht! Du bist im besten Mannesalter. Voll Saft und Kraft. Potent. Ein ganzer Kerl, dank Schappi. Mit einer Hammerlatte und ..."

„Pass auf, was du sagst. Es sind Damen anwesend", knurrte Ben und ließ Kai los.

Der richtete sich mit gerötetem Gesicht und wirren Haaren auf und grinste Fiona durch seinen dunklen Bart unverschämt charmant an. „Entschuldige, Fiona. Ich wollte dich nicht mit meiner Ausdrucksweise beleidigen."

„Schon besser", lobte ihn Ben.

Wenn Kai als Teenager auch so unwiderstehlich gewesen war wie heute, konnte sie sehr gut nachvollziehen, dass Nina ihm damals mit Haut und Haaren verfallen war. Besonders die helle Farbe seiner Augen, die Fiona an Jade erinnerte, war im Kontrast zu seinen dunkelbraunen Haaren extrem faszinierend.

Sie lächelte zurück. „Kein Problem. Ich kann schließlich keine gepflegte Konversation wie bei einer Teegesellschaft der Queen erwarten, wenn ich in einem Raum mit zwanzig aufgekratzten Gewinnern stehe." Alle johlten bei dem Wort 'Gewinner' auf, sodass Fiona laut auflachen musste. „Jungs, ihr habt heute wirklich gespielt wie die Götter!"

Das Johlen verstärkte sich. Fiona merkte, wie Ben ihr stolz zulächelte. Sie schien das Richtige gesagt zu haben. Und sie fühlte sich so aufgedreht und gelöst wie schon seit Langem nicht mehr. Es war die richtige Entscheidung gewesen, heute hierherzukommen.

Nachdem Ben ihr noch alle Spieler reihum vorgestellt hatte, die an drei Wänden entlang auf der durchgängigen Holzbank saßen, verabschiedeten sie sich.

Bevor Ben Fiona nach draußen folgte, meinte er in Kais Richtung gewandt: „Ich fahre Fiona nach Hause und komme später ins *Bully* nach. Dann können wir feiern."

Kai zog ungläubig seine dunklen Augenbrauen hoch. „Bist du

sicher?", meinte er nur und deutete in Fionas Richtung, während er ein deutliches Zeichen gab: Er schlug mit seiner flachen Hand ein paar Mal auf seine Faust und grinste.

Doch Ben verzog nur das Gesicht und winkte ab. „Nicht jeder hat ständig nur Schweinkram im Kopf so wie du." Dann drehte er ab und folgte Fiona zum Ausgang.

Kai wusste nichts von seinen Gefühlen für Fiona. Er hatte es ihm nie erzählt. Am Anfang hatte Julian noch gelebt. Da hätte Ben lieber einen Puck mit dem unbehelmten Kopf abgefangen, als offen über seine Empfindungen zu sprechen. Und jetzt war es nicht weniger passend, da er für Fiona nichts anderes als ein Freund war und sich zum Narren machte, wenn er offenkundig mehr erwartete.

„Vielen Dank, dass du mir eure Umkleidekabinen gezeigt hast", strahlte ihn Fiona überschwänglich an und hakte sich bei Ben unter, während sie zum Ausgang der Halle und Richtung Parkplatz strebten. „Das war wirklich interessant. Und deine Teamkollegen sind alle sehr nett."

„Ja", schmunzelte Ben. „Ich habe sie vorgewarnt, dass ich dir nach dem Spiel alles zeige und dabei keine Obszönitäten hören oder nackte Geschlechtsteile sehen will."

Fiona blickte ihn mit vor Schock geweiteten Augen an und blieb abrupt stehen. „Wie?! Du meinst, es geht nach einem Spiel normalerweise nicht so gesittet zu?" Sie schüttelte in gespielter Fassungslosigkeit den Kopf und setzte an Bens Seite ihren Weg wieder fort. „Das kann ich fast nicht glauben. Vermutlich willst du mir jetzt auch noch weismachen, dass ihr doppeldeutige Bemerkungen über das weibliche Geschlecht und deren Begattungshäufigkeit vom Stapel lasst. Womöglich um die Größe bestimmter Körperteile konkurriert oder gar zu Wettbewerben, die die Potenzleistung beinhalten, aufruft." Missbilligend schüttelte sie den Kopf. „Tststs, so weit ist es also schon mit der Jugend gekommen."

Als sie mit einem verschmitzten Lächeln und einem Zwinkern in ihren Augen zu ihm hochblickte und grenzenloses Erstaunen in seinem Gesicht entdeckte, begann sie herzhaft zu lachen. Dabei entblößte sie ihren schlanken Hals, der dafür gemacht zu sein schien, ihn mit den Lippen zu liebkosen.

„Julian hat mir viel von eurer gemeinsamen Eishockeyzeit erzählt und wie rau es da manchmal hinter den Kulissen zugegangen ist."

Während der gesamten Heimfahrt sprühte Fiona nur so vor Lebenslust und guter Laune. Ein hintersinniges Geplänkel führte zum nächsten – und ehe Ben es sich versah, befand er sich mitten in einem verbalen Scharmützel mit Fiona, die ihn dabei mit treffsicheren Formulierungen und einem hinreißenden Lächeln erbarmungslos entwaffnete.

„Du hast mich heute an das Spiel von damals erinnert, als ich mit Julian erst kurz zusammen war", erinnerte sich Fiona mit vor Begeisterung glühenden Wangen. „Es war auch ein immens wichtiges Spiel gewesen, das ihr gewonnen hattet. Und als ihr nach dem Spiel wieder in euren Schwitzanzügen und diesen gepolsterten Hosen rauskamt, um euch feiern zu lassen, hattest du dieses Strahlen im Gesicht."

Ben spürte, wie intensiv sie ihn von der Seite musterte, und riskierte einen kurzen Blick. O-oh! Das hätte er lieber sein lassen. Durch die schummrige Armaturenbeleuchtung wirkten ihre großen Augen wie polierter Obsidian und die Haut ihres Gesichts noch seidiger als sonst. Sie gehörte zu diesen Frauen, die diese glatte, feinporige Haut hatten, die weich wie Seide wirkte – und die Ben nie müde werden würde zu berühren. Mühsam riss er den Blick von ihr weg und krampfte seine Finger ums Lenkrad, damit sie nicht doch noch einen Weg zu Fiona fanden. Konzentriert blickte er wieder auf die Straße. Okay, er versuchte es zumindest.

Um sie zu ermuntern fortzufahren, ließ er ein fragendes „Mmh?" vernehmen.

„Deine verschwitzten Haare standen in alle Richtungen vom Kopf ab – und du hattest solch ein glückliches Strahlen im Gesicht, genau wie heute." Sie lachte vergnügt auf. „Dein kraftvoller Körper stand noch unter Hochspannung und vibrierte vor Dynamik wie eine kaum zu bändigende Sprungfeder. Deine Ausstrahlung war die eines Siegers. Als ob du die ganze Welt aus den Angeln heben könntest, wenn dich jemand darum bäte." Mit einem strahlenden Lächeln und einem nicht zu deutenden Funkeln in ihren Augen beugte sie sich zu ihm herüber und legte eine Hand fest auf seinen Oberschenkel. „Ich weiß noch, wie attraktiv du damals wirktest. Ich war mir sicher, dass du nach jenem Spiel haufenweise Telefonnummern von begeisterten weiblichen Fans zugesteckt bekommen würdest." Sie schüttelte kurz den Kopf. „Julian habe ich nie so erlebt."

Während Fionas Hand auf seinen angespannten Muskeln ein riesengroßes Loch in seine Jeans brannte, versuchte er, sein rasendes Herz zu beruhigen. Wie sollte er auf eine so offenkundig bewundernde Beschreibung reagieren? „Vermutlich, weil du ihn – bis auf ein paar Freundschaftsspiele bei uns auf der Knopfheimer Eisfläche – nie hast spielen sehen.“

Fiona hatte sich aber schon in Fahrt geredet, da sie vehement den Kopf schüttelte und dabei – leider oder zum Glück? – ihre warme Hand wieder von seinem Bein wegzog. „Nein. Ich glaube, es liegt an der Ausstrahlung. Du hattest schon immer unter deiner flüssigen Eleganz beim Spielen eine härtere – fast schon animalische – Ausstrahlung.“

Ben schloss kurz die Augen. Hart. Animalisch. Das waren Worte, die ein Mann im Zusammenhang mit seiner Person gerne hörte. Doch Ben musste aufpassen, nicht zu viel in ihre Bemerkung hineinzuinterpretieren. Fiona war heute in einer seltsam ausgelassenen Stimmung. Als ob sie ein großes Glas Wein genossen hätte und nun – aufgekratzt wie ein Teenager – ins Schwärmen geriet. Doch Ben war der Letzte, der sich darüber beschweren würde.

„Meine Güte! Du weißt, wie man einem Mann schmeichelt“, erwiderte er deshalb nur ironisch, als er das Ortsschild zu seinem Heimatort passierte.

Fiona lachte. „Nein, im Ernst. Du hast heute nach eurem Sieg so gestrahlt, dass selbst eine Kernschmelze in einem Reaktor ein Scheiß dagegen ist.“

Nun musste Ben doch lachen. „Na, ich weiß nicht, ob ich mit Radioaktivität verglichen werden möchte. So tödlich bin ich nun wirklich nicht.“

„Hast du eine Ahnung!“ Mit einem undamenhaften Schnauben klatschte sie die Hände zusammen. „Mit diesem Lächeln streckst du reihenweise Frauen nieder, die vermutlich heute Nacht mit klopfendem Herzen und einer Hand zwischen ihren bebenden Schenkeln im Bett liegen und sich überlegen, wie sie dich zu Kai Messners Küsschen-vor-dem-Spiel-Aberglaube überreden können.“

„Du meine Güte, Fiona! Was redest du denn da?!“ Ben war fast schon entsetzt, welches Bild sie von ihm zeichnete.

„Du glaubst das nicht?“ Sie sah ihn wie eine Katze auf der Lauer an. „Dann kennst du die Frauen schlecht – und schätzt deine Wirkung auf das andere Geschlecht völlig falsch ein.“

Ben warf ihr einen skeptischen Blick zu und dachte: *Das kommt mir doch irgendwie bekannt vor. Simone sagte bei unserem letzten Treffen genau dasselbe – nur mit anderen Worten.* Kurz darauf hielt er seinen anthrazitfarbenen A6 vor Fionas Haus.

Doch sie war noch nicht fertig. „Du hättest hören sollen, was eine Frau, die während des Spiels neben mir stand, zu ihrer Freundin sagte."

„Will ich das wirklich wissen?"

„Nein, lieber nicht. Sonst mutierst du noch zu einem eitlen Gockel und stolzierst mehr auf dem Eis herum, als dass du spielst." Fiona grinste. „Bleib lieber so hinreißend unbedarft, wie du schon immer warst. Das mag ich so an dir." Mit diesen Worten schnallte sie sich mit einem zauberhaften Lachen ab und stieg aus.

„Ich bring' dich noch zur Tür", meinte Ben hastig und verhedderte sich beim Abschnallen fast im Gurt.

Es war ihm schon zur Gewohnheit geworden, Fiona bis zur Haustür zu begleiten. Und heute nach diesem Sieg, den sie hautnah miterlebt hatte, tat er es natürlich ganz besonders gern. Immerhin hatte er so noch ein paar wertvolle Momente, die er als Erinnerung für später in der Schatzkiste seines Herzens ablegen konnte. Doch das würde er sich nie im Leben eingestehen. Das wäre zu erbärmlich.

Während sie den dunklen Fußweg zur Haustür entlangschlenderten, sprang ein kleines Licht neben der Haustür an und ließ Fionas Zöpfe, die sie in Indianerinnenmanier geflochten hatte, seidig aufglänzen.

„Vielen Dank für den schönen Abend. Es war wirklich eine Bombenstimmung und ein geiles Spiel", schwärmte Fiona. „Und ich freue mich wahnsinnig für dich, dass ihr gewonnen habt!"

Als sie die beiden Stufen zur Haustür hochstiegen, schloss sie die Tür auf und drehte sich zum Abschied zu Ben. „Ich wollte dir nochmal sagen, dass du heute wunderbar gespielt hast."

Doch Ben ließ sich vom übermütigen Funkeln in ihren Augen nicht irritieren oder gar zu falschen Hoffnungen verleiten. „Ich wusste ja, wer mich anfeuert", zwinkerte er ihr zu. „Da war ich mehr als motiviert, Tore zu schießen und den *Schneewölfen* eine ordentliche Abreibung zu verpassen."

„Deshalb hat dir ein Tor ja auch nicht gereicht. Du hast gleich zwei geschossen. Angeber!", frotzelte sie mit einem breiten Grinsen.

Ben vergrub die Hände in den Hosentaschen seiner Jeans - sicher war sicher - und zuckte nur mit den Schultern. „Ich wollte dir und Emmy wenigstens ein Tor widmen. Wenn ich was tue, mache ich es eben auch richtig."

Er merkte, wie Fiona verstummte. Ihr Blick rutschte zu seinem Mund hinab, nur um dort wie hypnotisiert hängen zu bleiben. „Darauf gehe ich jede Wette ein", murmelte sie und leckte sich kurz über die Oberlippe, dass Ben weiche Knie bekam. „Dann sollte ich mich für die zwei Tore auch anständig bei dir bedanken."

Ehe Ben reagieren konnte, legte sie ihre Hand in seinen Nacken und zog ihn zu sich herunter. Als ihre Lippen die seinen so zart wie der Flügelschlag eines Schmetterlings berührten, traf ihn das wie ein Donnerschlag. Der Kuss war so überwältigend weich und süß, dass er befürchten musste, ohnmächtig zu werden.

„Danke", flüsterte sie an seinen Lippen und schaute ihm tief in die Augen.

Kapitel 17

Ben wollte gar nicht wissen, was sie darin erblickte. Denn so, wie er sich gerade fühlte, war ein ausgehungerter Löwe, vor dessen Nase man mit einem rohen Stück Fleisch herumwedelte, nichts weiter als ein zahmes kleines Miezekätzchen.

Fiona schien selbst überrascht zu sein von der plötzlichen prickelnden Spannung, die zwischen ihnen bunte Funken sprühte. Denn was darauf folgte, war weder anständig noch eine übliche Verabschiedung unter Freunden.

Sie zog ihn erneut zu sich herab und presste ihre unwiderstehlichen Lippen auf seine. Dabei schlang sie ihren freien Arm um seine Taille und drückte sich in ganzer Länge an ihn.

Mehr Aufforderung benötigte Ben nicht. Irgendetwas explodierte in seinem Gehirn und bescherte ihm einen völligen Blackout: einen elektromagnetischen Impuls, der die Macht hatte, den ganzen Großraum Mannheim lahmzulegen.

Wie von selbst schlossen sich seine Arme um ihre schlanke Gestalt und zogen sie auf die Zehenspitzen. Dann versank er in einem Kuss, von dem er schon seit einem Jahrzehnt träumte. Als er sich für sie öffnete und ihre weiche Zunge schmeckte, brandete in Rekordzeit hitziges Verlangen in seinem Inneren auf. Seine jahrelange, mühsam aufrechterhaltene Selbstbeherrschung drohte einzustürzen wie ein maroder

Staudamm unter einer gewaltigen Flutwelle: Pheromone brandeten durch seinen Körper, sein Herz hämmerte gegen die Rippen und sein Kopf war wie leergefegt. Sein einziger Wunsch war, Fiona nackt unter sich zu spüren und von ihrer feuchten Hitze umschlossen zu werden.

Doch plötzlich ließ Fiona mit einem kleinen Keuchen von ihm ab und Ben, der orientierungslos auf sie herabblinzelte, erwartete fast eine Bemerkung wie: „Oh sorry, Ben, ich hab' mich grad' am falschen Mann vergriffen."

Doch er hatte sich glücklicherweise geirrt, denn sie war eine moderne Frau, die wusste, was sie wollte. Sie grub entschlossen ihre langen schlanken Finger in den Pullover unter seiner offenen Jacke und zog ihn energisch über die Türschwelle.

Als ob sie es ziemlich eilig hätte …

… und ihn weiterküssen wollte.

Ihn.

Wirklich ihn?

Grundgütiger, tatsächlich!

Er sollte verdammt sein, wenn er sich jetzt über ihre Zielstrebigkeit beschweren sollte.

Sobald sie im Haus waren, drückte Fiona Ben mit mehr Kraft, als er es ihr zugetraut hätte, von innen an die Tür, sodass sie sich mit einem lauten Klappen schloss. Warmes Flurlicht brannte auf. Und dann lagen auch wieder ihre gierigen Lippen auf seinen.

Und er merkte, wie ihn das anmachte.

Als er sich von seiner Überraschung erholt hatte, ließ er sich nicht zweimal bitten. Er tauchte ein in dieses überwältigende Gefühl, endlich heimgekommen zu sein – und erwiderte ihre Küsse mit einer verrückten Verzweiflung, die aus langen Jahren der Enthaltsamkeit geboren war.

Doch das Warten hatte sich gelohnt. Sie schmeckte wie die Erfüllung seines größten Traums, wie ein Lichtblick in finsterster Nacht … Mit einem tiefen Knurren versank er noch mehr in diesem Rausch der Leidenschaft, der von ihren Lippen ausging. Je tiefer der Kuss wurde, desto mehr musste Ben mit einer übermächtigen animalischen Gier in seinem Inneren kämpfen, Fiona voll und ganz zu besitzen.

Als er über ihren durchgebogenen Rücken strich, merkte er wie seine Hand zitterte. Doch diesmal war es nicht der unterdrückte Frust, der ihn erbeben ließ. Diesmal war es das Verlangen, dem er zum ersten Mal nachgeben durfte. Das Verlangen nach einer Frau, die seit elf Jahren –

ohne es zu wissen - sein Leben bestimmte.

Zurückhaltung war in den letzten Jahren so sehr ein Teil von ihm geworden wie die Schlittschuhe an seinen Füßen. Doch nun flog Ben auf Autopilot, denn er wollte mehr von Fiona spüren, mehr schmecken, mehr ...

Deshalb war es jetzt definitiv an der Zeit, selbst aktiv zu werden. Entschlossen griff er mit seinen großen Händen unter ihre Pobacken. Fiona verstand ihn richtig und schlang ihre Beine um seine Hüften. Mit einem Schwung drehte sich Ben um und drückte Fiona gegen die Tür.

Oh Gott, sie hatte es tatsächlich getan! Sie hatte Ben geküsst und erfahren, wie sündig weich seine Lippen waren. Vor der Haustür hatte sie ihm aus einem Impuls heraus diesen hauchzarten Kuss gegeben. Was sie dann aber in seinen Augen erblickt hatte, war ein solch ungezähmter Hunger, dass sie eigentlich schreiend hätte davonlaufen müssen. Doch das Einzige, was sie in dem Moment nur denken konnte, war: *Große Überraschung!* Ben wollte sie also doch! Das war mehr als offensichtlich, als sich seine erste Verblüffung gelegt hatte.

Nun wurde sie immer mehr in diesen Wirbelsturm wollüstiger Hitze hineingezogen und war froh, dass Ben sie mit seinem durchtrainierten Oberkörper fest gegen die Tür presste.

Meine Güte, konnte der Mann küssen!! Im harten Kontrast zu seinen weichen Lippen spürte sie bei jeder sinnlichen Bewegung seines Mundes, wie sein raues Kinn an ihrer Haut entlangkratzte. Sie hatte schon völlig vergessen, wie erregend dieses Gefühl sein konnte.

Fionas ganzer Körper kribbelte, als würde sie in Champagner baden. Überall, wo Ben über ihre Haut strich, schrien ihre Nervenenden vor lauter Verzückung auf und forderten nach mehr. Sie fühlte sich so lebendig wie schon seit sehr, sehr langer Zeit nicht mehr. Denn sie spürte, wie sich die Enge in ihrem Inneren öffnete und sie erblühen ließ wie eine Blume nach einem erfrischenden Regenschauer im Sommer.

Genießerisch fuhr sie mit ihren Fingern durch sein goldblondes Deckhaar, das viel weicher war, als sie erwartet hatte und - einer Offenbarung gleich - seidig wie plätscherndes Wasser eines kleinen Bergbachs durch ihre langen Finger glitt.

Glücklicherweise hatte er es irgendwie geschafft, seine Jacke abzustreifen, denn nun konnte sie ungehindert seinen harten, muskulösen Rücken unter dem Pullover erforschen. Sie spürte, unter welch großer

Spannung sein ganzer Körper stand, und bewunderte die unglaubliche Kraft, die ihm innewohnte.

Als Ben sein heißes Gesicht in ihrem Dekolleté badete und die empfindsame Spalte zwischen ihren Brüsten leckte, entfuhr ihr ein ersticktes Aufkeuchen. Oh Gott! Das hatte sie schon zu lange entbehren müssen!

Gleichzeitig spürte sie, wie Bens stahlharte Erregung mit nachdrücklichem Rhythmus gegen ihre empfindsamste Stelle drückte und sie fast kommen ließ. Lust und Begehren steigerten sich in einer rasanten Aufwärtsspirale, dass ihr ganz schwindelig wurde.

Gerade als sie ein genussvolles Seufzen ausstieß, um sich dem Rausch der Wonne völlig hinzugeben, hielt Ben inne, stieß an ihrer Haut einen deftigen Fluch aus und keuchte: „Nein! Das geht so nicht!"

Ben spürte, wie Fiona leicht benommen innehielt und ihn enttäuscht, fast schon verständnislos anstarrte. Ein leises, überaus frustriertes Stöhnen schlüpfte über ihre geröteten Lippen, deren verführerischer Anblick seinen Hunger noch weiter anfachte. Tief zog er die Luft ein. Er musste sich schwer am Riemen reißen.

„Ich kann das nicht mit dir hier an der Tür im Stehen machen", erklärte er atemlos seine Worte näher, während er in den unfassbar verlockenden Tiefen ihrer braunen Augen versank. „Du brauchst ein Bett. Das geht einfach nicht anders!"

Das ging wirklich nicht, nachdem er so lange auf diesen Moment gewartet hatte. Es widersprach all seinen ehrenhaften Vorstellungen eines ersten Mals. Denn er spürte, wie stark seine Selbstbeherrschung unter Druck stand. Wie ein wildes Tier riss sie an den selbst auferlegten Fesseln und wollte sich befreien. Über Fiona herfallen. Sie ganz und gar in Besitz nehmen.

Aber wenn er mit ihr tatsächlich sein erstes Mal erleben würde, wollte er es richtig machen. Fiona so lieben, wie sie es verdiente.

Doch seine guten Vorsätze wurden durch einen einzigen Satz Fionas zunichtegemacht. Sie blickte ihn mit vor Lust verhangenen Augen an und meinte nur atemlos: „Scheiß aufs Bett, ist viel zu weit weg. Nimm mich hier."

Das ließ sich Ben nicht zweimal sagen. Nachdem er anstandshalber eine Millisekunde innegehalten hatte, packte er sie kurzerhand mit beiden Händen unter ihrem wunderbar runden Gesäß, fegte mit einer Handbewegung eine Handtasche und einen Schal von der neben der Tür stehenden Holzkommode und setzte sie darauf.

Ehe Fiona auch nur überrascht aufkeuchen konnte, hatte er schon ihre blaue Jacke mit der offenen Wollweste über ihre Schultern gestreift und widmete sich wieder ihren süßen Lippen.

Gott, Fiona schmeckte so gut - und sie war so hungrig, das konnte er in jedem ihrer Küsse spüren. Ihre wohlgeformten Brüste präsentierten sich unter ihrem engen langärmligen T-Shirt mit V-Ausschnitt wie die Auslage einer Confiserie und zogen seine Hände wie Magnete an. Weich und voll drückten sie sich in seine Handflächen, da sich Fiona seiner Berührung ungeduldig entgegenreckte. Dazwischen befand sich ein langer, langer Reißverschluss, der diese pralle, süße Verlockung zu bändigen versuchte.

Nach einem feuchten Kuss in ihr überquellendes Dekolleté zog Ben dann langsam am Reißverschluss ... und zog ... und zog, bis Fionas Brüste in einem spitzenbesetzten, lila BH vor ihm lagen und ihn einluden, etwas zu tun, von dem er schon so lange träumte. Ehrfürchtig streichelte er mit den Fingerspitzen über die zarte goldene Haut, die sich von ihrem stoßweisen Atmen hob und senkte. Als er in Fionas Gesicht blickte, bemerkte er, dass sie ihre wundervollen Lippen leicht geöffnet hatte und mit geschlossenen Augen sichtlich seine Berührung genoss. Ihre beiden geflochtenen Zöpfe flossen wie dunkle Bäche aus Schokolade seitlich herab und umrahmten dieses Gottesgeschenk.

Er konnte es immer noch nicht fassen, dass er hier stand und das tat, was er tat. War das wirklich real?

Mit bebenden Händen strich er bis zum Verschluss in ihrem Dekolleté und öffnete ihn. Und dann hielt er die Luft an, als sich ihre vollkommenen Brüste aus ihrer starren Haltung lösten, auseinander federten und hoch angesetzte hellbraune Brustwarzen offenbarten, deren fest aufgerichtete Spitzen verlockend glühten.

Wunderschön!

Das Rätsel, das Ben elf lange Jahre gequält hatte, war nun endlich gelöst.

Dementsprechend intensiv widmete er sich diesen unglaublich harten Knospen, die er unter seiner Zunge rollte, bis er von Fiona die ersehnten Laute vernahm, die jeden Mann in Flammen setzten. Laute, die ein enormes Suchtpotenzial beinhalteten. Kurz entließ er eine gerötete Brustspitze aus seinem Mund, nur um sanft über die feuchte Haut zu blasen und sich an Fionas leisem Aufschrei zu ergötzen.

Ihre Hände strichen ungeduldig unter seinen Pullover und schoben ihn hoch. Ben tat ihr den Gefallen und hob die Arme, damit sie ihm den Pulli mitsamt T-Shirt über den Kopf ziehen konnte. Und dann versank er in ihrem bewundernden Blick.

Neugierig wanderten ihre Hände über seine glühende Haut, erforschten Muskelstränge auf seiner Brust und seinem Bauch – und ließen verbrannte Erde zurück. Während er noch ihre pelzbesetzten Stiefel von den Füßen streifte und den Knopf ihrer Jeans öffnete, richtete sie sich auf und leckte mit ausgestreckter Zunge von seinem Brustbein bis zum Hals, wo sie ihre weißen Zähne in sein Fleisch grub, bis er stöhnte.

Himmel nochmal, machte ihn das an!

Er musste sich beeilen. Lange würde er diese süße Folter nicht mehr ertragen! Verzweifelt kämpfte er mit Fionas engen Jeans und bekam, abgelenkt von gierigen Küssen, immerhin mit Müh' und Not ein Bein herausgeschält.

Doch dann wurde seine Aufmerksamkeit schon wieder von Fionas schönen Fingern abgelenkt, die zielstrebig die Schnalle seines Gürtels fanden und sich daran zu schaffen machten. Als seine Hose an seinen Schenkeln herabrutschte und sie seine Retropants kurzerhand hinunterschob, federte ihr schon sein Schwanz freudig erregt entgegen. Heiß, hart und vor Lebendigkeit pulsierend.

Als Ben sah, wie sie bei der Betrachtung seines besten Stücks genussvoll über ihre Lippen leckte, breitete sich in seinem Inneren ein Schwelbrand aus, wie er es noch nie erlebt hatte. Bevor er noch die Sache in die Hand nehmen konnte, gab Fiona der in ihren Augen glitzernden Gier nach und umschloss ihn mit festem Griff. Was sie nun mit sanft rhythmischen Bewegungen tat, ließ Bens Selbstbeherrschung erbeben. Heiße Blitze zucken durch seinen Unterleib und ließen ihn fast kommen.

Herr im Himmel! Das half seinen guten Vorsätzen, sich zurückzuhalten, nicht wirklich! Während allein durch den festen Griff dieser zarten Hand seine geheimsten Fantasien explosionsartig aufblühten, jagte ein Zittern durch seinen Körper und ließ ihn aufstöhnen.

Entschlossen umfasste er mit seinen großen Händen ihre schmale Taille, um sie an den vorderen Rand der Kommode zu ziehen und sich an ihr zu reiben. Der weiche Stoff ihres Höschens verstärkte den Genuss noch und ließ ihn scharf die Luft zwischen den Zähnen einziehen. Dabei bewunderte er unter schweren Augenlidern wieder einmal die sinnliche Weiblichkeit Fionas: Sie hatte beide Hände seitlich auf dem Schränkchen abgestützt und ihren grazilen Rücken durchgebogen. Ihre weit gespreizten Beine und vollen entblößten Brüste bebten vor Erwartung, während sie den Kopf mit einem genussvollen Seufzen in den Nacken fallen ließ. Seine Hände strichen wie von selbst über ihre aufregenden Kurven und genossen jede sinnliche Erhebung und verlockende Vertiefung. Wie flüssiges Gold umfloss das Licht der Flurlampe ihren Körper und verlieh ihrer Haut einen edlen Schimmer.

Sie war wunderschön.

Von Zärtlichkeit überwältigt legte er eine Hand an ihre Wange und zog mit der anderen vorsichtig den Schritt ihres Höschens zur Seite, um zu prüfen, ob sie schon bereit für ihn war. Denn er wusste, er würde sich nicht mehr zurückhalten können, sobald seine ungeduldig pochende Spitze die sinnliche Wärme ihrer feuchten Höhle zu spüren bekam. In dem Moment, als er den Mittelfinger an ihre Öffnung legte, wurde sein Finger so unvermittelt von einer Flut süßen Honigs umschlossen, dass er erschüttert aufsah. In Fionas Gesicht las er jedoch nichts anderes als entrücktes Entzücken.

„Mach schon“, keuchte sie und drehte den Kopf zu seiner Hand, um seinen Daumen mit dem Mund einzufangen. Verlangend saugte sie an der Spitze, leckte und liebkoste sie mit ihrer weichen, rosa Zunge, nur um den Finger tief in ihren heißen Mund zu saugen und wieder freizugeben. Diese aufreizende und in höchstem Maße betörende Nachahmung des sexuellen Akts war das Erotischste, was Ben je gesehen hatte, zumal er an seiner anderen Hand spürte, wie sie seinen Finger mit kleinen Stößen ihrer Hüfte im selben Rhythmus ritt.

Das genussvolle Stöhnen, das ihren vollen Lippen entschlüpfte, gab ihm den Rest. Länger konnte er auf keinen Fall mehr warten, sonst würde es ihn zerreißen.

Er schob den Schritt ihres Höschens ganz zur Seite, eroberte sie mit einem tiefen, geschmeidigen Stoß, den Fiona mit einem lustvollen Aufschrei begrüßte – und hielt kurz inne. Überrascht schloss er die Augen und gab ein raues Stöhnen von sich.

Oh …

mein …

Gott … … … !!

Orgiastische Wellen der Lust stürzten über ihm zusammen und begruben ihn hilflos unter der Macht seiner überwältigenden Gefühle. Heiß und fest umschlossen ruhte sein Schwanz in Fionas nach harten Stößen gierendem Schoß und zuckte erwartungsvoll wartend auf den

Startschuss.

Überwältigt von den brodelnden Gefühlen, die wie Blitze durch seinen ganzen Körper schossen, zog er Fionas Mund an seinen und küsste sie mit einer Gier, die er nicht von sich kannte.

Dann tat er ihr den Gefallen und zog sich fast vollständig aus ihr zurück, nur um sie erneut in Besitz zu nehmen. Fiona schluchzte an seinen Lippen auf und wimmerte um Erlösung. Doch Ben war so gefangen in diesen neuen und atemberaubenden Gefühlen, dass er sich einfach nicht beeilen konnte. Er musste jeder Bewegung ungläubig nachspüren und feststellen, ob sie wirklich real war.

Er war erregt wie noch nie – und es wurde mit jedem Stoß schlimmer. Jedes bedachte Eindringen ließ ihn noch ein Stück mehr anschwellen, bis ihm die enorme Reibung fast das Gehirn wegblies. Jeder beherrschte Rückzug gab ihm das Gefühl, gegen einen Sog ankämpfen zu müssen. Als wolle ihre süße Tiefe ihn nie wieder loslassen.

Irgendwann wurde es Fiona, wie er bemerkte, doch zu bunt. Ihre Fersen gruben sich in seinen angespannten Hintern und versuchten, ihn wie mit Sporen zu Höchstleistungen anzutreiben. In dem Moment ließ er die Zügel schießen und ergab sich seinen Trieben.

Mit geschlossenen Augen gab er sich ganz Fionas Enge hin, die ihn mit eisernem Griff massierte. Bereits nach wenigen schnellen Stößen spürte er, wie Fiona mit einem ekstatischen Aufschrei erbebte und sich genussvoll einem lang gezogenen Orgasmus hingab. Während er noch kraftvoll in sie stieß, erzitterte sie von heftigen Nachbeben und krallte sich in seinem Rücken fest.

Oh Mann, wie trieben ihn Fionas lustvolle Laute an! Er spürte, wie sich sein Schwanz noch einmal verhärtete und seine Eier anspannten. Und dann kam er im selben Augenblick. Einem letzten tiefen Stoß ließ er noch zwei sanftere folgen und verharrte dann – Fiona fest im Arm haltend.

Die Himmelspforte hatte sich für ihn geöffnet – und er hatte einen Blick aufs Paradies erhaschen dürfen.

Schwer atmend nahm er mit geschlossenen Augen wieder bewusst seine Umgebung wahr. Fiona lag zitternd in seinen Armen. Ihre Halsbeuge, in der er sein Gesicht vergraben hatte, war feucht und duftete wie eine Blumenwiese nach einem sommerlichen Gewitter.

Er hatte sich noch nie so lebendig gefühlt wie in den letzten zehn Minuten. Körperlich ausgelaugt, spürte er nach wie vor die unbändige heiße Energie wie unter Hochdruck durch seine Adern pulsieren – angetrieben von seinem Herzen, das sich hartnäckig um einen neuen Rekord bemühte. Dabei fühlte er sich leicht wie eine Feder im warmen Frühlingswind.

Ein Gefühl tiefsten Friedens hatte sich in Bens Brust breitgemacht und er spürte eine Dankbarkeit für diesen Moment, die er nicht in Worte fassen konnte. Am liebsten hätte er für immer in dieser Stellung verharrt.

Jahrelang hatte er sich diesen Moment ausgemalt, wie er eng umschlungen mit Fiona da lag, nachdem sie sich leidenschaftlich geliebt hatten. Viele Variationen hatten sich abgewechselt. Doch keine davon hatte der Intensität und gleichzeitig auch Intimität dieses Moments gerecht werden können. Es war einfach unbeschreiblich. Dieses Glücksgefühl. Die bedingungslose Liebe. Die tiefe Befriedigung. Und doch wieder der Hunger auf mehr. Jede Berührung, jeder ihrer Blicke hatte sich tief in seine Erinnerung gebrannt. Er war rundum glücklich.

Gedankenverloren strich er über ihren halb gelösten Zopf und genoss das leichte Kitzeln einer Strähne an seiner Brust. Als er ihr einen zarten Kuss auf den Hals hauchte, hob er den Kopf und öffnete die Augen – und erstarrte.

Kapitel 18

Das Erste, was er sah, war ein gerahmtes Foto, auf dem ihn Julian mit einem orakelhaften Lächeln ins Visier nahm. Doch was Ben am meisten den Atem anhalten ließ, war Julians Blick. Er ging tief, bohrte sich messerscharf in sein Herz und forderte Rechenschaft – und ließ Ben die Luft anhalten. Ein unangenehmes Gefühl nistete sich in seiner Brust ein – als ob er als Sechsjähriger bei etwas Unrechtem ertappt worden war. Das durfte doch nicht wahr sein! Julian hatte ihnen die ganze Zeit bei ihrem lasterhaften Treiben zugesehen!

Sein Blick wanderte wie unter Zwang über die Bildergalerie, die hinter Fionas Kopf an der Wand hing. Fotos von Julian allein. Fotos von beiden, deren großes Glück und tiefe Liebe in ihren strahlenden Gesichtern

Ausdruck fanden.

Ein schwarzes Gefühl bodenloser Schuld ergoss sich wie zähflüssiger Teer über seinem schlechten Gewissen und nahm ihm die Luft zum Atmen. Was tat er eigentlich hier mit Fiona?

Automatisch versteifte er sich und versuchte, den Blick abzuwenden. Doch es war zu spät. Auch dieses Bild hatte sich wie mit Salzsäure in sein Gehirn geätzt.

Wie hatte er bloß jemals annehmen können, dass er Julian aus Fionas Leben verdrängen und seinen Platz einnehmen konnte? Das Glücksgefühl, das ihn gerade noch erfüllt hatte, brach in sich zusammen wie ein Kartenhaus bei Windstärke sieben.

Mann, er fühlte sich so mies! Nicht nur, dass er Julian schamlos hintergangen und das Andenken an Fionas Mann – und Bens besten Freund – entehrt hatte, indem er seine Frau auf einer Kommode im Flur (!!) bestiegen hatte. Nein. Er hatte auch noch sein Versprechen gebrochen, darauf aufzupassen, dass Fiona nichts geschah. Aber so tief, wie er gerade – im wörtlichen Sinn – in der Sache drinsteckte, war er auf dem besten Weg, ihr das Herz zu brechen. Das konnte niemals gut gehen und war außerdem völlig inakzeptabel.

Nun war auch noch der letzte der glücklich herumflatternden Schmetterlinge in Bens Bauch wie ein tonnenschwerer Zementbrocken zu Boden gestürzt.

Mit einem harten Ausatmen zog sich Ben aus Fiona zurück, die schon seinen Blick suchte. Aber er konnte ihr nicht in die Augen sehen. Deshalb senkte er den Blick und sah …

Super, sein feucht glänzender Schwanz war immer noch halb steif und wippte unternehmungslustig auf und ab. Das eine Mal hatte seinem kleinen großen Freund wohl nicht gereicht. Tja, Pech gehabt. Man musste im Leben auch lernen, mit Enttäuschungen fertig zu werden. Denn es würde keinen Nachschlag geben.

Dann fiel ihm etwas anderes auf. Sein Schwanz … ohne … *Verdammte Scheiße!* Er hatte kein Kondom benutzt.

Verzweifelt schloss er die Augen und murmelte: „Es tut mir leid."

Als er Fionas Hand auf seiner nackten Brust spürte, wagte er doch einen Blick und sah in ihre verwirrten Augen. „Es tut dir leid?!"

„Ich habe völlig vergessen, ein Kondom zu benutzen. Das ist mir noch nie passiert." Frustriert fuhr sich Ben durch die Haare.

Fiona meinte mit einem unsicheren Lächeln: „Ich habe es im Feuer des

Gefechts auch vergessen. Aber ich habe eine Spirale seit Emmys Geburt, deshalb kann da schon mal nichts passiert sein." Die Veränderung in ihrer Stimme war kaum wahrnehmbar, als sie fortfuhr: „Du brauchst dir also keine Sorgen wegen einer ungeplanten Schwangerschaft zu machen."

Trotz der Erleichterung, die Ben umspülte, verspürte er einen kleinen Stich des Bedauerns, den er unbeachtet wegschob. Zeitgleich bemerkte er, wie sich ein vorsichtig-fragender Ausdruck in Fionas Blick schlich. Plötzlich schien sie für ihn – nach dieser unglaublichen Intimität, die sie gerade geteilt hatten – so wenig greifbar wie das silberne Mondlicht, das sich in einer klaren Nacht auf die Felder ergoss.

„Trotzdem hätte ich ... schon allein wegen AIDS ...", stammelte er wie ein Vollidiot – und ihm wurde bei ihrem wachsamen Blick klar, dass sie es bereute. Dass die letzten zehn Minuten ein großer Fehler für sie gewesen waren.

Mit seltsam ruhiger Stimme murmelte sie: „Dass du immer vorsichtig bist, weiß ich. Und ich bin auch gesund, da ich seit Julians Tod mit keinem anderen Mann zusammen war."

Diese leise dahingesagte Bemerkung schlug bei Ben ein wie eine Granate. Sie hatte seit Julians Tod mit keinem anderen Mann geschlafen?! Seit über vier Jahren?!!!

Jetzt hatte er echt den Vogel abgeschossen. Denn er hatte nicht nur das Andenken ihres Mannes entehrt, sondern sich auch noch freiwillig zum direkten Vergleichstest mit ihrem perfekten Ehemann gemeldet. Doppelt Scheiße! Denn gegen Julians Charisma kam er ewig nicht an – und gegen dessen Fähigkeiten als Liebhaber sicher auch nicht.

Wie konnte etwas, das vorher so absolut richtig gewesen war, sich jetzt fünf Minuten später so falsch anfühlen?

Nina stöhnte unter dem Gewicht ihrer Einkäufe, als sie die Tür zu ihrer heimeligen Zweizimmerwohnung aufschloss. Der Gang in den Supermarkt war bitter nötig gewesen. Schon gestern hatte sie – nach dem Wochenende bei ihrer Großmutter in München – nur von Corn Flakes und einer Dose Thunfisch gelebt. Jetzt hatte sie nach der Arbeit Heißhunger auf selbstgebackene Lachsquiche mit frischem Salat. Und gegen später würde sie Fiona besuchen, wo sie einen gemütlichen Mädelsabend mit Knabberzeug und einer Hollywoodkomödie aus den 1950ern verleben würden. Herrlich! Sie selbst liebte ganz besonders die fröhlich-sonnigen Doris-Day-Filme, wohingegen Fiona ein Fan der jungen Marilyn Monroe war.

Mit einem Aufkeuchen setzte Nina die gut gefüllte Klappkiste auf der Arbeitsfläche ihrer kleinen Küche ab und stellte den voll bepackten Rucksack auf den Boden. Dann ging sie zurück, um ihre Jacke aufzuhängen. Nebenbei drückte sie auf die aufgeregt blinkende Starttaste des Anrufbeantworters und hörte unaufmerksam der mechanischen Zeitansage zu. Als Fionas Stimme ertönte, hielt Nina mitten im Schuhausziehen inne.

„Hi, Nina, hier ist Fiona. Du, mir ist heute Abend was dazwischengekommen. Wir müssen den Filmabend leider verschieben. Ich melde mich bei dir. Liebe Grüße."

Der Inhalt der Nachricht war so, wie er immer war, wenn Fiona etwas verschieben musste. Ihre Stimme ließ Nina jedoch aufhorchen. Irgendetwas war anders. Ihre Freundin hatte nicht panisch geklungen, weshalb sie davon ausging, dass mit Emmy alles in Ordnung war. Aber die sonstige Fröhlichkeit fehlte ebenso. Bedrückte sie etwas oder hatte sie einfach nur einen anstrengenden Tag hinter sich und war hundemüde?

Unentschlossen hielt Nina das Telefon in der Hand und kaute auf ihrer Unterlippe herum. Am liebsten würde sie ihre Freundin anrufen, um sich zu versichern, dass alles in Ordnung war. Aber wenn sie sich hingelegt hatte und Nina sie mit dem Klingeln weckte? Schweren Herzens beschloss sie, sich an Fionas Anweisung zu halten und abzuwarten.

Aber spätestens morgen würde sie es bei ihr probieren.

„Warst du in einem Schönheitssalon oder was?", knurrte Rafael und starrte ungläubig auf Kais Hand, die das Trikot vom Haken nehmen wollte.

„Ach Scheiße, nein! Ich habe heute Nachmittag die Mädels meiner Schwester besucht. Die Kleinere von den beiden hat nämlich Geburtstag. Deshalb habe ich mich auch von ihrem Charme plattwalzen lassen, Schönheitssalon mit ihnen zu spielen." Kai betrachtete seine in einem hellen Rosa lackierten Fingernägel. „Dummerweise haben wir über Kaffee und Kuchen vergessen, den Scheiß wieder abzumachen. Und als ich von dort aus hierher ins Training unterwegs war, war es schon zu spät."

„Und ich dachte schon, du seist von unseren Eishockey-Ladys auf eine ihrer Nagellackpartys eingeladen gewesen, die sie in regelmäßigen

Abständen veranstalten."

Kai grinste und überlegte sich, wie freudig er wohl bei einem dieser Treffen begrüßt werden würde. Sehr freudig, beschloss er, da ein paar der *Wildkatzen* gute, langjährige Freundinnen von ihm waren. „Ich bin doch nicht verrückt. Hast du gewusst, dass die auch seit Neuestem Häkelpartys veranstalten?"

Rafael zog nur abschätzig die linke Augenbraue hoch.

„Ist wirklich wahr. Die häkeln Mützen und Schals in den Vereinsfarben, die sie vor und nach ihren Spielen tragen. Und noch so manches anderes Zeugs." Kai gefiel sich in der Rolle des Mannschaftskaspers. „Ich könnte mir ja auch was Passendes für uns vorstellen. Was hältst du von gehäkelten Schwanzwärmern für das ganze Team?" Ein paar Männer lachten. „Nein, aber mal im Ernst. Vielleicht sollten wir solche Partys auch mal veranstalten - nur natürlich mit einem *viel männlicheren* Thema. Wir können uns ja am Wochenende zu einer Metall-Kunst-Party bei Rafael im Garten treffen - und jeder bringt sein eigenes Schweißgerät mit."

Viele Spieler lachten zustimmend. Doch Rafaels Blick wurde nur noch skeptischer. „Du meinst, damit wir die Metallskulpturen dann meistbietend versteigern können, um die Vereinskasse aufzubessern?"

„Hey, super Idee!", begeisterte sich Kai und strich sich über seinen zotteligen Bart.

Der Torhüter boxte ihm ordentlich in die Rippen und schenkte dem Stürmer ein mitleidiges Lächeln. „Wer will denn deinen Kunst-Schrotthaufen schon im Garten stehen haben?" Dann fuhr er fort, sich fürs Training umzuziehen.

Kai, der schon bis auf den Helm in voller Montur dastand, suchte sich ein neues Opfer und erspähte Ben, der ungewohnt ruhig dasaß und seine Schlittschuhe zuschnürte.

„Na, und du bist heute geistig auch nicht so ganz anwesend, kann das sein?" Ben spürte, wie Kai ihm nachdrücklich den Kopf tätschelte, als ob er ein Hund wäre, der erfolgreich Stöckchen geholt hatte. „Hast du immer noch einen Brummschädel?"

Direkt nach dem verwirrenden und überaus aufwühlenden Zusammenstoß mit Fiona vor drei Tagen hatte Ben kurzerhand auf Kais Handy angerufen und Bescheid gesagt, dass er nicht mehr zur Teamfeier kommen würde. Es ginge ihm nicht gut und er würde direkt heimfahren. Auf Kais Stichelei, er sei bei Fiona wohl nicht zum Zuge gekommen und verschanze sich jetzt trotzig hinter weibischem Kopfweh, hatte er nur bedeckt reagiert. Immerhin war seine Ausrede nicht mal gelogen gewesen: Sein Kopf hatte für drei gedröhnt nach dieser hormonellen Achterbahnfahrt.

Als Ben Kais dumme Sprüche solange ignorierte, bis der sich Babyface Erik zuwandte, wanderten seine Gedanken wieder zu Fiona und dem Abend, der sein bisheriges Leben nicht nur auf den Kopf gestellt, sondern es komplett umgekrempelt hatte. Fiona hatte zwar einen seiner ältesten Träume wahr werden – ihn aber gleichzeitig zu seinem größten Albtraum mutieren lassen. Was sollte er jetzt nur tun?

Er wusste nicht, ob dieser Vorfall seine tiefe Freundschaft mit Fiona überleben würde. Nach ihrem Gesichtsausdruck zu urteilen, als sie sich über das fehlende Kondom unterhalten hatten, hatte er alles in den Sand gesetzt. Als ob sie schon in dem Moment bereute, was sie getan hatten, während er fast noch in ihr steckte. Als ob er die emotionale Schwäche der Witwe seines besten Freundes ausgenutzt und sich wie eine Dampfwalze über sie hergemacht hatte – obwohl *sie* zu Beginn die Initiative ergriffen hatte. Wieder mal.

Er wollte gar nicht wissen, was sie über ihn dachte. Ben schüttelte innerlich den Kopf. Kein Wunder hatte sie sich, noch während sie bebend in seinen Armen lag, emotional von ihm distanziert.

Das fehlende Kondom … Ben konnte immer noch nicht fassen, dass er so leichtsinnig gewesen war. Bisher war er in dieser Beziehung immer bravourös zuverlässig gewesen. Nie hatte er mit einer Frau geschlafen, ohne die Verhütung selbst in die Hand zu nehmen, egal was die Frau dazu sagte. Dabei war eine eventuelle Geschlechtskrankheit noch nicht mal der Hauptgrund gewesen. Nein. Er hatte nie ein Kind mit einer Frau gewollt, bei der er sich nicht sicher war, ob sie wirklich zu ihm passte. Und bei seiner hoffnungslosen Liebe zu Fiona hätte er eine solche sowieso nie gefunden.

Mit Fiona zu schlafen, hatte seine niedrigsten animalischen Instinkte angesprochen. Er hatte das Risiko einer ungeplanten Schwangerschaft vermutlich – unbewusst – in Kauf genommen, weil er sie kennzeichnen und sich tief in ihr vergraben, sie für jeden anderen Mann verderben und für sich behalten wollte. Sie gehörte zu ihm. Jetzt und für immer.

Kein Wunder hatte er einen enttäuschten Stich in seinem Herzen verspürt, als sie ihn beruhigt hatte, sie könne nicht schwanger werden. Denn er konnte sich nichts Schöneres vorstellen, als mit ihr ein Kind zu zeugen.

Doch diese Hoffnung war sowieso hinfällig. So, wie er sie auf der Kommode hatte sitzenlassen, als ihn eine Woge der Scham und Panik unter sich begrub, würde sie ihm nie vergeben. Denn Ben hatte aus der Situation heraus nicht einfach nur ein bisschen panisch reagiert. Nein, er hatte eine ausgewachsene PANIKATTACKE gehabt!

Und deshalb hatte er die Hose hoch- und seinen Pulli über den Kopf gezogen, beide Beine unter die Arme geklemmt und war davongelaufen.

Als Ben kurz die Augen schloss, sah er sie immer noch mehr als deutlich vor sich: ein Zopf hatte sich gelöst und fiel in welligen Strähnen über ihre füllige, nackte Brust, die noch vor Erregung spannte; ihre schlanken Arme, die sich seitlich auf der Kommode abstützten, als ob sie noch einen sicheren Halt bräuchte, nachdem ein Wirbelsturm über sie hinweggefegt war; ihre schlanke Taille, die weich in ihre Hüfte überging, deren Mitte nur von einem kleinen lila Stofffetzen bedeckt war; die weit gespreizten, schlanken Beine, von denen an einem ihre Jeans baumelte und das andere ihre nackte Haut preisgab - und dann ihren fassungslosen Gesichtsausdruck, dessen leicht geöffneter Mund ihre distanzierte Überraschung kundtat. Dementsprechend kam bei ihm die Nachricht klar und deutlich an: Sie wollte, dass er sich vom Acker machte. Trotzdem fühlte er sich jetzt noch wie ein Schwein, dass er sie so hatte sitzenlassen.

Überrascht bemerkte Ben, dass er zwar seine Schlittschuhe fertig gebunden, aber vergessen hatte, die Schienbeinschoner unter den Stulpen zu fixieren. Automatisch griff er nach dem durchsichtigen Klebeband, das in seinem Fach lag, und begann, es um seinen Unterschenkel zu wickeln.

Was ihn aber nachts außerdem noch fertig machte, war sein abgrundtief schlechtes Gewissen, was Julian anging. Er wusste, der Gedanke war total beknackt. Julian war tot - und das bereits seit vier Jahren. Aber so fühlte er nun mal. Immerhin hatte er seinem besten Freund mehrfach versprochen, auf sein Mädchen aufzupassen - zuletzt im Dezember an seinem Grab. Wie konnte er ihn also so enttäuschen? Ihm wie ein Verräter hinterrücks ein Messer in den Rücken stechen?

Oh Mann, er brauchte Abstand. Dieses Gefühlschaos wuchs ihm total über den Kopf. Aber irgendwann musste er trotzdem wieder mit Fiona sprechen. Und es wäre mit Sicherheit vernünftiger, es so bald wie möglich hinter sich zu bringen. Er kannte doch die Frauen. Je länger man sich nicht meldete, desto mehr hatte man es bei ihnen verschissen.

Als sich die ersten Spieler in Richtung Eisfläche begaben und Ben seinen Helm aufzog, tauchte Kai wieder neben ihm auf, diesmal jedoch mit einem ernsten Gesichtsausdruck. Er legte Ben seine behandschuhte Hand auf die Schulter und fragte leise: „Geht's dir nicht gut?"

„Scheißtag", brummte Ben und prüfte den Helmverschluss unter dem Kinn.

Kai, der Bens Äußerung glücklicherweise auf dessen Arbeit bezog, meinte nur: „Ja, das kenn' ich. Vielleicht bringt dich das Training auf andere Gedanken." Dann gab er ihm einen aufmunternden Klaps auf die gepolsterte Schulter und glitt aufs Eis.

Bens Teamkollege sollte Recht behalten, denn der Coach hatte die grandiose Idee, die Spieler nach dem Aufwärmtraining Eins-zu-eins-Übungen absolvieren zu lassen. Körperbetonte Übungen, bei denen je zwei Spieler versuchten, sich gegenseitig auf kleinster Fläche den Puck abzujagen. Und Bens Partner, so bestimmte es der Trainer, solle Jo sein. Damit sie beim Kuscheln auf dem Eis ihre Querelen endlich beseitigen konnten. Als Ben das kampflustige Funkeln in Jos Augen sah, wusste er, dass ihm heute ein verteufelt hartes Training bevorstand.

Kapitel 19

„Wo is' Ben?", fragte Emma, als sie von unten her zu Fiona aufblickte, die in der Küche stand und das Abendessen zubereitete.

Überrascht blickte Fiona ihre Tochter an. „Oh Ben, … weißt du, Süße, er hat im Moment viel zu tun und kann uns nicht besuchen kommen." Als sie Emmys betrübtes Gesichtchen sah, zog sich ihr Herz schmerzhaft zusammen. Sie ging in die Hocke und legte ihre Hand auf Emmys Schulter. „Vermisst du ihn?"

Die Kleine nickte, dass ihr hochgebundener Pferdeschwanz nur so wippte.

Spontan nahm Fiona ihre Tochter in den Arm und tröstete sie. „Ben kommt sicher bald wieder. Dann kannst du mit ihm spielen. Er hat dich sehr lieb, das weißt du doch?"

Wieder nickte Emmy. „Ich ihn auch."

„Das weiß ich, mein Mäuschen."

Als Emma wieder ins Wohnzimmer zu ihren Kuscheltieren hüpfte, machte Fiona die Küchentür zu, lehnte sich dagegen und drückte mit beiden Handballen gegen ihre geschlossenen Augen.

Oh Gott! Sie hoffte, dass sie ihrer Tochter nicht zu viel versprochen hatte. Sie hoffte wirklich – um Emmys Willen –, dass Ben sie überhaupt noch besuchen kam – nach ihrem bemitleidenswert bedürftigen Überfall auf ihn am letzten Samstag. Es wäre unverzeihlich, wenn Emmy nur wegen eines Fehlers ihrer Mutter darunter leiden musste.

Seit letztem Samstag schlief Fiona nicht mehr gut. Die ganze Situation war völlig verfahren und drückte ihr aufs Herz. Immer wieder spürte sie die versengende Hitze der Leidenschaft in ihren Adern brodeln, in die Bens Küsse sie versetzt hatten, wobei sie unmittelbar darauf jedes Mal in ein abgrundtiefes Loch der Scham stürzte.

Scheiße! Was musste Ben nur von ihr denken?!

Dieses alles verzehrende Feuer hatte sie gründlich überrumpelt. Nie hätte sie erwartet, so für Ben zu empfinden. Oder lag es schlicht und ergreifend daran, dass sie nach Jahren der Abstinenz haltlos nach Zärtlichkeit lechzte und über jeden – wirklich jeden – Mann, mit dem sie sich gut verstand, so hergefallen wäre?

Und dass Ben zu ihrem sehr überzeugenden Angebot nicht Nein gesagt hatte, wunderte sie gar nicht. Schließlich war er ein gesunder Mann mit Bedürfnissen, der vermutlich schon seit einer ganzen Weile keinen Sex gehabt hatte. Außer natürlich, er hatte sich seit seiner Rückkehr nach Deutschland mit One-Night-Stands oder Prostituierten über Wasser gehalten. Aber das konnte sich Fiona eigentlich nicht vorstellen. Dafür war er von seinem Charakter her zu treu und zu tiefgründig.

Verflucht nochmal! Sie hatte sich ihm ja förmlich aufgedrängt und ihn für ihre sexuellen Bedürfnisse ausgenutzt. War über ihn hergefallen wie eine ausgehungerte Jungfer. Hitze schoss Fiona bei der Erinnerung an ihr schamloses Verhalten in ihre Wangen, und sie konnte kaum atmen. Sie hätte bei der Erinnerung aufheulen können.

Und zu guter Letzt hatte sie ihn gezwungen, in die Fußstapfen seines besten Freundes zu treten und sich in der männlichsten aller Disziplinen direkt mit ihm zu messen. Himmel, wie musste sie ihn anwidern! Kein Wunder hatte er die Situation – und ihren Anblick danach – nicht ertragen und schneller die Fahnenflucht angetreten als ein deutscher Soldat bei der Stürmung der Normandie. Und so hatte er sie verwirrt auf der

Kommode zurückgelassen, wo sie sich gefragt hatte, was da eben eigentlich passiert war.

Mit einem abgrundtiefen Seufzen nahm Fiona die Fäuste von ihren Augen und blinzelte, um wieder klar sehen zu können. Das war doch wirklich zum Verzweifeln! Wie konnte sie Ben jemals wieder unter die Augen treten, ohne über und über rot anzulaufen? Im Moment hatte sie kein gesteigertes Bedürfnis, das herauszufinden, weshalb sie sich gegen ihre Gewohnheit in einem tiefen Loch vergrub und Ben aus dem Weg ging. Selbst Ninas Gesellschaft versuchte sie zu meiden. Nach deren besorgter Nachricht auf Fionas AB, hatte sie ihre Freundin notgedrungen am Telefon vertröstet. Sie wollte mit ihr nicht über Ben sprechen. Sie musste sich erst selbst klar über ihre Gefühle werden. Wenigstens hoffte sie, den Kontakt zu Ben – schon allein wegen Emmy – aufrechterhalten zu können, auch wenn sich die Herzlichkeit und Achtung zwischen ihnen vermutlich merklich abgekühlt hatte.

Fiona seufzte und machte sich dran, Wurstscheiben für das Abendbrot auf einem Teller zu fächern. Wenn sie Ben nur wegen ihres unüberlegten Verhaltens als Freund verlor, würde sie das umbringen. Verluste hatte sie noch nie gut wegstecken können, obwohl sie es immer schon geschafft hatte, ihr Leben weiterzuleben. Es war nie einfach gewesen, aber … welche Wahl hätte sie sonst gehabt? Ihr Vater, Julian, ihre Mutter … Wichtige Menschen in ihrem Leben, die ihr genommen worden waren. *Verdammt!* Sie hatte sich ja noch nicht mal – weder als Kind noch als Erwachsene – ein putziges Haustier zugelegt, da sie sich mit dessen unvermeidlichem Tod nicht auch noch auseinandersetzen wollte.

Und jetzt Ben. Wie sollte sie das überleben?

Als sie die nicht benötigte Wurst in den Kühlschrank zurücklegen wollte, fiel ihr Blick auf ein kleines gerahmtes Foto, das auf einem Regal neben ein paar bunt zusammengewürfelten Kochbüchern stand und Julian zeigte. Oh Julian! Fiona hielt in ihrer Bewegung inne. Sie hatten so wenig Zeit miteinander gehabt. Und er hatte keine Chance bekommen, Emmy kennenzulernen, sie auf dem Arm zu wiegen und mit ihr zu lachen. Alles das, was Ben nun an seiner Stelle tat.

Was würde er von dieser vertrackten Situation halten? Würde er ihr vorwerfen, seinen besten Freund für ein leidenschaftliches Schäferstündchen ausgenutzt zu haben? Oder würde er es gutheißen, dass sie nach vier langen Jahren wieder mit einem Mann zusammen gewesen war – und wenn es jemand war, den sie kannte und dem sie bedingungslos vertraute, umso besser?

Doch Fiona konnte ihren Mann nicht mehr fragen. Sie atmete noch einmal tief durch, um sich zu sammeln, und zog die Tür auf, um die Wurstplatte mit dem Brotkorb zum Esszimmertisch zu tragen. Sie würde sehen, wie sie die nächsten Tage überlebte. Wenn sie genügend Abstand bekommen hatte, würde sie vielleicht das Gespräch mit Ben suchen. Vielleicht.

Doch Fiona glaubte nicht, dass sie dieses denkwürdige Ereignis mit Ben so schnell verarbeiten konnte.

Die Woche ging vorüber. Die neue Arbeitswoche begann. Doch Fionas Erinnerungen an ihre durchlebten Gefühle - von verzehrender Erregung zu abgrundtiefer Scham - hatten nichts an Intensität verloren. Immerhin gelang es ihr in der zweiten Woche n. i. e. S. m. B. - nach ihrem ersten Sex mit Ben -, sich einigermaßen auf ihre Arbeit als Lektorin zu konzentrieren. Doch immer wieder schlichen sich Bilder, Geräusche und Gefühle wie feindliche Agenten in ihr Gehirn und sabotierten ihre guten Vorsätze, das Geschehene zu vergessen - oder doch zumindest ein klein wenig zu verdrängen.

Ihre Welt war erschüttert worden - und es würde nie wieder so sein wie zuvor. Denn sie hatte in ihrer einsamen Zeit als Witwe so lange gewartet, sich emotional so lange zurückgehalten, dass sie nun, da alle Dämme gebrochen waren, Ansprüche hatte.

Ansprüche!

Das war total dumm, das wusste sie. Sie konnte schließlich nicht erwarten, eine Liebe wie die mit Julian noch einmal zu finden. Aber diese Leidenschaft mit Ben hatte die Erde beben lassen. Sie war in sexueller Hinsicht so schrecklich ausgehungert gewesen, dass sie völlig überwältigt worden war von dem Gefühl, nicht nur als Mutter funktionieren zu müssen, sondern als sinnliche Frau wahrgenommen zu werden. Eine Frau, die einen Mann erregen konnte; die einem Mann Genuss und Befriedigung bereitete.

Fiona saß in ihrem Minivan auf dem Firmenparkplatz vor dem Verlag und sollte eigentlich den Motor starten, um nach Hause zu fahren. Doch immer noch war sie ganz in Gedanken versunken und starrte blind auf die regennasse Windschutzscheibe. Wenn sie nur wüsste, ob sie Ben wirklich lieben konnte wie Julian oder ihn nur als eine Art Blitzableiter für ihre angestauten Gefühle benutzt hatte. Immerhin hatte sie festgestellt, dass es richtig gewesen war, ihre zwei Dates nach Julians Tod nicht weiter zu vertiefen. Denn einen solchen Gefühlssturm wie mit Ben hatte sie bei keinem der beiden Männer auch nur ansatzweise gespürt. Es hatte einfach das Entscheidende gefehlt.

Sie konnte sich vorstellen, dass Ben ebenso Probleme hatte, diesen Vorfall zu verarbeiten. So selbstsicher und abgeklärt, wie er oft auftrat, war er doch ein sensibler Mann, der deutlich unterschwellige Gefühle wahrnahm und dementsprechend reagierte. Sie hatte auch keine Ahnung, ob er sich überhaupt Gedanken über eine mögliche Beziehung mit ihr machte – so überfahren, wie sie ihn hatte – oder ob er das als einmaligen Ausrutscher abzuhaken versuchte.

Trotzdem fühlte sie sich von seinem distanzierten Verhalten verletzt, da er sie zu meiden schien wie eine Aussätzige. Weder er noch sie selbst waren bisher einen Schritt auf den anderen zugegangen. Emmy hatte Fiona schon zum zweiten Mal gefragt, wann Ben endlich wieder zu Besuch kommen würde. Es war ihr nichts anderes übrig geblieben, als ihre Tochter erneut zu vertrösten.

Marius hatte die Plastikbox mit einem halben Marmorkuchen fest im Griff, als er bei seinem Bruder an der Haustür klingelte. Es war Freitagabend und ungewöhnlich mild für einen Februartag. Er hatte von Ben schon lange nichts mehr gehört. Auch auf seine Nachrichten auf dessen Anrufbeantworter letzte und Anfang dieser Woche hatte Ben genauso wenig reagiert wie auf die ihrer Mutter auf der Mailbox seines Handys.

Da war irgendetwas im Busch. Marius kannte seinen Bruder. Wenn ihn etwas beschäftigte, zog er sich zurück und kam erst dann wieder heraus, wenn er das Problem für sich gelöst hatte.

Er kratzte sich am blonden Schopf und klingelte nochmal, dafür aber zweimal hintereinander, um die Dringlichkeit deutlich zu machen. Plötzlich kratzte die Haussprechanlage und Ben meldete sich mit einem kurzen „Ja?“.

„Ich bin's, Bruderherz. Susi hat mich vorbeigeschickt, weil sie wieder die Backleidenschaft gepackt hat und wir in Bergen von Kuchen ersticken. Ich habe dir deshalb einen halben Marmorkuchen mitgebracht.“

Nach einem kurzen Zögern hörte Marius erleichtert den Türöffner summen und stieg in den ersten Stock. Als sich die Wohnungstür öffnete, steckte Ben den Kopf hinaus und blickte seinem Bruder entgegen. „Susi hat wieder mal die Backleidenschaft gepackt, mh?“

„Ja. Sie probiert Rezepte für unsere Hochzeit aus, die dann Mama mithelfen soll zu backen. Und wenn Susi was macht, macht sie es richtig. Du kennst sie ja. Unsere Gefriertruhe platzt aus allen Nähten und die Nachbarn können auch schon keinen Kuchen mehr sehen. Da dachte ich, du sollst auch mal in den Genuss kommen, weil du ja zu weit weg wohnst, um uns mal auf eine Tasse Kaffee zu besuchen."

Da beide Häuser allerhöchstens neunhundert Meter auseinanderlagen, war das die Übertreibung des Jahres. Aber sie hatte die gewünschte Wirkung. Ben grinste und ließ seinen Bruder in die Wohnung. Selbst im schummrigen Flurlicht konnte Marius sehen, wie übernächtigt Ben wirkte. Er war froh, dass er auf seinen Instinkt gehört und heute Abend nach der Arbeit vorbeigesehen hatte.

Als er seine Jacke an die Garderobe gehängt und ins Wohnzimmer getreten war, blickte er sich anerkennend um. Ben hatte ein neues Sofa mit passendem Sessel gekauft und einen Flachbildschirm, den man als Esszimmertisch für eine Elefantenfamilie nutzen konnte. In einem Regal aus nachgedunkelter Fichte, das während Bens Auslandsaufenthalt in Marius' Arbeitszimmer zur Untermiete gestanden hatte, entdeckte er die alte Stereoanlage seines Bruders mit diversen alten Schallplatten und einer Unmenge CDs. Der passende Schrank dazu stand in der gegenüberliegenden Ecke. Sogar eine nicht pflegeintensive Grünpflanze stand darauf und ließ seitlich ihre langen schmalen Blätter einem Wasserfall gleich herabhängen. Marius war beeindruckt.

„Du hast dich ja schon richtig eingerichtet. Gut. Fehlt dir noch was? Soll ich dir was schreinern?"

Da Marius mit Holz und Werkzeug so geschickt und kreativ war wie Leonardo da Vinci zu seinen besten Zeiten, half er überall aus, wenn es etwas zu verschönern, zu überbauen oder anzupassen galt.

„Danke, aber ich habe alles, was ich im Moment brauche", schmunzelte Ben und lud Marius mit einer Handbewegung ein, auf dem waldgrünen Sofa Platz zu nehmen. „Was willst du trinken?"

„Du hast vermutlich kein Bier da, oder?", fragte Marius, obwohl er die Antwort schon kannte. „Sonst nehme ich einen Kaffee."

„Wenn du mich öfter besuchen kommst, kann ich gerne ein paar Flaschen bei mir bunkern", zwinkerte Ben seinem Bruder zu. „Als Austausch für Susis Kuchen sozusagen."

Dann öffnete er den Deckel der Plastikbox und sog den aromatischen Duft von frischem Rührteig, Schokolade und einem Hauch Vanille ein.

„Mmh, lecker. Ich nehme an, du willst kein Stück abhaben?“

„Nein, danke“, Marius hob abwehren beide Hände. „Wenn ich noch einen Krümel esse, passe ich nicht mehr in meine Ausrüstung und der Coach macht mich zur Schnecke, weil ich so langsam bin wie eine solche.“

Nachdem Ben zwei volle Kaffeepötte auf dem Couchtisch abgestellt und sich Marius gegenüber auf den Sessel niedergelassen hatte, schnitt er mit einem zufriedenen Seufzen zwei große Stücke Marmorkuchen ab.

Als er den ersten Biss nahm, schloss er die Augen und stöhnte. „Mann, Susi kann echt backen! Richte ihr bitte meinen herzlichsten Dank aus. Ich stehe tief in ihrer Schuld. Sie hat dafür echt was gut bei mir.“

Nun war der Moment gekommen, an dem Marius einen kleinen Vorstoß wagte. „Und, wie geht's dir so? Alles klar auf der Arbeit?“

„Mmh, geht so“, nuschelte Ben, während er weiter genussvoll an seinem Kuchen kaute und sich einen Schluck heißen, schwarzen Kaffee genehmigte.

Verwundert nahm Marius Ben genauer ins Visier. Wie? War es das jetzt schon? War er mit nur einer einzigen Frage schon auf den Grund gestoßen, weshalb Ben sich in den letzten zwei Wochen so rar gemacht hatte?

„Okay … was war los? Du hast mal erzählt, dass Sören, dein verbal inkontinenter Kollege, dir im Nacken sitzt. Ist danach noch was vorgefallen?“

Sören. Ben fielen im Zusammenhang mit seinem Kollegen immer nur Wörter ein, die mit S begannen: Schleimscheißer. Stiefellecker. Schlappschwanz. Schweinepriester. Schwanzlutscher. Schleimbeutel. Speichellecker. Scheißkerl.

Kurz erzählte er Marius, wie sein Kollege versucht hatte, einen für die Firma fast folgenschweren Fehler Ben in die Schuhe zu schieben. „Aber das ist mittlerweile ziemlich geklärt. Sören hat wieder einmal versucht, sich rauszureden, alles sei nur ein Missverständnis zwischen uns gewesen. Dann hat er aber immerhin einen strengen Verweis bekommen – und der Fall war vom Tisch.“

„Mmh … mmh“, machte Marius und betrachtete wieder seinen Bruder, dessen übliche gesunde Gesichtsfarbe heute einige Nuancen blasser wirkte, sodass man selbst die feine weiße Narbe auf seinem Wangenknochen fast nicht mehr erkennen konnte. Dieser Vorfall auf der Arbeit hörte sich für ihn nicht wie ein Problem an, das seinem Bruder noch schlaflose Nächte bereitete, da schon alles geklärt war. Deshalb stocherte Marius weiter, während er beide Hände hinter seinem Kopf verschränkte und sich gemütlich in den Sofakissen rekelte.

„Und wie läuft's im Team? Hast du dich schon gut eingelebt?" Marius spielte in einer Hobbymannschaft, die nur zum Spaß trainierte, aber nicht in der Regionalliga Südwest aufgestellt war. Deshalb hörte er immer gerne Neuigkeiten über die *Pitbulls*.

„Ja, schon lange. Die neuen Jungs sind gut, manche noch etwas unerfahren, aber sie lernen schnell von den alten Hasen. Und die Alten sind immer noch wie früher: Haben nur Streiche und Eishockey im Kopf." Ben musste grinsen. „Sie sind alle ganz heiß darauf, ins Finale zu kommen und den Heilbronnern den Meistertitel vor der Nase wegzuschnappen."

„Hat sich Jo wieder eingekriegt?", hakte Marius nach und beobachtete unter halb gesenkten Augenlidern genau Bens Miene.

„Oberflächlich gesehen ja. Aber ich trau dem Frieden nicht. Nach dem ersten Training im Januar, in dem er eine ordentliche Abreibung vom ganzen Team verpasst bekommen hat, war eine Weile Ruhe im Karton. Aber letztens musste ich Eins-zu-eins-Übungen mit ihm als Partner bestreiten ..."

„Wer ist denn auf *die* bescheuerte Idee gekommen?!", rief Marius überrascht aus und verschluckte sich fast an einem Schluck Kaffee.

„Der Coach. Er meinte wohl, es würde unserem angespannten Verhältnis gut tun oder uns zusammenschweißen, was weiß ich. Jos rachsüchtiges Glitzern in den Augen, als wir uns gegenüberstanden, beinhaltete eine ganze Liste von unerfreulichen Versprechungen. Dementsprechend hart war das Training. Aber er hat auch einiges einstecken müssen, das kann ich dir versichern. Danach habe ich mich bis zum Hals in meine kleine Badewanne voller heißes Wasser gezwängt, um meine verspannten Muskeln zu lockern."

Da Bens Badewanne so kurz war, dass man darin bei seiner Körpergröße eigentlich nur ziemlich beengt sitzen konnte, ließ die Vorstellung Marius lauthals auflachen.

„Ich hätte es mir an deiner Stelle im Whirlpool mit einer heißen Braut gemütlich gemacht, die dir nicht nur die Verspannung in deinen malträtierten Muskeln wegmassiert." Marius' Augen funkelten übermütig. „Und, bist du in letzter Zeit mit einer Frau zusammen gewesen, die deiner rechten Hand die Arbeit abnimmt?"

Überrascht bemerkte Marius, dass sich Bens Gesichtsausdruck veränderte. Aha. Volltreffer. Es hatte also mit einer Frau zu tun. Aber was genau passiert war, konnte er Bens Mienenspiel nicht entnehmen. Sein Bruder war noch nie jemand gewesen, in dessen Gesicht man wie in einem offenen Buch lesen konnte.

Widerstrebend gab Ben zu, dass er eine Frau getroffen habe, die er noch von früher kenne, mit der aber nichts liefe.

„Aber sie hat Interesse?“, hakte Marius nach.

„Ich denke schon. Aber ich weiß nicht, ob sie wirklich zu mir passt. Und weil sie auch in Knopfheim wohnt, will ich nichts anfangen, das ich nicht ernsthaft durchziehen kann. Das gibt sonst nur böses Blut.“

„Wer ist sie?“

Nun schüttelte Ben grinsend den Kopf. „Das werde ich dir unter Garantie nicht verraten. Sonst weiß es heute Abend Susi, die es ihren Freundinnen gegenüber erwähnt – und spätestens übermorgen reden alle in Knopfheim darüber. Du weißt, wie das bei uns im Ort die Runde macht. Als ich kaum eine Woche wieder hier gelebt habe, bin ich von fast fremden Menschen angesprochen worden, die Dinge über mich wussten, die sie eigentlich nicht hätten wissen können.“ Ben nahm den letzten Schluck Kaffee und stellte die Tasse auf den Couchtisch. „Und du weißt, wie ich es hasse, wenn ich zu etwas gedrängt werde.“

Marius gab ein zustimmendes Geräusch von sich und verschränkte locker seine Arme vor der Brust. „Und was sagt Fiona dazu?“

Ben erstarrte. Wie kam sein Bruder jetzt auf Fiona? Hatte er doch irgendwie auf seltsam verschlungenen Wegen von ihren heißen Küssen vor Fionas Haustür gehört? Den Knopfheimer Nachbarn würde er alles zutrauen. Oder hatte er es einfach erraten, da Bens Gefühle auf seine Stirn tätowiert waren?

„Ich meine, hast du schon mal mit Fiona darüber gesprochen, vielleicht hat sie eine Idee, wie du herausfinden kannst, ob diese Frau zu dir passt. Du verstehst dich doch so gut mit ihr.“

„Nein.“ Erleichtert bemühte sich Ben um einen normalen Gesichtsausdruck. „Ich habe mit ihr noch nicht gesprochen.“ Zum Glück verstand sein Bruder diesen Satz so, wie Ben ihn *nicht* gemeint hatte.

„Du musst nur aufpassen, dass diese Frau nicht eifersüchtig auf Fiona reagiert. Wenn sie mehr hinter deiner freundschaftlichen Beziehung vermutet, wird sie es gar nicht mit dir versuchen und ist gleich wieder von der Bildfläche verschwunden. Also, nicht, dass du mich falsch verstehst, ich bewundere deine Freundschaft zu Fiona wirklich. Nicht alle Männer haben weibliche Freunde." Er machte ein nachdenkliches Gesicht. „Eigentlich kenne ich keinen, der eine so enge Beziehung zu einer Frau pflegt, mit der er keinen Sex hat. Pass deshalb bloß auf, dass du damit keine potenziellen Kandidatinnen abschreckst und leer ausgehst. Es wird langsam Zeit, dass du eine Frau findest, mit der du glücklich sein kannst. Immerhin bist du schon bald fünfunddreißig."

Ben sah die Sorge im Gesicht seines Bruders, obwohl dieser sie mit den leicht dahingesagten Worten zu überdecken versuchte, und dachte: wenn der wüsste. Seine Beziehung mit Fiona war die ganzen Jahre über - ganz ohne Sex - so eng gewesen, dass man (selbst bei Ehepaaren) lange nach etwas Vergleichbarem suchen musste. Seit sie aber dieses eine Mal miteinander geschlafen hatten, herrschte totale Funkstille, war die wunderbar vertraute Nähe wie ausradiert. Er wusste nicht, wie lange er noch in diesem ungewissen Zustand leben konnte.

Kapitel 20

Nachdem Fiona den lästigen Samstagsputz hinter sich gebracht hatte, schleppte sie einen Wäschekorb voller Socken und Unterwäsche aus dem Keller, die sie gerade aus dem Trockner geholt hatte, um sie zusammenzulegen. Emmy tanzte währenddessen Schleier schwingend - als Prinzessin verkleidet - zu Karel Gotts *Biene Maja* durchs hell erleuchtete Wohnzimmer und sang in den höchsten Tönen mit.

Als sie Fiona erblickte, rief sie: „Ah, Mami! Da bis' du ja! Mach mit!"

Fiona musste lachen, weil ihre Tochter in ein großes himbeerfarbenes Tuch gewickelt war und mit ihrem kleinen Krönchen und dem Gardinenstück als Schleier zum Anbeißen aussah. Deshalb konnte sie nicht anders und stellte den Wäschekorb auf die königsblaue Couch zwischen die bunten Kissen, nur um ihre Tochter zu packen und mit ihr im Wohnzimmer begleitet von freudigem Gejauchze herumzuwirbeln. Dann gab sie ihr einen herzhaften Schmatz, wonach Fiona den Fotoapparat zückte, um das Bild für den Jahreskalender im nächsten Jahr verwenden zu können. Iris und Wolfgang liebten diese selbst gestalteten Kalender, die Emmy und sie ihnen immer zu Weihnachten schenkten.

„So, nun braucht Mami die Hilfe der kleinen Prinzessin, um ihre vielen, vielen Söckchen zusammenzulegen", meinte Fiona und schüttete den Korb auf der Couch aus.

„Au ja", kicherte Emmy und schmiss sich freudestrahlend in den sauberen Wäscheberg, nur um sich darin wie ein Schweinchen im Dreck zu suhlen.

„Nein, nein." Fiona hob die kleine Göre lachend auf und setzte sie ans eine Ende der Couch. Sie selbst nahm auf der anderen Seite des Wäschehaufens Platz und suchte zwei passende Söckchen heraus. Emmy, die das Prozedere schon kannte, legte sie auf ihrem Schenkel ordentlich nebeneinander und strich sie glatt. Dann legte sie den einen auf den anderen und klappte sie wie einen Pfannkuchen zusammen, nur um sie ihrer Mutter zum Zusammenstecken zu geben. Das schaffte sie nämlich noch nicht allein. Für jedes Sockenpaar bedankte sich Fiona freundlich und gab ihr ein neues. Nach keinen zehn Minuten hatte Emmy allerdings schon ihre Geduldsgrenze erreicht und tanzte wieder ausgelassen durchs Wohnzimmer.

Lächelnd betrachtete Fiona ihre Tochter. Dann schaute sie auf ihre Armbanduhr. Ah, sie hatte noch genügend Zeit, die Wäsche fertig zusammenzulegen und wegzuräumen. Ihre Schwiegermutter würde bald vorbeikommen, um auf Emma aufzupassen, da Fiona noch die Korrekturfahne eines Sachbuchs fertig durchschauen musste, was sie am Freitag auf der Arbeit nicht mehr geschafft hatte. Und dazu brauchte sie absolute Ruhe.

Als sie noch eine gebügelte Bluse in ihrem Schlafzimmer verräumte, wurde ihr bewusst, wie anders der Schrank noch vor einigen Jahren eingeteilt war. An dieser Stange waren nämlich immer Julians Hemden gehangen. In vielen verschiedenen Farbtönen: Weiß, Hellblau, Königsblau, Brombeere, Weinrot, Schwarz. Ihm hatten viele Farben gestanden.

Eine sentimentale Welle rollte an und drohte, sie unter sich zu begraben. Energisch schloss sie die Schranktüren und verbot sich, an ihren Mann zu denken. Doch selbst nach vier Jahren fiel es ihr nicht schwer, sich an sein strahlendes Lächeln zu erinnern – auch wenn manche anderen Dinge begannen zu verblassen.

Automatisch strich sie mit der Daumenspitze über die Innenseite ihrer Ringfingerwurzel und suchte nach dem vertrauten Ring. Doch den trug sie schon lange nicht mehr. An Julians zweitem Todestag hatte sie beschlossen, sich von der Vergangenheit zu verabschieden. Natürlich hatte

Nina davor schon mit gelegentlich dazwischengestreuten Bemerkungen den Weg zu dieser Entscheidung geebnet. Doch Fiona hatte selbst den richtigen Zeitpunkt für sich erfühlen müssen und die Entscheidung dann (mit allen emotionalen Konsequenzen) gefällt.

Als es an der Haustür klingelte, tauchte sie wieder aus der Vergangenheit auf und bemerkte, wie sie reglos vor dem geschlossenen Kleiderschrank stand und blind auf die Türen starrte. Dankbar für die Ablenkung machte sie sich auf den Weg nach unten.

Als sie Iris die Tür öffnete, kam Emmy schon jauchzend auf ihre Großmutter zu gerannt, die sie lachend hochnahm und herzlich an sich drückte. „Oh, ist meine Maus aber seit gestern groß geworden!! Ich kann dich ja fast nicht mehr hochheben."

Iris gab ein so theatralisches Stöhnen von sich, dass Emmy sich vor Lachen kugelte und ihrer Großmutter die türkisfarbene Strickmütze vom Kopf zog.

Iris nahm sie ihr lächelnd aus der kleinen Hand, strich ihr liebevoll über die dunkelbraunen Haare und meinte: „So, ich würde sagen, wir zwei Hübschen gehen jetzt auf den Spielplatz, damit deine Mama arbeiten kann. Und danach können wir bei mir zuhause vielleicht noch ein paar Kekse backen."

Diese Idee fand bei Emmy große Zustimmung. Schon kurz darauf konnte sich Fiona mit einem erleichterten Seufzen und einer Tasse Kaffee an ihren Schreibtisch setzen. Nachdem sie ihren langen Pferdeschwanz zu einem dicken Dutt gedreht und mit einem Haargummi befestigt hatte, konnte sie sich endlich ihrer Arbeit widmen.

Als es am frühen Abend klingelte, war Fiona gerade dabei, ihren Schreibtisch aufzuräumen. In der Haustür standen Iris und Emmy, jede mit einer Blechdose voller Kekse in der Hand und einem zufriedenen Lächeln auf den Lippen.

„Ich hoffe, dir hat die Zeit gereicht. Emmy wäre mir nämlich beinahe in der Küche eingeschlafen", begrüßte Iris ihre Schwiegertochter, während Emma in voller Wintermontur gleich an Fiona vorbei ins Wohnzimmer rannte.

„Ja, ich bin gerade vor zehn Minuten fertig geworden. Vielen Dank, Iris, du hast mir heute das Leben gerettet. Am Montag soll nämlich mein letzter Korrekturdurchlauf des Buchs fertig sein, damit es dann in Druck gehen kann. Aber gestern war bei uns im Verlag wirklich die Hölle los, weshalb ich mit Korrekturlesen nicht fertig geworden bin."

Iris betrat den Flur und schloss die Haustür hinter sich. „Emmy hatte viel Spaß auf dem Spielplatz. Ihre Freundin aus dem Kindergarten war auch mit ihrer Mutter da. Danach haben wir zwei noch bei mir zuhause Emmys Lieblingskekse gebacken." Sie hob ihre Blechdose hoch und reichte sie Fiona. „Für dich. Emmy wollte eine eigene Dose haben. Wofür wollte sie mir allerdings nicht verraten. Meinst du, ich dürfte Emmy heute ins Bett bringen? Das habe ich schon eine ganze Weile nicht mehr getan. Ich vermute, sie ist eh schon in einer halben Stunde fällig. Die frische Luft, das Herumtoben und Plätzchenbacken hat sie ziemlich geschafft."

„Ja, natürlich. Komm rein und leg ab."

In dem Moment flitzte Emmy – augenscheinlich gar nicht mehr müde und bis auf Strumpfhose und T-Shirt völlig entblättert – aus dem Wohnzimmer auf ihre Großmutter zu und umfasste ihre Beine, die noch im wadenlangen Wintermantel steckten. „Danke für die Kekse!"

Iris nahm ihre Enkeltochter auf den Arm, gab ihr einen Kuss auf die rosige Wange und sagte: „Gern geschehen. Und was hast du jetzt mit *deiner* Keksdose gemacht?"

„Hab' Pupp'n sum Teekänts'ch'n eingelad'n."

„Ach so, Teekränzchen", nickte Iris mit ernster Miene. „Natürlich mit den frischgebackenen Keksen, das ist eine feine Sache. Und sprecht ihr dabei auch über gewichtige Themen?"

„Mmh", nickte Emmy genauso ernsthaft, da sie von ihrer Großmutter wusste, dass man während einer Teeparty gepflegte Konversation betrieb, und lispelte: „Puppies vermissen Ben. Hab' gesagt, dass Ben seeeehr beschäftigt is' und nich' kommen kann, um mit uns Tee su tink'n."

„So-so", meinte Iris nur. „Der *liebe* Ben kann euch also im Moment nicht besuchen."

Fionas Blick wurde bei diesen Worten wie von Seidenfäden zur Kommode gezogen, die eine stumme Zeugin für eines der – im positiven Sinne – erschütterndsten Erlebnisse in Fionas Leben darstellte. Wieder jagte diese sengende Glut in ihren Körper, die durch Bens aufreizend verführerische Küsse entfacht worden war. Wieder spürte sie ihre Bedürftigkeit und das verzehrende Verlangen nach Zärtlichkeiten. Das sehnsuchtsvolle Brennen zwischen ihren Beinen …, das nur Ben lindern konnte. Und als er dann endlich …

Erst jetzt merkte Fiona am Nachhall der Betonung, dass Iris genau das Gegenteil von *lieb* gemeint hatte und ihre Herzlichkeit um ein paar Grad abgenommen hatte. Dann spürte sie den prüfenden Blick ihrer Schwiegermutter auf sich ruhen, während diese dummerweise auch noch direkt neben besagter Kommode stand.

Das Letzte, was sie jetzt brauchen konnte, war, knallrot anzulaufen wie eine Tomate. Um ihre Verlegenheit zu überspielen, trat sie hinter Iris und wollte ihr aus dem Mantel helfen. Da diese jedoch Emmy auf dem Arm hielt, war das gut gemeinte Vorhaben eigentlich völlig hirnverbrannt. Aber das war Fiona egal. Hauptsache Iris merkte nicht, dass ihre Welt von einem heftigen Erdbeben erschüttert worden war.

Als Emma wieder festen Boden unter den Füßen hatte, flitzte sie gleich wieder in ihre Puppenecke, sodass Iris sich endlich von ihrem Wintermantel befreien konnte.

„Na ja, das wundert mich nicht, dass er für sein Patenkind keine Zeit hat, was man so alles hört."

Obwohl Fiona den Angelhaken sah, schnappte sie nach dem verführerischen Köder wie eine hungrige Forelle. Sie hatte einfach schon zu lange auf ein Lebenszeichen von Ben gewartet. Während sie Iris' Wintermantel an die Garderobe hängte, zwang sie sich, unbeteiligt zu fragen: „Ach ja, was hört man denn so?"

„Er ist anscheinend frisch mit dieser Simone Fink zusammen. Du weißt doch, diese kleine Rothaarige, die neben der Familie Barts wohnt und in der hiesigen Bank arbeitet. Dass du das noch nicht mitbekommen hast, wundert mich aber sehr, so dicke, wie du mit Ben immer tust."

Fiona blieb wie erstarrt stehen und war mehr als dankbar dafür, Iris immer noch ihren Rücken zugewandt zu haben, während diese fortfuhr: „Schon vor ein paar Wochen haben sie anscheinend im *Bully* ganz vertraulich die Köpfe zusammengesteckt. Und diese Woche waren sie wohl auch wieder dort, sind in einer schummrigen Ecke gesessen und haben Händchen gehalten."

Das durfte doch wohl nicht wahr sein! Ben und eine Rothaarige? Etwa diese Rothaarige, die sich ihm an Silvester an den Hals geworfen hatte?! Das war aber nach ihrem heißen Tête-à-Tête vor vierzehn Tagen schnell gegangen!

Fiona spürte, wie sich ihre Wohnung um sie herum zu drehen begann. Die scharfen Krallen der Eifersucht umfassten ihr Herz und drückten es schmerzhaft zusammen, als sie die bittere Erkenntnis traf: Ben hatte ihr kurzes Intermezzo also nichts bedeutet. Deshalb hatte er sich auch nicht bei ihr gemeldet. Er wollte wohl wirklich nichts von ihr – obwohl sich das an jenem Samstagabend für sie ganz anders angefühlt hatte. Doch vermutlich hatte nur sie diese lodernde Leidenschaft so intensiv empfunden, da sich jede Zelle ihres Körpers nach männlicher Aufmerksamkeit verzehrt hatte. Vermutlich hätte sie schon einen Orgasmus bekommen, wenn Ben ihr nach einem anstrengenden Arbeitstag nur eine Fußmassage verpasst hätte.

Nervös begann sie unauffällig, den Saum ihres Sweatshirts zwischen den Fingern zu kneten, während sie sich die Situation von vor zwei Wochen nochmals ins Gedächtnis rief.

Er selbst hatte sich wohl nur von ihr mitreißen lassen, da sie ihn vor ihrer Haustür so überrumpelt hatte. Vermutlich war auch er nicht gegen überkochende Hormone immun. Ein anderer Grund fiel ihr auf die Schnelle nicht ein, wenn er doch eigentlich ein Auge auf Simone Fink geworfen hatte. Eine Frau, die nicht durch ein Kind von einem anderen Mann belastet war und nicht auf einem Haufen Schulden saß wie sie selbst. Na ja, ein Haufen war es zum Glück nicht, da sie das alte renovierungsbedürftige Haus, das Julians Großmutter gehört hatte, von seinen Eltern zur Hochzeit geschenkt bekommen hatten. Aber den Kredit für die anschließenden Umbaumaßnahmen zahlte sie immer noch ab.

Oh Gott. Plötzlich fiel ihr noch ein anderer Grund für Bens Bereitschaft ein, mit ihr zu schlafen, der wohl der schlimmste von allen war und ein heißes Loch in ihre Brust brannte: Mitleid.

Bevor sie den Gedanken in allen möglichen schrecklichen Facetten beleuchten konnte, richtete sich Iris wieder auf, nachdem sie ihre Winterschuhe ausgezogen hatte. „Aber die wird sich noch umschauen. Auch wenn er einen guten Job hat, ist er doch viel zu verschlossen, um richtig auf eine Frau einzugehen. Und man weiß ja, wie anstrengend es ist, einem Mann immer alles aus der Nase ziehen zu müssen, wenn er Probleme in sich hineinfrisst. Das führt bekanntlich zu Magengeschwüren. Und wie solche Menschen Konflikte gemeinhin lösen, ist schließlich bekannt.“ Iris machte eine Geste, als ob sie aus einer Flasche trank. „Da kann man von der Familie Kowalczyk schließlich nichts anderes erwarten. Da war Julian immer ganz anders gewesen.“

Fiona hielt überrascht den Atem an. Iris hatte ihr gegenüber noch nie laut etwas gegen Ben oder dessen Familie gesagt.

Bevor sie etwas entgegnen konnte, fuhr Iris halblaut fort, als würde sie die Zähne zusammenbeißen: „Gut, die Mutter war schon immer eine anständige Frau gewesen. Aber der Vater …" Missbilligend schnalzte sie mit der Zunge. „Da brauche ich ja wirklich nicht viel zu sagen."

„Aber da kann Ben doch nichts dafür!", brauste Fiona auf und senkte gleich ihre Stimme, damit Emma im Wohnzimmer nichts von der Unterhaltung über ihren geliebten Patenonkel mitbekam.

Doch Iris fuhr fort, als habe Fiona Ben nicht gerade in Schutz genommen. „Jeder in Knopfheim hat sich damals über Mirko lustig gemacht. Keiner hat ihn ernst genommen. Mein Gott, wenn ich mir überlege, wie sie sich damals das Maul über ihn und seine", sie machte eine kunstvolle Pause, nur um das nachfolgende Wort besonders zu betonen, „*Fehltritte* zerrissen haben. Immerhin haben sich seine Söhne durch ihre Eishockeyleistungen ein besseres Ansehen und mehr Akzeptanz im Ort erarbeitet." Sie rümpfte leicht die Nase, als würde sie neben einem Misthaufen stehen. „Aber Kinder von Trinkern wachsen mit diesem schlechten Vorbild auf – und man weiß ja, wie sie es dann später den Eltern nachmachen."

„Aber Ben trinkt noch nicht mal Alkohol!", verteidigte Fiona ihn mit einem fassungslosen Flüstern und hatte das Gefühl, eine völlig fremde Frau stünde ihr gegenüber. „Also, jedenfalls kaum. Nur ab und zu."

„Das reicht schon. Die Weichen sind gestellt. Du weißt, dass der Hang zur Sucht vererblich ist, oder?", fragte Iris ihre Schwiegertochter und fixierte sie mit einem harten Blick aus ihren blauen Augen.

„Das heißt doch aber nicht, dass es zwangsläufig so kommen muss." Ungläubig und mit klopfendem Herzen starrte sie ihre Schwiegermutter an, deren angespannte Gesichtszüge sie völlig veränderten. „Was hast du eigentlich für ein Problem mit Ben? Du kennst ihn doch schon seit dem Kindergarten. Du hast ihn zusammen mit deinem Sohn aufwachsen sehen. Er ist täglich bei euch ein und aus gegangen, weil er Julians bester Freund war."

Doch Iris ließ sich nicht festnageln, denn ihre Miene hatte noch keinen Deut an Wärme zugelegt. „Ich sage ja bloß, dass der Hang zur Sucht vererblich ist und auf diese Simone Fink vermutlich noch schwere Zeiten zukommen, wenn sie nicht so schlau ist, die Beine in die Hand zu nehmen und sich schleunigst aus dem Staub zu machen."

Mit diesen Worten durchquerte sie den Flur und betrat das Wohnzimmer, um mit ihrer Enkelin Teekränzchen zu spielen, bevor sie Emmy ins Bett brachte.

Kapitel 21

Mann-oh-Mann! Sie wusste nicht, was mit Iris los war. So wie heute hatte sie ihre Schwiegermutter noch nie erlebt, dachte Fiona, als Iris heimgegangen war, Emmy schlafend mit einem Bauch voller Kekse in ihrem Bettchen lag und sie selbst die tägliche Unordnung im Wohnzimmer beseitigte.

Gut, manchmal hatte Iris tatsächlich leicht snobistische Anwandlungen. Das lag sicher auch mit daran, dass Wolfgang Karriere bei einer großen Mannheimer Firma gemacht hatte, die elektronische Geräte für die Automobilindustrie herstellte, und mittlerweile Vorstandvorsitzender war. Sie hatten schon immer ein großes Haus gehabt, das seinesgleichen in Knopfheim suchte. Sie waren angesehene Bürger mit weit zurückreichendem Knopfheimer Stammbaum, die sich um das Gemeinwohl des Ortes kümmerten. Aber dennoch hatte Iris ihre bessere gesellschaftliche Position nie zur Schau getragen wie einen modischen Hut in Ascot beim Pferderennen.

Angesprochen hatte Fiona das Thema Kowalczyk an diesem Abend nicht mehr, da sie es in Emmys Gegenwart nicht diskutieren wollte und Iris sich nach dem Zubettgeh-Ritual gleich verabschiedet hatte. Aber es wurmte sie immer noch heftig, dass sie Ben nicht so hatte verteidigen können, wie er es verdiente. Dass er in der Schule immer fleißig gelernt hatte - trotz der finanziell und zwischenmenschlich schwierigen Situation zuhause. Dass er mit Bafög in Rekordzeit und mit Bestnoten studiert hatte. Dass er bei einem weltweit angesehenen Unternehmen in Mannheim begonnen und sogar in deren ausländischer Niederlassung Karriere gemacht hatte.

Ben ein angehender Alkoholiker? Da konnte sie nur herzhaft lachen. So etwas Absurdes hatte sie noch nie gehört. Allerdings kannte sie ihn auch bedeutend besser als Iris. Das lag nicht zuletzt an den vielen intensiven Gesprächen über die letzten Jahre verteilt, in denen sie viel von seinen Überzeugungen und seiner Lebenseinstellung erfahren hatte.

Dass die Suchtneigung vererbbar war, hatte sie natürlich auch schon gehört. Aber so, wie sie Ben einschätzte, war er zu charakterstark, um sich bei Problemen in den Alkohol zu flüchten. Deshalb hatte sie ihn automatisch in Schutz genommen, als Iris verbal über ihn hergefallen war - obwohl ihr blutendes Herz tobte, da er sich für eine Frau entschieden hatte. Und die Wahl war nicht auf sie gefallen.

Überschäumende Wut, bittere Enttäuschung und eine ungewohnte Verletztheit kämpften in einem erbitterten Wettkampf um den ersten Platz in ihrer Brust. Wie konnte er es nur wagen, sich so kurz nach ihrer *unglaublichen* Vereinigung eine andere zu nehmen?! Er musste doch wissen, wie sehr er sie damit verletzte. Wenigstens ein klärendes Gespräch hätte er abwarten können - so in der Art, dass er sich nur unter dem Ansturm ihrer Gefühle hatte hinreißen lassen, aber sonst eigentlich nichts von ihr wolle. Sie sei schließlich die frühere Frau seines besten Freundes und für die hege man logischerweise eher schwesterliche als erotische Gefühle. Und so weiter, blablabla.

Fiona hätte ja sogar Verständnis für seine Situation, die durch verrücktspielende Hormonen eskaliert war. Aber dann sollte man danach doch bitte die Fronten klären, Herrgott nochmal, und den anderen nicht im luftleeren Raum hängen lassen!!

Fiona hätte nie gedacht, dass Ben so ein Feigling war.

Etwas heftiger als geplant klopfte Fiona die vom Sitzen zerdrückten Sofakissen auf, während sie in Gedanken mit Ben eine heiße Argumentation führte. Dann ging sie immer noch leise grummelnd in Richtung Küche, um sich etwas zu essen zu richten und ein Glas Wein einzuschenken. Doch auf dem Weg dahin stolperte sie im dunklen Flur über einen Wäschekorb voller Winterkleidung ihrer Tochter.

Mist! Die hatte sie auch noch wegräumen wollen. Morgens hatte sie alle Kleidungsstücke aussortiert, die Emma mittlerweile zu klein geworden waren und die sie im Keller deponieren wollte. Sie fluchte und merkte, wie ihr Stimmungsbarometer noch um ein paar Grad fiel. Okay, das würde sie jetzt noch schnell erledigen, bevor sie sich einen gemütlichen Abend - allein - vor dem Fernseher gönnte.

So wie immer. Hurra!

Im Keller angekommen, suchte sie leere Plastiktüten zusammen und steckte die kleinen bunten Pullis, Hosen und T-Shirts hinein. Doch als sie den weißen Schrank im Hobbyraum öffnete, in dem sie Emmys alte Kleidung lagerte, stellte sie frustriert fest, dass er schon fast aus allen Nähten platzte. Sie musste sich endlich dazu überwinden, alles durchzuschauen, zu entscheiden, was sie als Andenken behielt und was sie ein paar Bekannten mit jüngeren Töchtern weitergeben konnte.

Mit einem abgrundtiefen Seufzen stellte sie sich auf die Zehenspitzen und drückte zwei Tüten ins oberste Fach in der Hoffnung, sie mögen stecken bleiben. Doch dieser Wunsch wurde ihr nicht erfüllt. Die Tüten bekamen ein Eigenleben, bevor Fiona die rettende Tür schließen konnte, und rutschten ihr dank der Schwerkraft mit Schwung entgegen. Rissen eine weitere Tüte, drei Schuhe und ein Holzspielzeug mit sich. Fiona verlor das Gleichgewicht und plumpste unsanft mit ihrem Allerwertesten auf den gefliesten Boden – und saß am Ende in einem Haufen Kleidung und Spielzeug.

Himmel, Arsch und Zwirn! Das durfte doch nicht wahr sein! Ging in ihrem Leben denn nie etwas glatt?! Sie war heute, weiß Gott, nicht in Stimmung für eine groß angelegte Aufräumaktion im Keller. Fluchend rappelte sie sich auf und begann, alles mit heftigen Bewegungen wieder in die Tüten zu stopfen. Irgendwann demnächst würde sie ausmisten.

Aber nicht heute Abend.

Als sie das oberste Fach im Schrank leer räumte, um alles systematisch verstauen zu können, fiel ihr eine in Mosaiktechnik reich verzierte Kiste in Schuhkartongröße in die Hände und ließ sie erstarren. Ein rotes Herz aus Glitzersteinen funkelte sie auf dem Deckel an und wurde oben und unten von zwei Namen umrahmt: *Fiona* und *Julian*.

Mit zitternden Knien ließ sich Fiona auf dem Boden nieder. Stumm blickte sie auf den Schriftzug, der mit vielen kleinen blauen Funkelsteinchen kunstvoll geklebt war. Der Hintergrund schimmerte in einem satten Goldton und hatte sie schon immer an ein Weizenfeld im August erinnert.

Julian und sie hatten die Kiste zur Hochzeit von den Frauen der Eishockeyspieler geschenkt bekommen, mit denen Julian seit seiner Kindheit befreundet war und die er am wichtigsten Tag seines Lebens dabeihaben wollte. Die Spieler selbst hatten das als romantischen Firlefanz belächelt und sich um ein anderes – männlicheres – Geschenk gekümmert.

Doch die Frauen hatten sich nicht beirren lassen und die Kiste Fiona mit den Worten übergeben, sie solle darin die wichtigsten Andenken an ihre Beziehung mit Julian sammeln, um sie in den trüben Tagen des Lebens zu öffnen und sich an ihren sonnigen Erinnerungen zu wärmen. Wie recht sie doch gehabt hatten! Die dunklen Tage waren schneller gekommen, als sie erwartet hatte.

Gedankenverloren strich sie sich eine Haarsträhne hinters Ohr. Dann öffnete sie vorsichtig den Deckel und blickte hinein. Sie wusste noch ganz genau, was sie als würdig befunden und hineingelegt hatte: ein dicker Packen Briefe umbunden mit einem pinkfarbenen Satinband. Fotos. Glückwunschkarten zu ihrer Hochzeit. Zwei Eintrittskarten für ein Ballett, die Julian ihr zu ihrem ersten Jahrestag geschenkt hatte. Eine getrocknete Rose, deren gelbe Blütenblätter schon ganz braun geworden waren, und noch so einiges mehr.

Wie in Trance ging sie die Fotos durch, blieb an Julians Lächeln hängen und sehnte wieder seinen Duft herbei. Blickte in Bens jugendlich schmales Gesicht, das grinsend neben Julians zu sehen war. Sie selbst mit Julian bei einem Ausflug zum Karlsruher Schloss, wo sie mit kindlicher Begeisterung mit der kleinen Bimmelbahn durch den Schlosspark gefahren waren.

Erst als ein Wassertropfen auf ein Foto fiel, merkte sie, dass sie weinte.

Kurzerhand schloss sie die Schachtel, klemmte sie unter den Arm und griff sich eine Flasche Wein, bevor sie wieder ins Wohnzimmer hinaufging. Sie würde heute in Erinnerungen schwelgen, auch wenn sie mehr als schmerzhaft sein würden. Aber sie wollte Julians Liebesbriefe lesen, die er ihr immer wieder zu passenden Gelegenheiten geschrieben hatte. Und manchmal auch einfach so zwischendurch. Nach einer wunderbaren Nacht zu zweit oder nach einem Erlebnis, das ihm ihre Nähe noch kostbarer hatte erscheinen lassen.

Julian war ein wunderbarer Briefschreiber gewesen. Tiefgründig. Romantisch. Witzig. Und ganz besonders sinnlich.

Heute Abend würde sie in die Vergangenheit abtauchen und mit der Verzweiflung einer Witwe das genießen, was ihr noch geblieben war.

Liebesbriefe eines toten Ehemanns.

Als Ben aus dem Haus seines Bruders trat, empfing ihn die Nachtluft wie ein samtiges Tuch, das sich weich auf sein Gesicht legte. Wie ungewöhnlich warm das Wetter für Februar doch war! Wegen Ben konnte es gerne schon Frühling werden. Er liebte die Zeit, wenn an den Ästen die weiße Blütenpracht und das zarte Frühlingsgrün explodierten. Wenn man mit geschlossenen Augen in der warmen Sonne sitzen und den eigenen Körper wie einen Akku in den wärmenden Strahlen aufladen konnte.

Doch darauf musste er noch ein wenig warten. Anfang nächster Woche sollte es nämlich wieder einen Temperatursturz geben, woraufhin kaltes, regnerisches Wetter in die Lande zurückkehren würde. Deshalb wollte er heute die milde Nacht mit einem ausgedehnten Spaziergang zelebrieren. Nötig hatte er es allemal.

Susi und Marius hatten ihn zum Kaffee eingeladen, da noch mehr als genug Kuchen und Tortenstücke vom Probebacken übrig gewesen waren, die vernichtet werden mussten. Da Ben heute einen spielfreien Abend und sich in letzter Zeit bei seiner Familie so rargemacht hatte, fühlte er sich verpflichtet, die Einladung anzunehmen und war mit einem großen Blumenstrauß für Susi auf deren Hausschwelle gestanden – obwohl ihm eigentlich nicht nach Gesellschaft zumute gewesen war.

Die ungeklärte Situation mit Fiona zerrte an seinen Nerven. Sie hatte sich nicht bei ihm gemeldet. Und dieses Schweigen sagte ihm – wie er befürchtete – mehr als tausend Worte. Er hatte es bei ihr verbockt. So, wie er über sie hergefallen war, wunderte es ihn nicht, dass sie ihn danach so wachsam, fast schon distanziert angeschaut hatte. Als ob sie ihn zum ersten Mal bewusst wahrnehmen würde und sich fragte, was dieser Mann eigentlich mit seinem Schwanz in ihr zu suchen hatte.

Genau in diesem Moment war Ben aus den himmlischen Sphären seiner Glückseligkeit wie ein Flugzeug mit Turbinenausfall ins Bodenlose gestürzt und hatte sich der Ausweglosigkeit der Situation stellen müssen.

Unfassbar, aber wahr: Die unglaublichste sexuelle Erfahrung seines Lebens war ein elender Rohrkrepierer. Und das Schlimmste: Über seiner so wertvollen Freundschaft zu Fiona konnte er vermutlich auch den Sargdeckel endgültig schließen und zunageln.

Ihr toter Mann war mit einem besonderen Talent gesegnet gewesen, wenn es darum ging, Gefühle mit Worten auszudrücken. Er öffnete dafür sein großes Herz und ließ sie an seiner empathischen Gabe teilhaben. Er spielte mit Worten, gab seinen Gefühlen in tiefgründigen oder humorvollen Formulierungen Ausdruck und bezauberte ihr Herz.

Sie erinnerte sich noch an einen absurden, aber dennoch sehr passenden Vergleich, den er ihr ins Haar geflüstert hatte, nachdem sie sich leidenschaftlich geliebt hatten. Sie sei für seine Seele so wohltuend wie der Sonnenuntergang für einen Vampir. Julian hatte natürlich gewusst, wie sehr sie Vampirromane liebte. Deshalb hatte sie der Vergleich zum Lachen gebracht, was er zweifelsohne bezweckt hatte.

Als Fiona mit dem letzten Brief und tränennassem Gesicht auf der Couch saß, drückte sie ihre Faust auf ihr Herz. *Lieber Gott, warum hast du Julian nur so früh von mir gerissen?* Ein Schluchzen schüttelte ihre Brust. Das war so ungerecht! Warum er? Warum so früh?

Fiona spürte, wie sie nach langer, langer Zeit wieder einmal mit aller Gewalt in dieses beschissene, bodenlose Loch gerissen wurde, das sie noch so gut von der Zeit direkt nach dem Unfall kannte. Dann fiel ihr Blick zufällig auf das schwarz lackierte Klavier, auf dem Julian so wunderbar gespielt hatte, und ließ sie noch mehr aufschluchzen. Wie hatte sie es doch geliebt, ihre Lieblingslieder von Billy Joel zu hören, wenn ihr Mann dazu sang! Er hatte ein unglaubliches Repertoire beherrscht, von Rock, Pop bis hin zu klassischen Stücken.

Als sich ihr krampfhaftes Weinen als hartnäckiger Schluckauf festsetzte, nahm sie einen großen Schluck Rotwein und hoffte, dass es besser wurde.

Eigentlich, dachte sie, hatte sie Julians Tod mittlerweile erstaunlich gut verkraftet. Sie blickte nach vorne und stellte sich den Herausforderungen des Alltags, dankbar für die schöne Zeit, die sie mit Julian hatte verbringen dürfen.

Doch so, wie sie sich heute anstellte … Pustekuchen …

Eine lange Strähne strich über ihre Wange und kitzelte sie. Scheiße, ihre offenen Haare hatten sie schon im Keller genervt. Ungeduldig fasste sie die lange, glatte Mähne im Nacken zusammen und zwirbelte sie zu einem gedrehten Strang, was ihr heute Abend seltsam schwerfiel. Dann steckte sie sie in den hinteren Ausschnitt ihres T-Shirts und pustete genervt eine Strähne aus der Stirn. Mann, war ihr warm. Sie fächelte sich mit der Handfläche Luft zu. Dann überlegte sie, wo sie in Gedanken eigentlich stehen geblieben war.

Ach ja.

Immerhin war von ihrem Dreiergespann noch Ben geblieben, der sie nie im Stich gelassen hatte, immer verlässlich für sie da gewesen war und nie enttäuscht hatte. So ein Freund war Gold wert.

Doch halt. Wie war das nochmal gewesen? Er hatte sie zuerst auf der Kommode hart rangenommen und sie dann halb nackt und verwirrt dort sitzen lassen. Nicht gerade gentlemanlike.

Gut. Sie musste zugeben, dass sie mit dem Ganzen begonnen hatte. Mit diesem leichten, unschuldigen Kuss, der so schnell zu so viel mehr geworden war. Zu etwas, das jetzt noch ihren gesamten Körper wie mit einem Brandbeschleuniger in Flammen aufgehen ließ, wenn sie nur daran dachte.

Aber verdammt! Wenn er nichts von ihr wollte, hätte er ihre Östrogenoffensive doch einfach abblocken können. *Danke, nein. Ich schätze dich zwar sehr als gute Freundin, aber schlafen möchte ich deshalb noch lange nicht mit dir. Sorry.*

Tja, das hatte er aber nicht getan. Mit bebender Hand schenkte sich Fiona noch etwas Wein ein und nahm einen Schluck. Schon wieder wippte diese widerspenstige Haarsträhne über ihre Wange! Natürlich hatten sich ihre Haare unter dem T-Shirt verselbstständigt und hingen ihr im Weg herum. Am liebsten hätte sie zur Schere gegriffen und sie kurzerhand abgeschnitten. Stattdessen schaute sie sich nach einem Haargummi um und entdeckte auf dem Beistelltisch eine große Haarklammer, mit deren Hilfe sie den achtlos gedrehten Knoten im Nacken festklemmte. So, jetzt war es besser.

Nein, er hatte an jenem Abend ihr Angebot nicht zurückgewiesen, sondern die Gelegenheit beim Schopf gepackt und in die Vollen gegriffen, sich genommen, was sie ihm bieten konnte.

Auf der anderen Seite hatte er seine Sache wirklich gut gemacht, keine Frage. Wieder wanderten ihre Gedanken zu Bens großen starken Händen, die über ihre erhitzte nackte Haut strichen und ihre Gier nach mehr anheizten, bis sie hoffnungslos in Flammen stand. Hände, die mit einer Sensibilität ihre vor Erregung schmerzenden Brüste liebkosten, dass sie jetzt noch aufstöhnen wollte; die trotz allem alles forderten, was Fiona zu geben bereit war. Und dazu dieser sinnliche Blick aus diesen wunderbar faszinierenden zweifarbigen Augen, die vor Lust wie verschleiert waren. Jede Zelle ihres Körpers vibrierte jetzt noch vor wollüstiger Erinnerung an diesen Orgasmus, der in seiner Intensität ihr Innerstes erschüttert hatte wie kaum ein anderer.

Und dann war Ben hergegangen und hatte sich diese Simone Fink geangelt. *Fuck!*

Eigentlich war das ja etwas, was sie ihm schon so lange gewünscht hatte: eine Frau, mit der er glücklich sein konnte. Doch jetzt, wo es eingetroffen war, hätte sie Gift und Galle spucken können, wenn sie nur an diese Rothaarige dachte. Sie wusste, sie sollte sich eigentlich für ihn freuen. Doch das konnte sie nicht. Zu tief saß der Dorn der verletzten Eitelkeit.

Ben genoss, die spätabendliche Stille bei seinem Spaziergang durch die dunklen Straßen. Hin und wieder hörte man Hundegebell oder in der Ferne ein Auto fahren. Er blickte auf die Uhr. Es war gerade mal kurz vor elf Uhr abends. Nach der ausgiebigen Tortenschlacht bei Marius, hatte Susi Ben überredet, noch zum Abendessen zu bleiben. Wie sie das geschafft hatte, wusste er auch nicht mehr. Aber sie hatte ihren ganzen Charme aufgefahren und ihn dazu bekommen, ja zu sagen. Vermutlich hatte ihr Marius vorgeheult, wie schlecht es seinem großen Bruder ginge und dass sie die einmalige Chance hätte, ihn aufzupäppeln. Welche Frau, die gerne kochte und backte, würde sich so eine Gelegenheit entgehen lassen?

Ben hatte seinem Bruder schon vor einiger Zeit lachend an den Kopf geworfen, dass ihm die Ehe mit Susi mit Sicherheit *seeehr* gut tun würde, wobei er mit beiden Armen eine enorme Leibesfülle angezeigt hatte.

Nein, im Ernst. Er mochte Susi. Sie tat seinem Bruder gut und würde eine wundervolle Mutter für ihre Kinder abgeben. Liebevoll, bodenständig, humorvoll gelassen. Bald wäre sie schon offiziell seine Schwägerin. Und er würde seine Schlittschuhe verwetten, dass er spätestens ein Jahr danach Onkel werden würde.

Als Ben die nächste Straße nach rechts abbog, merkte er, dass ihn sein Unterbewusstsein in das alte Wohngebiet geführt hatte, in dem Fiona wohnte. Er würde seiner Angewohnheit aus Studentenzeiten treu bleiben, bei ihr vorbeizuschauen, um zu prüfen, ob noch Licht brannte, und sich im Stillen nach ihr zu verzehren. Letzteres hatte eine völlig neue Qualität angenommen, da er nun ganz genau wusste, was er verpasste beziehungsweise nicht haben konnte.

Er fuhr sich mit der Hand übers Gesicht und seufzte. Er würde sich mit ihr aussprechen müssen, je früher, desto besser. Schon um Emmys Willen, da sein Patenkind nicht unter der Dummheit zweier Erwachsener leiden sollte. Er hoffte, dass sie beide reif genug waren, um über diesen Vorfall hinwegsehen zu können.

Er war im Grunde ein vorsichtig optimistischer Mensch. Vielleicht würden sie ihre Freundschaft doch noch retten können. Vielleicht sogar auf einem neuen Fundament aufbauen. Er fürchtete nur, dass er Fiona und Emmy nie wieder besuchen kommen konnte, ohne beim Anblick der Kommode an jenen Abend zu denken.

Ein heißer Schauer durchlief seinen Körper. Sooft er an jene überwältigenden und so erfüllenden Gefühle dachte, keimte sofort ein kleines Pflänzchen Hoffnung auf. Sie waren körperlich so vollkommen miteinander verschmolzen, dass das im Endeffekt die perfekte Ergänzung zu dem gegenseitigen Respekt und der Sympathie darstellte, die eh schon seit Anbeginn ihrer Freundschaft zwischen ihnen herrschte. Wenn sich

Fiona je entschließen könnte, ihn zu lieben, würden sie – da war er sich sicher – in körperlicher, aber ganz besonders auch in seelischer Hinsicht zu einer symbiotischen Partnerschaft verschmelzen, die auf dieser Welt kein zweites Mal zu finden war. Es wäre die Erfüllung all seiner sehnlichsten Träume.

„Wer nicht wagt, der nicht gewinnt", hatte seine Mutter immer gesagt, wenn Ben zu vorsichtig war, um etwas Neues anzugehen. Und: „Wer nicht fragt, der erhält auch keine Antwort." Eine Antwort, die Bens Welt völlig auf den Kopf stellen konnte.

Vielleicht war jetzt ja der Zeitpunkt gekommen, Fiona seine Gefühle zu gestehen. Wie gesagt, er war ein vorsichtiger Optimist.

Aber ein Optimist.

Er merkte, wie seine Schritte immer schneller wurden und wie magnetisch von Fionas Haus angezogen wurden. Er brauchte endlich Gewissheit. Und die würde er sich jetzt sofort holen.

Fiona war immer noch stinkwütend. Auf Ben, der sie so schamlos hintergangen hatte. Auf ihre Schwiegermutter, die kein gutes Haar an Ben ließ. Auf diese blöde Schlampe Simone, die ihr Ben weggenommen hatte. Auf die Kommode, die ihr wieder ins Auge gestochen war, als sie vorhin zur Toilette musste. Außerdem, wenn sie schon dabei war, auf Knopfheim, Gott und die ganze Welt.

Eigentlich hasste sie Ben nicht. Sie liebte ihn tief in ihrem Herzen und konnte sich ihr Leben ohne ihn nicht vorstellen. Aber heute, so beschloss sie aus einer Laune heraus, würde sie Ben hassen. Für eine Stunde oder so. Vielleicht auch für eine Woche. Oder zwei. Dann konnte sie all ihre negativen Gefühle und Gedanken auf ihn projizieren, die sie schon den ganzen Nachmittag quälten, seit Iris mit diesem blöden 'Der Hang zur Sucht ist vererblich, weißt du das nicht?'-Gequatsche begonnen hatte.

Wenn nur diese blöden Gedanken und Zweifel endlich aufhören würden, sich in ihrem Kopf wie auf einem nostalgischen Pferdchen-Karussell zu drehen und sich dann – von nerviger Dudelmusik begleitet – hämisch lachend festzusetzen. Dann würde es ihr mit Sicherheit besser gehen.

Sie saß immer noch auf ihrem gemütlichen Sofa zwischen all den Liebesbriefen, Andenken und Fotos. Aber irgendwie konnte sie nicht aufhören, Argumente in ihrem Kopf zu sammeln, mit Iris und Ben zu diskutieren und Simone zu beschimpfen.

Verwundert hob sie den Kopf. Jetzt hatte sie auch noch das Gefühl, ihre Ohren würden mit einem lauten Klingelton in die Diskussion mit einsteigen und quasi als Echo der Anschuldigungen mithallen. Verwirrt schüttelte sie den Kopf. Vielleicht sollte sie langsam ins Bett gehen. Das konnte ja nicht gesund sein, was sie hier seit Stunden trieb.

Als sie diesen Effekt nochmal wahrnahm, riss Fiona den Kopf herum und blickte zur angelehnten Wohnzimmertür, um dem Nachhall des Tons zu lauschen.

Das war die Haustür gewesen, stellte sie überrascht fest. Wer, um Himmels willen, würde um diese nachtschlafende Zeit bei ihr klingeln?

Mühsam rappelte sie sich auf und ging in den Flur. Da war sie wieder, diese Scheiß-Kommode, die ihr Leben so wunderbar und gleichzeitig so schrecklich gemacht hatte. Mit einem wütenden Tritt schubste sie eine halb offen stehende Schublade zu, die gleich wieder aufsässig aufsprang.

Achselzuckend wandte sie sich der Tür zu und fragte: „Wer ist da?"

Ben war sich sicher, dass das eine gute Entscheidung war. Es war zwar schon spät. Aber wenn er Licht sehen würde – schließlich war ja Samstag –, würde er bei Fiona klingeln und die Situation bei den Hörnern packen.

Ah, da kam ihr Haus auch schon in Sichtweite – und wie das Schicksal es so wollte, war das Erdgeschoss hell erleuchtet. Ben merkte, wie ihm das Herz bis zum Hals schlug – und das nicht nur, weil er fast im Dauerlauf hierher gejoggt war, um so schnell wie möglich Fiona gegenüberzutreten.

Er wusste, es würde alles gut werden. Fiona war eine vernünftige Frau, mit der man über alles reden konnte. Warum sollte diese Situation nicht auch zu beidseitiger Zufriedenheit zu klären sein?

Weil verletzte Gefühle hierbei eine große Rolle spielen und Frauen über solch ein Thema nie rational sprechen können – so wie wir Männer, flüsterte eine leise, dafür nicht minder rechthaberische Stimme in seinem Hinterkopf.

Nein, widersprach Ben innerlich. Fiona war anders. Er war sich sicher, dass sie das wie zwei Erwachsene klären konnten.

Guten Mutes stieg er die wenigen Stufen zur Haustür hinauf, wobei die Außenbeleuchtung ansprang, und klingelte nur kurz, um Emmy nicht zu wecken. Aber die Kleine hätte vermutlich auch weitergeschlafen, wenn ein Düsenjet neben Fionas Haus abgestürzt wäre.

Er wartete. Als sich nichts regte, versuchte er, einen Blick durch das kleine Fenster neben der Haustür in den dunklen Flur bis ins Wohnzimmer zu erhaschen. Doch mehr als einen hellen Streifen, wo die Wohnzimmertür zu erahnen war, konnte er nicht erkennen. Er meinte, ein leises Murmeln zu hören. Doch da konnte er sich auch täuschen. Versuchsweise klingelte er nochmal. Nach ein paar Sekunden hörte er Schritte. Dann einen lauten Schlag, als ob Holz auf Holz knallte, und kurz darauf Fionas gedämpfte Frage, wer da sei.

Als er seinen Namen genannt hatte, sah er ihr dunkles Gesicht am kleinen Fenster neben der Tür aufblitzen. Es beruhigte ihn ungemein, dass sie nachts immerhin so vorsichtig war.

Dann schwang die Tür auf und ihre Gestalt badete im goldenen Licht der Außenbeleuchtung. Mit schwerer Zunge begrüßte sie ihn: „Meine Fresse, du hast aber Nerven, hier reinzuschnei'n. Wenn du auf 'nen Kommoden-Quickie aus bist, bist du bei mir an der falsch'n Adresse."

Kapitel 22

Bens Begrüßungslächeln rieselte von seinen Lippen wie Asche aus einer Urne. Fionas aggressive Körperhaltung war ein Spiegel ihres seelischen Zustands und wurde nur noch von ihrem mörderischen Blick getoppt, mit dem sie ihm Löcher in seine Augenhöhlen brannte.

Wie angewurzelt stand Ben in der Haustür und starrte Fiona an. O-oh. Da hatte jemand aber ordentlich getankt. Ihr nachlässig gebundener Knoten im Nacken hatte Schlagseite. Zusätzlich hatten sich einige dunkle Strähnen gelöst, die wild von ihrem Kopf abstanden, als hätte sie sich die Haare gerauft. Ihre Augen waren vom Weinen rot umrandet und passten farblich zu ihren erhitzten Wangen. Deshalb trug sie vermutlich über ihren Jeans auch nur ein locker sitzendes Unterhemd, das halb aus ihrer Hose gerutscht war.

Als sie den Mund erneut öffnete, um ihm höchstwahrscheinlich noch eine Gemeinheit an den Kopf zu werfen, packte er sie kurzerhand an der Schulter und schob sie ins Haus. Es musste nicht die ganze Nachbarschaft mitbekommen, wie sie ihn für sein Verhalten – zu Recht – zur Schnecke machte. Denn, dass er eine verbale Abreibung verdient hatte, war klar wie Kloßbrühe. Deshalb wollte er es – so sauer Fiona wohl war – so schnell wie möglich hinter sich bringen, um zu den zwei wichtigsten Fragen zu stoßen: Konnten sie ihre Freundschaft retten? Und: Hatte sie es genauso genossen wie er?

„Hey, lass deine Drecksgriff'l bei dir." Mit einem fahrigen Schlenker entriss sie ihm ihre Schulter und schwankte leicht. Dann stapfte sie schnaubend ins Wohnzimmer.

Das würde wohl doch nicht so einfach werden.

Als Ben ihr verwirrt, aber auch besorgt folgte, sprang ihm mit einem Blick der Grund für ihre emotionale Situation entgegen: eine geleerte Rotweinflasche mit leerem Glas daneben; zerstreute Fotos; unzählige geöffnete Briefe mit Julians Handschrift; Andenken an ihre Hochzeit.

„Was ist passiert?"

„Nix is' passiert. Julian hat mir heute Abend Gesellschaft geleistet. Und *der* hat das bedeutend besser gemacht als *du*, nachdem *du* in den letzt'n zwei Woch'n zu sehr mit *anderen Ding'n* beschäftigt warst", ätzte Fiona und stieß dabei mit dem Zeigefinger durch die Luft, als ob sie Fliegen auf einen Schaschlik-Spieß aufspießen wollte. „Ich weiß auch nich', warum du dir überhaupt die Mühe gemacht hast, von Kanada wieder nach Deutschland zu zieh'n. Wo du hier alles nur durcheinanderbringst und verkompli-pli-sierst. Mit Julian war das alles viel einfacher, klarer." Sie schniefte.

Autsch, das tat weh! Wie vom Donner gerührt stand Ben neben der Couch und starrte Fiona an. Das durfte jetzt nicht wahr sein. Seine ganze vorsichtig optimistische Einstellung ging gerade den Bach runter und landete im Restmüll. Nicht mal in der Recyclingtonne, wo man ja noch Hoffnung auf eine phönixgleiche Wiederauferstehung haben durfte.

Er schüttelte den Kopf. „Deshalb bin ich eigentlich vorbeigekommen. Ich wollte die Sache endlich mit dir klären …"

Doch vermutlich war das kein guter Abend. Fiona verhielt sich äußerst seltsam. Die geleerte Weinflasche sprach Bände, wobei eine solche Menge Wein über den Abend verteilt bei einer so großen Frau wie Fiona eigentlich nicht eine derart starke Wirkung haben sollte … Da hätte er eher mit einer halb geleerten Flasche Whiskey gerechnet.

„Ach so, der holde Herr kommt zwei Woch'n, nachdem er mich auf der Kommode im Flur *durchgenudelt* hat, angeschlich'n und will drüber *red'n!*"

Jetzt wurde Ben auch sauer. Mit zusammengebissenen Zähnen knurrte er: „Ich habe dich *nicht* durchgenudelt."

Doch Fiona war so in Fahrt, dass sie ihm gar nicht zuhörte. Mit zusammengekniffenen Augen starrte sie ihn an. „Und vermutlich willst du mich nach dem letzt'n Mitleidsfick auch noch zu 'ner Abschlussnummer überreden, bevor du dich aufmachst zu neuen Gefild'n. Aber nich' mit mir! Wenn du gerade geil drauf bist, geh zu deiner Simone Fink. Die soll dich hart rannehm'n und dich reit'n, bis du nicht mal mehr auf allen Vieren kriech'n kannst." Schön wie eine mordlüsterne Rachegöttin stand sie vor ihm und funkelte ihn wütend an.

Jetzt war Ben komplett verwirrt. „Simone Fink?! Was hat denn jetzt Simone damit zu tun?"

„Oooh, man hört in Knopfheim so manche Buschtromm'l", flötete Fiona in den höchsten Tönen und verdrehte ihre tiefbraunen Augen, „und laut der bist du seit Kurzem mit Simone zusamm'n. Das war wirklich 'ne Meisterleistung von dir! Die Kommode steht noch in Flammen und du suchst dir schon 'ne neue Herausforderung!"

„Lass doch jetzt mal diese blöde Kommode aus dem Spiel", wetterte Ben. „Sag mal, was hältst du eigentlich von mir, mir so was zuzutrauen?"

„*Das* willst du gar nicht wissen", gab Fiona aufmüpfig zurück und pustete sich eine lästige Haarsträhne aus ihrem erhitzten Gesicht, während sie mit in die Taille gestützten Händen breitbeinig vor ihm stand. Gott, wie schön sie war, wenn sie ihn mit feurigen Augen und störrisch vorgerecktem Kinn anfunkelte!

Ben schüttelte den Kopf und nickte einmal zur leeren Weinflasche. „Hast du überhaupt etwas zu Abend gegessen?"

„Nee, der Gedanke an dich hat mir den Appetit verdorb'n."

Ooookay ... da war heute nicht mehr mit viel Vernunft zu rechnen. Ben merkte, wie er innerlich auf die Gleise eines ganz bestimmten Verhaltensmusters glitt, das er schon seit seiner Kindheit kannte. Wenn Mirko voll war, hatte man nicht mehr rational mit ihm reden können. Da half damals immer nur eins: ihn ins Bett packen und die Ohren auf Durchzug stellen, um die verletzenden Worte wie Regenwasser von einer frisch geputzten Fensterscheibe an sich ablaufen zu lassen; ihn seinen Rausch ausschlafen zu lassen und ihn sich dann erst am nächsten Tag zur Brust zu nehmen.

„Ich bringe dich jetzt ins Bett."

„Das würd' dir so pass'n!", empörte sich Fiona und streckte herausfordernd ihren Rücken durch, wodurch sich ihre wohlgeformten Brüste gegen den weichen Stoff ihres Unterhemds drückten und ein Spaghettiträger verführerisch über ihre Schulter rutschte.

Mann, das konnte er jetzt echt nicht brauchen!

„Ich will doch nicht mit dir schlafen, Herrgott nochmal!", knurrte Ben. „Du sollst einfach nur deinen Rausch ausschlafen. Dann können wir morgen weiterreden."

„Ach so, ich bin also nich' gut genug für dich, wie?" Fionas temperamentvoller Schmollmund hätte jede frivole Französin vor Neid erblassen lassen. „Aber diese rothaarige Schlampe besteigst du, wann und sooft du willst?"

„Ich habe nichts mit Simone, wie oft soll ich dir das noch sagen?", zischte Ben durch zusammengebissene Zähne und schob Fiona dabei energisch zur Treppe, die nach oben führte. Dann fiel ihm etwas ein und er hielt inne. „Wo ist eigentlich Emmy? Schläft sie?"

„Ja, klar. Die schläft wie 'ne Tote, nachdem sie ..." Als die Bedeutung dieses Vergleichs in Fionas benebeltem Gehirn angekommen war, stockte sie und legte die Hand auf den Mund. Tränen schossen ihr in die Augen und ein Schluchzen zerriss ihre Brust. „Emmy soll nich' auch noch sterb'n und mich verlass'n. Oh Gott, was habe ich da nur gesagt?"

„Sch-sch-sch. Ist schon gut, Fiona." Ben umschlang sie mit einem Arm, da ihre Beine nachzugeben drohten, und führte sie nach oben. Das konnte ja noch heiter werden! In einem solchen Zustand hatte er Fiona nicht mal nach Julians Tod erlebt!

Auf dem ganzen Weg bis zum Bett klammerte sich Fiona an Bens Hemd fest und jammerte ihm die Ohren voll, wie sehr sie Julian vermisse, welch ein toller Mann und *unglaublicher* Liebhaber er gewesen sei. Wie sehr sie ihn sich zurückwünsche. Wie beliebt er überall gewesen sei, wie stolz auch seine Eltern immer auf ihn waren und dass er sicherlich der nächste Bürgermeister von Knopfheim geworden wäre. Und so weiter und so fort.

Alles Dinge, die Ben *unbedingt* hören wollte!

Auch wenn er die ganze Zeit die Ohren auf Durchzug gestellt hatte, erreichten ihn dennoch einige Worte, die sich wie messerscharfe Spitzen in seinem Herz absetzten und es zum Bluten brachten. Wortlos ließ er sie auf ihrem Bett nieder, reichte ihr die Pyjamahose und fragte, ob sie Hilfe bräuchte. Ungefragt würde er sie heute Abend mit Sicherheit nicht mehr anfassen, sonst schrie sie womöglich noch die ganze Nachbarschaft zusammen und stempelte ihn als Lustmolch ab. Dann drehte er ihr sogar den Rücken zu, während sie sich ungelenk aus ihren Jeans schälte, und ließ ihr Lamentieren kommentarlos über sich ergehen.

„Bist du fertig?"

„... und überhaupt hat seine Mutter da voll und ganz recht. Äh ... ja, fast. Dieses Scheißding von Hosenbein will mein'n Fuß nicht freilassen, ächz ... jetzt hab' ich's geschafft."

„Musst du noch zur Toilette?"

„Nee, war vorhin schon." Sie ließ sich auf ihr Kissen fallen und rollte sich wie ein kleines Kind ein. Ben zog die Decke unter ihr hervor und deckte sie zu.

Dann lag sie ganz ruhig mit geschlossenen Augen da und murmelte: „Weißt du, ich fand's ja schon immer Scheiße, dass du unbedingt 'ne Fliege nach Kanada mach'n musstest und uns hier hast sitz'nlassen. Aber ich hab' mich oft gefragt, was passiert wäre, wenn du hier gewesen wärst." Kurz öffnete sie ihre Augen und suchte seinen Blick. „Wenn du mit zu diesem blöd'n Klassentreff'n gegangen wärst. Dann wärst vermutlich du gefahr'n, weil du ja eh nie was trinkst – und Julian wär' vermutlich noch am Leben."

Peng! Das hatte gesessen. Fionas Worte, die wie Peitschenhiebe auf Ben hinuntergesaust waren, hallten in seinem Kopf nach. Bestürzt stand er einfach nur da und starrte auf Fiona hinunter, die wieder mit geschlossenen Augen dalag und entspannt atmete. Das meinte sie jetzt nicht wirklich ernst, oder? War es jetzt etwa seine Schuld, dass Julian tot war?

Obwohl sein Herz zum Zerbersten gegen seine Rippen hämmerte, enthielt sich Ben wohlweislich eines Kommentars, ging aus dem Zimmer und lehnte die Tür nur an.

Fionas letzter Satz hatte ihn in einem Winkel seiner Seele getroffen, die vermutlich nicht so schnell heilen würde. Obwohl er wusste, dass im Suff gesprochene Worte meist nicht ernst genommen werden durften, beruhten sie doch erfahrungsgemäß auf einem wahren Kern. Enthemmt durch den Alkohol trugen die Menschen ihr Herz auf der Zunge, wodurch sie ihre geheimsten Wünsche und Ängste offenbarten. Da half es ihm auch nicht zu wissen, dass Fiona eine solche Anschuldigung in nüchternem Zustand nie und nimmer hätte verlauten lassen.

Es schmerzte trotzdem höllisch!

Immer noch stand er wie ein Dieb im dunklen Flur und lauschte Fionas tiefen Atemzügen, während er das Tropfen seines blutenden Herzens zu ignorieren versuchte.

Dann wandte er sich zu Emmys Tür und warf zur Sicherheit noch einen Blick hinein. Doch die Kleine schlief im schwachen Schein des Nachtlichts selig in ihrem Kinderbett. Beruhigt zog er sich zurück und ging die Treppe hinunter.

Als er das Wohnzimmer betrat, blieb er stehen und ließ seinen Blick über die emotionale Verzweiflung schweifen, die in diesem Durcheinander ihren optischen Ausdruck fand. Er würde alles mit voller Absicht so stehen und liegen lassen und nichts wegräumen. Das wäre sicherlich ein heilsamer Schock für sie. Fiona sollte ruhig morgen früh sehen, in welcher Verfassung sie gewesen war und warum.

Das war etwas gewesen, was er als Jugendlicher in Bezug auf seinen Vater noch nicht gewusst hatte. Er hatte immer alles aufgeräumt, was Mirko auf dem Weg in die alkoholischen Tiefen des vermeintlichen Vergessens zurückgelassen hatte. Hatte Scherben weggefegt, Erbrochenes aufgeputzt, vollgepinkelte Hosen in die Wäsche geworfen. Auch wenn es ihm damals stets wichtig gewesen war, die Normalität des Alltags – für ihn, seinen Bruder, aber vor allem für seine Mutter – wieder herzustellen, hatte er im Endeffekt durch die Vertuschung der unangenehmen Begleiterscheinungen nur Mirkos Sucht in die Tasche gespielt.

Nachdem er Fionas Haus verlassen hatte, spazierte er langsam durch die laue Dunkelheit. Die Nacht hatte an Schönheit verloren, da ein unablässiger Nachhall aller Anschuldigungen durch seinen Kopf dröhnte. Er war mit großen Hoffnungen in eine Schlacht gezogen, aus der er tödlich verwundet und ohne Lichtblick für die Zukunft geflohen war. Er hätte sich am liebsten selbst in den Hintern getreten, dass er so dumm gewesen war, Fionas Kuss zu erwidern. Dass er danach zu lange mit einer Aussprache gewartet hatte. Und dass er diese unbedingt heute Abend hatte herbeiführen wollen.

Drei falsche Entscheidungen, die ihm das Genick – und sein Herz – gebrochen hatten.

Fiona stand am nächsten Morgen in der Küche und starrte mit blinden Augen und einem ordentlichen Druck im Kopf aus dem Fenster. Emmy hatte sie heute Morgen mit den gelispelten Worten: „Mami, große Sauerei im Wohnsimmer" geweckt. Jetzt spielte sie zum Glück nach dem Frühstück zufrieden mit ihrem Kaufladen in ihrem Zimmer. Fiona hatte nur eine trockene Scheibe Toast heruntergewürgt, während sie voller Scham an den gestrigen Abend gedacht hatte.

Wenn man in kurzer Zeit auf nüchternen Magen eine Flasche Wein kippte, war man zum Glück nicht ganz so hackedicht wie ein Bräutigam auf seiner Junggesellenparty und hatte dementsprechend auch nicht dessen Kater, mit dem man sich am nächsten Morgen herumschlagen musste.

Wenn man allerdings in kurzer Zeit auf nüchternen Magen eine Flasche Wein kippte und *dann noch* alte Liebesbriefe las und sich zu allem Überfluss in ein depressives Loch hineinziehen ließ, dessen Grund tiefer lag als die Titanic, enthemmte das einen ungemein, sodass man sich zu Wahrheiten hinreißen ließ, die eigentlich nicht die eigenen Wahrheiten waren. Und das Schlimmste: Man erinnerte sich am nächsten Morgen in einer Klarheit an all die Peinlichkeiten, dass man sich am liebsten wieder ins Bett verkrochen und die Decke über den Kopf gezogen hätte – und am besten die nächsten drei Jahre nicht mehr herausgekommen wäre.

Fiona schloss die schmerzenden Augen. Meine Güte, hatte sie gestern einen Scheiß vom Stapel gelassen! Die ganzen Anschuldigungen und Vorurteile, mit denen Iris vorher Fionas Herz vergiftet hatte, waren in ihrem Kopf über den Abend hinweg wie eine Windhose immer schneller um sich selbst gewirbelt und auf Elefantengröße angewachsen – bis Ben vorbeigekommen war und sie mit der Wucht von Katapultgeschossen abbekommen hatte. Nicht besonders prickelnd.

Doch den Vogel hatte sie mit ihrer letzten Bemerkung abgeschossen, das wusste sie noch ganz genau. Eine Meisterleistung der emotionalen Verletzung: ein gezielter Hieb – und der Getroffene brach tödlich verwundet vor ihren Füßen zusammen.

Wenn sie sich doch nur noch genau darauf besinnen könnte! Das war der einzige dunkle Fleck in ihrer Erinnerung. Sie wusste nur noch, dass sie Ben damit bis ins Mark verletzt hatte. Denn als sie im Bett gelegen und vor dem Einschlafen noch einmal die Augen geöffnet hatte, hatte Ben ausgesehen, als hätte sie ihn mitten ins Gesicht geschlagen. Oder sein Herz herausgerissen und brutal darauf herumgetrampelt.

Diese wunderschönen, aber schmerzerfüllten Augen würde sie für den Rest ihres Lebens nicht mehr vergessen.

Kapitel 23

Ein kurzes Hupen ertönte als wohlbekanntes Zeichen, dass Kai wie an jedem Dienstagabend zum Training abgeholt wurde. Schon in Winterjacke schnappte er sich seine große Sporttasche und setzte sich seine Basecap auf die dunkelbraunen, ausgewachsenen Haare, die schon seit Längerem einen professionellen Schnitt vertragen hätten. Auch sein Bart hatte bereits eine beachtliche Struppigkeit erreicht. Aber was tat man nicht alles für seinen Aberglauben, damit die Finalspiele erfolgreich verliefen! Dann ging er mit schnellen Schritten die Treppe von seiner Wohnung im zweiten Obergeschoss bis zur Haustür hinab.

Als er nach draußen trat, sah er, wie Ben mit seinem A6 in der Einfahrt wendete und sich mit laufendem Motor an den Straßenrand stellte. Wie an jedem Dienstag öffnete Kai die Tür hinter dem Beifahrersitz und warf seine Sporttasche, die die Ausmaße eines kleinen Atom-U-Boots hatte, auf die Rückbank. Bens Ausrüstung befand sich im Kofferraum, den sie fast völlig ausfüllte. Für einen dritten Spieler hätten sie keinen Platz gehabt – außer sie hätten ihn mitsamt seinen Siebensachen auf dem Dachgepäckträger festgeschnallt. Donnerstags war die Prozedur dann umgekehrt, wenn Kai zum Training fuhr.

Als sich dieser mit einem Schnaufen und einem aufgeräumten „Hi" auf den bis zum Anschlag nach hinten verstellten Beifahrersitz fallen ließ, merkte er schon den latent eisigen Hauch, der mit einem „Selber hi" vom Fahrersitz zu ihm herüberwehte.

O-ha. Da hatte sich stimmungsmäßig nicht viel seit Sonntag getan, stellte Kai fest und rieb sich mit einer Hand frustriert über seinen dunklen Bart.

„Da hat jemand wohl zum Frühstück die schlechte Laune mit Löffeln gefressen." Mit einem Seitenblick schob Kai hinterher: „Dein Gemütszustand hat sich seit Sonntag noch nicht gebessert, kann das sein?"

Ben gab nur ein unbestimmtes „Mmh" von sich und blickte mit starrer Miene durch die Windschutzscheibe auf die spärlich beleuchtete, abendliche Straße, während er in den ersten Gang schaltete und losfuhr. Das war kein Vierundzwanzig-, sondern eher ein Zweiundsiebzig-Stunden-Stimmungskiller-Virus, dachte Kai.

„Beim Spiel am Sonntag habe ich schon gemerkt, dass dir eine tonnenschwere Laus über die Leber gelaufen ist. Du hast zwar zwei Tore geschossen, aber dein Spiel hat mich an die Eleganz eines Rennautos erinnert, das mit angezogener Handbremse fährt. Null Routine, nur harte Arbeit. Du weißt schon, dass wir uns das am Samstag beim Rückspiel gegen Stuttgart nicht leisten können?"

Da Bens Miene im Schein der Innenbeleuchtung noch ein bisschen mürrischer wurde, ließ Kai die Sache auf sich bewenden. Manche Dinge musste man bei Ben ansprechen und dann ruhen lassen, damit sie im Stillen wirken konnten. Das wusste Kai noch von früher.

Als Ben jedoch eine CD anwählte, um die Stille zu füllen, und ein Lied von Rammstein ertönte, wusste Kai, dass die Lage noch schlimmer war, als befürchtet. Ben hörte diese Band nur, wenn es zu seiner Gemütslage passte. Und Rammstein zog er sich nur dann rein, wenn alles zappenduster war.

Schweigend fuhren sie zur SAP-Arena nach Mannheim und ließen sich von harten Rhythmen und Till Lindemanns gleichförmigem und überaus trostlosem Gesang beschallen. Kai hatte dieser Band noch nie etwas abgewinnen können. Für ihn hörte sich der Leadsänger an, als ob Max Schreck als Dracula in Murnaus *Nosferatu* seinem Sarg entsteigt und unschuldige Mädchen paralysiert, um sie auszusaugen. Aber wenn sein Freund das brauchte, um sich mental fürs Training einzustimmen, würde er kein Sterbenswörtchen verlauten lassen. Hauptsache, Ben kriegte sich bis Samstag wieder ein, um wie schon so oft mit seinem Stock zu zaubern und die *Sharks* so zu demoralisieren, dass sie wie kleine Mädchen heulend ihre Niederlage anerkannten.

Als sie den Parkplatz an der SAP-Arena erreicht hatten und die langen Gänge zu ihrer Umkleidekabine entlanggingen, hallten Bens schwere Schritte laut von den Wänden. Kai, der genauso groß war wie sein Freund und ebenso lange Beine hatte, hatte fast Probleme, ihm hinterher zu kommen. Wie ein Soldat marschierte Ben mit energischen Schritten und verbissener Miene zielstrebig auf ihre Umkleidekabine zu, seine schwere Sporttasche lässig über die Schulter geworfen. Ein Kriegsschiff auf Kollisionskurs.

Kai würde sich hüten, Ben heute beim Training in die Quere zu kommen. Und das würde er ebenso jedem seiner Mitspieler raten.

Im Umkleideraum trafen sie einige aus dem Team an, die sich gut gelaunt umzogen und ein letztes Mal vor dem Training die Toiletten aufsuchten. Während sich Erik, Jo, Rafael und zwei Spieler, die direkt in Mannheim wohnten, über die Strategie für das immens wichtige Spiel am kommenden Samstag unterhielten, betraten auch die restlichen Mitspieler nacheinander den Raum. Ben hielt sich etwas abseits und antwortete nur einsilbig, wenn er etwas gefragt wurde.

Er musste sich endlich zusammenreißen. Das ging so nicht weiter. Seit Samstag lief er durch die Gegend wie ein geprügelter Hund. Konnte nur an Fiona denken. An ihre gedankenlos dahingeworfenen Worte. Die verletzenden Anschuldigungen.

Ganz besonders die letzte.

Als ob er sich nicht selbst schon unzählige Male gefragt hätte, wie Julians - und sein eigenes - Leben verlaufen wäre, hätte Ben damals die Einladung zum Klassentreffen mit einem Urlaub bei seiner Familie verbinden können. Dann wäre vermutlich wirklich er selbst gefahren, damit Julian wenigstens ein Bier hätte trinken können.

In einem anderen Fall hätte es vermutlich schon gereicht, wenn Julian nur fünf Minuten länger bei der Veranstaltung geblieben und sich noch mit einem ehemaligen Klassenkameraden unterhalten hätte. Dann wäre sein Auto zu dem Zeitpunkt, als beim Lastwagen die Bremsen versagten, wo ganz anders gewesen. Dieses Gedankenspiel konnte Ben stundenlang alleine spielen. Da brauchte er weiß Gott nicht auch noch Fiona, die ihm genau das vorhielt, wofür er sich selbst schon tausendmal die Schuld gegeben hatte.

Meine Fresse! Ben rieb sich mit einer Hand übers Gesicht und griff nach seiner Hose. So langsam sollte er das mal hinter sich lassen können. Erwachsen genug war er allemal!

Kai beobachtete ihn eh schon die ganze Zeit aus dem Augenwinkel, wenn er dachte, Ben würde es nicht mitbekommen. Wie ein Kindermädchen, das achtgab, dass sein Dreikäsehoch nichts Leichtsinniges ausheckte und die Spielkameraden in Gefahr brachte.

Als er - in Gedanken versunken - als Letzter die Schlittschuhe zuband, merkte er nur am Rande, dass Kai sich nun auch von einem der wenigen, übrig gebliebenen Mitspieler abwandte, um vor Ben zur Eisfläche zu gehen.

Ganz klar: Kai hatte heute tatsächlich die Rolle seines Kindermädchens übernommen. Es hätte ihn nicht gewundert, wenn er hinter seinem Rücken einen schwarzen Damenhut mitsamt Regenschirm hervorzog und begann, „Wenn ein Löffelchen voll Zucker bitt're Medizin versüßt“ zu singen. Nein, Ben konnte heute, weiß Gott, auf eine männliche Mary Poppins verzichten!

Ben sah, wie Kai seinen Fuß auf die Eisfläche setzte und – mit seinem Schläger unter den Arm geklemmt – elegant in die Mitte glitt, während er sich noch die dicken Handschuhe überstreifte.

Wie gewohnt folgte er seinem Freund und merkte gleich beim ersten Schritt, dass heute etwas anders war. Kaum hatte er seinen rechten Fuß auf die Eisfläche gesetzt, rutschte er aus und fiel unsanft auf seinen gepolsterten Hintern.

Verflucht nochmal! Warum war das Eis heute so rutschig?!! So etwas war ihm ja noch nie passiert. Seine Teamkollegen standen verteilt auf der Eisfläche herum, stützten sich auf ihre Schläger und lachten ob des kuriosen Anblicks.

Mit einem Satz sprang Ben, wie er es während eines Spiels ständig tat, auf seine Füße, wollte sich abstoßen und rutschte bäuchlings übers Eis. Verdammt, was war das für eine Scheiße?!

Die Mitspieler bogen sich noch mehr vor Lachen, weshalb Ben auf dem Eis sitzend seine Kufen kontrollierte.

Aha! Jemand hatte einen langen Streifen Tesa von unten auf jede Kufe geklebt. Jetzt verstand Ben natürlich auch, weshalb es ihn so unelegant hingesetzt hatte. Sein Blick wanderte sofort in Richtung Rafael und Urs, während er die Streifen abzog. Doch die beiden wehrten Bens Verdacht lachend mit beiden Händen ab. Daneben stand jedoch noch Jo, der über beide Ohren schadenfroh grinste. Die Abreibung nach Silvester hatte ihm wohl noch nicht gereicht.

Sofort war Ben auf den Beinen und hatte den Kapitän eine Sekunde später schon unter der Gurgel am Trikot gepackt und an die Band gedrückt. „Du bist echt ein Wichser, weißt du das?!“ Da Jo nicht weniger grinste, drückte Ben sich noch etwas mehr an ihn und zischte: „Hast du keine anderen Probleme?! Du kapierst wohl immer noch nicht, dass ich nichts von Annie will; noch nie gewollt habe. Sie ist *deine* Frau. Ich habe einmal vor über zehn Jahren mit ihr geschlafen, als ich dachte, sie sei solo. Aber mehr war da nicht. Ich bin auch keine Konkurrenz für *dich*. *Du* bist der Kapitän – und du kannst das Team verdammt gut führen und motivieren. Ich will deinen Job nicht. Es ist mir auch *scheißegal*, ob du die meisten Tore im Team schießt oder ich, nur weil ich sechs Jahre in Kanada gespielt habe. Hauptsache, wir holen uns am Samstag unseren Sieg über die Stuttgarter *Sharks* ab und treten den Heilbronnern damit punktemäßig so in den Arsch, dass sie im hohen Bogen auf den zweiten Platz fliegen und wir den Meistertitel holen. Oder willst du, dass uns wegen deines kindischen Verhaltens der Titel schon wieder durch die Lappen geht?"

Ben bemerkte in Jos Augen eine kleine Veränderung, als ob ein wichtiges Zahnrädchen endlich eingerastet und seine Botschaft angekommen war. Als Ben ein kaum wahrnehmbares Kopfschütteln wahrnahm, ließ er ihn los und glitt schnaubend davon.

Jesus, Maria und Josef!, der Kerl hatte echt Probleme. Doch damit wollte Ben sich heute nicht herumschlagen, dafür hatte er selbst schon genug am Hals.

Das Training hatte ihm heute gut getan. Mit geschlossenen Augen stand Ben unter der heißen Dusche und spülte sich den Schaum aus den weizenblonden Haaren. Die körperbetonten Aktionen und Übungen hatten seinen angestauten Frust gelöst und seinen Kopf geklärt. So war es schon immer bei ihm gewesen. Jedes Mal, wenn er die Eisfläche betrat, ließ er alles hinter sich, lebte nur für das Spiel. Jedes Mal wollte er sich und der Welt beweisen, dass er doch etwas wert war. Dass er nicht der nichtsnutzige Sohn eines Säufers war. Dass er einen großen Beitrag für den Erfolg seines Teams leisten konnte.

Seit er wieder mit vielen Knopfheimern zusammen im Team spielte und von Knopfheimer Fans angefeuert wurde, kamen zahlreiche Erinnerungen zurück, die er in Kanada hinter sich gelassen zu haben glaubte. Als ob man eine Flüssigkeit in einem fast vollen Glas zu schwenken versuchte, schwappte ein Erlebnis nach dem anderen über den Rand und ergoss sich mit all seinen emotionalen Eigenarten über Bens Kopf. Manchmal eiskalt - und manchmal siedendheiß. Zum Glück gab es auch Erinnerungen, die temperaturtechnisch dazwischenlagen und sich so angenehm anfühlten wie ein warmer Sommerregen. Gerade letztere Ereignisse - meist sportlicher oder schulischer Natur - waren Erlebnisse, auf die er mit Stolz zurückblickte.

Als Ben sich in der Gemeinschaftsdusche abgetrocknet und das Badetuch um seine Hüften geschlungen hatte, ging er an seinen Platz zurück, um sich anzukleiden.

Kai, der schon seine Jeans trug, trat mit nacktem Oberkörper an seine Seite und fragte: „Willst du mit mir später noch einen heben?"

Stirnrunzelnd hielt Ben in seiner Bewegung inne und blickte seinem Freund in dessen unglaublich grüne Augen, mit denen er die holde Weiblichkeit bezirzte. „Wieso? Bekommst du alleine keinen mehr hoch?"

Kai lachte überrascht auf, da Ben doch wider Erwarten seinen Humor wiedergefunden hatte. „Nein, keine Angst. In der Beziehung brauche ich wirklich keine Hilfe. Also, wie sieht's aus? Haste Lust auf ein Bier im *Bully*?“ Als Ben den Kopf schüttelte, schnaufte Kai übertrieben geduldig: „Okay, dann halt auf ein Zitronenwasser.“

Als sich ein schiefes Grinsen auf Bens Gesicht stahl, wusste Kai, dass er gewonnen hatte. Er war sich sicher, dass sich ihnen noch ein paar andere Spieler anschließen würden, sodass Ben von seinen trüben Gedanken – welche auch immer das waren – abgelenkt wäre.

Eine gute halbe Stunde später parkte Ben vor der Kneipe. Obwohl es Dienstag und schon zu fortgeschrittener Stunde war, gab es immer ein paar Einheimische, die im *Bully* auf den Barhockern chronisch festgewachsen zu sein schienen. Da die aktiven Spieler der *Pitbulls* immer gern gesehene Gäste waren, fiel die Begrüßung dementsprechend lautstark aus. Schon nach kurzer Zeit waren die Theke und die umliegenden Stehtische von Spielern belagert, die sich laut lachend mit den anderen Gästen unterhielten.

Kai stellte ein Glas mit Leitungswasser und Limettenscheibe vor Ben und meinte: „Ich lad' dich ein.“

„Wie komme ich zu der Ehre?“

„Weil du dich von mir hast überreden lassen.“ Kai nahm einen Schluck von seinem frisch gezapften Bier und stieß ein genussvolles „Aaah“ aus. „Außerdem wollte ich bei dir ganz unauffällig auf den Busch klopfen. Den Grund für deine miese Laune herausfinden. An Schleimscheißer-Sören kann es ja nicht mehr liegen. Die Angelegenheit ist laut Marius passé.“

O-ha! Dann hatte Kai also schon mit seinem Bruder geredet. Das sagte mehr über den Grad seiner Besorgnis aus, als Ben vermutet hatte.

Kai blickte Ben prüfend an. „Hast du Probleme? Kann ich dir irgendwie helfen? Ich frage als Freund. Aber auch im Interesse des Teams. Wir brauchen dich am Samstag mit deinem gesamten Können.“

„Mir kann keiner helfen. Die Suppe habe ich mir selbst eingebrockt und muss sie auch selbst auslöffeln.“

Das machte Kai natürlich neugierig. Doch egal, wie er fragte, er prallte immer wieder auf eine Mauer des Schweigens.

„Ich werde nichts rauslassen. Keine Chance“, meinte Ben nur und nahm einen Schluck von seinem Wasser.

Da Kai wusste, dass Ben manchmal verschlossener als eine Auster sein konnte und nach dieser Feststellung keine ehrliche Antwort zu erwarten war, versuchte er wenigstens sein Bestes, um seinen Teamkameraden aufzuheitern. „Lass mich ein letztes Mal raten. Du hast einen One-Night-Stand so dermaßen mies behandelt, dass sie nun stalkermäßig hinter dir her ist?“ Kritisch blickte Kai seinen Freund an. „Nein, das kann ich mir nicht vorstellen. Du bist eher der Gentleman-Lover, der schaut, dass die Frau immer auf ihre Kosten kommt.“ Er kratzte sich am Bart. „Oder hast du die Katze deiner Nachbarin überfahren und bekommst täglich Drohanrufe bis in die Nacht hinein?“ Dann riss Kai die Augen vor Schrecken weit auf. „Nein! Du hast von deinem Arzt eine schreckliche Diagnose bekommen. Weil du dein Leben lang auf dem Eis unterwegs warst und in den Eishockeyhandschuhen so geschwitzt hast, hast du die tödliche Fleckenhand-Flechte bekommen und stirbst in den nächsten drei Monaten.“

Als Kai im Mundwinkel seines Freundes ein kleines Lächeln entdeckte, freute er sich über das geknurrte „Du bist echt ein Schwachkopf“ und den leichten Boxschlag gegen die Schulter. Wenn Ben so reagierte, war noch nicht alles verloren!

Deshalb fügte Kai erleichtert an: „Aber immerhin sind dann die Playoffs entschieden und du konntest uns mit deinem Talent zum Meistertitel tragen, bevor du den Löffel abgibst.“ Dann setzte Kai wieder ein ernstes Gesicht auf. „Nein, im Ernst. Wenn ich etwas für dich tun kann, melde dich. Okay?“

Ben nickt kurz und drehte sein Glas auf dem dunkel gebeizten Holztisch zwischen den Handflächen hin und her. Dann meinte er nur: „Danke.“

Als er kurz aufblickt, sah er die Sorge in den hellen Augen seines Freundes, die so gar nichts mit den flapsig dahingesprochenen Worten von vorhin gemein hatte.

Er hob sein Glas und prostete Kai zu. „Ich bin am Samstag zu hundertfünfzig Prozent für euch da.“ Er merkte, wie sich bei seinen Worten die angespannten Gesichtszüge seines Freundes lockerten.

„Genau *das* wollte ich hören“, meinte dieser und prostete ihm mit seinem Bierglas zu.

Unmutige Stimmen ließen Ben aufblicken. Auf dem Flachbildschirm über der Bar lief wie gewohnt der Sportkanal. Doch es gab anscheinend kein Eishockeyspiel, das übertragen wurde. Nicht mal auf Sky. Stattdessen hatte jemand zu einer Zusammenfassung eines Fußball-Bundesligaspiels umgeschaltet - was in dieser Bar eine wirklich mutige Entscheidung war. Es dauerte nämlich nicht lange, bis bei den Gästen an der Bar missmutiges Gemurmel laut wurde.

„Mein Gott! Hast du das gesehen, Urs?“ Mikhail Petrow beobachtete mit verächtlicher Miene das Treiben auf dem Fußballfeld. Dabei stieß er seinem Mitspieler neben ihm mit dem Ellenbogen in die Rippen und deutete auf den Fernseher. „Wenn ich letzten Sonntag gegen Ravensburg so lahmarschig und unkoordiniert gespielt hätte, hätte mir der Coach den Arsch aufgerissen!“

Alle in der Nähe stehenden Gäste lachten zustimmend und prosteten Mischa zu.

Urs Decker setzte noch eins drauf: „Das könnte ja selbst meine Großmutter: Neunzig Minuten auf dem Rasen spazieren gehen!! Und dafür kriegen die einen Sack voll Kohle in den Arsch geschoben!“ Der blonde Verteidiger schüttelte fassungslos seinen Kopf, während er beobachtete, wie ein Erstligist unmotiviert den Ball vor sich hindribbelte. „Sag mal, was macht der da eigentlich? Sucht der einen Platz, wo er sich ausscheißen kann oder was?“

Ben hielt sich zurück. Er war heute nicht in der Laune für ausgedehnte Diskussionen über die leistungsmäßigen Unterschiede zwischen Fußball und Eishockey, wobei die letzte Sportart bei den meisten Knopfheimern ganz klar vorne lag. Auch wenn sich Ben manchmal ganz gern ein Fußballspiel zu Gemüte führte, musste er seinem Teamkollegen recht geben: Dieses Spiel hier war wirklich keine Glanzleistung.

„Mach' den Scheiß aus!“, ertönte es von einer anderen Ecke.

Während Kai neben ihm noch mit Rafael herumfrotzelte, ließ Ben seinen Blick über die Gesichter seiner Mitspieler schweifen. In den Wochen vor den Play-offs sah man im *Bully* immer haarigere Gesichter mit zotteligeren Bärten. Ben selbst konnte diesem Aberglauben nichts abgewinnen. Ein Dreitagebart, okay. Aber ein paar wenige der Spieler hörten schon zu Beginn der Saison, also Ende September, auf, sich zu rasieren. Ben schüttelte sich innerlich. Er konnte so ein Gestrüpp im Gesicht nicht brauchen. Wenn ihm beim Spielen der Schweiß in Strömen übers Gesicht floss, wischte er lieber mit dem Handtuch einmal drüber und war wieder trocken, als dass er noch durch einen Bart pflügen musste. Deshalb nahm er die frotzelnden Bemerkungen seiner Teamkameraden, wenn sie die Saison verlören, würde das definitiv nur an seinem glatten Gesicht liegen, mit Gelassenheit und Humor.

Entspannt schickte Ben seine Gedanken auf Wanderschaft und ließ das Training an diesem Abend nachdenklich Revue passieren. Natürlich konnte er sich auch irren. Aber Ben hatte den Eindruck, dass der körperbetonte Zwischenfall mit Jo zu Beginn tatsächlich etwas gebracht hatte. Denn sein härtester Konkurrent hatte beim Abschlussspiel am Ende wirklich und wahrhaftig zweimal direkt zu ihm gepasst, als Ben in der neutralen Zone freistand und eine Gelegenheit zum Angriff hatte. Das war für Jo im Training wirklich eine Premiere.

Seufzend fuhr sich Ben durch die frisch gewaschenen Haare und danach über seine leichten Bartstoppeln, die sich seit der Morgenrasur gebildet hatten. Ben wusste, dass es für seinen Rivalen etwas eminent Wichtigeres gab, als Ben im Eishockey zu übertrumpfen. Nämlich sich nach vielen Jahren der Vizemeisterschaft endlich den Meistertitel ihrer Liga zu holen. Und das hatte Jo an diesem Abend vermutlich endlich begriffen.

„Weiß jemand zufällig, wann dieser Pferdefleischskandal war, als man Pferdefleisch in der Fertiglasagne gefunden hat?", rief Rafael in die Runde. „Urs glaubt mir nämlich nicht."

„2012", rief jemand in die aufkommende Diskussion.

„Nein, 2013!", übertönte Mischa die anderen. „Das war, kurz bevor Bayern München Deutscher Meister wurde. Ich weiß noch, dass ich mich damals gefragt habe, ob die Spieler von der Fertiglasagne gegessen haben, damit sie so schnell rennen können wie die Pferde." Ein paar Gäste lachten.

„Ha, hatte ich doch recht!", rief Rafael und klatschte mit Urs ab. „Wobei es im Endeffekt vermutlich eh egal ist, ob man Schweine- oder Pferdefleisch isst. Beides ist ja nicht giftig, oder?"

„Das nicht", schmunzelte Urs. „Aber beim Pferdefleisch wiehert's nach dem Essen immer, wenn du furzt."

Die ganzen Gäste im *Bully* fingen lauthals an zu lachen – und Ben stimmte mit ein.

Eishockeyspieler hatten manchmal schon einen sehr speziellen Sinn für Humor.

Kapitel 24

Gähnend trat Ben mit dem Kassenbon in der Hand aus dem Tankstellenshop in den frostigen Abend hinaus und steuerte auf seinen Wagen zu. Froh, dass Knopfheim eine Tankstelle besaß und er am nächsten Tag nicht zu Fuß zur Arbeit gehen musste, winkte er Rudi nochmal zum Abschied durch die Scheibe zu. Den älteren Besitzer kannte er noch aus seiner Kindheit, als er hier an der Tankstelle von seinem Taschengeld regelmäßig Kirschlutscher gekauft hatte. Deshalb unterstützte Ben ihn gerne, sooft es ihm möglich war, indem er hier und nicht an einer der unzähligen großen Tankstellen tankte, an denen er auf seinem Arbeitsweg vorbeikam.

Wieder überwältigte Ben ein Gähnen, das er mit vorgehaltener Hand zu unterdrücken versuchte. Obwohl er eher einen entspannten Arbeitstag hinter sich hatte, war er fix und fertig. Das lag unter anderem an Kais losem Mundwerk, das Ben bis nach ein Uhr nachts im *Bully* festgehalten und mit witzigen Knopfheimer Anekdoten aus den letzten Jahren amüsiert – und vom Problemewälzen abgelenkt hatte. Sein Spielerkollege war wirklich ein guter Freund, denn er hatte kein einziges Mal mehr nach dem Grund für Bens schlechte Laune gefragt. Er kannte Ben gut genug, um seinen Wunsch auf Privatsphäre zu respektieren.

Als Ben in seinen anthrazitfarbenen Audi einsteigen wollte, bemerkte er seine ehemalige Lehrerin, die mit ihrem alten giftgrünen Golf an der Nachbarzapfsäule stand und mit dem Verschluss des Tankdeckels kämpfte. Leise vor sich hinschimpfend steckte sie immer wieder den Schlüssel ins Schloss und versuchte, ihn zu drehen. Da hinter Bens Auto ein anderer Wagen in der Schlange stand, fuhr er zur Seite und kam zurück.

„Kann ich Ihnen helfen, Frau Beckstein?"

Das Gesicht der alten Dame hellte sich auf, als sie sich umdrehte und Ben erkannte. „Ben Kowalczyk. Ja, ich wäre dir sehr dankbar, wenn du diesen vermaledeiten Deckel von meinem Tank runterbekommen würdest. Beim letzten Tanken hat er schon etwas gehakt. Aber heute geht gar nichts mehr." Sie rieb ihre kalten Hände aneinander.

Doch Ben war genauso erfolglos wie seine ehemalige Lehrerin. Nach einigen Versuchen drehte er sich um, signalisierte einem heranfahrenden Auto, dass es die andere Zapfsäule benutzen solle und ging in den Shop zu Rudi.

„Hast du zufällig ein Fläschchen Öl für Schlösser rumstehen?", fragte Ben.

„Mmh, ich habe mich schon gefragt, was ihr an Frau Becksteins Auto rumzufummeln habt." Er schnalzte mit der Zunge und strich sich über seine faltige Wange. „Ein Klasseweib, die Marita."

Ben hob überrascht die Augenbrauen und folgte Rudis Blick, der Marita Beckstein mit zusammengekniffenen Augen betrachtete. Was Ben sah, würde er nicht gerade mit dem Begriff eines Klasseweibs beschreiben: schmaler, dunkler Wollrock, der bis zu den Waden reichte; ein weiter Wollmantel mit einem karierten Tuch über den Schultern; eine gehäkelte Mütze, die eine unauffällige Wollblume zierte und farblich zur runden Hornbrille passte.

Dennoch machte Marita Beckstein wie eh und je durch ihre gerade Körperhaltung und ihre dynamischen Bewegungen einen energischen Eindruck. In Rudis Augen bekam ihr reifes Gesicht vermutlich eine faszinierende Würze durch das interessante Zusammenspiel von vollen Lippen und dem leicht herrischen Zug um den Mund gepaart mit den wachen Augen hinter ihren Brillengläsern.

Zur Sicherheit ließ er als Antwort ein neutrales „Mmh" verlauten.

„Die weiß, einen chaotischen Haufen mit fester Hand zu führen. Von der würde ich mich auch mal gerne rumkommandieren lassen."

„Willst du ihr das Öl vielleicht selbst rausbringen und ihr Problem beheben?", fragte Ben vorsichtig.

Doch Rudi winkte ab und bückte sich unter den Tresen, um etwas herauszuholen. „Nee, lieber nicht. Die steht um Klassen über mir."

„In der Liebe ist alles möglich", zitierte Ben einen abgedroschenen Spruch und hätte sich am liebsten selbst auf die Zunge gebissen, als er an seine verfahrene Situation mit Fiona dachte. Alles möglich, dass er nicht lachte. Er war mit Sicherheit kein Experte in Liebesfragen.

„Weißt du, Junge, das ist so, als ob eine alte rostige Ente eine blank polierte E-Klasse um eine Verabredung bittet." Er schüttelte den Kopf und stellte ein halb volles Fläschchen Öl neben die altertümliche Kasse. „Ein Tankstellenwart mit einer Lehrerin. Das kann nicht gut gehen."

„Das solltest du sie selbst entscheiden lassen, meinst du nicht?", erwiderte Ben, nahm das Fläschchen und ging wieder hinaus.

Als Ben bei Marita Beckstein ankam, machte er sich dran, das Schloss zu ölen. Nach ein paar Tröpfchen an den richtigen Stellen funktionierte alles einwandfrei.

„So, das hätte geklappt", meinte Ben und führte seiner früheren Lehrerin das Schloss vor.

Nachdem sie sich herzlich bei Ben bedankt hatte, griff sie zur Zapfsäule und fragte nebenbei: „Sag mal, ich habe gehört, dass du mit Simone Fink zusammen bist. Ein sehr nettes Mädchen. In Orthografie vielleicht ein bisschen schwach, aber deshalb arbeitet sie ja jetzt auch in einer Bank."

„Nein, ich bin nicht mit Simone zusammen." Ben schüttelte den Kopf. „Ich weiß auch nicht, warum das alle denken."

„Wirklich nicht? Schade. Sie ist tatsächlich sehr angenehm und wäre sicher auch eine gute Mutter für deine Kinder."

Oh Gott, jetzt begann diese Kuppelei schon wieder!

Marita steckte die Hände tiefer in ihre Jacke und beobachtete die rotierende Anzeige an der Zapfsäule. „Du solltest auch langsam schauen, dass du sesshaft wirst und eine Familie gründest – wie dein Bruder. Es ist nicht gut, zu lange allein zu bleiben." Sie sprach aus Erfahrung, das spürte Ben an ihrem Tonfall. Dann taxierte sie ihn mit zusammengekniffenen Augen. „Wie alt bist du schon? Warte mal …, du warst in Julians Jahrgang. Dann bist du jetzt vierunddreißig."

Mein Gott, hatte diese Frau ein Gedächtnis!

„Dann wird es höchste Zeit, dir eine Frau zu suchen."

Seufzend erwiderte Ben: „Dafür muss ich allerdings erst noch die Richtige finden – und die muss mich dann auch noch wollen." Ersteres war ihm ja schon lange gelungen. Letzteres hatte zu einem totalen Desaster geführt.

„Alles wird sich finden, wenn man offen für neue Möglichkeiten ist. Das ist immer so." Sie tätschelte seinen Arm und legte den Kopf in den Nacken, um ihm ins Gesicht blicken zu können. „Außerdem wäre es verdammt schade, wenn diese Augen dem menschlichen Genpool verloren gingen."

Bei dieser Bemerkung musste Ben überrascht blinzeln. Er hatte seine Augen nie als etwas Besonderes angesehen. Eher als Makel, der noch zusätzlich zu seiner einfachen Herkunft negativ ins Gewicht fiel, auch wenn manche Frauen auf seine unterschiedlichen Augenfarben abfuhren. Dennoch hätte er nie erwartet, dass dieses Phänomen eine pensionierte Lehrerin, von der er in Mathe, Deutsch und Sachkunde unterrichtet worden war, zu einer solchen Bemerkung verleiten würde.

Während Ben noch perplex dastand, steckte Marita den Zapfhahn zurück und ging mit dem Fläschchen Öl in der Hand forschen Schrittes zu Rudi in den Laden, um zu bezahlen. Neugierig beobachtete Ben, wie Rudis Körperhaltung sich änderte, als die Frau seiner Träume den Laden betrat. Wie die beiden miteinander sprachen und welche Signale sie dabei aussandten. Wie Maritas Miene weicher wurde, als sie als Antwort auf eine von Rudis Bemerkungen lächelte. Gerade Letzteres nahm Ben mit besonderem Interesse wahr. Vielleicht fasste sich Rudi mal ein Herz und ließ sich von Maritas vermeintlicher E-Klassen-Ausstrahlung nicht abschrecken, sein Schicksal in die eigene Hand zu nehmen.

„Hallo Ben", hörte er da eine Stimme hinter sich sagen, der er schon seit einigen Tagen versucht hatte, aus dem Weg zu gehen. Erfolglos, wie sich nun herausstellte.

Schon während sich Ben umdrehte, spürte Fiona diese Distanz, vor der sie seit Tagen Angst gehabt hatte. Trotzdem war sie froh, dass sie dem instinktiven Wunsch gefolgt war, ihr Auto noch heute Abend statt am nächsten Morgen aufzutanken.

Als sie Ben anblickte und versuchsweise lächelte, sackte ihr Herz beim Ausdruck seiner Augen noch ein Stückchen mehr in den Keller und landete wie ein schockgefrosteter Klumpen in ihrem Magen. Bens Blick strahlte eine irre Kombination von Eiswüste und tropischem Regenwald nach einem der täglichen Regengüsse aus.

Sie hatte sich die letzten drei Tage einzureden versucht, dass ihre Bemerkungen vom letzten Samstag nicht so schlimm gewesen waren, wie sie sie in Erinnerung hatte. Halb so wild. Doch wenn sie nun Bens unbewegte Miene betrachtete, war es womöglich sogar noch schlimmer gewesen, als gedacht.

„Ich habe versucht, dich in den letzten Tagen zu erreichen. Aber du warst irgendwie nie zuhause oder konntest nicht ans Handy gehen." Mit einem Schlag wurde Fiona bewusst, dass sie ihn nicht erreicht hatte, weil er ihre Anrufe nicht hatte beantworten *wollen*. Mit lahmer Stimme schloss sie ihre Begrüßung mit den Worten ab: „Ich wollte mich nämlich bei dir entschuldigen."

Ben stand unbewegt vor ihr – und strahlte eine überwältigende Maskulinität aus. Wie immer schien für Ben der Ausdruck 'Arschkaltes Winterwetter' nicht zu existieren. Seine leichte dunkle Winterjacke war nämlich geöffnet und offenbarte darunter ein dünnes Baumwollhemd mit gestreifter Krawatte. Seine Frisur saß tadellos – eine Mütze trug er bei dem kalten Nord-Ost-Wind natürlich auch nicht –, nur hatte sich eine goldblonde Strähne aus seinem Deckhaar gelöst, die ihm in einem eleganten Schwung in die Stirn fiel.

Seine rechte Hand steckte in der Tasche seiner engen Jeans, deren weicher Stoff sich an seine muskulösen Beine schmiegte. Zwischen den Fingern seiner linken Hand spielte er jedoch, wie Fiona auffiel, mit dem Anhänger seines Autoschlüssels. Diese kleine Bewegung war das einzige Zeichen für seine innere Unruhe, die im Widerspruch zu seinem aufgesetzt coolen Verhalten stand.

Da Ben immer noch kein Wort gesagt hatte, begann Fiona stockend: „Es tut mir total leid, dass ich am Samstag so scheiße drauf war."

Sie machte eine kurze Pause, in der sie ihn anblickte und merkte, wie ein kleiner Muskel in Bens Kinn zuckte. Nicht wissend, ob es sich dabei um ein gutes oder schlechtes Zeichen handelte, erzählte sie immer schneller und flüssiger von diesem verheerenden Abend, als ob es auf jede Sekunde ankäme, in der sie Bens Freundschaft noch verspielen könne. „Außerdem war es absolut nicht okay, wie ich verbal über dich hergefallen bin und dir was vorgeheult habe. Aber da ist an dem Tag so viel zusammengekommen, dass ich irgendwann nicht mehr gemerkt habe, wie mich die Vergangenheit einholt. Und dann bist du gekommen und hast die volle Breitseite abgekriegt. Ich wäre am nächsten Morgen am liebsten vor Scham im Boden versunken." Sie holte kurz Luft. „Ich vermute, es lag auch an Julians Briefen, die mich so reingerissen haben. Und an der Flasche Wein, die ich, wie du richtig vermutet hattest, auf nüchternen Magen getrunken habe. Ich habe mich wegen Julians Tod schon lange nicht mehr so runterreißen lassen. Ich weiß auch nicht."

Ratlos schüttelte Fiona den Kopf und senkte ihren Blick auf Bens Krawatte. Unbewusst nahm sie wahr, dass die blauen und grünen Streifen Bens Augenfarben entsprachen. Dann hob sie wieder den Blick. „Aber ich hatte absolut kein Recht, dir Vorhaltungen wegen Simone zu machen und euch beide so zu beleidigen. Wir sind nicht zusammen, deshalb bist du mir selbstverständlich auch keine Rechenschaft schuldig." *... mit wem du ins Bett steigst*, ergänzte Fiona im Stillen und wunderte sich, wie sehr es sie immer noch schmerzte. „Wenn du mich also schlagen möchtest, könnte ich das sehr gut verstehen. Wenn nicht, lass uns bei einem Kaffee darüber reden." Hoffnungsvoll wartete sie auf seine Reaktion.

„Verlockendes Angebot, aber ich schlage keine Frauen – aber bei dir könnte ich echt eine Ausnahme machen."

Da Ben diese Worte in einem Tonfall geäußert hatte, dem sie nicht entnehmen konnte, ob er das als Scherz dahingesagt hatte oder es doch todernst meinte, ging sie lieber vom Schlimmsten aus.

„Oh Mann, ich hab's echt vermasselt, stimmt's?", stellte sie verzweifelt fest und bedeckte mit beiden Händen ihr Gesicht.

Kapitel 25

In Bens Brust rangen zwei sehr widersprüchliche Gefühle miteinander. So verzweifelt Fiona vor ihm stand, hätte er sie am liebsten in die Arme genommen und getröstet. Doch auf der anderen Seite wusste er, dass es in seinem Leben so nicht weitergehen konnte. Er musste endlich aufhören, Fiona hinterherzuschmachten und wie ein bedürftiger Hund unter dem Esstisch auf kleine Brocken zu warten, die eine gnädige Hand für ihn auf den Boden warf.

Dass sie stimmungsmäßig in ein so tiefes Loch gefallen war, konnte er ihr nicht vorwerfen. Das konnte jedem in ihrer Lebenslage passieren. Doch er wollte verdammt sein, wenn er sich in eine Position brachte, in der sie ihn ständig mit Julian vergleichen konnte. So wie seinen Freund würde sie *ihn* sowieso nie lieben, das konnte er sich abschminken. Und Fionas Gefühlsausbruch am letzten Samstag hatte ihm mehr als deutlich gezeigt, dass er mit einem schlechten Kompromiss einfach nicht leben konnte – obwohl er sich das in den letzten Jahren erfolgreich versucht hatte einzureden. Dafür liebte er Fiona zu sehr.

Und dass sie ihn bezichtigt hatte, Schuld an Julians Tod zu sein respektive ihn hätte verhindern können, nagte mehr an ihm, als ihm lieb war, da es alte Schuldgefühle weckte, die er schon lange verarbeitet geglaubt hatte.

Dennoch musste er wenigstens *ein* Missverständnis aus der Welt schaffen, von dem er immer noch nicht wusste, wie Fiona darauf gekommen war.

„Nein, du hast es nicht bei mir vermasselt – du bist aber haarscharf dran vorbeigeschrammt", knurrte Ben und hätte sich am liebsten in den Hintern getreten, als sein Herz bei Fionas vor Freude aufleuchtenden Augen ins Stolpern geriet. „Außerdem möchte ich nochmal ganz ausdrücklich klarstellen, dass ich *nicht* mit Simone zusammen bin. Ich weiß nicht, wie du auf eine solche Idee kommst."

„Du bist wirklich nicht mit ihr zusammen?"

Ben meinte, Erleichterung in Fionas Augen zu lesen, die aber gleich wieder von anderen Gefühlen überdeckt wurde. Er hätte alles dafür gegeben zu wissen, dass es aus tiefer Liebe zu ihm geschah. Doch diese Hoffnung konnte er getrost beerdigen. „Nein, wie kommst du überhaupt auf diesen abwegigen Gedanken?"

Fiona verschränkte die Arme und versteckte die kalten Hände unter ihren Achseln, um sie zu wärmen. „Ihr zwei seid anscheinend im *Bully* Händchen haltend in einer schummrigen Ecke gesehen worden."

„Das ist doch unglaublich", fluchte Ben verhalten und wunderte sich nun gar nicht mehr, warum Frau Beckstein ihn darauf angesprochen hatte. Die Knopfheimer Gerüchteküche arbeitete unschlagbar effektiv. „Sie hat sich letztens zu mir an den Tisch gesetzt und wir haben uns ein bisschen unterhalten. Irgendwann hat sie mal ihre Hand auf meine gelegt, als ich ihr von etwas erzählt habe, das mich sehr berührt hat – und das ist wohl nicht unbemerkt geblieben."

Wohlweislich ließ Ben unerwähnt, dass er Simone zu dem Zeitpunkt auf ihr indirekt signalisiertes Interesse hin erzählt hatte, er sei schon lange in eine andere Frau verliebt und sähe für Simone und ihn keine gemeinsame Zukunft. Zum Trost – und aus Dankbarkeit für seine Ehrlichkeit – hatte sie seine Finger umfasst und verständnisvoll gedrückt.

„Außerdem solltest du mich so gut kennen, dass ich kein Frauen-Hopping betreibe und wie eine Biene von einer süßen Blüte zur nächsten wechsle."

„Oh Gott, ich weiß!", stöhnte Fiona und vergrub ihr Gesicht erneut in den Händen. „Das ist mir auch so peinlich! Ich habe dieses Gerücht von Iris gehört und bin natürlich voll drauf angesprungen, weil ich zwei Wochen lang auf ein Lebenszeichen von dir gewartet und mich gleichzeitig selbst wie ein Feigling gefühlt habe, weil ich mich nicht bei dir gemeldet habe."

„Ja, ich hätte auch lieber früher bei dir vorbeikommen sollen." Dann wäre ihm die ungeschminkte Wahrheit von letztem Samstag erspart geblieben.

Fiona fühlte sich seltsam zerrissen. Auf der einen Seite hatte sie endlich Gelegenheit zur Aussprache, nach der sie sich seit mehr als zwei

Wochen sehnte. Und doch lief irgendetwas falsch. Einiges war geklärt wie zum Beispiel das ominöse Verhältnis zwischen Ben und Simone. Andere Dinge schienen nicht angesprochen worden zu sein und hingen so körperlos in der Luft wie die kleinen weißen Atemwölkchen, die sie beide in der frostig-kalten Nachtluft beim Sprechen produzierten.

Bens Verhalten war zwar nicht mehr so distanziert wie am Anfang, aber auch noch nicht so natürlich und herzlich wie sonst immer. Vermutlich hatte die Intimität nach dem Eishockeyspiel vor drei Wochen ihr Verhältnis unweigerlich verändert.

Fiona musste die Situation direkt ansprechen, sonst würde sie das noch länger belasten. Deshalb trat sie etwas näher. „Was ist mit dir? Du bist so anders." Als Ben nur den Kopf schüttelte, bohrte sie nach: „Lag es am Sex? Du denkst sicher, wir hätten es nicht tun sollen, oder? So etwas verändert eine freundschaftliche Beziehung immer."

„Nein, das ist es nicht."

„Aber irgendetwas ist doch? War noch etwas am Samstag, als du bei mir warst?" Erschrocken riss sie die Augen auf. „Oh Gott, es war etwas, was ich im Suff gesagt habe, stimmt's? Sag schon." Das Flackern in Bens Augen bestätigte ihre Vermutung. „Ich kann mich an alles glasklar erinnern, nur der Moment, kurz bevor ich eingeschlafen bin, verschwimmt wie im Nebel."

Als Ben nur den Kopf schüttelte, blieb sie hartnäckig. „Hey, wie lange kennen wir uns schon? Wenn ich etwas Schlimmes gesagt habe, möchte ich es wenigstens wissen, damit ich mich richtig bei dir entschuldigen kann."

Als Ben immer noch schwieg – so, als wolle er sie vor den Konsequenzen ihres eigenen scharfen Mundwerks schützen – versuchte sie es mit Humor und boxte ihm grinsend mit der Faust gegen die harte Brust: „Wenn du es mir schon nicht sagen kannst, stell dir einfach vor, ich sei Kai – und du erzählst mir haargenau, was für eine blöde Kuh Fiona ist."

Das kleine Lächeln, das um Bens Mundwinkel erschien und Fiona an den ersten zaghaften Sonnenstrahl im Frühling erinnerte, gab ihr Hoffnung und wärmte ihr Herz.

Doch als Ben in wenigen Worten umriss, was sie ihm vor dem Einschlafen an den Kopf geworfen hatte und wie es bei ihm angekommen war, war sie zutiefst schockiert. Tränen schossen ihr in die Augen und sie sog abrupt die kalte Abendluft ein. Oh nein! Was hatte sie Ben da nur angetan?

Spontan schob sie ihre Arme unter seine offenstehende Jacke und drückte sich an seine Brust. Als ihre Wange an seinem warmen Hals lag und sie seinen wunderbar vertrauten Duft einatmete, murmelte sie bedrückt: „Ich weiß nicht, wie ich mich gebührend dafür entschuldigen kann, dass ich dir so etwas unterstellt habe! Du weißt, dass ich das nie im Leben so gemeint habe, wie es bei dir angekommen ist, oder?"

Immerhin spürte sie, wie Ben zögernd seine Hände auf ihren Rücken legte und drüberstrich. Dann war noch nicht alles verloren, schoss es ihr durch den Kopf. Erleichtert löste sie sich etwas von ihm und vergrub ihre Finger in der Knopfleiste seines Hemds. Dabei erwiderte sie seinen intensiven Blick, als ob sie so den Schmerz in seinem Herzen auflösen konnte. „Ich habe mir damals nach Julians Tod natürlich schon Gedanken gemacht, was gewesen wäre, wenn er später losgefahren oder eine Ampel auf dem Heimweg grün statt rot gewesen wäre. Wenn ihr damals zu zweit beim Klassentreffen gewesen wärt, hätten die Gespräche an jenem Abend auch einen ganz anderen Verlauf genommen – und ihr wärt zu einem anderen Zeitpunkt losgefahren. Dann wäre es auch egal gewesen, wer im Endeffekt beim Heimweg am Steuer gesessen wäre." Fiona merkte, wie Bens Blick weicher und offener wurde, und schöpfte Hoffnung. „Es war also definitiv nicht deine Schuld. Genauso wenig wie meine, obwohl ich mich mit diesem Gedanken damals auch lange herumgequält habe."

Ben, der immer noch seine Hände auf Fionas Armen liegen hatte, zog sie schweigend an sich und vermittelte ihr damit, dass er sie verstand und alles gut werden würde. Erleichtert akzeptierte sie sein Friedensangebot und schmiegte sich eng an ihn. Jetzt erst merkte sie, wie sehr sie ihn, seine Freundschaft, sein Vertrauen und seinen Trost in den letzten Wochen vermisst hatte. Und seine Liebe – wenn sie auch nur freundschaftlicher Natur war.

Mit einem kleinen Lächeln wandte sich Marita Beckstein vom Fenster des Tankstellenladens ab und drehte sich zu Rudi, der mit ihr stillschweigend diese kleine romantische Szene neben den Zapfsäulen beobachtet hatte.

„Die Liebe blüht an den ungewöhnlichsten Orten zwischen den verschiedensten Menschen", waren ihre hintergründigen Worte. Dabei bemerkte sie ein zustimmendes Funkeln in Rudis von vielen Lachfalten umrahmten blauen Augen. Er war noch ein Vertreter der alten Generation, die wusste, was Höflichkeit und Ritterlichkeit bedeuteten. Deshalb tankte sie ihr Auto auch viel lieber hier als an anderen Tankstellen. Leider würde Rudi in den nächsten Jahren sein Geschäft aufgeben und in den wohlverdienten Ruhestand gehen. Dann würde sie den zuvorkommenden Service, den er ihr immer angedeihen ließ, sehr vermissen.

Mit einem kleinen Lächeln und den Worten „Ich wünsche dir noch einen schönen Abend, Rudi" verabschiedete sich Marita und verließ den Laden.

Iris war gerade dabei, das Abendessen zu richten. Die Wurstplatte war schon fertig, ebenso der Käseteller. Jedoch fehlte die übliche liebevolle Dekoration, die für Iris zu einem guten Essen dazugehörte. Gedankenverloren schnitt sie das Brot auf und warf es fast schon in ein olivgrün lackiertes Körbchen, das mit einem weißen Spitzentuch ausgelegt war. Beim Tischdecken klapperte sie so lautstark mit dem guten Geschirr und Besteck, dass sie gar nicht hörte, wie Wolfgang die Haustür aufschloss und seine Jacke im Garderobenschrank aufhängte.

„Hallo, ich bin da." Wolfgang betrat das Esszimmer und zog seine Frau wie jeden Abend für einen Begrüßungskuss an sich. Doch Iris konnte sich diesmal in den Armen ihres Mannes nicht entspannen. Zu sehr beschäftigte sie das neueste Gerücht, das in Knopfheim umging.

Wolfgang entdeckte seine Lieblingswurst auf dem Teller und ließ ein genießerisches „Mmh" verlauten. Nachdem er sich die Hände gewaschen hatte, setzte er sich auf den Platz am Esstisch, den er schon in den letzten zweiunddreißig Jahren innehatte - seit sie damals mit dem kleinen Julian in das frisch gebaute Haus eingezogen waren. Als er sich Salat geschöpft hatte, merkte er, dass Iris nur stumm auf ihrem Platz saß und auf ihren leeren Teller starrte.

„Was ist los, mein Schatz?" Besorgt blickte er sie an und ließ eine Abfolge von schrecklichen Szenarien vor seinem inneren Auge ablaufen, die am heutigen Tag passiert sein könnten. Seit Julians Tod nahm er sein familiäres Glück nicht mehr als selbstverständlich.

„Ich habe heute nur etwas beim Bäcker gehört, das mich beschäftigt ... und das gefällt mir gar nicht." Sie schüttelte den Kopf und richtete ihr Besteck neben dem Teller parallel aus. „Ben und Fiona sind bei Rudis Tankstelle gesehen worden, wie sie sich umarmt haben."

„Das ist doch aber nichts Ungewöhnliches", meinte Wolfgang und stach mit der Gabel in zwei kleine Salatblätter.

„Ja, aber es war anders als sonst. Länger. Intimer." Iris holte zitternd Luft und sprach das aus, was sie am meisten fürchtete: „Was ist, wenn sich Fiona in Ben verliebt?"

Wolfgang schmunzelte. „Wäre das so schlimm?"

„Ja, verdammt!" Erschrocken hielt sich Iris die Hand vor den Mund und blinzelte Wolfgang entschuldigend an.

Da sie normalerweise nie fluchte, weil es sich für eine Dame nicht ziemte, merkte er allein daran, wie sehr sie dieses Thema belastete.

Dann beugte sich Iris zu ihm vor und zischte empört: „Letzte Woche ging noch das Gerücht um, er und Simone Fink seien zusammen. Jetzt ist es Fiona. Und was ist dann nächste Woche? Ben hüpft, seit er aus Kanada wieder zuhause ist, vermutlich von einem Bett ins nächste. Ich will nicht, dass er Fionas Verletzlichkeit ausnutzt – und Julians Platz in unserer Familie einnimmt."

Aha! Letzteres war vermutlich des Pudels Kern. „Als Weiberheld schätze ich ihn nicht ein. Du weißt doch, wie die Knopfheimer klatschen und tratschen. Wer weiß, ob das alles stimmt. Vermutlich war an dem Gerücht um Simone nichts weiter dran. Und selbst wenn Fiona mit Ben zusammen sein möchte, ist das gut so. Es wird nämlich langsam Zeit für sie, sich auf jemand Neuen einzulassen."

„Wie kannst du so etwas sagen, Wolfgang?!"

„Ist doch wahr", erwiderte er ruhig. „Es ist schon über vier Jahre her. Sie kann nicht bis zu ihrem Lebensende das Dasein einer trauernden Witwe führen. Dafür ist sie zu jung und zu lebensbejahend." Er nahm einen Schluck von seinem Wasser. „Dass Fiona sich für Ben interessieren könnte, kommt außerdem nicht so überraschend. Ich habe mich oft gefragt, wann der Funke zwischen den beiden überspringt, da sie so eng befreundet sind."

„Aber doch nicht mit Ben!!"

„Warum nicht?"

Iris stand abrupt auf und begann, im geräumigen Esszimmer, das sich zum großen Wohnzimmer hin öffnete, hin und her zu laufen und die Finger zu kneten. „Er war schon als Kind kein standesgemäßer Umgang für Julian. Mirkos selbstzerstörerischer Weg war damals schon zu erahnen gewesen."

Diese Begründung verwunderte Wolfgang doch sehr.

„Aber du weißt, wie Julian war." Iris gab ein leises Schnauben von sich. „Wenn er etwas wollte, ging er stur seinen Weg. Und er wollte immer helfen. Weißt du noch, wie er ständig diese ekelhaften Regenwürmer nach einem Sommerregen von der Straße auflas und auf die benachbarte Wiese legte, damit sie nicht überfahren wurden? Und als er diesen Vogel mit dem verletzten Flügel fand und unbedingt gesund pflegen wollte? Gott, hatte er damals geweint, als er dann doch über Nacht gestorben war." Sie wandte sich wieder Wolfgang zu und stützte sich mit beiden Händen auf die Rückenlehne ihres Stuhls. „Bei Ben war es irgendwie dasselbe. Julian fühlte intuitiv, dass es ihm nicht so gut ging wie ihm, und wollte helfen. Er sagte mal zu mir: 'Weißt du, Ben hat keine richtigen Freunde in unserer Kindergartengruppe. Und er ist sehr nett. Ich will ihm ein guter Freund sein.' Und ich wusste damals, dass – wenn ich ihm den Kontakt zu Ben verbot – er ihn heimlich suchen würde. Deshalb habe ich die ganzen langen Jahre nie etwas gesagt. Ben war – schon allein wegen seines familiären Umfelds und Mirkos Trunksucht – kein guter Umgang für unseren Sohn."

Wolfgang hatte mittlerweile aufgehört zu essen und betrachtete das schmerzverzerrte Gesicht seiner Frau, die sich mit alten Erinnerungen quälte. Langsam erhob er sich von seinem Stuhl und trat auf sie zu. Fast musste er sie zwingen, sich von ihm in die Arme nehmen und trösten zu lassen. Doch dann gab sie endlich nach und schmiegte sich an seinen Körper. Sie hatten größenmäßig schon immer perfekt zueinandergepasst.

Sanft wiegte er sie in seinen Armen und murmelte liebevoll: „Iris Winkler, du bist ja ein kleiner Snob!"

Beschämt kam die leise Antwort: „Ich weiß. Außerdem habe ich Fiona letzten Samstag gesagt, Ben sei auf dem besten Wege ein Alkoholiker zu werden, nur weil sein Vater einer war. Ich wollte ihn ihr madig machen und habe mich danach schrecklich gefühlt. Das Schlimmste aber ist, dass ich mir nach Julians Tod gewünscht hatte …" Sie sprach ihren schrecklichen Gedanken nicht aus.

Doch Wolfgang konnte ihn erraten und lehnte sie etwas zurück, damit er ihr in die Augen sehen konnte. „Dass du dir wünschst, Ben wäre anstelle von Julian verunglückt, ist zwar verständlich, da du deinen Sohn verloren hast", er strich über ihre weiche Wange und meinte in sanft tadelndem Ton: „Aber das ist noch schlimmer als gelebter Snobismus!"

„Oh Gott, ich weiß!" Sie vergrub erneut ihr Gesicht an seinem Hals. „Aber ich kann nicht anders."

„Ben war Julian immer der beste Freund, den wir unserem Sohn hätten wünschen können. Das kannst du sicher nicht bestreiten", erinnerte Wolfgang sie.

„Ja, kann schon sein", nuschelte Iris an seinem Hals.

„Außerdem hat er aus einer denkbar schlechten Ausgangsposition, was sein soziales Umfeld angeht, beruflich gesehen das Beste gemacht. Ich respektiere ihn sehr dafür. Nicht viele haben seinen Fleiß und seine Beharrlichkeit."

Iris gab an seinem Hals einen unbestimmten Laut von sich, den er – optimistisch wie er war – als Zustimmung wertete. „Du wirst das schon schaffen. Solche negativen Gedanken bringen uns unseren Sohn nicht zurück, sondern vergraulen nur unsere Schwiegertochter und mit ihr unsere Enkelin." Zärtlich strich er über Iris' sorgfältig frisierte kurze Haare. „Wir müssen dankbar sein für die wundervollen dreißig Jahre, die wir mit Julian erleben durften. Dankbar für unsere süße kleine Enkelin, die unser Erbe fortführt, und für unsere bezaubernde Schwiegertochter, die Emmy zu einer selbstbewussten, starken Frau heranziehen wird."

An Iris' bebenden Schultern merkte er, dass sie weinte. Er hatte sie schon seit über zwei Jahren nicht mehr um Julian weinen sehen. Es war gut, wenn sie die angestaute Trauer herausließ. Nur so konnte ihr Herz gesunden. Deshalb hielt er sie noch fester, strich ihr liebevoll über ihr weiches, leicht ergrautes Haar und war in ihrem Schmerz bei ihr.

„Und wenn Fiona sich Ben als neuen Partner auswählt, bin ich mit ihrer Entscheidung mehr als zufrieden", ergänzte Wolfgang seine letzten Worte. „Er ist einer der zuverlässigsten, loyalsten und anständigsten Männer, die ich kenne – und als Julians bester Freund aus Kindertagen gehört er ja schon seit über dreißig Jahren sozusagen zur Familie."

Kapitel 26

Fiona hatte ihre Einkaufstour durch ihren üblichen Lebensmittelladen beendet und war immer noch erstaunt, wie wenig für einen Samstagmorgen dort los gewesen war. Immerhin wäre sie dadurch bald wieder zuhause und konnte Emmy bei ihren Großeltern abholen. Sie musste nur noch in einem Babyladen einen Geschenkgutschein für eine Bekannte aus ihrer Gymnastikgruppe besorgen. Die hatte nämlich vor Kurzem ein kleines Mädchen bekommen und Fiona hatte sich freiwillig gemeldet, einen kleinen Obolus von allen Teilnehmerinnen einzusammeln.

Schwungvoll packte sie alle Lebensmittel in die beiden Klappkisten im Kofferraum ihres Autos. Sie war schon seit ein paar Tagen guter Laune, da sie endlich einigermaßen alles mit Ben geklärt zu haben schien.

Ihr Zusammentreffen vor ein paar Tagen war schon ungewöhnlich gewesen. Sie hätte nicht erwartet, Ben an der Tankstelle zu treffen. Drei Tage lang hatte sie versucht, ihn zu erreichen. Drei Tage lang hatte sie für sich geübt, wie sie sich entschuldigen sollte. Hatte Formulierungen ausprobiert, mit sich selbst diskutiert und einige Dinge als unbrauchbar verworfen. Und dann stand sie einfach so Ben gegenüber und musste aus dem Stegreif improvisieren. Zum Glück war alles gut gegangen. Als sie in Bens Armen lag und seine wohltuende Wärme spürte, wusste sie, dass alles gut werden würde.

Sie hatte Ben als Freund nicht verloren.

Beschwingt schloss sie den Kofferraumdeckel und fuhr einige Kilometer in einen Vorort von Mannheim, in dem das Babyfachgeschäft lag. Als sie auf dem überfüllten Parkplatz angekommen war, betrat sie das weitläufige Geschäft, in dem sich viele schwangere Frauen mit ihren Partnern tummelten, um sich über Kinderwägen und Babyzubehör beraten zu lassen.

Da der Laden auch Kleidung für die ersten Lebensjahre eines Kindes anbot und Emmy noch neue Leggins für den Frühling benötigte, schaute Fiona durch die ausgehängte Ware. Gerade als sie eine dunkellila Baumwoll-Leggins mit aufgedruckten bunten Blümchen am gekräuselten Beinausschnitt betrachtete, ließ sie ein helles, überaus feminines Lachen aufblicken.

Was sie sah, stach ihr ins Herz wie ein rostiger Nagel.

Simone Fink stand neben einem Drehständer und hielt einen klitzekleinen Babystrampler in Quietschgelb mit dunkelbraunen Querstreifen hoch. Daneben entdeckte sie Ben, der überaus gelöst über etwas lachte, das Simone gesagt hatte. Er schien sich königlich zu amüsieren, da er breit grinste und Simone sein schönstes Lächeln zeigte. Mein Gott, Simone musste ja nur so vor geistreichen Bemerkungen sprühen, dass sie in den Genuss dieses seltenen Lächelns kam!

Beide sahen aus wie ein glückliches Paar, das Kleidung für ihr bald zu erwartendes Baby aussuchte. Simones Augen strahlten. Ihr Lächeln war breit und entspannt. Ihre herrlichen roten Locken strotzten nur so vor Spannkraft und machten unwissentlich Werbung für ein weltberühmtes Haarspray – Fiona hätte am liebsten ihre Finger darin vergraben und kräftig daran gezerrt. Sprich, Simone war das lebende Klischee, alle Schwangeren sähen so schön wie das blühende Leben aus. Bezaubernd. Betörend.

Einfach ekelhaft hinreißend.

Bens Hände steckten lässig in seinen Jeans, sodass sein langärmliges Gap-T-Shirt über seinem athletischen Oberkörper spannte. Mann, das sah wirklich appetitlich aus! Kein Wunder schlich sich Ben in letzter Zeit immer öfter in Fionas Gedanken. Er war ein Mann, der Eindruck hinterließ und dessen markantes Aussehen einen neugierig auf den Menschen dahinter machte. Dabei beeindruckte Ben weniger durch sein blendendes Aussehen als durch seine scharf geschnittenen Gesichtszüge, die perfekt zu seinem durchtrainierten Körper passten. Ein Körper, der Pheromone wie ein Duftspray zu versprühen schien, sobald man nur in seine Nähe kam.

Zum Niederknien.

Und dann nahm Ben selbst einen winzigen Strampler vom Ständer und fühlte mit seinen großen Händen die Materialqualität.

Scheiße, Simone ist doch hoffentlich nicht von Ben schwanger?!, durchfuhr es Fiona.

Schlagartig sackte ihr der Magen nach unten. Er hatte zwar gemeint, er sei nicht mit Simone zusammen. Aber per Definition würde sie das an seiner Stelle nach einem One-Night-Stand auch nicht behaupten. Und ein einziges Mal ohne Verhütung reichte schließlich – wenn es dumm lief – völlig aus. Und dass man die Verhütung im Eifer des Gefechts einfach vergessen konnte, hatte Fiona schließlich selbst erst vor Kurzem erlebt. Sie hatte nicht eine Sekunde lang einen Gedanken daran verschwendet – so überwältigt war sie von den Gefühlen gewesen, die Ben in ihr hervorgerufen hatte.

Wehmütig dachte sie an die berauschende Intimität, die sie für kurze Zeit miteinander erlebt hatten – und die sie vermutlich nie wieder erleben würden. Ein schmerzhafter Stich durchfuhr ihre Brust genau in dem Moment, als Ben seine amüsiert funkelnden Augen schweifen ließ und diese auf ihre trafen.

Überrascht, sie hier zu treffen, erstarb sein Lachen.

Dann riss er sich zusammen und kam auf sie zu geschlendert. „Hallo Fiona."

Er beugte sich zu ihr herunter und küsste sie wie immer zur Begrüßung kurz auf die Wange. Dabei spürte sie das leichte Kratzen seiner kurzen Bartstoppeln, die im warmen Licht des Ladens golden schimmerten. Schlagartig erwachte Fionas Erinnerung daran, wie sich dieses sanfte Scheuern auf ihren nackten Brüsten angefühlt hatte. Sie unterdrückte einen wohligen Schauer.

Als er sich wieder aufrichtete, atmete er tief durch die Nase ein und fragte fast schon beiläufig: „Was machst *du* hier?"

Irgendwie hatte Fiona das Gefühl, dass er an der Antwort auf diese harmlose Frage mehr als interessiert war. „Ich muss einen Geschenkgutschein für eine Bekannte holen, die ein Baby bekommen hat. Und Emmy braucht Leggins." Sie hielt das lila Exemplar hoch.

„Ach so." Ben nickte und schien irgendwie erleichtert zu sein, was er gekonnt überspielte.

„Und du?", konnte sich Fiona nicht verkneifen, leichthin zu fragen, und nickte Simone zur Begrüßung zu, da diese ihr quer durch den Laden hinweg fröhlich zuwinkte.

„Simone braucht für ihre Schwester ein Geschenk. Sie bekommt nächsten Monat Nachwuchs."

„Aha." Fiona versuchte, sich nun ihrerseits die Erleichterung nicht anmerken zu lassen. Trotzdem wurde ihr mit einem Schlag bewusst, dass sie an der Tankstelle zwar das meiste zwischen sich geklärt hatten, Ben aber immer noch ein attraktiver Kandidat auf dem Junggesellenmarkt – und noch frei verfügbar – war.

Bevor sie mal wieder von einer eifersüchtigen Welle überrollt wurde – so eifersüchtig war sie bei Julian nie gewesen, stellte sie überrascht fest –, wechselte sie lieber das Thema: „Du hast heute dein erstes Finalspiel gegen die *Schneewölfe*, oder?"

„Ja. Wir fahren alle zusammen in ein paar Stunden nach Heilbronn."

„Ich wäre heute wirklich gern dabei. Aber leider habe ich keinen Babysitter. Iris und Wolfgang haben schon seit langem Konzertkarten für heute Abend. Und Nina hat auch keine Zeit." Sie lächelte ihn bedauernd an. „Aber ihr werdet das sicher auch ohne mich schaffen."

Ben machte eine skeptische Miene. „Ein Spiel auf fremdem Territorium zu gewinnen ist immer knifflig, gerade wenn es um die Play-offs geht. Aber unser Coach meint, das Team sei so gut wie seit vier Jahren nicht. So wie ich ihn seit November im Training erlebe, wundert mich das gar nicht. Er weiß, worauf es ankommt und wie er die Spieler zu Höchstleistungen antreiben kann. Er sieht in jeder miesen Lage einen optimistischen Kern und überträgt diese Grundeinstellung aufs Team. Die *Pitbulls* können sich glücklich schätzen, ihn als Trainer gewonnen zu haben, nachdem unser alter Coach vor ein paar Jahren aufhören musste."

Fiona warf einen zufälligen Blick über Bens Schulter zu Simone, die sich über einige Ständer mit Babykleidern in ihre Nähe vorgearbeitet hatte und sichtlich lange Ohren machte, um den Inhalt des Gesprächs mitzubekommen.

Doch Ben fuhr fort, ohne etwas mitzubekommen: „Zum Glück haben die Knopfheimer wie jedes Jahr ein paar große Busse gechartert, die die Fans inklusive Trommeln und Trompeten nach Heilbronn schaffen. So haben sie wenigstens eine echte Chance, sich Gehör zu verschaffen und uns anzufeuern."

„Dann wünsche ich euch ganz viel Erfolg für euer Spiel! Meine Nachbarin ist dabei und hat versprochen, mir bei jedem Tor eine SMS zu schicken und mich so auf dem Laufenden zu halten." Sie streckte sich, um Ben zum Abschied einen Kuss auf die Wange zu hauchen, und freute sich, als er sie dafür mit einer Hand zu sich heranzog – und Simone das ganz genau mitbekam. „Ich bin in Gedanken bei dir und deinem Team."

Dann zögerte Fiona und zog den in Blautönen gehaltenen Seidenschal von ihrem Hals. „Ein Haarband oder Spitzentaschentuch wie ein Burgfräulein im Mittelalter habe ich leider nicht dabei. Aber wenn ich dich schon nicht anfeuern kann, kannst du ja, wenn du willst, den Schal als Glücksbringer irgendwo zwischen deine Polster schieben. Dann ist ein Teil von mir doch bei eurem Spiel dabei."

Sprachlos blickte Ben auf den weichen luftigen Stoff, während er ihn durch seine Finger gleiten ließ. Als er wieder zu Fiona aufsah, brannte sich sein Blick in ihre Augen. „Vielen Dank. Nach dem Spiel ist der von meinem Schweiß aber völlig ruiniert, das weißt du schon, oder?"

„Scheißegal, Hauptsache ihr gewinnt."

Sichtlich ergriffen zog Ben sie nochmal an sich und drückte sie fest. „Das bedeutet mir viel. Danke."

Mit einem Nicken verabschiedete sich Fiona von ihm und Simone und eilte mit den Leggins in der Hand zur Kasse. Beim Zahlen fiel ihr im letzten Moment noch der Grund ein, warum sie überhaupt zu diesem Geschäft gefahren war: der Geschenkgutschein.

Als sie schließlich im Auto saß, merkte sie, wie ihre Finger zitterten, als sie den Motor anlassen wollte. Irgendwie hatte sie die Begegnung mit einer vermeintlich schwangeren Simone mehr mitgenommen, als sie erwartet hätte.

Sie hatten tatsächlich gewonnen!

Ben ließ sich nach der kurzen Nacht auf Knopfdruck einen pechschwarzen Kaffee aus seiner Kaffeemaschine, der fatale Ähnlichkeit mit flüssigem Teer hatte, und richtete sein Frühstück. Es war zwar schon Mittag, aber nach dem grandiosen Sieg letzten Abend waren die Spieler und Heerscharen von Fans nach ihrer Heimkehr aus Heilbronn um Mitternacht bei Gloria im *Bully* eingefallen und hatten fast bis zum Morgengrauen gefeiert.

Die *Pitbulls* waren zu Beginn des Spiels mit der Vehemenz einer Horde tollwütiger Kampfhunde aus der Kabine gekommen und hatten die Heilbronner mit einem Tor in der zweiten Minute ziemlich überrascht. Die Gegner waren sich ihres Heimvorteils zu sicher gewesen.

Doch dann war das Kräftemessen in vielen kleinen Zweikämpfen sehr ausgeglichen gewesen. Gekonnte Kombinationen und zielgenaue Pässe wechselten sich auf beiden Seiten ab und ließen die Zuschauer in den höchsten Tönen aufschreien. Am Ende des ersten Drittels schlossen die Heilbronner dann zum eins zu eins auf und gingen mit einem zufriedenen Grinsen in die Umkleidekabine, das Ben ihnen am liebsten aus dem Gesicht geprügelt hätte.

Im zweiten Drittel gab es einige Strafzeiten, da die Gemüter hochkochten und sich die Spannungen in Machtkämpfen und Raufereien auf der Eisfläche entluden. Bei den jeweils anschließenden Überzahlspielen hatten einmal die Heilbronner und einmal die *Pitbulls* Erfolg, sodass es am Ende des zweiten Drittels zwei zu zwei stand.

Nach weiteren aufreibenden siebzehn Minuten schoss dann Mischa endlich das erlösende drei zu zwei, das sie glücklicherweise – trotz aller Anstrengungen auf Seiten der *Schneewölfe* – bis zum Schlusspfiff halten konnten

Und die ganze Zeit über hatte Ben Fionas Tuch über seinem Herzen getragen.

Vor dem Spiel hatte er sich von seinen Teamkollegen abgewandt, um es an seinem Brustschutz zu befestigen, damit keiner eine blöde Bemerkung machen konnte. Doch nach dem Spiel hatte er es völlig vergessen. Als er das Trikot über seinen Kopf streifte, war es natürlich Kai gewesen, der genau in dem Moment zu ihm herüberblickte und das Tuch erspähte.

Aufgekratzt rief er quer durch die Kabine: „Hey, was hast du denn da für ein weibisches Teil an?! Trägst du seit Neuestem Dessous unter der Ausrüstung oder was?"

Alle Köpfe schwenkten ruckartig zu Ben herum. Kai hätte genauso gut rufen können: „Seit wann ist dir denn ein zweiter Schwanz gewachsen?! Willst du etwa zwei Frauen gleichzeitig beglücken?!!"

Doch es war Ben völlig egal, dass er im Mittelpunkt der Aufmerksamkeit stand und jeder seinen Senf dazugab. Das, was zählte, war schließlich der Punktestand auf der Anzeigetafel. Und der war für die *Pitbulls* mehr als zufriedenstellend ausgefallen.

„Nein", winkte Ben lässig ab und grinste in die Runde. „Das ist nur ein Glücksbringer. Und, hat er uns heute Abend Glück gebracht?" Ein zustimmendes Gejohle folgte und jeder kümmerte sich wieder um seine eigenen Angelegenheiten.

Kurz darauf tauchte Kai neben Ben auf. Sein Schwitzanzug hing ihm über die Hüfte nach unten und seine nackte, durchtrainierte Brust glänzte vor Schweiß.

„Ein Glücksbringer, so-so." Er hielt den Kopf schräg, sodass ihm sein langer fransiger Pony bis über die jadegrünen Augen fiel, und blickte Ben lauernd an. „Und von welcher holden Weiblichkeit hast du den bekommen?" Als Ben nicht gleich antwortete, sprach er seinen Verdacht halblaut aus: „Vermutlich vom Grund deiner temporären miesen Laune vor einer Woche, habe ich recht?"

Ben schüttelte leicht den Kopf und meinte nur: „Das ist kompliziert."

„Na, so kompliziert kann es doch nicht sein, wenn sie dir einen wertvollen Seidenschal zum Verschwitzen überlässt. Da muss doch von ihrer Seite mehr dahinterstecken."

Ben schnaubte kurz auf. „Eher nicht. Außerdem ist sie für mich eigentlich eh tabu."

„Warum das denn? Ist sie verheiratet mit deinem besten Freund oder was?"

Als Kai Bens Gesichtsausdruck sah, wusste er, dass er ins Schwarze getroffen hatte. „Scheiße. Es ist Fiona, stimmt's?"

Obwohl Ben nichts sagte, wusste Kai, dass er richtig lag. „Mensch Ben, das ist doch toll! Sie ist eine Wahnsinnsfrau. Schön, intelligent und humorvoll. Du kennst sie schon ewig und weißt, dass es keine bösen Überraschungen bei ihr gibt. Worauf wartest du noch?"

„Sie war Julians Frau", knurrte Ben, als ob das alles erklären würde.

„Na und?!", fragte Kai mit hochgezogenen Augenbrauen. Dann verstand er. Schließlich hatte er früher zuhauf miterlebt, wie loyal zugetan Ben seinem Freund gewesen war. Außerdem hatte dieser schon immer die eigenartige Angewohnheit gehabt, sich zurückzuziehen, wenn ihn etwas beschäftigte, um es mit sich selbst auszumachen. „Du denkst, du hintergehst ihn oder würdest ihn auf geschmacklose Art beerben, habe ich recht? Aber dann lass mich dir eines sagen: Er ist schon seit Jahren tot. Und toter als tot geht nicht. Kumpel, du hast schon immer zu viel gegrübelt", schüttelte Kai den Kopf und stellte fest: „Und eine bessere als Fiona, die zu dir passt, bekommst du auch nicht. Wenn sie dich also will, nimm sie dir."

„Das weiß ich eben nicht", murmelte Ben. Das Einzige, was er wirklich wusste, war, dass er nicht sein Leben lang in Konkurrenz zu seinem besten Freund leben wollte.

Nachdenklich rührte Ben in seinem Frühstückskaffee, obwohl er weder Milch noch Zucker hineingetan hatte. Eigentlich sollte er sich bei Fiona melden und ihr vom Spiel gestern erzählen. Doch etwas in seinem Inneren hielt ihn davon ab. Ein Bedürfnis von Distanz ... Oder war es ein bequemer Selbstschutz?

Vielleicht sollte er ihr einfach nur eine SMS schicken, sich für den Schal bedanken und ihr das Endergebnis mitteilen. Obwohl ... das wusste sie ja bereits von ihrer Nachbarin.

In dem Moment klingelte das Telefon. Als er Fionas Namen im Display erkannte, bekam er kurz eine Gänsehaut. Manchmal war ihm das Phänomen der Gedankenübertragung unheimlich.

„Hey, du", meldete er sich.

„Hi! Du bist zum Glück schon wach", hörte er Fionas aufgekratzte Stimme. „Ich muss nämlich gleich mit Emmy weg und musste dir davor noch unbedingt gratulieren! Das war anscheinend ein unglaublich spannendes Spiel, was ich so gehört habe."

Aufgedreht hörte sich Fiona Bens Kurzfassung an und reagierte auf manche Kommentare übersprudelnd wie ein Springbrunnen. Ben konnte sie regelrecht vor sich sehen: vor Aufregung rosige Wangen; funkelnde dunkelbraune Augen; seidiges Haar, das auf ihre Schultern fiel.

Auf einmal hatte er wieder ihren Anblick vor Augen, wie sie ihm über alle Maßen glücklich über Skype Emmys Bewegungen in ihrem runden Bauch gezeigt hatte. Sie war damals so strahlend schön gewesen – und er hätte die Zeit der Schwangerschaft am liebsten hautnah mit ihr durchlebt.

Er merkte, wie sich sein Herz vor Sehnsucht zusammenzog, sein eigenes Kind in ihrem gewölbten Bauch heranwachsen zu sehen. Mit stolz geschwellter Brust neben ihr zu stehen und der ganzen Welt zu zeigen, dass sie *zu ihm* gehörte und *er ganz allein* für ihren Zustand verantwortlich war.

Ein ureigenster männlicher Wunschtraum.

Als er Fiona so überraschend im Babyladen begegnet war, war er durch ein Wechselbad der Gefühle gegangen. Zuerst hatte er erschrocken vermutet, sie sei trotz Spirale doch schwanger von ihm geworden. Dann war eine große Woge der Freude über ihn geschwappt, da sie nun für immer miteinander verbunden waren. Doch der ernüchternde kalte Guss hatte nicht lange auf sich warten lassen und machte ihm klar, dass er so nicht mit ihr verbunden sein wollte: Eine Partnerschaft nur aus Pflichtgefühl ihrerseits um des gemeinsamen Kindes Willen. Er wollte sie, das stand außer Frage. Aber nicht so. Deshalb war er schlussendlich über den wahren Grund für ihren Einkauf mehr als erleichtert gewesen.

Bei der Umarmung zum Abschied hatte er wie gewohnt ihren wunderbaren Duft tief inhaliert und hatte sich innerlich von seinen Hoffnungen verabschiedet. Wenn sie ihn wirklich wollte, würde sie alleine darauf kommen müssen. Denn das Letzte, was er im Sinn hatte, war, sie mit der Offenbarung seiner Gefühle unter Zugzwang zu setzen und zu einer Entscheidung zu drängen, die nicht wirklich ihre war – und sie beide unglücklich machen würde.

„Meins' du, Omi erkennt mich heute?“, fragte Emma, als Fiona den Reißverschluss ihrer Jacke einhakte und hochzog.

„Das werden wir sehen, meine Süße. Vielleicht hat sie ja einen guten Tag“, erwiderte Fiona hoffnungsvoll und griff nach ihrer Handtasche.

Nachdem sie nach der Arbeit Emma von ihren Großeltern abgeholt und gemeinsam mit ihr eine Kleinigkeit gegessen hatte, wollte sie nun ihre Mutter im Pflegeheim besuchen. In letzter Zeit war es immer häufiger vorgekommen, dass sie teilnahmslos im Stuhl gesessen und vor sich hin gestarrt hatte, ohne Fiona oder ihre Enkelin zu erkennen.

Als Fiona mit Emmy den Flügel des Pflegeheims betrat, in dem ihre Mutter lebte, begegnete ihr schon die Pflegerin mit einem herzlichen Lächeln. „Ah, Frau Winkler! Schön, dass Sie heute gekommen sind. Ihre Mutter war heute Mittag ganz klar und hat sich mit mir unterhalten. Jetzt sitzt sie im Zimmer und schaut ihre Lieblingsserie."

Fiona drückte Emmys kleine Hand voll freudiger Erwartung und bedankte sich bei der stets freundlichen Elke. Das würde sicher ein schöner Besuch werden und sie konnte ihrer Mutter viel von Emmy erzählen.

Leise klopfte Fiona an und betrat das gemütlich eingerichtete Zimmer ihrer Mutter. Ihr Lieblingssessel stand darin, in dem sie im Moment saß, und viele Fotos von Fiona und Emmy hingen an den Wänden.

„Hallo Mama." Sie traten näher und warteten auf eine Reaktion. Doch die blieb aus. Fionas Mutter saß unbewegt im Sessel und starrte mit blicklosen Augen auf das Geschehen auf dem Fernsehbildschirm.

Der Schleier des Vergessens hatte sich wieder über ihr Gemüt gelegt.

Fiona schluckte ihre Enttäuschung hinunter und meinte zu Emmy: „Doch kein guter Tag für sie."

Mit Elkes Hilfe machte sie ihre Mutter fertig, um mit ihr im Rollstuhl durch den angrenzenden Park zu spazieren. Kurz darauf betraten sie den Fußweg, der sie durch die Grünanlage zu einem kleinen See führte. Emmy hüpfte voran und hielt sich brav in sicherer Entfernung zum Ufer auf, wie Fiona sie immer wieder erinnert hatte, damit sie nicht ins Wasser fiel. Dann stürmte sie auf einen kleinen Sandkasten zu, in dem sie bei ihren Besuchen immer spielte.

Fiona schob den Rollstuhl ihrer Mutter neben eine in der Nähe stehende Bank und setzte sich neben sie. Dann ergriff sie ihre Hand und erzählte kurz von Emmy und ihren Erlebnissen im Kindergarten.

Danach schwieg sie einen Moment und meinte leise: „Eigentlich hatte ich gehofft, mich mit dir heute über Ben unterhalten zu können. In den letzten Wochen ist einiges passiert ... Bei den letzten Besuchen konnte ich dir gar nicht davon erzählen, weil ich selbst noch nicht soweit war, bestimmte Gedanken zuzulassen. Aber letzte Woche ist etwas geschehen, das bei mir innerlich einiges in Bewegung gebracht hat."

Fiona warf einen Blick auf das reglose Gesicht ihrer Mutter, das für ihr Alter noch sehr glatt war. Dann schweiften Fionas Augen zu Emmy, die glücklich vor sich hin sang und Sandkuchen mit ihren mitgebrachten Förmchen backte.

„Ich habe dir ja schon so viel von Ben erzählt. Er ist mein bester Freund. Mein Vertrauter, mit dem ich über alles reden kann. Der mir zuhört und mich in allem unterstützt, was mir wichtig ist. Ich habe ihn irgendwie immer als selbstverständlich angesehen. Ein Geschenk des Himmels. Oder ein wertvolles Erbe, das mir nach Julians Tod geblieben ist und mir durchs Leben hilft. Doch erst, als ich dachte, ich hätte ihn als Freund verloren, habe ich gemerkt, wie wichtig er für mich und mein Leben ist." Nachdenklich betrachtete Fiona den ruhigen See, der den bedeckten Himmel in unzähligen Grauschattierungen widerspiegelte. „Ich habe ihn schon immer geliebt. Anders als Julian, der auf seine offenherzige Art sehr leicht zu lieben war. Ben ist auf eine andere Weise tiefgründig. Komplexer. Vielschichtiger. Aber das macht ihn auch so faszinierend."

Gedankenverloren erzählte Fiona, was sie an Ben so liebte: seine ruhige Gelassenheit im Umgang mit schwierigen Situationen; seine Charakterstärke, deren besonnene Reife ihn zu einer verlässlichen Konstante in Fionas Leben machte; sein Ehrgeiz gepaart mit unbeirrbarer Zielstrebigkeit, der ihn beim Eishockey und in seinem Beruf so erfolgreich hatte werden lassen; seinen warmherzigen, manchmal auch staubtrockenen Humor, mit dem er Fiona immer zum Lachen brachte. Außerdem packte er tatkräftig zu, wenn es etwas zu erledigen gab. Aber was sie immer wieder überwältigte, waren seine faszinierenden Augen, die sie stets mit einem warmen Leuchten einhüllten, wenn er sie anblickte – und an denen sie sich nicht sattsehen konnte.

Doch die Art, wie Ben mit Emmy umging, war das wertvollste an seinem Charakter und ließ Fionas Herz jedes Mal schmelzen. Die Liebe zu seiner Patentochter zeigte sich in jedem Wort, das er an sie richtete, und in jeder liebevollen Geste, die Fiona bei ihm beobachtete.

Da ihre Mutter sie sowieso nicht verstehen konnte und sie bisher noch mit niemandem darüber hatte reden können – nicht mal mit Nina –, erzählte sie kurz von dem einen Abend, der alles verändert hatte.

„Als wir miteinander geschlafen haben, hat mich das völlig überwältigt. Ben hat Gefühle in mir losgetreten, die wie eine gewaltige Lawine über mich gekommen sind. Gott, war das ein Erlebnis. Er war so zärtlich und aufmerksam, aber gleichzeitig auch energisch und fordernd und hat mir genau das gegeben, was ich gebraucht habe." Fiona spürte, wie sich eine leichte Gänsehaut über ihre Arme ausbreitete, die sie immer ergriff, wenn sie daran dachte. „Doch danach ist irgendwie alles anders gewesen."

Stockend erzählte sie, wie gedemütigt sie sich gefühlt hatte, da Ben so schnell vor ihr geflüchtet war. Wie sehnsüchtig sie auf ein Lebenszeichen von ihm gewartet und ihn dann zur Schnecke gemacht hatte, als er an einem so unpassenden Abend bei ihr hereingeschneit war.

„Aber weißt du, Mama, mittlerweile glaube ich, dass er mit der ungewohnten Situation ebenso wenig umgehen konnte wie ich. Es ging ja alles so schnell. Außerdem weiß ich immer noch nicht genau, welche Gefühle er für mich hegt. An jenem Abend hat die Intimität - jedenfalls für mich - perfekt gestimmt. Er hat mir das Gefühl gegeben, als hätte ich nach langer Zeit meine verloren gegangene zweite Hälfte gefunden. Alles hat gepasst. Und dann kam die Scham, als uns bewusst wurde, was da eben passiert war."

Fiona blickte auf die Hand ihrer Mutter, die locker zwischen ihren eigenen lag, und strich sanft darüber. „Du kennst doch das Lied *Tausendmal berührt* von Klaus Lage. Genauso habe ich mich gefühlt. Über ein Jahrzehnt habe ich Ben unzählige Male in den Arm genommen, mit ihm gelacht, habe bei allen erdenklichen Gelegenheiten irgendeinen körperlichen Kontakt zu ihm gesucht - und mir nichts dabei gedacht. Und dann kommt ein Abend, an dem eine gedankenlose Berührung plötzlich Bedeutung bekommt - und sich alles ändert. Beängstigend. Aber dennoch wunderschön."

Unbewusst spürte Fiona einem leichten Wind nach, der wie kühle Seide über ihre Wangen strich und nach nasser Erde roch. Dann fiel ihr etwas ein und sie lachte trocken auf. „Ich hätte nie gedacht, dass ich der eifersüchtige Typ Frau bin. Doch als ich mitbekommen habe, wie sehr sich Simone Fink für Ben interessiert, hätte ich ihr ihre schönen roten Locken ausreißen können. Und daran habe ich gemerkt, wie groß meine Angst ist, ihn zu verlieren." Nach einem kurzen Moment des Schweigens, sagte Fiona mehr zu sich selbst: „Wenn ich nur wüsste, welche Gefühle Ben für mich hegt. Ich weiß nicht, ob ich mutig genug bin, unsere Freundschaft aufs Spiel zu setzen."

Völlig in Gedanken versunken, wäre Fiona fast entgangen, wie sich die Körperspannung ihrer Mutter veränderte. Gerade als sie besorgt zu ihr aufblickte, öffnete diese den Mund und sagte undeutlich: „Schnapp' ihn dir!"

Kapitel 27

Völlig perplex starrte Fiona ihre Mutter an und fragte sich, ob sie das jetzt geträumt hatte. „Mama?" Sie erhob sich von der Bank und ging vor dem Rollstuhl ihrer Mutter in die Hocke. Doch ihr Blick war wieder trübe und weit in die Ferne gerichtet. Fiona konnte keine Reaktion entdecken.

Plötzlich tauchte Emma neben ihr auf und blieb stehen. „Is' was? Du gugs' so erschrock'n."

„Nein, es ist alles in Ordnung, mein Schatz", beruhigte Fiona ihre Tochter und versuchte, die aufsteigenden Tränen wegzublinzeln. „Omi hat nur gerade etwas gesagt, was für mich völlig überraschend gekommen ist."

Und es war in dem Moment genau das Richtige, das Fiona hatte hören müssen. Wenn die Intensität ihrer Gefühle für Ben sogar den Schleier ihrer Mutter durchdrang, musste das etwas zu bedeuten haben.

Als sie mit Emmy eine halbe Stunde später wieder nach Hause fuhr, merkte Fiona, wie sie voll Elan ihren Wagen steuerte und vor sich hin summte. Sie würde mit Ben reden, nahm sie sich vor. Den Stier bei den Hörnern packen und etwas in ihrem Leben verändern.

Doch während sie mit Emmy zu Abend aß und sie danach ins Bett steckte, stiegen Zweifel aus den Tiefen ihres Herzens empor wie silbriger Dunst von umgepflügten Feldern an einem Herbstmorgen: Was würde geschehen, wenn sie Ben ihre Gefühle offenbarte und er sie auslachte? Fiona merkte, wie ihr das Herz ein Stückchen absackte. Würde sie dadurch womöglich alles riskieren, was sie schon so lange verband? Davor hatte sie die meiste Angst.

Emotional sicherer wäre es allemal, so weiterzumachen wie bisher. Aber auch feiger.

Eine nicht ganz unwichtige Frage war doch auch: Würde sie es ertragen, Ben einer anderen Frau zu überlassen, ohne selbst je zu wissen, ob ihm dieser eine Abend mehr bedeutet hatte als eine körperliche Vereinigung aufgrund sexueller Gelüste?

Und was genau empfand sie für Ben? War es wirklich wahre Liebe?

Den ganzen Abend über fühlte sich Fiona wie hin und her gerissen. Nervös. Fahrig. Am liebsten wäre sie gleich zu Ben gerannt und hätte ihn zur Rede gestellt. Auf der anderen Seite schreckte sie zurück, eine so eminent wichtige Entscheidung in solch kurzer Zeit zu fällen. Gerade sie, die schon beim Kauf einer neuen Küchenmaschine eine Woche Bedenkzeit brauchte.

Neidisch dachte sie an Nina, die viele Dinge spontan und aus dem Bauch heraus entschied – und glücklich damit war. Probleme wälzen gehörte definitiv nicht zu ihren favorisierten Freizeitbeschäftigungen.

Als Fiona endlich wieder ein kleines Quäntchen Mut gefunden hatte, sah sie auf die Uhr und stöhnte. Es war schon zu spät, um bei Iris anzurufen und sie zu bitten, über Emmys Schlaf zu wachen. Sie musste ihre Pläne also auf den nächsten Tag verschieben.

Eine willkommene Galgenfrist?

In dieser Nacht träumte sie von Ben. Im Gegensatz zum letzten Mal im Januar war es kein erotischer oder romantisch-verklärter Traum, aber auch kein Albtraum. Während Fiona noch in die Dunkelheit starrte und ein Auto mit laut aufheulendem Motor anfahren hörte, wurde ihr klar, dass sich ihre Liebe zu Ben im letzten halben Jahr gewandelt hatte. Seit er aus Kanada zurück war, hatte sich ihr Herz für ihn immer weiter geöffnet. Deshalb wusste sie nun, dass sie sich ein Leben ohne Ben nicht mehr vorstellen konnte – und das nicht nur auf platonischer Ebene. Sie wollte mehr von ihm und seinen Träumen, seinen Sehnsüchten erfahren, seine Gedanken und den Alltag mit ihm teilen. Sie wollte süchtig werden nach seinen Zärtlichkeiten und diese erwidern, wann immer er sie brauchte.

War das Herz nicht ein wunderbares Organ? Man konnte viele Menschen gleichzeitig lieben. Julian liebte sie immer noch. Doch wenn Ben bei ihr war, war alles andere um sie herum vergessen. Wieder merkte sie, wie intensiv ihre Gefühle für ihn geworden waren und wie sehr er ihre Gedanken in vielen Lebenslagen beherrschte. Dann war in diesem Moment nichts wichtiger, als in seiner Nähe zu sein, ihn zu spüren und mit ihm zu lachen.

Denn das war es, was ihr dieser Traum glasklar vor Augen führte: Sie wollte Ben als Mann. Als Liebhaber. Als Vertrauten. Und dafür musste sie eine Entscheidung treffen, die nun hier in der Dunkelheit nicht mehr schwer war. Sie würde ins kalte Wasser springen und Ben ihre Gefühle offenbaren. Denn sie wollte Ben auch als Vater für Emmy. Sie wollte mit ihm ihr Leben verbringen, sich mit ihm den Alltagsproblemen stellen und mit ihm erleben, wie Emmy aufwuchs und groß wurde. Dafür würde sie – wenn nötig – auch gegen einen rothaarigen Drachen in den Krieg ziehen. Kampflos würde sie ihn jedenfalls nicht hergeben.

Als ihr klar wurde, warum Emmy das glücklichste Kind auf Erden wäre, wenn Ben bei ihnen einzöge, wurden ihre Augen feucht und sie gluckste vor Lachen. Dann könnte er nämlich jeden Abend mit ihrer kleinen Tochter zusammen ihren Stofftieren das obligatorische Gute-Nacht-Lied vorsingen und sie zur Ruhe betten. Das würde Emmy sehr gefallen.

Armer Ben!

Er wusste nicht, was an diesem Tag so Besonderes war. Aber er wusste, dass er Julians Haus nie wieder so unvoreingenommen betreten konnte wie in den letzten Jahren ihrer Freundschaft.

Ben hatte nach den Hausaufgaben mit Julian draußen gespielt und sich gebrüstet, dass er von den Jungs in ihrer Klasse der Größte sei. Er würde mindestens ein Jahr älter als seine stolzen sechsdreiviertel Jahre aussehen. Lachend und flachsend betraten sie Julians Haus mit dessen Schlüssel, den er immer um seinen Hals trug. Sie wollten etwas trinken und dann wieder zu ihrem Lieblingskletterbaum gehen und weiterspielen.

Als Ben jedoch den hellen Eingangsbereich betrat, fiel ihm zum ersten Mal bewusst auf, wie groß er war. An der einen Wand stand sehr dekorativ ein handgeschnitzter, alter Bauernschrank, der genügend Platz für Jacken und Mäntel bot. Gegenüber hingen neben einem großen Spiegel mit Silberrahmen viele Familienbilder, auf denen hauptsächlich Julian zu sehen war. Und in der Mitte stand ein beeindruckender schwarzer Flügel mit Ebenholztasten, auf dem Julian seit zwei Monaten für seine Klavierstunden übte. Ben wollte gar nicht wissen, was der wert war.

Links führte eine geschwungene Treppe in den oberen Stock und endete auf einer Balustrade, die zu den Schlafzimmern führte. Ben wusste nicht, wie oft sie die schon mit lautem Gebrüll hochgerannt waren, um ein imaginäres Schiff zu entern. Noch nie war ihm aufgefallen, wie anders sie wirkte im Vergleich zu der schmalen dunklen Treppe, die bei Ben zuhause in den ersten Stock führte.

„Hallo Jungs", begrüßte sie Iris, Julians Mutter. Sie kam aus dem Wohnzimmer und trug wie so oft einen schmalen Rock, eine Bluse aus luftig-weichem Stoff und eine Perlenkette um den Hals. Bens Mutter war nie so elegante gekleidet. Meist trug sie Jeans und ein praktisches T-Shirt. Nur selten machte sie sich fein, höchstens bei Familienfeiern oder seiner Einschulung. Aber selbst da konnte sie es mit Julians Mutter nicht aufnehmen. „Wollt ihr etwas trinken?"

„Ja, wir sind am Verdursten", erwiderte Julian übermütig und zog Ben in die Küche.

Helle Küchenschränke harmonierten mit warmen Holztönen. Lange Arbeitsflächen boten großzügig Platz zum Arbeiten. Bens Mutter musste zum Plätzchenbacken immer erst die Mikrowelle und den Brotkorb wegräumen, damit sie Platz für zwei Backbleche hatte.

Auch wenn Julian – so wie immer – bunte Plastikbecher aus dem Schrank holte und Saftschorle einschenkte, bemerkte Ben doch das edle Geschirr, das in den Vitrinen zu sehen war und die schön geschliffenen Weingläser, die in einem anderen Schrank wirkungsvoll aufgestellt waren.

An einer Pinnwand über einer kleinen Kommode hingen viele bunte Postkarten. Julian hatte Ben mal erzählt, dass er sich selbst immer eine Karte als Andenken aus dem Urlaub schickte. Was Ben nun sah, war niederschmetternd: Weiße Sandstrände mit Palmen und azurblauem Himmel; Wolkenkratzer im Sonnenuntergang; ein Kanal zwischen uralten Häusern, auf dem eine Gondel von einem Mann gesteuert wurde; ein schiefer Turm, der fast am Umkippen war; eine Arena, in der ein Mann mit einem Stier kämpfte.

Meine Güte. Julians Familie war wirklich steinreich.

Wenn Ben mal zusammen mit seinem Bruder in den Ferien eine Woche bei seinem Onkel in einem kleinen Kaff bei Heilbronn verbracht hatte, war das schon das Höchste der Gefühle gewesen. Aber mit einem Flugzeug irgendwohin zu fliegen … Das war total abgefahren.

Als die beiden wieder nach draußen gingen, fuhr gerade Julians Vater mit seinem großen schwarzen Mercedes auf den Stellplatz vor der Doppelgarage, weshalb Julian Bens nicht unübliche Schweigsamkeit keine Beachtung schenkte, und stieg aus. Dunkler Anzug, Hemd und Seidenkrawatte. Das Haar lag perfekt frisiert, wie aus dem Ei gepellt. Das absolute Gegenteil von Bens eigenem Vater, der normalerweise in abgewetzten Jeans und karierten Holzfällerhemden herumlief. Die Haare waren meist im Nacken zu lang und hingen ihm halb über ein Auge. Ein Auto besaß Mirko im Moment nicht.

Wenn Ben an den kleinen roten Fiat Panda seiner Mutter dachte, der von den vielen rostigen Stellen zusammengehalten wurde, und mit dem eleganten, teuren Auto von Julians Vater verglich, von dem Ben annahm, es sei eine E-Klasse, überfiel ihn fast so etwas wie Scham. Verlegen blickte er zu Boden.

Julians Vater grüßte die Jungen mit einem kleinen Lächeln und wuschelte beiden beim Vorbeigehen über die Haare. Er war zu Ben immer sehr nett. Obwohl er so ein hohes Tier in irgendeiner Firma in Mannheim war.

Als Ben mit seinem Freund wieder die Straße zum Feld entlanglief, hatte er ein ganz komisches Gefühl in seinem Bauch. Noch nie waren ihm die Unterschiede zwischen seiner und Julians Familie so deutlich bewusst gewesen wie heute. Das lag vermutlich auch daran, dass Julian nie mit seinen Besitztümern prahlte.

Den Begriff 'sozialen Unterschied' kannte Ben noch nicht. Auch von 'Minderwertigkeitskomplexen' hatte er noch nichts gehört. Doch heute war ihm dieses Phänomen deutlich vor Augen geführt worden und hatte seine innere Einstellung geprägt.

Julian war bei allen Kindern beliebt. Viele Erwachsene waren sehr freundlich zu ihm und mochten ihn. Er erfuhr viel Aufmerksamkeit, gab aber nie mit Dingen an, die er besaß, wie es andere Kinder manchmal taten. Er war ein außergewöhnlicher Mensch – und Ben immer ein sehr guter Freund. Dadurch wurde Julian in Bens Augen zu etwas Besonderem. Jemand, dem man nachstreben wollte. Doch heute war Ben klar geworden, dass er das nicht schaffen würde. Julian kam aus einem besseren Haus als Ben und war – ergo – auch etwas Besseres. Und Ben würde ihn nie erreichen können.

„Hast du was? Du bist so still“, fragte Julian und warf ihm einen glänzenden Apfel zu, den er aus dem Obstkorb gemopst hatte.

„Nee, alles okay. Hab' nur ein Grummeln im Bauch.“

„Dann iss den Apfel. Du hast sicher nur Hunger.“

„Guten Abend, Frau Hofer“, begrüßte Ben die Sekretärin seines Chefs mit einem freundlichen Nicken, als er durch die offene Tür schlenderte. Die Unterlagen auf ihrem Schreibtisch waren vorbildlich geordnet und in kleinen übersichtlichen Stapeln sortiert. Selbst der schwere Füllfederhalter, den sie stets benutzte, war parallel zur Außenkante der Schreibunterlage ausgerichtet.

„Ah, Herr Kowalczyk.“ Als sie aufblickte, glättete sich der verkniffene Zug um ihren Mund, der von jahrzehntelanger unerschütterlicher Tüchtigkeit und eisernem Durchsetzungsvermögen erzählte. „Noch da?“

„Ja, ich wollte, bevor ich heimgehe, den versprochenen Bericht über die verbesserte Hydraulik für den Multifunktionsgreifer vorbeibringen. Der Chef meinte, der Nachweis zur Energieeinsparung sei für seine Besprechung morgen sehr wichtig.“

„Ich werde ihm ihre Unterlagen auf den Schreibtisch legen, damit er sie gleich morgen früh vorfindet. Heute Abend kommt er nach seinem Auswärtstermin nicht mehr ins Büro.“ Sie schien ihn wohlwollend durch ihre große Hornbrille zu betrachten. „Herr Degenhardt meinte erst heute, es sei schön, Sie wieder im Team zu haben. Und es sei richtig gewesen, gerade Sie nach Kanada zu schicken. Das, was Sie dort gelernt haben, würde unserer Firma sehr zu Gute kommen.“

„Ich bemühe mich.“

„Immer so bescheiden, Herr Kowalczyk! Das gefällt mir an Ihnen. Sie sind einer der kompetentesten und zuverlässigsten Mitarbeiter hier in unserer Firma, aber auch einer der bescheidensten. Ganz anders als eine gewisse andere Person, deren Namen ich nicht nennen will." Sie zog ihre Augenbrauen nach oben und betrachtete Ben mit einem bedeutungsvollen Blick. „Aber diese Angelegenheit ist ja zum Glück zu Ihren Gunsten geklärt worden."

Da er Frau Hofer noch nie beim Tratschen erlebt hatte, wäre ihm vor Staunen vermutlich die Kinnlade heruntergeklappt, wenn er sich nicht gerade an der Nase gekratzt hätte. So hielt er nur in seiner Bewegung inne und ließ die Hand - verwundert über ihre indirekte, aber mehr als eindeutige Bemerkung - sinken. Sie war wohl mit Sörens unkollegialem Verhalten definitiv nicht einverstanden, was ihn sehr freute. Nach einem kurzen, aber für Frau Hofers Verhältnisse sehr herzlichen Wortwechsel, machte er sich auf zum Mitarbeiterparkplatz seiner Firma.

Während er in seinem Geschäftswagen nach Hause unterwegs war, stellte er sich innerlich auf das letzte Training vor dem alles entscheidenden Spiel der Saison ein. Wenn sie an diesem Samstag gewönnen, hätten sie nach vielen Jahren der Fehlschläge zum ersten Mal wieder den Meistertitel errungen. Wenn sie von den Heilbronnern überrollt würden, müsste Bens Team am nächsten Wochenende für die endgültige Entscheidung noch einmal ins gegnerische Stadion fahren. Das würde Ben jedoch mit aller Kraft verhindern. Der Heimvorteil war nicht zu unterschätzen. Und noch einmal gegen die *Schneewölfe* auf deren Territorium gewinnen zu wollen, war eine unnötige Herausforderung des Glücks.

Dann fiel Ben noch ein, dass er am Samstag nicht vergessen durfte, Fionas Schal einzupacken, den er ihr noch nicht zurückgegeben hatte. Wie gesagt, er war normalerweise nicht abergläubisch, aber bei einem alles entscheidenden Finalspiel ...? Er würde lieber auf Nummer sicher gehen.

Als er kurz vor Knopfheim auf die Uhr neben der Tankanzeige des Armaturenbretts blickte, merkte er, dass er nicht mehr viel Zeit hatte, einen Happen einzuwerfen, bevor Kai ihn zum Training abholte. Er würde sich einfach eine Scheibe Brot und zwei geräucherte Würste aus dem Kühlschrank greifen und alles gemütlich in Kais Auto essen. Das dürfte für den Anfang reichen.

Nachdem er seinen A6 am Straßenrand vor dem Haus geparkt hatte, ging er mit großen Schritten zur Haustür, betätigte den Lichtschalter fürs Treppenhaus und schloss auf. Da er ganz in Gedanken die Treppen zu seiner Wohnung hochstieg, bemerkte er erst im letzten Moment, wer auf dem letzten Treppenabsatz vor seiner Wohnungstür saß und auf ihn wartete.

„Bin ich froh, dass du nicht von der Arbeit direkt zum Training gefahren bist!" Mit einem erleichterten Seufzen erhob sich Fiona und blickte auf ihn hinab.

Wie versteinert blieb Ben stehen, eine Hand auf dem Geländer und einen Fuß auf der nächst höheren Stufe. Seine Jacke und die Aktentasche wären ihm vor Überraschung fast unter dem Arm weggeglitten. Doch er konnte sie noch rechtzeitig an seinen Körper drücken. Irgendetwas Schlimmes musste passiert sein, schoss es ihm durch den Kopf. Fiona würde sonst nie hier im Dunkeln auf ihn warten. Etwas mit Emmy … Etwas, das sie ihm nicht am Telefon sagen konnte. Himmel, es durfte doch nichts mit der Kleinen passiert sein!

Doch als er ihr Gesicht genauer musterte, merkte er, dass sie keine verweinten Augen hatte. Dafür spielte ein kleines, vorsichtiges Lächeln um ihre Lippen.

Und dann war es plötzlich stockdunkel.

„Oh, warte. Ich mache das Licht wieder an."

Er hörte schnelles Tappen – und das Treppenhaus wurde wieder in warmes Licht gebadet. Immer noch leicht verwirrt, bewegte er sich zögerlich die Treppe hinauf. „Ist was passiert?"

„Nein, nein", versicherte ihm Fiona nervös. „Ich wollte dir nur etwas erzählen."

Während sie sprach, bewegten sich ihre Hände fahrig über ihre Jacke und ihr Haar. Dann strich sie sich verlegen eine Haarsträhne hinters Ohr. Was war nur mit ihr los? Sie stand unter Spannung wie eine Stahlfeder. Und warum konnte sie nicht einfach anrufen, wenn sie ihm etwas erzählen wollte? Nicht, dass er sich beklagte, wenn er ihren wunderbaren Anblick genießen durfte.

Das wurde immer seltsamer.

„Du kannst gerne kurz mit reinkommen. Ich habe nur nicht viel Zeit, weil Kai mich bald zum Training abholt." Ben schloss die Tür auf und ließ Fiona den Vortritt.

Kaum war sie durch den kleinen Flur bis ins geräumige Wohnzimmer marschiert, warf sie einen kurzen desinteressierten Blick auf seine Fitnessgeräte, die in einer Ecke aufgebaut waren. Dann drehte sie sich um und warf die Arme in die Luft: „Ich muss dir was sagen und ich weiß nicht, ob das jetzt überhaupt der richtige Zeitpunkt ist oder nicht. Oder was du darüber denkst. Vermutlich gibt es dafür eh keinen passenden Moment. Aber letzte Nacht habe ich was Verrücktes geträumt und als ich hellwach im Dunkel meines Schlafzimmers dagelegen und an die Decke gestarrt habe, ist mir etwas klar geworden – so, als ob ein Puzzle-Teilchen endlich an die richtige Stelle gerückt ist und ich zum ersten Mal ein Gesamtbild erkennen konnte, das schon lange vor meiner Nase war." Sie holte atemlos von ihrem Redeschwall Luft und stieß sie zitternd aus. „Mir ist klar geworden, dass ich dich liebe."

Der letzte Satz hing vibrierend in der Luft, als ob man ein gespanntes Gummiseil nach unten gezogen und dann losgelassen hätte. Ben musste blinzeln. War das eine Fata Morgana? Eine Halluzination? Oder die Projektion einer Filmszene, die in seinem Gehirn seit unzähligen Jahren wie in einer Endlosschleife abgelaufen war?

Da Ben noch unter Schock stand und nicht wusste, ob sich seine Ohren einen schlechten Scherz mit ihm erlaubten, fragte er sicherheitshalber nach: „Du tust was?"

Kapitel 28

Oh-je-oh-je-oh-je, das war wohl voll ein Griff ins Klo gewesen!

Fiona wäre am liebsten zur Tür gerannt und vor dieser peinlichen Erkenntnis geflohen, dass Ben sie offensichtlich *nicht* liebte. Wie sonst konnte sie sich seine mit tonloser Stimme gestellte Frage über den tieferen Sinn ihres Geständnisses erklären.

Alle möglichen Reaktionen hatte sie sich ausgemalt: erstaunt, laut lachend, Witze reißend. Sogar einen blöden Spruch hatte sie erwartet. Doch nie und nimmer diese leblose Stimme, die so schrecklich teilnahmslos klang.

Dann fiel ihr ein, dass sie sich geschworen hatte, um Ben zu kämpfen. Doch wie kämpfte man für die Liebe eines Mannes, der offensichtlich keine tiefen Gefühle für einen hegte?

Da sie noch stumm dastand und ihren besten Freud unschlüssig anstarrte, seufzte Ben scheinbar resigniert auf und verschränkte seine starken Arme vor der breiten Brust. „Aber du kannst mich nicht lieben."

„Warum das denn nicht?" Sofort war Fionas Widerspruchsgeist geweckt und sie schob trotzig ihr Kinn vor. „Ich weiß doch wohl, wie sich mein Herz anfühlt."

„Ich denke, du bildest dir das nur ein, weil wir miteinander geschlafen haben." Er hielt sich bedeckt und wirkte so distanziert, dass Fiona hätte schreien können. Verärgert versenkte sie die Fäuste in den Taschen ihrer offen stehenden Winterjacke.

„Wieso?", fragte sie herausfordernd. „Denkst du, ich kann das nicht unterscheiden? Liebe und Sex?"

„Das können die wenigsten Frauen."

Dieses Gespräch läuft völlig falsch, schoss es Fiona durch den Kopf, während sie Bens verschlossene Miene und die grimmig zusammengezogenen dunkelblonden Augenbrauen studierte. „Du hast recht. Ich hatte noch nie Sex mit einem Mann, den ich nicht geliebt – oder doch wenigstens als Mensch sehr geschätzt – habe. Trotzdem weiß ich jetzt, dass ich dich schon *vor* unserem ersten Mal geliebt habe."

„Ja, *nachdem* wir es getan haben."

Herrgott nochmal, war dieser Mann stur!

„Das darf doch wohl nicht wahr sein!", brauste Fiona auf. „Ich stehe hier vor dir, gestehe dir meine Liebe und du hast nicht mehr dazu zu sagen, als dass ich zu dumm bin, meine Gefühle für dich zu erkennen?!"

Bevor Ben noch irgendwie reagieren konnte, klingelte es an der Haustür. Doch er bewegte sich zu Fionas Leidwesen keinen Zentimeter auf sie zu, sondern starrte ihr immer noch mit sengendem Blick in die Augen. Nach einigen Herzschlägen, die ihr so endlos wie die unendlichen Weiten des Universums vorkamen, versuchte sie es erneut und sagte leise: „Ich will dich."

So leise, dass sie es fast nicht verstehen konnte, flüsterte er: „Du verdienst etwas Besseres." Schmerz blitzte in seinen Augen auf.

Fassungslos schüttelte Fiona den Kopf. „Ben Kowalczyk, einen größeren Blödsinn habe ich in meinem ganzen Leben noch nicht gehört!"

Ein kurzes lautes Hupen ertönte von draußen.

Ben löste seine angespannte Körperhaltung, schaute zu Boden und murmelte: „Ich kann das nicht mehr, Fiona. Ehrlich, ich pack's einfach nicht. Seit über elf Jahren warte ich genau auf diesen Moment. Er war immer die Erfüllung meiner geheimsten Träume." Dann suchten seine Augen ihren Blick und es zerriss ihr das Herz, was sie darin las. „Aber seit wir miteinander geschlafen haben, weiß ich, dass ich es nicht ertragen könnte, ständig mit Julian verglichen zu werden. Und das würdest du ganz automatisch, wenn wir jetzt zusammenkämen. Außerdem hast du die Macht, mich völlig zu zerstören. Denn wenn du irgendwann in naher Zukunft feststellen würdest, dass du dich in Bezug auf mich und deine Gefühle zu mir geirrt hast, würde ich das nicht überleben."

Sie blickte ihn fassungslos an. „Seit über elf Jahren?"

Ben hielt in der Bewegung inne und fluchte innerlich. Genau den jämmerlichsten aller Punkte in seinem Vortrag hatte sie sich natürlich gemerkt. Hatte sie den ganzen Rest danach überhaupt mitbekommen?

Wieder hupte es draußen, diesmal anhaltender.

„Es tut mir leid." Er riss sich von ihren schönen kaffeebraunen Augen los, ging in den Flur und packte seine große Sporttasche samt Jacke. „Ich muss los. Zieh die Tür einfach ins Schloss, wenn du gehst."

Nun, da er die Fronten in der Angelegenheit Fiona endlich geklärt hatte, müsste er sich doch eigentlich besser fühlen, oder etwa nicht? Doch mit jeder Treppenstufe hatte er das qualvolle Gefühl, es würde ein Stückchen mehr aus seinem zerbrochenen Herzen brechen und klirrend am Boden zerschellen.

Er wusste, dass er feige reagierte. Doch er traute Fionas neuen Gefühlen nicht. Natürlich wusste er, dass sie eine vernünftige Frau war, die ihre Liebe nicht leichtfertig verschenkte und einen solchen Schritt wie heute Abend nicht unbesonnen unternahm. Trotzdem … Ihn hatte bei ihrer Liebeserklärung eine Scheißangst überfallen, dass sie bodenlos von ihm enttäuscht wäre, wenn er sie in sein Innerstes blicken lassen würde. Denn, wenn sie ihn jemals verließe, hatte Fiona nicht nur die Macht, sein Herz zu zermalmen, sondern sein ganzes Leben in Schutt und Asche zu legen. Aus diesem Grund war sein Selbstschutzprogramm auf höchsten Touren angelaufen.

Als er an der Haustür ankam, hörte er oben die Tür ins Schloss fallen, gefolgt von schnellen Schritten auf den Stufen. Doch er trat unbeirrt vors Haus und wurde von Kai, der neben seinem Auto wartete, mit einer ungeduldigen Handbewegung begrüßt. „Was geht, Mann? Hast du noch deinen Kajalstrich nachziehen müssen oder warum bist du so spät?"

Gerade als Ben die Tür hinter dem Beifahrersitz öffnete, um seine Tasche zu verstauen, trat Fiona aus dem Haus. Kurz blieb sie stehen und nickte Kai zu, der – wie festgefroren – mit der Hand am Griff seiner

Autotür dastand und sie überrascht angaffte. Ben stieß die angehaltene Luft in einer weißen Atemwolke aus und fuhr sich durch die Haare. Scheiße! Sie hatte geweint. Im Schein der Straßenlaterne konnte er in ihren Augen den verräterischen Glanz von Tränen erkennen.

Dann wandte sie sich ab und hastete die Straße entlang. Kai schwenkte seinen Kopf fragend zu Ben, was dieser kaum wahrnahm. Es war ihm auch egal. Er war seinem Freund keine Erklärung schuldig. Als er sich in Kais Auto setzte, meinte er noch die gemurmelten Worte „Da frag' ich garantiert nicht nach" zu hören.

Mann, war das eine Nacht. Fiona starrte mit brennenden Augen ins Kaminfeuer. Nachdem sie sich stundenlang im Bett gewälzt hatte, vermutlich für eine Stunde eingeschlafen und dann wieder hochgeschreckt war, war sie schlussendlich völlig entnervt und gerädert um halb fünf aufgestanden, hatte im Kamin ein Feuer entfacht und sich aufs Sofa gelegt. Doch der Schlaf wollte nicht kommen. Schon bald setzte sie sich auf, wickelte die warme wollene Decke um sich herum und schlug die Beine unter. Die züngelnden Flammen, die in allen erdenklichen Gelb-, Orange- und Rot-Tönen lustig vor sich hin prasselten, beruhigten sie nur wenig.

Sie konnte es immer noch nicht fassen, was Ben gestern gestanden hatte. Elf Jahre unerfüllte Liebe. Das hielt doch kein Mensch aus, ohne durchzudrehen. Dann seine Zweifel an der Echtheit ihrer Gefühle für ihn, was sie ja fast noch nachvollziehen konnte – obwohl sie seine Reaktion echt in Rage gebracht hatte. Und dann noch seine Weigerung, ihr Herz als Geschenk anzunehmen, obwohl seine Augen wortlose Geschichten von unerfüllter Sehnsucht und tiefer Liebe erzählten. Das war doch zum Aus-der-Haut-fahren!

Fionas Gedanken schweiften in die Vergangenheit und visualisierten viele gemeinsame Erlebnisse ihres Dreiergespanns. Dabei bewertete sie die gefallenen Worte und verschiedenen Verhaltensweisen neu aufgrund der jüngsten Informationen. Und dann fiel bei ihr der Groschen.

Was hatte Julian ihr mal über Ben erzählt? Er sei tief in seinem Inneren ein ganz Sensibler. Loyal bis in den Tod. Und wenn er etwas verspräche, könne sie darauf gehen, dass er alles Menschenmögliche tue, um es einzuhalten.

Alles Menschenmögliche?! Wie etwa, ihr nicht offen zu zeigen, wie sehr er sie liebte, nur weil sie Julians Frau war?

Oh Gott! In welche Gewissenskonflikte musste sie ihn gestürzt haben, als sie ihm damals aus Übermut einen Kuss gegeben hatte, der sich so rasant zu etwas so viel Tieferem entwickelt hatte? Vor allem, wenn man bedachte, dass Ben seinem besten Freund sein Wort gegeben hatte, Fiona während dessen mehrtägiger Exkursion vor den Anbaggerversuchen anderer Männer zu beschützen. Und sie hatte ihn in eine Lage gebracht, in der Ben nicht anders konnte, als sein Wort zu brechen!

Wenn man Bens Gefühle für sie vor diesem Hintergrund betrachtete, konnte Fiona seine Gewissensbisse sogar verstehen. Er fühlte sich vermutlich immer noch seinem toten Freund verpflichtet. Deshalb hatte er in den letzten Jahren auch nie ein Sterbenswörtchen verlauten lassen.

Mit diesen neuen Vermutungen prüfte sie ihre aufwühlenden neuartigen Gefühle für Ben, während sie unbewusst das wunderschöne Farbenspiel der Flammen im Kamin beobachtete.

In den letzten Jahren – ihrem neuen Leben nach Julians Tod – hatte sich ihre Liebe zu Ben unbemerkt verändert. Das sexuelle Interesse hatte deshalb eigentlich schon sehr viel länger unter der Oberfläche gebrodelt als bewusst von Fiona wahrgenommen. Kein Wunder hatten sich ihre Gefühle an jenem denkwürdigen Abend mit der Heftigkeit eines Vulkanausbruchs über sie ergossen.

Und da sie mittlerweile verstand, warum Ben am Abend zuvor so abweisend reagiert hatte, wusste sie auch, was zu tun war: Sie musste noch einmal mit ihm sprechen und ihm diesmal die Pistole auf die Brust setzen, da es vermutlich schwer war, nach so vielen Jahren der unerfüllten Liebe den ersten Schritt zu tun.

Denn eines hatte ihr das quälende Gedankenwälzen in dieser Nacht gezeigt: Sie liebte Ben von ganzem Herzen und wollte keinen Tag mehr ohne ihn leben.

Nun musste sie nur noch hoffen, dass er den Sprung ins Ungewisse ohne Netz und doppelten Boden wagen würde.

Schnell blickte sie auf die Uhr und war erleichtert, dass sie Ben noch abpassen konnte, bevor er zur Arbeit losfuhr. Bevor sie es sich anders überlegen konnte, eilte sie die Treppe hoch ins Schlafzimmer, tauschte ihren Schlafanzug kurzerhand gegen Jeans und Pulli, fuhr sich kurz durch die Haare und machte sich schon auf, das Haus zu verlassen. Während sie noch durch den kalten, dunklen Morgen eilte, dachte sie erleichtert daran, dass sie Emma gestern Abend schon mit einem kleinen Rucksack voller Übernachtungszeug zu ihren Großeltern verfrachtet hatte, als sie noch nicht wusste, wie lange sie auf Ben warten würde. Deshalb musste sie sich jetzt auch keine Gedanken darüber machen, wer Emmy zum Kindergarten brachte.

Nach wenigen Minuten stand sie fröstelnd vor Bens Haus und sah erleichtert, dass noch Licht in der Küche brannte. Nachdem sie zweimal eindringlich geklingelt hatte, wartete sie sekundenlang mit klopfendem Herzen auf ein Lebenszeichen. Die Haussprechanlage knackte und Bens erstaunte Stimmte meldete sich. „Ja?"

„Ich bin's, Fiona. Darf ich kurz hochkommen?"

Als der Türsummer nach kurzem Zögern ertönte, drückte sie gegen die Tür und lief leichtfüßig in den ersten Stock. Und dann sah sie Ben im Türrahmen stehen, die Liebe ihres zweiten Lebens: mit überraschtem Gesichtsausdruck, rasiert und mit vom Duschen noch feuchten Haaren. Seine Jeans saßen perfekt an seinen langen, muskulösen Beinen. Eine offene Krawatte baumelte um seinen Hals und bildete einen erfrischenden Kontrast zu seinem weißen Hemd.

Appetitlich. Lecker. Zum Vernaschen.

Doch würde Ben ihr nach so vielen Jahren endlich seine Gefühle gestehen? Oder hatte er einen Teil seiner Liebe zu ihr vor lauter frustrierender Warterei verloren?

So gepflegt und attraktiv, wie Ben aussah, wollte der übernächtigte Gesichtsausdruck nicht so recht zum Gesamteindruck passen. Bens sonst so gesunde Gesichtsfarbe wirkte selbst in der warmen Treppenhausbeleuchtung wächsern. Unter seinen Augen zeugten Schatten von einer schlaflosen Nacht und ließen Fionas Herz vor Hoffnung schneller schlagen. Ihm war das gestrige Gespräch augenscheinlich auch gehörig nachgegangen. Gut so. Dann war noch nicht alles verloren.

Fiona trat ihm gegenüber und begrüßte ihn mit den Worten: „Du siehst genauso scheiße aus, wie ich mich fühle."

„Ich habe eine fürchterliche Nacht hinter mir." Fiona hatte ihre Winterjacke ausgezogen und lief vor Nervosität im Wohnzimmer auf und ab, während Ben mit den Händen in den Gesäßtaschen seiner Jeans scheinbar gelassen im Türrahmen lehnte und der Dinge harrte, die da kamen. „Aber nachdem ich stundenlang verwirrt im Bett gelegen und Gedanken gewälzt hatte, wusste ich, dass ich noch unbedingt heute Morgen mit dir reden muss. Ich konnte nicht bis heute Abend warten."

Fiona blieb stehen und blickte Ben direkt an. Wie konnte er nur so verdammt gelassen aussehen, während bei ihr alle Motoren auf Hochtouren liefen? „Gestern Abend war ich stinksauer, weil du mir und meinen Gefühlen für dich nicht geglaubt hast. Dann habe ich nachgedacht und bin drauf gekommen, warum die Situation für dich nicht einfach ist. Du denkst vermutlich, dass du deinen besten Freund hintergehst, wenn du was mit mir anfängst. Aber das stimmt nicht. Du bist ihm in keinster Weise verpflichtet. Nicht mehr." Sie holte tief Luft, da sie merkte, dass sie – jedenfalls in einem Punkt – voll ins Schwarze getroffen hatte. „Und ich kann dir versichern, dass ich dich nicht ständig mit Julian vergleiche. Auf die Idee bin ich noch gar nicht gekommen. Ich gebe zu, die Zeit mit Julian war wunderschön. Ich habe ihn sehr geliebt. Aber dieser Abschnitt ist vorbei. Mit seinem Tod hat ein neues Leben für mich begonnen. Und ich kann sehr wohl beurteilen, ob ich dich *wirklich* liebe oder ob ich mir das nur *einbilde,* weil wir miteinander geschlafen haben."

Ben gab einen zweifelnden Laut von sich. „Ich kann Julian nicht das Wasser reichen. Du wirst niemand besseren finden als ihn."

Fiona schnaubte auf und stemmte die Hände in die Taille. „Was denkst du, soll ich tun? Bis zu meinem Lebensende die trauernde Witwe spielen? Das Andenken meines geliebten Ehemanns in Ehren halten und so keusch wie eine Nonne leben?! Mit Sicherheit nicht!! Ich hatte massenhaft guten Sex. Zwar nur mit Julian …"

„Danke, das wollte ich jetzt hören", knurrte Ben sarkastisch und verschränkte die Arme vor der Brust.

„Ich rede von meinem früheren Leben, Herrgott nochmal, nicht von dir!", schimpfte sie und funkelte ihn wütend an. „Ich will nicht für den Rest meines Lebens auf Sex verzichten, nur um Julians Andenken zu wahren. Dafür bin ich definitiv zu jung. Und wenn du meine Meinung zu unserem gemeinsamen sexuellen Erlebnis wissen willst: Der Sex mit dir war unglaublich, überirdisch, göttlich, überwältigend, phänomenal, nicht von dieser Welt und intergalaktisch gut. Reicht das?"

Wenn Ben diese Aufzählung herausragender Eigenschaften beeindruckt hatte, ließ er es sich nicht anmerken. Er meinte nur: „Du verdienst jemand anderen."

Bei diesen letzten Worten bebte er innerlich. Diesen Satz in dieser Situation zu sagen, brachte ihn fast um. Fiona war der Sinn seines Daseins. Die Erfüllung seines Lebens. Und doch … Beinahe hätte sie ihn überzeugt, aber nur beinahe. Sex war keine gute Grundlage für eine Beziehung, wenn es die einzig gemeinsame war. Aber für eine glückliche Partnerschaft brauchte er mehr: dass sie ihn nämlich genauso liebte wie er sie - und nicht nur begehrte.

Nicht mehr und nicht weniger.

Außerdem war es verdammt schwer, über den eigenen Schatten zu springen und jahrelang gepflegte Lebenseinstellungen über Bord zu werfen. Er hatte nie selbstlos sein wollen. Hatte nie aus so edelmütigen Gründen auf eine Beziehung mit ihr verzichtet. Vielmehr hatte er Angst gehabt, sie nicht zu verdienen. Dass sie schon nach kurzer Zeit merkte, dass er die schlechtere Wahl sei und sein Intervenieren nicht nur das Ende der Beziehung zu ihr, sondern auch das Ende der tiefen Freundschaft mit Julian bedeutete.

Denn er war schon immer davon überzeugt gewesen, dass Julian, was die gesellschaftliche Stellung und das familiäre Umfeld anging, die bessere Partie war. Auf beiden Gebieten hatte Ben nicht viel zu bieten - und dieses minderwertige Gefühl war selbst nach so vielen Jahren schwer abzuschütteln.

Dennoch wünschte er Fiona eine beglückende Beziehung. Eine Beziehung, die ihr wieder denselben Ausdruck in die Augen zauberte, wie er das schon während ihrer Zeit mit Julian erlebt hatte. Deshalb waren seine letzten Worte richtig gewesen - obwohl sich ihm bei dem Gedanken an einen anderen Mann in ihrem Leben das Herz krampfhaft zusammenzog.

„Ja, aber wen könnte ich wählen, der Julians Platz einnimmt?" Sie sah ihn herausfordernd an - und er liebte sie umso mehr dafür, dass sie nicht so schnell klein beigab. „Soll ich vielleicht mit den Männern ausgehen, die mich in den letzten drei Jahren um eine Verabredung gebeten haben? Es waren einige sehr gute Angebote von ehrbaren Männern aus Knopfheim dabei, die sicher deine Zustimmung erhalten würden. Moritz Keller war einer der Ersten …"

Das war ja klar! Ben konnte nur schwer ein Knurren unterdrücken, als Fiona den blendend aussehenden Spieler aus Bens Jugendmannschaft nannte, der berüchtigt dafür war, jedes weibliche Wesen flachzulegen, das noch einen Puls aufwies. „Für den sollte man extra die Kastrationsstrafe einführen."

„Dann war da noch Hermann Bückling. Seine versteckten Avancen waren herzallerliebst."

Ben verdrehte die Augen, als er an den unscheinbaren Nachbarn seiner Mutter dachte, der jeden Morgen in grauem Anzug und an die schmächtige Brust gedrückter Aktenmappe mit dem Bus zur Arbeit fuhr. „Mit dem würdest du dich zu Tode langweilen. Der ist Buchhalter und mindestens zehn Jahre älter als du."

„Und Fabian Reimer? Der hat auf mich einen sehr bodenständigen und zuverlässigen Eindruck gemacht."

Eigentlich eine gute Wahl. Aber Ben konnte den ehemaligen Eishockeyspieler schon mal aus Prinzip nicht leiden, weil er sich an Fiona rangemacht hatte, und unterstellte ihm lieber einen IQ, der nur wenig über dem einer Schildkröte lag. „Von dem würde ich lieber Abstand halten. Der ist nämlich einmal zu oft ohne Helm gegen die Bande geknallt und hat genauso viel im Kopf wie der Futtertrog von Bauer Alfreds Schweinen nach der Fütterung."

„Und Jörg Mühlmann?", fragte Fiona triumphierend und schob sich die Ärmel ihres orangefarbenen Wollpullovers bis zu den Ellenbogen hoch, als wolle sie sich für einen Faustkampf rüsten. Warum sie bei der Aufzählung all dieser Männer so grinste, war Ben ein Rätsel.

Mühlmann war eigentlich auch ein anständiger Kerl, was Ben aber nie zugeben würde. Er stieß das laute Schnauben eines Stiers aus, der kurz vor dem Angriff mit den Hufen scharrte. „Der hat nach einem Monstercheck gegen die Freiburger Hobbymannschaft nicht mehr alle seine Zähne."

„Und dann willst du, dass einer dieser Kerle sich Emmy auf seine breiten Schultern setzt, mit ihr tobt und lacht und sich freut, wenn sie 'Papi' zu ihm sagt?"

Kapitel 29

Ben stieß einen tiefen knurrenden Laut aus und zog seine Augenbrauen zusammen, bis sie eine waagerechte Linie bildeten. „Zum Teufel nein!"

Fiona lächelte in sich hinein, als sie merkte, wie Bens Beschützerinstinkt ansprang und sein Besitzanspruch auf Fiona alle Wege freisprengte.

„Ja, aber wen könnte ich wählen, der Julian Platz einnimmt?", überlegte sie und tippte sich mit dem Zeigefinger provozierend ans Kinn.

„Keinen." Ben starrte sie finster wie eine Gewitterwolke an, was mit der lose um seinen Hals hängenden Krawatte auf seinem weißen Hemd gefährlich attraktiv wirkte. Am liebsten hätte sie ihn an den Krawattenenden gepackt, zu sich herangezogen und den angespannten Zug um seinen Mund weggeküsst. Aber soweit waren sie noch nicht. Ben musste erst mit dem Rücken zum Abgrund stehen, um einzusehen, dass es keinen anderen Weg gab als in Fionas weit geöffnete Arme.

„Bist du sicher? Mir würde da ein mehr als geeigneter Kandidat einfallen." Sie zeigte demonstrativ auf ihn und lächelte.

Bens Augen verengten sich, während er sie lauernd fragte: „Aber was ist mit Emmy?"

„Was soll mit ihr sein? Sie liebt dich abgöttisch; liebt es, wenn du sie ins Bett bringst und ihr was vorliest; wenn du mit ihren Puppen Bandenchecks fährst und dabei eins deiner Spiele nacherzählst. Sie ist die Letzte, die etwas dagegen hätte, wenn du zu uns ziehst. Du verbringst sowieso fast jeden deiner freien Abende bei uns. Die Frage für mich ist nur, ob du mich und Emmy so sehr liebst, dass du dir ein Leben mit uns vorstellen kannst."

Wenn Fiona nicht schon geahnt hätte, dass Ben sie liebte, hätte sie es jetzt in seinem Gesichtsausdruck ablesen können. Seine Augen brannten sich mit der verzweifelten Hoffnung auf Glückseligkeit in ihre, dass ihr ganz warm wurde und sie lächeln musste.

Während ihres Schlagabtauschs hatte Fiona bereits bemerkt, dass mit jedem ihrer Argumente Bens Widerstand bröckelte, bis seine Schutzmauer vor Löchern nur so strotzte. Dennoch spürte sie, dass sie noch nicht am Ende angelangt war. Die Mauer musste weg. Alle Zweifel mussten beseitigt werden, damit Ben sich noch nicht mal hinter einer Ruine verstecken konnte, sondern endlich zu leben begann.

Wie beim Bowlen würde sie die zehn Pins mit ihrem letzten Argument abräumen und einen Strike erzielen. Deshalb holte sie zum finalen Schlag aus, als Ben mit leiser Stimme zu bedenken gab, dass er Emmy das Andenken an ihren Vater nicht wegnehmen wolle: „Was glaubst du, macht sie glücklicher? Ohne Vater heranzuwachsen, dafür mit der Bewunderung für einen Toten, die einer Heiligenverehrung gleichkommt? Oder ein lebendiger, lebenslustiger, liebevoller Stiefvater, der Julian respektiert und geliebt hat, der Emmy an Erinnerungen teilhaben lassen kann, die ihren Vater wenigstens für ein paar Minuten lebendig werden lassen können? Du hast doch am eigenen Leib erfahren, wie es ist, ohne Vater aufzuwachsen."

Ben atmete die angehaltene Luft aus, fuhr sich durch das goldblonde Haar … und kapitulierte. „Scheiße, du bist immer so überzeugend."

„Und du verdammt hartnäckig", konterte Fiona mit einem breiten, aber sehr glücklichen Grinsen.

Fiona konnte sich nicht erinnern, wie sie die räumliche Distanz überbrückt hatten, aber plötzlich lag sie in Bens Armen und wusste, dass es sich absolut richtig anfühlte. Ach, wie liebte sie seinen Duft und die beschützende Wärme seiner kräftigen Arme!

„Mir ist in den letzten Tagen klar geworden, dass ich dich schon immer geliebt habe", murmelte sie in sein Hemd. „Julian habe ich auch geliebt. Er war damals der perfekte Ehemann für mich. Aber diese Zeit ist vorbei." Sie blickte zu ihm auf und badete wie schwerelos in dem warmen Strahlen seiner Augen. „Du warst für mich eine Konstante – und ein kleines Teilchen in meinem Lebenspuzzle, das meine Zeit mit Julian erst vollständig gemacht hat. Du warst in der schwärzesten Zeit meines Lebens bedingungslos für mich da – unabhängig des gigantischen Atlantiks, der uns jahrelang trennte. So etwas schweißt einen bis ans Lebensende zusammen. Und seit du wieder hier zuhause bis, merke ich erst, wie erfüllt und glücklich ich mich fühle, und das zeigt mir, dass ich nicht einfach aus Verzweiflung und Einsamkeit mit dir …"

„Du hast mich schon überzeugt", murmelte Ben und bedeckte ihren Mund mit seinem.

Als sich ihre Lippen fanden, schien die Zeit still zu stehen. Genießerisch hauchte Ben zarte Küsse auf Fionas weiche Lippen und saugte sanft an ihrer Zungenspitze, die vorwitzig über seinen Mund strich. Seine Finger gruben sich in ihr langes, offenes Haar und ertranken in dessen Fülle wie ein in Seenot geratener Passagier in den gewaltigen Wellen eines aufgewühlten Meeres.

Das war das Leben, schoss es ihm durch den Kopf. Geduldig ausharren, aber auch im geeigneten Moment zuschlagen, um das zu bekommen, was man sich am meisten ersehnte. Fiona war heute die Mutigere von ihnen beiden gewesen. Zum Glück.

Kai hatte ihm schon gestern bei der Fahrt zum Training an den Kopf geworfen – er hatte natürlich seine verdammte Klappe doch nicht halten können –, Ben sei so ein verfluchter Idiot, wenn er nicht erkennen würde, was ganz offensichtlich sei.

„Sie passt zwar gar nicht zu mir", hatte er gesagt und Bens eifersüchtiges Knurren nur mit einem Habe-ich's-doch-gewusst-Blick kommentiert, „aber selbst ich erkenne, was für eine wunderbare Frau Fiona ist. Und wenn du das nicht begreifst, was sie dir anbietet, bist du ein noch größerer Dummkopf als ich jetzt schon denke."

Dann hatte er ihn direkt gefragt, ob der Sex mit Fiona ihm etwa nichts bedeutet habe – obwohl er *davon* eigentlich nichts wissen sollte. Der Schuss ins Blaue hatte voll ins Schwarze getroffen, denn Ben hatte diese Frage mit den Worten „Mehr als du ahnst" beantwortet, wonach Kai beim Fahren nur in hilfloser Verzweiflung die Hände in die Luft geworfen und gefragt hatte, worauf er dann noch warte. Etwa auf den schriftlichen Segen aus Julians Grab?

Zu diesen überaus feinfühligen und motivierenden Worten hatte Ben dann trotzdem noch an diesem Morgen Fionas verbalen Tritt in den Hintern gebraucht, um die Wahrheit zu erkennen und anzunehmen: Er würde nicht mehr passiv am Rande stehen und tatenlos zusehen, wie sein Leben an ihm vorbeizog. Das hatte er schon zu lange getan. Und nun, da die Frau seiner Träume glücklich in seinen Armen lag, würde er sein gemeinsames Leben mit Fiona bewusst beginnen und jeden Momente in vollen Zügen genießen, um sich später gemeinsam daran erinnern zu können. Später, wenn sie beide alt und tattrig waren und ihre beiden Gebisse in einvernehmlicher Harmonie die ganze Nacht in zwei Bechern nebeneinander auf dem Waschbeckenrand standen.

Als beide kurz voneinander abließen, um zu Atem zu kommen, warf Fiona ihm einen glutvollen Blick zu und flüsterte: „Ich liebe dich so sehr. Aber jetzt *will* ich dich."

Ben fehlten bei dieser lang ersehnten Offenbarung die Worte, doch er dachte, dass es genau das war, was er schon immer hatte hören wollen. Überwältigt von ihrem Bekenntnis zog er sie fest an sich und küsste sie als Antwort, bis ihr der Atem wegblieb.

Als er sich nach wenigen Minuten, die ihm vorkamen wie Stunden, leicht von ihr löste, murmelte er mit rauer Stimme an ihrer Schläfe: „Ich würde dich jetzt gerne in mein Schlafzimmer entführen. Und ich kann dir versichern, dass ich dort keine harte Kommode, sondern nur ein großes weiches Bett herumstehen habe. Was hältst du davon?"

„Musst du mich das wirklich noch fragen?", fragte sie mit einem kecken Augenaufschlag und rieb ihr Becken an seinem.

Ben stöhnte auf. „Ja, unbedingt, damit du nämlich genau das hier mit mir machst."

Er bückte sich und fasste sie mit einem Arm unter den Kniekehlen, nur um sie mit einem geschmeidigen Schwung auf die Arme zu heben.

„Huch, bist du stark", lachte Fiona vergnügt auf und fuhr mit den Fingern durch sein weiches Haar.

Ben ließ sich Zeit auf dem Weg durch seine kleine Wohnung zum Schlafzimmer, da er es genoss, Fiona auf Händen zu tragen. Vor seinem Bett angekommen, sahen sie, wie die ersten Sonnenstrahlen den Himmel über den Nachbarhäusern golden färbten.

„Oh, du musst doch eigentlich zur Arbeit!", rief Fiona aus und wollte sich auf den Boden stellen.

Doch Ben ließ sie nicht los und schüttelte den Kopf. „Ich habe auf diesen Moment zu lange gewartet. Das lasse ich mir nicht nehmen." Er grinste frech auf sie hinab und freute sich, dass sich ihre Wangen vor Vorfreude rosa färbten. „Außerdem habe ich bei meinem Chef einen Stein im Brett. Das hat mir unser Urgestein von Sekretärin erst gestern Abend berichtet. Einen Termin habe ich heute auch nicht, nur *extrem* unwichtiges Zeug, das zu erledigen ist. Ich rufe einfach später an und nehme wegen eines wichtigen familiären Zwischenfalls Urlaub." Er stutzte. „Wo ist eigentlich Emmy? Muss sie nicht heute zum Kindergarten?"

„Sie hat bei Iris und Wolfgang übernachtet. Die kümmern sich darum."

„Der Herr sei gepriesen!", murmelte Ben und legte Fiona vorsichtig auf sein Bett, nur um sich mit seinen Armen seitlich von ihr abzustützen und sie um den Verstand zu küssen.

Mmh … oooh … ahhh …

Fiona wusste gar nicht, wie ihr geschah. Was Ben allein beim Küssen mit ihr anstellte, war mehr als verboten gut! Seine unwiderstehlichen Lippen wussten genau, wann sie sanft und wann fordernd küssen mussten, um Fiona mit Rekordgeschwindigkeit ins Paradies zu befördern. Seine Zunge leckte immer wieder kurz zwischen ihre Lippen, sodass sie sie begierig in ihren Mund saugen und seinen sinnlichen Geschmack in sich aufnehmen konnte.

Sie spürte, wie eine seiner Hände unter ihren Pulli wanderte, um sie zu streicheln, und wie sie auf ihrem Rippenbogen unterhalb ihrer Brust verharrte. Er stöhnte entzückt an ihrem Mund auf und murmelte: „Du bist ja nackt!“

„Weil ich heute Morgen so schnell zu dir wollte.“

Er schob den störenden Pullover nach oben und legte ihre Brüste frei, die er andächtig betrachtete und sanft mit den Händen umfasste. „Du bist so wunderschön, dass es wehtut“, flüsterte er und umschloss eine erwartungsvoll aufgerichtete Brustspitze mit seinen Lippen, dass Fiona den Rücken durchbog und aufstöhnte. Hektisch zog sie sein Hemd am Rücken aus der Hose und versuchte, es ihm mitsamt seinem Unterhemd über den Kopf zu ziehen.

„Da hat es aber jemand eilig“, lachte Ben leise und biss sanft in ihre Brustwarze, bevor er ihr den Gefallen tat, die Arme zu heben. Nach zwei Wimpernschlägen lag das frisch gebügelte Hemd zerknautscht in einer Ecke des Zimmers. Doch das schien Ben ganz und gar nicht zu stören, da Fiona nun endlich über seine breiten Schultern streichen konnte, seine wohl definierten Muskeln massierte und sich dabei genießerisch über die Lippen leckte. Mmh, darum würde sie sich später kümmern. Doch jetzt war etwas anderes dran.

Sie bedeutete Ben, sich vor dem Fußende des Betts hinzustellen, und begann eifrig, seine Hose aufzuknöpfen. „Eins kann ich dir gleich sagen: Ich brenne nach dieser jahrelangen Durststrecke lichterloh und werde nicht ewig mit ansehen, wie du meine Brustwarzen leckst, ohne dass du zur Sache kommst.“ Dann seufzte sie flehentlich: „Erlöse mich von meiner Qual.“

„Ihr Wunsch ist mir Befehl, Mylady“, salutierte Ben grinsend, als die Hose fiel.

Dann packte er Fiona kurzerhand an den Schenkeln und warf sie auf den Rücken, um sich nun seinerseits mit dem Reißverschluss ihrer Hose zu beschäftigen. Einen Augenblick später lag ihre Jeans in einer anderen Ecke. Nur ein schmaler, schwarzer Baumwoll-Slip mit dezentem Spitzenbesatz zierte ihr verführerisches Dreieck.

Sie war so verflucht schön, wie sie auf seinem blau-grün-gestreiften Bettüberzug lag in einem Meer aus dunklen Haaren; die leicht getönte Haut ihres wohlgeformten Körpers schien im dämmrigen Morgenlicht zu leuchten … mit vollen, wohlgerundeten Brüsten, auf denen hellbraune Brustwarzen thronten, die bei jeder Bewegung mitwippten und seine Aufmerksamkeit auf sich zogen; und ihr bedeckter Schritt, der in endlose, schlanke Beine überging, die er um seinen Körper spüren wollte.

So, wie sie ihn mit lüsternem Blick beobachtete, hätte er sich am liebsten jetzt und hier in ihr versenkt. Doch er musste noch etwas aus dem Bad holen. „Nicht weglaufen, bin gleich wieder da."

„Das ist unterlassene Hilfeleistung, das weißt du, oder?", rief sie ihm noch hinterher, während sie sich frustriert aufsetzte. Doch dann fiel ihr Blick auf etwas, das sie spitzbübisch lächeln ließ.

Wo war nur diese verdammte Packung? Ben raufte sich die Haare. Er hatte vor ein paar Monaten welche gekauft, weil die kanadischen Kondome abgelaufen waren, und hatte sie in den Spiegelschrank über dem Waschbecken getan … hatte er jedenfalls gedacht.

Mist verdammter!

Als er die Tür zum Schrank zumachte, fiel sein Blick zufällig auf sein Spiegelbild. Überrascht wegen der Andersartigkeit seines Ausdrucks hielt er in seiner Bewegung inne. Der Mann, der ihn mit seinem Gesicht anblickte, wirkte gelöst. Entspannt. Locker. Ausgeglichen. Beschwingt. Freudestrahlend.

Seine verschiedenfarbigen Augen hatten einen anderen Glanz und seine Haare waren, obwohl sie ziemlich kurz waren, völlig durcheinander. Man sah es ihnen deutlich an, dass Fiona während des Küssens darin wie in einem Heuhaufen herumgewühlt hatte. Dieser Mann im Spiegel wirkte aufgekratzt. Richtiggehend glücklich! Jedoch nicht befriedigt. Bei weitem noch nicht!

'Sorgenlos' würde er als Eigenschaft auch noch hinzufügen, wenn er diese vermaledeite Packung endlich finden würde!

Dann hatte Ben eine Idee und hob den Deckel einer dunkelblauen Plastikbox, in der er auch sein Ersatzdeo lagerte.

Aha, Volltreffer! Also hatte er sich beim Aufräumen doch etwas dabei gedacht.

Er schnappte sich die Packung und ging zügig zurück zum Schlafzimmer. Hoffentlich war Fiona nicht zu ungeduldig. Er musste grinsen. Er mochte es, wenn sie so bestimmend war. Beim nächsten Mal würde er eine ganze Monatsration im Nachttisch aufbewahren, damit er immer eines griffbereit hatte, wenn Mylady danach war, Ben für die Befriedigung ihrer Gelüste zu benutzen.

Als er grinsend die Tür zum Schlafzimmer aufstieß, hätte er sich fast an seiner eigenen Spucke verschluckt. „Was zum Kuckuck …?!"

Auf dem Bett saß Fiona angelehnt an seine großen Kissen, hatte die Beine angestellt und weit gespreizt. Sie trug nicht mehr ihren Slip, mit dem er sie zurückgelassen hatte, sondern sein blau-weiß-rotes Eishockeytrikot. Eine nackte Schulter war aus dem großen V-Ausschnitt herausgerutscht und über der anderen hingen ihre langen Haare, die im fahlen Morgenlicht wie Ebenholz glänzten. Mit einer Hand hatte sie den Saum des Trikots zwischen ihre Beine gezogen, um sich züchtig zu bedecken. Züchtig …, dass Ben nicht lachte. Er spürte einen festen Kloß im Hals, den er vergeblich versuchte hinunterzuschlucken. So, wie sie sich ihm darbot, wäre sie das ideale Motiv für einen Pin-up-Kalender gewesen: heißblütig, verrucht und höllisch sexy.

Er spürte, wie er wieder hart wurde. Steinhart.

Zu allem Überfluss begann sie nun, ihre nackten Beine lasziv aneinanderzureiben, sie wieder aufreizend zu öffnen und anschließend keusch zu schließen, wobei sie ihre süßen kleinen Laute von sich gab, die er so liebte. *Mmh … oooh … ahhh …*

Gott, machte ihn das scharf!

Kurzerhand schob er seine Retropants hinunter und streifte sich ein Kondom über. Fast hätte er dabei aufgestöhnt, so erregt war er schon.

Fiona setzte sich auf die Knie und lockte ihn mit dem Zeigefinger zu sich an die Bettkante. Der Kuss, der nun folgte, war berauschender als alle vorangegangenen. Woran das lag, konnte er nicht sagen. Doch er merkte, wie sein Gehirn abschaltete und sich schlafen legte.

Auf einmal fand er sich auf dem Rücken auf seinem Bett wieder und sah, wie Fiona sich rittlings auf seine Schenkel setzte. Doch bevor sie ihn in sich aufnahm, begann sie, sich durch das Trikot der *Pitbulls* hindurch zu streicheln, während ihr Becken kleine Kreisbewegungen vollführte. Ihr schlanker Oberkörper zeichnete sich deutlich unter dem weich fallenden Stoff des überweiten Trikots ab.

Wie zierlich sie doch unter dem vielen, vielen Stoff wirkte, dachte Ben und legte seine großen Hände auf ihre bloßen Hüften um ihre Bewegungen zu spüren. Noch zierlicher als sonst.

Er würde dieses Trikot nie wieder zum Training anziehen können, ohne an Fiona in genau dieser Position zu denken. Und das würde ihn konzentrationsmäßig vermutlich in ziemliche Schwierigkeiten bringen.

Während Fiona noch sanft mit ihren Hüften kreiste, schloss sie genussvoll ihre Augen und ließ den Kopf in den Nacken fallen. Dabei strich sie mit beiden Händen von ihrem Bauch über die Rippen zu ihren Brüsten. Der leicht kratzige Stoff stimulierte ihre sensible Haut mehr, als sie es erwartet hatte. Ganz besonders ihre Brustspitzen reagierten empfindlich auf die Reibung. Mmh, war das gut!

Während sie sich streichelte, schob sie das Trikot immer weiter nach oben und enthüllte dabei ihre intimste Stelle. Allein der leichte kühle Luftzug, der ihr erregt pochendes Geschlecht streichelte, ließ sie beinahe kommen. Überrascht keuchte sie auf. So etwas hatte sie noch nie erlebt: zum Höhepunkt zu kommen ohne jegliche Berührung!

Als sie wieder die Augen öffnete, bemerkte sie Bens brennend heißen Blick, der auf ihr ruhte, und spürte seinen festen Griff, mit dem er ihre Hüften führte.

Jetzt war der Augenblick gekommen. Es gab nur noch Ben und sie. Nichts lenkte sie ab. Kein Geräusch störte ihre intime Zweisamkeit. Sie hob ihr Becken leicht an und versank mit einem genüsslichen Seufzen in den Wonnen, die ihr seine stahlharte Erektion schenkte. Die ganze Zeit, bis sie ihn vollständig in sich aufgenommen hatte, blickte sie Ben in die Augen und erfreute sich an seinem Mienenspiel, das in seiner Vielfälligkeit höchst erregend war. Gefühle wie Erleichterung, Verlangen, Begierde und Wollust wechselten sich ab, bis sein Gesicht von beherrschter Lust dominiert wurde. Als sie in den Tiefen seiner verschiedenfarbigen Augen versank, loderten die smaragdgrünen Flammen um die Wette mit der azurblauen Feuerbrunst. Der Funke sprang über und breitete sich als gewaltiger Schwelbrand in ihrem Inneren aus.

Ja! So musste es sein. Genau das hatte sie mit Ben erleben wollen. Eine innere Verbundenheit, die sie in allen Lebensbereichen fest miteinander verschmolz und selbst die sexuellen Momente zu unvergesslichen Erlebnissen machte.

Immer noch saß sie reglos auf Ben und genoss die Ruhe vor dem Sturm, während ihre Mitte Bens pulsierende Männlichkeit eng umfasst hielt. Fiona bewunderte Bens Selbstbeherrschung, die man von jedem seiner angespannten Gesichtsmuskeln ablesen konnte. Am liebsten hätte sie Ben noch weiter liebevoll gequält. Doch dafür reicht ihre eigene Disziplin nicht aus. Sie wollte ihn bei jeder Bewegung groß und hart in sich spüren, auf den Schwingen der Lust gen Himmel fliegen und in einem orgiastischen Feuerwerk explodieren.

Deshalb hob sie leicht ihre Hüften an und …

Jaaaaa! Endlich!!! Ben schob seine Hüften ruckartig nach oben und kam Fiona auf halbem Weg entgegen. Seine Hände auf ihren Hüften drückten sie dabei entschlossen auf seinen festen Schaft, sodass er erneut bis zum Anschlag in ihr versank und ihre Körper auf perfekte Art und Weise miteinander verschmolzen. Sterne blitzten auf, als Ben kurz die Augen schloss. Ein tiefes Stöhnen grollte entfesselt in seiner Brust.

Der Himmel auf Erden.

Wieder hob Fiona langsam die Hüfte und spürte offensichtlich jedem Zentimeter seiner harten Länge nach, die sich an ihrer süßen feuchten Höhle rieb. Dabei begleiteten diese betörenden Laute jede ihrer sinnlichen und überaus lustvollen Bewegungen und machten ihn ganz wild.

Sie schob sein Trikot wieder nach oben und entblößte ihren festen Bauch. Dann zog sie es über den Kopf und warf es wie ein Lasso in einem großen Schwung weg.

Genießerisch strich sie über seine Brust und nahm erneut ihre Hüftbewegungen auf. Sie ritt ihn langsam und lasziv, bis sie beide zu keuchen begannen. Bens Hände wanderten wie von selbst von ihren femininen Hüften über die schmale Taille zu den bildschönen geschwollenen Brüsten, die im erotischen Rhythmus ihrer Bewegungen mitschwangen. Als er sie mit seinen Handflächen umfasste und seine Daumen über die festen Knospen strichen, stöhnte Fiona laut auf und beschleunigte ihre Bewegungen.

Sie war in diesem lustvollen Moment traumhaft schön. Die geschlossenen Augen und leicht geöffneten Lippen zeugten vom hohen Grad ihrer Erregung, während sie sich auf seiner Brust abstützte. Ihr dunkles seidiges Haar fiel wie ein Vorhang über ihre rechte Schulter und kitzelte bei jeder sinnlichen Bewegung seine Bauchdecke. Er konnte sich nicht an ihr sattsehen.

Und dann wurde Fiona von den ersten Wellen ihres Orgasmus umspült. Er liebte ihr Keuchen und das anschließende kehlige Stöhnen, das ihn selbst antrieb, härter zuzustoßen und in dieser berauschenden Enge zu versinken. Dann spürte er, wie sich ihre Muskeln um seinen Schwanz zusammenzogen und ihm noch größere Lust bereiteten. Während sie mit einem kehligen Aufschrei ihrer Erfüllung entgegeneilte, führte er ihre Hüftbewegungen mit seinen Händen und trieb sie an, die letzten Momente ihres Höhepunktes in die Länge zu ziehen und in vollen Zügen zu genießen.

Und dann verließ ihn seine Selbstbeherrschung und er schloss die Augen, um sich einem Orgasmus hinzugeben, bei dem Lavafontänen scheinbar in Lichtgeschwindigkeit durch seine Adern schossen und ihn von innen heraus versengten, bis er lichterloh brannte.

Das überwältigende Gefühl der Erleichterung danach war mit keinen Worten zu beschreiben.

Kapitel 30

Eine gefühlte Ewigkeit später öffnete Fiona die Augen, während sie noch flach auf Bens Brust lag. „Mmh, so könnte ich ewig liegenbleiben. Du bist echt bequem, weißt du das? Ich sollte dich mit nach Hause nehmen und als Kissen missbrauchen. Du würdest als Gegenleistung auch regelmäßig von mir bekocht werden. Was hältst du davon?"

Ben lachte, was sich an Fionas Ohr, das flach auf Bens Brust lag, anhörte wie Donnergrollen. „Jederzeit gerne."

Dann spürte sie, wie er mit den Fingerspitzen sanft über ihren nackten Rücken strich, bis sie Gänsehaut bekam. „Du weißt schon, dass du kein Kondom brauchst, weil ich mit Spirale verhüte."

„Stimmt, daran hatte ich vorhin nicht gedacht. Ich stand verzweifelt im Bad und hab' nach diesen blöden Kondomen gesucht und hatte Angst, du bist nicht mehr da, bis ich sie finde." Er verlagerte ihr Gewicht auf seinem Bauch und entsorgte den Gegenstand ihres Gesprächs. „Aber ich würde es im Notfall eines Kondommangels sogar drauf ankommen lassen." Als Fiona ihren Kopf überrascht drehte und das Kinn auf seiner Brust abstützte, um ihn anzusehen, erklärte er seine Worte genauer: „Ich hätte nichts dagegen, wenn du schwanger werden würdest. Von mir, meine ich natürlich."

„Hättest du nicht?", fragte sie erstaunt und dachte an seinen fassungslosen Gesichtsausdruck, als er nach dem ersten Mal gemerkt hatte, dass sie kein Kondom benutzt hatten.

„Ganz und gar nicht. Ich könnte mir nichts Schöneres len." Dann lachte er leise und strich ihr mit einer Strähne ihres Haares über den Arm.

Fiona liebte Bens unerwartetes Lächeln. Es hatte sie schon immer wie ein Blitz in ihrer Brust getroffen. Erst heute wusste sie jedoch, dass es ihr

Herz gewesen war, das mit Freuden als Blitzableiter hergehalten hatte.

„Als ich dich in diesem Babyfachgeschäft traf, dachte ich, du seist trotz Spirale schwanger geworden", gestand Ben.

„Und ich dachte, Simone sei von dir schwanger. Das war ein schlimmer Schlag für mich."

Ben seufzte und stupste Fiona mit dem Zeigefinger an die Nase. „Ich hatte nie etwas mit Simone. Als ich mal in diesem Winter so gefrustet war, weil du in mir wieder einmal *nur* einen guten Freund sahst, hatte ich es so satt, jahrelang auf einen Hoffnungsschimmer deinerseits zu warten, dass ich mir überlegte, ob Simone und ich zusammenpassen würden. Ich bemerkte ziemlich schnell, dass sie sich zu mir hingezogen fühlte. Aber dann dachte ich mir, es sei ihr gegenüber unfair. Ich hätte diese Partnerschaft aufgrund einer unerwiderten Liebe wieder einmal halbherzig begonnen. Wie damals in Kanada. Das erklärte ich auch Simone, als ich sie mal im *Bully* traf. Sie dankte mir für meine Ehrlichkeit und legte tröstend ihre Hand auf meine verschränkten Finger. Und das ließ vermutlich die Gerüchteküche wie einen Hexenkessel hochbrodeln: *Ben und Simone beim Händchenhalten im* Bully *gesichtet.*"

„Ich hätte dieser rothaarigen Hexe am liebsten schon an Silvester jedes Haar einzeln herausgerissen."

„An Silvester schon?!" Bens Stimme stieg bei diesem überraschenden Bekenntnis fast um eine Oktave. „Und warum sind wir erst jetzt zusammengekommen?"

„Da hatte ich sie zufällig mit einer Freundin auf der Damentoilette belauscht. Allerdings dachte ich erst, es ginge mir nur um deine Freundschaft, die ich verlieren würde, wenn du in einer feste Beziehung lebst. Ich brauchte wirklich fast zwei Monate, um zu merken, wie sehr ich dich liebe." Sie fuhr mit der Fingerspitze den Schwung seiner Kinnlinie nach. „Was war mit Shannon in Kanada? Warum seid ihr so früh auseinandergegangen? Ihr hättet ja auch theoretisch bis zum Ende deiner Dienstzeit zusammenbleiben können."

„Es war klar, dass ich wieder nach Deutschland zurückgehen und Shannon Kanada nie verlassen würde. Dadurch war unsere Beziehung naturgemäß befristet. Wir mochten und respektierten uns sehr. Doch es kann sein, dass sich Shannons Gefühle mit der Zeit veränderten. Ich glaube, sie hegte die Hoffnung, dass ich vielleicht doch bei ihr bleiben würde."

„Wenn wir miteinander über Skype telefonierten", erinnerte sich

Fiona, „fand ich sie immer sehr nett, wenn sie Julian und mich kurz begrüßte. Ich weiß noch, wie sehr ich mich damals für dich freute, dass du jemanden so nettes getroffen hattest. Du warst sonst immer so einsam. Und ich hoffte damals, dass du endlich jemanden gefunden hattest, den du aus ganzem Herzen lieben konntest."

„Als sie mal an einem Samstag früher von ihrer Arbeit heimgekommen war, weil es ihr nicht so gut ging", erzählte Ben weiter, „kam sie zu mir. Natürlich hatte sie einen Schlüssel und bekam im Flur mit, wie ich mit dir telefonierte. Du hattest damals die frisch geborene Emmy auf dem Arm und ich war in dem Moment unglaublich neidisch auf dich, dass du sie halten konntest und ich nicht. Ich hätte so gerne gespürt, wie sie die kleinen Fingerchen fest um meinen Zeigefinger klammert. Ich hätte sie gerne über die Schulter gelegt, bis sie ihr Bäuerchen machte, um sie danach in ihr Bettchen zum Schlafen zu legen. Ich habe euch beide in dem Moment so sehr geliebt."

Fiona blinzelte ein paar Tränen weg.

„Und genau das hatte Shannon mitbekommen. Meine Liebe zu euch. Wie ich Emmy und dich ansah. Sie beobachtete mich in einem seltenen Moment emotionaler Offenheit, nach dem es mir nicht mehr möglich war, ihr glaubhaft das Gegenteil zu versichern. Sie war ziemlich schockiert, als sie mich zur Rede stellte und ich zugeben musste, dass du die Liebe meines Lebens seist. Sie meinte: 'Machen wir uns nichts vor. Du wirst nach deinem Vertrag nicht hier bei mir bleiben und ich werde nicht mit dir nach Deutschland gehen. Wenn ich mitbekomme, wie du mit Fiona sprichst und das Baby anschaust, wird mir klar, dass du mich nicht liebst. Noch nicht mal temporär lieben kannst, da dein Herz für sie und das Baby schlägt.' Da sie selbst nie Kinder wollte, sah sie schnell ein, dass ich vermutlich auch nie bei ihr geblieben wäre, wenn es dich nicht gegeben hätte."

Er blickte in Fionas Augen, die ihn liebevoll anlächelten. „Und deshalb bin ich dir so dankbar, dass du dich nicht von meinen Abschlussworten gestern hast abschrecken lassen und mich von meiner Qual endlich erlöst hast. Ich möchte mit dir zusammen sein, egal, wie lange du mich haben willst. Und wenn du in einem Jahr sagst, ich solle mich zum Teufel scheren, wäre ich Gott bis zu meinem Lebensende dankbar für dieses eine Jahr."

„Das wird mit Sicherheit nicht passieren."

Zärtlich strich er mit einem Finger über ihre anmutig geschwungene

Wange. „Ich wäre vermutlich spätestens heute Abend bei dir angekrochen gekommen, um dich um Vergebung zu bitten. Ich hätte dich nicht kampflos aufgegeben, auch wenn ich ein bisschen Zeit gebraucht habe, um deine Liebe zu mir zu begreifen."

Fiona schmiegte ihr Gesicht in seine Handfläche und fragte: „Wann wusstest du, dass du in mich verliebt warst?"

„Das ist nicht schwer", lächelte Ben. „Als ich dir zum ersten Mal im Hof des Studentenwohnheims begegnet bin."

Als Fiona die zeitliche und emotionale Dimension seines Geständnisses bewusst wurde, schnappte sie nach Luft und zog einen folgerichtigen Schluss: „Aus dem Grund bist du damals nach Kanada gegangen. Du hast es nicht mehr ausgehalten. Dann hattest du manchmal nur deshalb so einen geheimnisvollen, verschlossenen Gesichtsausdruck, weil du immer gewaltsam einen Teil vor mir verschließen musstest ..., damit du mir nicht aus Versehen offenbarst, wie sehr du mich liebst." Sie drückte sich an seine feste Brust. „Oh Gott, welche Seelenqualen musstest du ausgestanden haben, wenn wir zu dritt etwas unternahmen."

„Ich kann dich beruhigen. Es ging mir auch beschissen, wenn ich allein in meiner Studentenbude gesessen und über die Weichheit deiner Lippen sinniert habe."

„Und dieser eine Kuss vor deiner Studentenwohnung, den ich dir aufgenötigt habe, ..."

„... hat alles nur noch schlimmer gemacht", beendete Ben fröhlich den Satz, denn nun musste er sich nicht mehr ausmalen, wie sich ihre Lippen auf seinen anfühlten. Er durfte Fionas überaus sinnlichen Körper an sich ziehen und ... einfach genießen.

Sie war eingeschlafen.

Ben hatte sie gerade gefragt, wann und wie sie es Emmy beibringen würden, als sie nicht mehr geantwortet hatte. Die kurze Nacht und die emotionale Achterbahnfahrt heute Morgen hatten sie ziemlich geschlaucht. Armes Häschen.

Immer noch lag sie wie auf seine Brust gebügelt warm und weich auf ihm, während er ihr zärtlich über die Haare und den Rücken strich. Damit sie nicht fror, griff er mit einer Hand nach dem Ende der Bettdecke und zog sie über sie beide. Dann schloss er seine Augen und spürte bewusst, wie Fiona auf ihm lag und er sie festhielt. Er würde mit nichts auf der Welt dieses Gefühl eintauschen wollen. Sie gehörte zu ihm und er zu ihr.

Der Duft ihres Haares stieg ihm in die Nase und er wusste, dass er endlich heimgekommen war. Er bemerkte, wie er sich immer mehr entspannte und ins Reich der Träume abdriftete.

Frauen waren doch das Letzte!

Alle beschwerten sich darüber, dass Männer nur das Eine wollten. Und was war das, bitte?

Zärtlichkeiten und Kuscheln? – Nein!

Tiefschürfende Gespräche? – Nein!!

Schnulzige Liebeskomödien im Kino? – Nein, bloß nicht!!!

Männer wollten nur das Eine – und das bitte so unverbindlich wie möglich: Sex, Sex – und nochmals Sex!

Das war bei den Jugendlichen nicht anders.

Ben hatte einige Diskussionen von Mädchen aus seiner Klasse am Rande mitbekommen, die genau das zum Thema hatten. Alle beschwerten sich, dass die Jungs zu cool zum Kuscheln seien und nach einem erfolgreichen Schuss ihr Gerät *einpackten und sich so schnell wie möglich abseilten, während das Mädchen unbefriedigt und frustriert zurückblieb.*

Am liebsten hätte Ben dann gerufen: „Hallo?! Mit welchen Jungs gebt ihr euch eigentlich ab?! Nehmt stattdessen mich!“ Doch er tat dann immer so, als habe er rein gar nichts von dieser Unterhaltung mitbekommen.

Das Leben war mit siebzehn echt nicht leicht.

Ben wollte es endlich tun. Er wollte das erste Mal hinter sich haben, um mitreden zu können. Julian war schon seit einem halben Jahr erfahren, was das anging, und schon seit vier Monaten mit einer aus der Parallelklasse zusammen. Was er Ben darüber *schon alles erzählt hatte … das würde ihm als Wichsvorlage für die nächsten drei Jahre reichen. Doch die ganz intimen Details, die seine Freundin angingen, verschwieg Julian natürlich ganz nach dem Motto:* Ein Gentleman genießt und schweigt. *Schließlich war er ein Ehrenmann.*

Nun hatte Ben vor zwei Tagen das Glück gehabt, bei einer Party, auf die die ganze Klassenstufe eingeladen war, ein Mädchen auf sich aufmerksam zu machen, deren Anmut er schon seit einiger Zeit völlig verfallen war. Sie war sehr hübsch, hatte süße Grübchen und bewegte sich äußerst reizvoll. Schon in mehr als einer Nacht war er aus einem feuchten Traum aufgewacht, in dem sie die Hauptrolle gespielt hatte.

Na ja, um ganz ehrlich zu sein, war sie *auf der Party* zu ihm *gekommen und hatte ihn angesprochen. Er selbst hätte vermutlich im umgekehrten Fall den*

Mund wieder nicht aufbekommen.

Alles lief gut. Sie schlenderten durch den weitläufigen Garten und wechselten ein paar Worte. Als das Mädchen dann nach der anfänglichen Knutscherei in einer dunklen Ecke, die Ben schon ordentlich auf Touren gebracht hatte, ein Kondom zückte, wurde ihm mit einem Mal klar, dass er völlig unvorbereitet durch die Gegend lief. Natürlich *sollte er so etwas* immer *bei sich führen. In seinem Nachttisch nutzte ihm die Packung, die er schon vor einem halben Jahr gekauft hatte, nämlich gar nichts. Das würde er sofort ändern, wenn er Julian am nächsten Tag stolz seine neue Freundin vorstellte.*

Und dann war es auch schon vorbei gewesen.

Hoppla, so schnell? Wo blieb das Kuscheln danach? Die Zärtlichkeiten, auf die die Mädels so abfuhren?

Das Mädchen, strich sich den weiten Sommerrock glatt, gab Ben lächelnd einen Kuss auf die Wange (!), bedankte sich und ging zurück zur Fete. Sie hatte ihn scharf wie eine Chilischote gemacht, das letzte bisschen Sperma aus ihm herausgewrungen und dann – mit einem brodelnden Hormoncocktail in den Adern sitzengelassen.

Er verstand die Welt nicht mehr.

Er hatte gedacht, sie wollte mit ihm zusammen sein. Und jetzt nach zwei Tagen spukte sie immer noch in seinem Kopf herum. Oder waren das nur diese überwältigenden Gefühle seines ersten Mals, die wie ein Echo in seinem Körper nachklangen?

„Geht's dir nicht gut?", fragte seine Mutter von der halb geöffneten Tür seines Zimmers und betrachtete ihn besorgt, wie er kraftlos auf seinem Bett lag.

„Nein, geht schon", erwiderte Ben. Und nach einer Pause brach es finster aus ihm heraus: „Warum sind Mädchen so?"

„Wie – so?", fragte seine Mutter.

„So … so … rücksichtslos … oder gefühllos, keine Ahnung."

„Hat dich eine sitzenlassen?"

„Sozusagen." Er würde seiner Mutter mit Sicherheit nichts von seinem ersten Mal erzählen. Das wäre ja ultra-peinlich!

„Darf ich?" Sie zeigte aufs Bett und Ben rutschte ein Stückchen zur Seite, damit sich Carina zu ihm setzen konnte. „Ich weiß, das ist jetzt vielleicht schwer zu glauben, wenn man mit gebrochenem Herzen auf dem Boden liegt. Aber dir werden noch viele Mädchen begegnen. Hübsche, schlaue, ruhige, lustige. Unscheinbare und welche, die so sexy sind, dass sich dein Hirn komplett abschaltet." Sie lachte über Bens vorwurfsvollen Blick. „Ja, ich war auch einmal jung. Die Hormone sind in dem Alter schwer zu kontrollieren."

„Du redest ja grade so, als ob ich komplett schwanzgesteuert wäre."

Seine Mutter lachte. „Das sind Jungs in deinem Alter alle. Der Unterschied besteht darin, dass man immer auf eine solche Situation vorbereitet sein sollte", damit meinte sie wohl das Mitführen einer gut gefüllten Kondompackung – was er jetzt schließlich auch wusste, „und der Partnerin auf einer verantwortungsvollen wie auch respektvollen Ebene begegnet. Das lernen die einen schneller als die anderen. Und du bist sehr verantwortungsbewusst. Das weiß ich."

„Und wenn sie das gar nicht will? Ich meine, das mit der Verantwortung und dem Respekt? Wenn sie sich einfach nimmt, was sie will, aber nicht mit mir zusammen sein möchte?"

„Dann war es die falsche Frau für dich – oder der falsche Zeitpunkt für euch. Du wirst es sicherlich ziemlich schnell merken, wenn du deine Seelenverwandte triffst. Die Chemie zwischen euch stimmt; dein Herz krampft sich vor Freude zusammen, wenn du sie anblickst; ihr könnt über Dinge reden und lachen, die du mir nie anvertrauen würdest; und wenn ihr euch in die Augen blickt, springt jedes Mal ein heißer Funke über. Und wenn ihr dann das erste Mal miteinander schlaft …"

„Mama!" In seinem Alter hatte er nun wirklich kein gesteigertes Interesse daran, mit seiner Mutter über sein Sexleben zu sprechen.

Sie lachte leise. „Ich wollte nur sagen, dass du dann sehr schnell merkst, ob ihr zusammenpasst oder nicht. Guter Sex ist die halbe Miete in einer erfolgreichen Beziehung. Und die andere Hälfte darf nie zur Selbstverständlichkeit werden, weil man sich dann irgendwann auseinanderlebt. Manchmal ist es auch ein Kampf …"

Ben blickte zu seiner Mutter auf, deren Augen verräterisch glänzten, und vollendete den Satz: „… den man auch verlieren kann."

Carina nickte. „Deinen Vater habe ich an den Alkohol verloren."

„Wie war das am Anfang bei euch?"

„Du meinst mit der Chemie und so?"

Ben nickte.

Seine Mutter lächelte jetzt wieder. „Das volle Programm." Sie strich mit ihrer Hand über Bens Haar und blickte ihn liebevoll an. „Ich verspreche dir, dass du irgendwann eine Frau triffst, die in dein Herz einschlägt wie eine Bombe und mit der du bis an dein Lebensende glücklich sein wirst."

Ben wachte auf, als Fiona sich regte. Verschlafen blinzelte er ins goldgelbe Licht der vormittäglichen Sonne, die in sein Schlafzimmer schien. Nach einem Blick auf die Uhr stellte er fest, dass sie zwei Stunden geschlafen hatten.

Fiona seufzte und räkelte sich auf seiner Brust. „Mmh, habe ich echt die ganze Zeit auf dir geschlafen? Das hat meine Vermutung bestätigt, was deine Talente als Kissen angeht." Sie hob den Kopf und blickte ihn aus verschlafenen Augen an. Dann stützte sie sich auf die Ellenbogen und wollte von ihm herunterrutschen.

Doch Ben hielt sie fest. „Noch nicht."

„Aber ich bin doch zu schwer", protestierte Fiona. „Hast du nicht das Gefühl, ein Walross hätte die ganze Nacht auf deiner Brust geparkt?"

„Nö", war alles, was Ben sagte, dann gab er Fiona einen innigen Kuss. „Aber du hast Recht. Ich müsste mal wohin. Aber ein paar Sekunden geben wir uns noch." Dann begann er zu zählen. „Zehn ... neun ... acht ..."

Fiona fiel lachend mit ein. „Sieben."

„Sechs."

„Fünf."

„Vier", murmelte Ben und gab Fiona einen Kuss aufs Haar.

„Drei", seufzte Fiona, als sie Bens Hände auf ihrem Rücken spürte.

„Zwei."

„Und was kommt nach eins?", fragte Fiona und wollte sich schon erheben.

Doch Ben hielt sie fest und rief triumphierend: „Neunzehn!!"

„Du bescheißt!", protestierte Fiona lachend und gab ihm einen Klaps auf die Brust.

„Gar nicht. Hast du früher in Mathe etwa nicht aufgepasst?"

Sie grinste breit, weil Ben es so trotzig wie ein kleiner Junge sagte und sich näher an sie kuschelte.

„Nichtsdestotrotz musst du mal. Und ich auch."

„Du bist immer so vernünftig und verstehst überhaupt keinen Spaß", grummelte Ben. Aber er richtete sich auf und beförderte Fiona damit ebenfalls in die Senkrechte, sodass sie mit gespreizten Beinen auf seinem Schoß saß.

„Mmh, das ist sicherlich auch eine sehr angenehme Position", überlegte Ben und vergrub sein Gesicht an ihrem Hals.

Doch Fiona war schneller und rutschte mit den Worten „Ich muss wirklich mal ganz dringend" rückwärts von ihm runter. Und weg war sie.

Schmunzelnd stand Ben auf und wusch sich im Bad die Hände, während Fiona auf der Toilette saß.

„Komisches Gefühl, dass du mir nackt beim Pinkeln zuguckst", meinte sie grinsend. „Das hätte ich mir vor einem halben Jahr mit Sicherheit nicht vorstellen können." Dann zog sie eine Schnute. „Ich habe festgestellt, dass du nirgends Vorhänge hast. Nicht mal im Schlafzimmer. Ich hoffe, keiner deiner Nachbarn hat uns bei unserem skandalösen Treiben zugesehen, sonst zerreißen sich die Klatschbasen in Knopfheim während der nächsten Monate die Mäuler über uns."

„Das mit den Vorhängen ist Absicht. Mein Schlafzimmer und die Küche gehen auf dieselbe Seite raus, wo es kein direktes Nachbarhaus gibt. Deshalb kann mir auch keiner in diese Zimmer schauen. Außerdem liebe ich es, wenn die Sonne vormittags ungehindert reinscheinen und ich den wunderbaren Ausblick auf die Wiese genießen kann. Du kannst dich also ganz ohne Scham in deiner nackten Schönheit durch diese zwei Zimmer bewegen." Er beugte sich vor und küsste sie. „Ich kann das hier immer noch nicht glauben."

Kopfschüttelnd ging er in die Küche, um etwas zum Trinken zu holen. Dabei bemerkte er, dass sein Magen knurrte, und beschloss kurzerhand, ein Tablett mit Frühstück zu richten. Während er Brot aufschnitt, telefonierte er kurz mit Frau Hofer und sagte Bescheid, dass er erst am Montag wieder in der Firma sein würde. Währenddessen hörte er Fiona herumwerkeln.

Als er aufgelegt hatte, rief sie: „Ist das eigentlich deine kanadische Eishockeymannschaft da auf dem Bild?"

Aha, sie war im Schlafzimmer. „Ja, das war eins von diesen Blödelbildern, die wir nach einem offiziellen Fototermin am Ende einer Saison gemacht haben. War schon ein verrückter Haufen." Ben musste grinsen und stellte Marmelade, Honig und Butter aufs Tablett. „Es war wirklich eine tolle Zeit und ich bin ihnen sehr dankbar, dass sie mich Grünschnabel bei sich aufgenommen haben. Ich habe viel bei ihnen gelernt."

„Was du morgen beim Spiel zeigen wirst, um den Meistertitel zu erringen", tönte es siegessicher aus dem Schlafzimmer.

„Ich werde mein Bestes tun. Wir werden dann sehen, ob es reicht."

„Das wird es", kam Fionas zuversichtliche Antwort.

Ben nahm das vollgeladene Tablett und meinte: „Ich weiß nicht, wie es dir geht, aber ich habe einen mordsmäßigen Hunger."

Als er das Schlafzimmer betreten wollte, hielt er inne. Fiona lag auf seinem Bett und er musste sich wieder einmal fragen, ob es sich bei diesem Bild nur um eine Fata Morgana handelte oder ob Fiona *wirklich* auf der Seite in seinem Bett – unter seiner Decke – lag und ihm mit aufgestütztem Kopf über ihre nackte Schulter verführerisch zulächelte.

Er würde vermutlich noch einige Monate brauchen, bis er diesen Zustand als Realität akzeptiert hatte.

Während Fiona Ben noch betrachtete, dachte sie wieder einmal, wie wohl sie sich in seiner Gegenwart fühlte und wie richtig das alles war. Sie liebte ihn so sehr, dass ihr alles wehtat – im positiven Sinne.

Außerdem war er, das konnte sie nicht leugnen, in seiner herben Männlichkeit eine beeindruckende Erscheinung. Allein seine langen muskulösen Beine und sein durchtrainierter, maskuliner Körperbau. Gott, wie liebte sie diese breiten Schultern, die so stark und verlässlich wirkten! Seine kräftigen Arme hatten sie mit Leichtigkeit vom Wohnzimmer zu seinem Bett getragen, obwohl sie nicht gerade eine kleine, zierliche Frau war.

Durch das jahrelange Krafttraining hatten sich auf Bens Brust wohl definierte Muskeln gebildet, die sich zu einem ausgeprägten Sixpack verjüngten, das weiter tiefer … Es juckte Fiona in den Fingern, jeden Quadratzentimeter dieser goldfarbenen Haut zu erkunden, die sich über stählernen Muskeln spannte. Bens Körper schien beständig eine testosterongeschwängerte Aura zu umgeben – und sie konnte ihn nun ungehindert in seiner kraftvollen Nacktheit bewundern.

Lecker.

Sie konnte nicht anders, als sich über die Lippen zu lecken.

Trotz seiner Körpergröße bewegte er sich so elegant wie eine Raubkatze. Das hatte Julian früher schon mehrfach erwähnt, wenn er sich über Bens schlittschuhläuferisches Talent begeistert hatte. Die mühsam gezügelte Kraft, die in diesem Körper wohnte, war atemberaubend männlich und unglaublich sexy.

Zum Dahinschmelzen.

Selbst wenn Ben nur so im Türrahmen stand – nackt und mit einem Frühstückstablett in den Händen – merkte Fiona, wie die erotische Spannung zwischen ihnen zu knistern begann. Heiße Erregung schoss ihr zwischen die Schenkel und ihr Geschlecht schwoll vor freudiger Erwartung an.

Sie wollte diesen Mann – mit Haut und Haaren. Und sie war sich sicher, dass er der Letzte wäre, der sich darüber beschweren würde.

Gerade als Ben sich wieder in Bewegung setzen wollte, schlug sie die Decke über ihrem Gesäß zurück, damit er in den vollen Genuss eines appetitlich glänzenden, rosigen Leckerbissens kam. „Ich habe gehört, du hast einen mordsmäßigen Hunger?“, fragte sie ihn mit rauer Stimme, da sie seine Reaktion fast nicht erwarten konnte.

Wie versteinert blieb Ben stehen und starrte auf ihr entblößtes Geschlecht. Als Fiona sah, wie sein Adamsapfel hüpfte, als er trocken schluckte, und seine Augen vor Verlangen wie Kohlen brannten, wusste sie, dass es vor dem offiziellen Frühstück noch einen anderen Gang geben würde.

Fasziniert beobachtete sie, wie sich sein bestes Stück langsam, aber stetig aufrichtete, bereit, sie erneut zu beglücken. Zuckersüße Gier strömte durch ihre Adern und ließ ein leises Stöhnen über ihre Lippen schlüpfen. Die Vorfreude darauf, was nun kommen würde, ließ sie jetzt schon erzittern.

Kapitel 31

Ben hatte noch nie erlebt, dass sich ihm eine Frau so darbot. Mit einer solchen Geste und mit diesen Worten. Beinahe wäre ihm bei ihrem entblößten Anblick das Frühstück aus der Hand gefallen. Immer noch stand er wie ein Volltrottel mit diesem verdammten Tablett im Türrahmen und konnte sich vor lauter Geilheit nicht bewegen.

Fionas Lächeln, das sie ihm über die Schulter quer durchs Zimmer schickte, hatte noch nichts von seiner Lüsternheit verloren. Die schmalen Fußsohlen lugten am unteren Ende der Decke hervor und hätten nicht verführerischer wirken können. Doch nun hatte sie auch noch ihr süßes Hinterteil enthüllt und bot ihm ihre intimste Stelle dar.

Die wie ein sinnliches Schnurren hervorgebrachte Bemerkung über seinen „Mordshunger“ hätte sie gar nicht zu machen brauchen. Sein gesamtes Blut war beim Anblick ihres üppig erblühten Geschlechts eh schon wie bei einem Wasserfall, nicht in die Tiefe, so doch in seinen Schwanz geschossen und hatte sein Gehirn völlig blutleer zurückgelassen.

Dass sie in diesem Moment ihre langen Haare in einem eleganten Schwung nach hinten warf und gleich darauf mit derselben Hand ihre aufregenden Kurven bis zu ihrer überaus femininen Hüfte entlangfuhr, ließ Ben jegliche männliche Würde vergessen. So schnell, wie sein Hirn in die nicht vorhandene Hose rutschte, so zackig salutierte sein kleiner großer Freund und machte sich bereit für das nächste Gefecht. Er wollte sie seitlich besteigen – und er merkte, wie sich seine Haut vor Vorfreude über den Muskeln spannte.

Bevor er das Tablett doch noch fallen ließ, stellte er es hastig mit zitternden Händen auf den Boden, ohne seinen Blick von der Erfüllung aller Männerfantasien abzuwenden. Wie goldener Nektar glänzte die Stelle zwischen ihren Schenkeln im hellen Schein der Sonne, die ins Zimmer fiel.

Wie ein schwanzgesteuertes Tier war er mit zwei Schritten bei ihr und stützte sich mit beiden Armen über ihr ab, um sie ausgiebig zu küssen. Er spürte, wie sein bestes Stück ungeduldig zuckte und hätte fast aufgestöhnt, als Fiona seine schweren Hoden mit einer Hand umfasste und streichelte. Während sie noch seitlich dalag, positionierte er sich und drang mit seiner dicken Spitze in ihre feuchte, weiche Tiefe.

Aaaarghh!

Ein tiefes lustvolles Grollen ertönte. Ben merkte, dass es aus seiner Kehle stammen musste, denn Fionas erregtes Aufkeuchen lag eine Oktave darüber. Überwältigt lehnte er seine Stirn an Fionas. Dieses erste Eindringen war fast mit nichts zu vergleichen. Wenn eine Frau wirklich erregt war, war dieser Moment jedes Mal überwältigend.

Und Fiona war mehr als erregt.

Ihre Enge nahm ihm fast die Luft zum Atmen. Probeweise kreiste Ben mit der Hüfte, bevor er wieder tiefer stieß. Dann zog er sich zurück und beobachtete, wie sein knüppelharter Schaft rosig glänzend herausglitt, voll ihres wunderbaren Saftes, der ihn sirupgleich wie eine zweite Haut umhüllte. Dann erschien der Rand seiner Eichel, die voll und prall wie eine reife Pflaume wirkte – und wieder von der dunklen gierigen Höhle eingesaugt wurde.

Als er erneut tief in sie eindrang, stöhnte Fiona laut auf und reckte ihre Arme weit über den Kopf. Dieser Einladung konnte er nicht widerstehen und nahm eine ihrer verlockenden Knospen in den Mund. Während er sein Becken in einem sinnlichen Rhythmus vor und zurück schaukelte, zwirbelte er Fionas Brustspitze mit der Zunge, bis sie vor Wonne stöhnte und sich ganz seinen Zärtlichkeiten hingab.

Dann hob er ihr oberes Bein leicht an und glitt noch tiefer – und nochmal tiefer, bis er sie ganz ausfüllte. Wie sie ihn mit ihrer seidigen Reibung verwöhnte und ihn bereit für einen Höhenflug machte, der seinesgleichen suchte, war unvergleichlich. Wieder einmal merkte er, wie anders der Sex mit Fiona war, die er über alles liebte, im Vergleich zu seinen früheren unverbindlichen Beziehungen.

Jeder seiner Stöße wurde von Fionas lustvollen Lauten begleitet, die ihr im Takt seiner Bewegungen über die Lippen schlüpften. Er liebte diese kleinen Geräusche über alles. Wenn man sie in Flaschen abfüllen könnte, würde man ein Vermögen verdienen.

Fiona schloss mit einem wollüstigen Stöhnen die Augen. Jeder von Bens Stößen schien nochmal um so viel intensiver zu sein wie der vorige. Ihre Haut brannte, ihre Handflächen kribbelten. Ihr sensibelster Kern schien vor der Kernschmelze zu stehen. Sie genoss, wie ihre schweren Brüste im Gleichklang mit Bens Hüftbewegungen mitschwangen und sie noch mehr erregten - obwohl sie gedacht hatte, das sei gar nicht mehr möglich. Sie spürte, wie Ben sie nicht nur in ihrem nach seinen Stößen gierenden Schoß, sondern auch in ihrer Seele berührte. Ihre Seele zum Singen brachte. Seine Zärtlichkeiten ließen eine Saite in ihr schwingen, die Ben mit ihr bis an ihr Lebensende verband. Aus zwei Seelen wurde eine neue geboren.

Nach Halt suchend legte sie ihre Hände auf Bens starke Arme, die sich rechts und links von ihr abstützten. Die Muskeln darin traten deutlich hervor, während er sich immer wieder tief in ihr versenkte. Auch sein Brustkorb war vor Anspannung hart und schien wie von Michelangelo gemeißelt worden zu sein. Bewundernd strich sie über Bens Oberkörper, der bei jedem Stoß vor Vitalität und Anspannung zu vibrieren schien, während sie ihm wieder und wieder ihr Becken entgegen reckte, um endlich Erlösung zu finden von dieser süßen Qual. Und doch sollte es niemals enden …

Als sie heftig kam, schien ihr Herz in tausend regenbogenfarbige Sterne zu zerspringen, die auf ihre Seele herabregneten - und sich zu einem neuen Herzen zusammensetzten, das nur für Ben schlug.

In diesem Moment kam Ben mit einem tiefen Knurren, das nichts Menschliches mehr an sich hatte.

Die zärtliche Intimität nach dem Sex war etwas, was Fiona schon ganz vergessen hatte. Das Streicheln, Kuscheln und den anderen zum Lachen bringen; sich amüsieren und nett miteinander plaudern, das waren alles Dinge, die man nur zu zweit konnte. Deshalb verbrachten Ben und Fiona nach einer ausgiebigen Dusche noch einige Stunden nackt im Bett, wo sie erst einmal ausgiebig frühstückten, obwohl es schon fast Mittagessenszeit war.

Ben fragte irgendwann einmal, ob Fiona überhaupt im Verlag Bescheid gesagt habe, dass sie nicht käme. Und Fiona hatte ihm erzählt, dass sie ihrem Chef schon morgens um sechs Uhr eine SMS geschrieben hatte, dass sie entweder später oder gar nicht zur Arbeit kommen könne wegen eines familiären Notfalls. Wenn Ben sie erfolgreich abgewiesen hätte, hätte sie den Tag nämlich gebraucht, um ihre Fassung wieder zu gewinnen, meinte sie. Dann ergänzte sie mit einem frechen Grinsen, dass sie jedoch zum Glück so überzeugend gewesen sei, dass sich Ben ihr hatte ergeben müssen. Diese prahlerische Feststellung wurde von Ben mit einem leidenschaftlichen Kuss quittiert. Später verwöhnte er sie dann mit einer Massage, die zu weiteren Intimitäten führte.

Irgendwann danach schaute Fiona auf die Uhr und setzte sich erschrocken auf. „Oh, schon so spät! Ich muss in einer halben Stunde Emmy vom Kindergarten abholen."

Ben fasste sie um die Taille und beförderte sie mit Schwung zurück in die Kissen. Er stützte sich lächelnd über ihr ab und sagte: „Wenn es dir nichts ausmacht, würde ich gerne mitgehen. Ist das okay? Wir müssen Emmy auch noch nichts sagen. Aber ich wäre gerne dabei, weil ich das wegen meiner Arbeit noch nie machen konnte."

Fiona schaute auf zu diesem wundervollen Mann, der so lange auf sie gewartet hatte, ohne sich jemals entmutigen zu lassen, bis sie bereit für seine Liebe war. „Natürlich darfst du. Ich würde mich sogar sehr freuen." Dann nahm sie sein Gesicht in beide Hände und gab ihm einen glutvollen Kuss.

Als sie sich anzogen, fragte Ben: „Was glaubst du, wie wird Iris reagieren, wenn sie von uns erfährt?"

Überrascht richtete sich Fiona auf, nachdem sie sich gerade einen Socken angezogen hatte. „Das ist mir ehrlich gesagt egal. Ich weiß nicht, was Iris hat. Sie hat in den letzten Monaten ein paar Mal komisch reagiert, als die Sprache auf dich gekommen ist." Ben bemerkte wieder den störrischen Zug um ihren Mund. „Aber sie wird mir mein Glück nicht kaputtmachen."

Schweigend schaute er sie an. „Ich habe irgendwie Bedenken, dass sie mich an der Stelle ihres Sohnes akzeptieren wird. Wer könnte ihr das verdenken. Sie hat sicherlich eine sehr schwere Zeit durchgemacht." Er fuhr sich wie so oft seufzend durch sein Deckhaar. „Seit ich wieder in Deutschland bin, habe ich sie nur wenige Male gesehen. Aber jedes Mal hatte ich das Gefühl, nicht wirklich willkommen zu sein, weil ich sie vermutlich beständig an Julian erinnere. Das war auch einer der Punkte, der mich schlussendlich bewogen hat, von einer gemeinsamen Zukunft mit dir Abstand zu nehmen. Ich hatte in der Beziehung Skrupel, Julians Platz einzunehmen und hätte nicht gewusst, wie ich in dieser Rolle seinen Eltern unter die Augen treten sollte."

So stark und selbstsicher er eigentlich immer war, eine solche Ablehnung seitens Julians Familie, die er schon sein Leben lang kannte, war etwas, wovor er echt Angst hatte. Doch das konnte warten. Jetzt zählte erst einmal das Heute. Und heute Nachmittag würden sie zuallererst Emmy vom Kindergarten abholen. Gemeinsam. Wie eine richtige Familie. Ben merkte, wie sein Herz vor Vorfreude einen Zahn zulegte und einen kleinen Stepptanz in seiner Brust vollführte.

Fionas nachdenkliches Gesicht erhellte sich. „Ich kann aber jetzt schon voraussagen, wer sich *extrem* darüber freuen wird, dass wir zusammen sind. Diese Person wird mir mit einem *sehr* selbstgefälligen Gesichtsausdruck die Worte 'Habe ich doch gleich gesagt!' entgegenschmettern, wenn ich ihr von uns erzähle." Als Ben sie fragend anblickte, meinte sie nur grinsend: „Nina."

Sechs Minuten, bevor der Kindergarten seine Türen öffnete und die Kinder in die Arme der Mütter oder Großeltern rannten, kamen Fiona und Ben an. Einige jüngere und ältere Frauen standen in Grüppchen am Zaun und unterhielten sich lachend. Die Märzsonne hatte den ganzen Tag geschienen und viele hatten ihre leichteren Frühlingsjacken aus den Schränken geholt. Dementsprechend vergnügt war die Stimmung. Etwas abseits in der Nähe der bunten Kindergartentür entdeckte Ben Iris, die ihnen mit finsterer Miene entgegenblickte.

Als Fiona sie begrüßte und Ben ihr zunickte, sagte Iris: „Ich wusste nicht, ob du Zeit hast, Emmy abzuholen. Ich habe dich weder zuhause, noch auf deinem Handy erreicht." Dann fixierte sie Ben, der ruhig ihrem Blick standhielt. „Und gestern hast du nichts gesagt, sondern nur von einem Notfall gesprochen. Deshalb bin ich hier. Aber offensichtlich ganz umsonst."

„Oh, das tut mir schrecklich Leid! Ich dachte, das wäre klar, dass ich sie abholen kann. Entschuldige bitte, dass ich dir nicht vorher Bescheid gegeben habe", sprudelte es aus Fiona heraus.

Ben merkte, dass sie ein schlechtes Gewissen hatte, weil ihre Schwiegermutter sich Sorgen gemacht und extra hierhergekommen war. Doch er hielt dem Blickduell mit Iris stand und ließ sich von ihren stahlblauen Augen nicht einschüchtern. Wer zuerst wegsah, hatte verloren. Dieses Spiel hatte er als Kind sehr oft mit Julian gespielt.

„Wie ich sehe, hätte ich mir keine Gedanken zu machen brauchen. Dein Notfall von heute war wohl von äußerst angenehmer Natur." Sie nickte kurz in Bens Richtung, obwohl sie ihn die ganze Zeit nicht aus den Augen gelassen hatte, und fragte: „Was will der hier?"

Fiona errötete leicht und senkte kurz den Blick. Doch dann reckte sie das Kinn vor und ergriff Bens Hand. „Bevor du es von den berühmt berüchtigten Knopfheimer Buschtrommeln hörst, möchte ich dir sagen, dass Ben und ich seit heute zusammen sind."

Bei diesen Worten weiteten sich kurz Iris' Augen, während sie immer noch im optischen Clinch mit Ben steckte. Wie zwei Preisboxer schienen sie mit abschätzigen Blicken umeinander herumzutänzeln, ohne sich auch nur einen Zentimeter vom Platz zu bewegen. Der Augenkontakt zu Iris war noch keinen Moment abgerissen. Jetzt wusste Ben, warum Julian so talentiert gewesen war. Sie hatten sich oft diesen Spaß erlaubt. Doch gewonnen hatte meist Julian.

Dennoch würde Ben heute nicht nachgeben, denn vom Ergebnis dieses Duells hing zu viel ab. Er würde Iris so lange in die Augen starren, bis sie wegsah und ihre Niederlage akzeptierte. Das war vielleicht total kindisch. Aber wenn Iris damit begann, würde er nicht zurückstecken. Lieber würde er die Lage jetzt klären, als jahrelang um den heißen Brei herumzureden.

Denn er hatte in diesen wenigen Augenblicken das bestätigt gefunden, was er schon vermutet hatte: Iris war eifersüchtig auf die Rolle, die Ben im Leben ihrer Schwiegertochter spielte. Und sie gönnte ihm Fiona nicht, weil sie dachte, er wolle sich ins gemachte Nest setzen und den Platz ihres Sohnes einnehmen.

Deshalb fasste Ben kurzerhand einen Entschluss: Er würde sich von diesem Schreckgespenst, nämlich seinem schlechten Gewissen, weil er Julians Platz in der Familie beanspruchte, nicht mehr beherrschen lassen. Er würde für Fiona und Emmy und seine Liebe zu diesen beiden wichtigsten Menschen in seinem Leben bis zu seinem letzten Atemzug kämpfen – auch wenn es sich *nur* um ein so kindisches Blickduell handeln sollte.

Natürlich konnte er Iris auch wegen Julian verstehen. Und es tat ihm sehr leid für sie. Er hoffte, sie würde irgendwann über ihren Schatten springen und Ben als Mann ihrer Schwiegertochter akzeptieren können.

Dann gingen die Türen zum Kindergarten auf und einige Kinder kamen mit lautem Gejohle herausgerannt.

Mist. Das würde jetzt schwierig werden, dachte Ben. Wenn Emmy gleich kam und ihn begrüßte, würde er nicht weiter Iris anstarren können, ohne von Emmy abgelenkt zu werden.

Als er ihr hohes Stimmchen hörte, zog sich sein Herz zusammen. Doch er starrte Iris immer noch in diese hellen blauen Augen, die sich in seinen wie festgehakt hatten.

„Omi! Mami!" Sie lachte und rief: „Ben, du auch?"

Als sich Emmy an Bens Hosenbein schmiss und lachend daran festklammerte, rutschten Iris' Augen ungläubig zu ihrer Enkeltochter hinunter, die Ben freudestrahlend von unten anlächelte. Ben hatte seine Hand auf ihr Köpfchen gelegt, aber den Blickkontakt nicht unterbrochen.

Erst jetzt schaute er auf Emmy hinab und lächelte ihr zu: „Hey, Überraschung." Dann setzte er sich in die Hocke und zwickte sie lächelnd ins Kinn. „Wie geht's meiner Prinzessin heute? Schon mit dem Prinzen getanzt?"

Emmy kugelte sich fast vor Lachen. „Wir hab'n doch kein'n Prins'n im Kindergart'n. Aber der Prinsessin geht's gut."

Dann schlang sie ihre Ärmchen um seinen Hals und drückte sich an ihn. Als Ben seinen Blick hob, sah er Tränen in Iris' Augen schimmern, die sie schnell versuchte wegzublinzeln.

Jetzt setzte sich auch Fiona in die Hocke und gab ihrer Tochter einen Kuss. Nachdem sie Ben kurz zugezwinkert hatte, begann sie: „Süße Maus, ich wollte dir noch was erzählen. Ich liebe Ben sehr und fände es eine tolle Idee, wenn er bei uns einziehen würde. Was hältst du davon?"

„Bei uns?" Emmy schaute Ben mit großen Augen an.

Plötzlich überfiel ihn so etwas wie Angst, dass sie ihn vielleicht trotz allem Spaß, den sie zusammen hatten, nicht wollte, und er fragte sich, warum Fiona unbedingt jetzt ein so wichtiges Thema ansprechen musste.

Ernst fragte Emmy: „Has' du mich denn auch so lieb?"

Bens Herz schmerzte, als er in diese runden, dunklen Augen blickte, die so viel Liebe brauchten, wie er zu geben bereit war. Und noch darüber hinaus. „Deine Mami liebe ich sehr. Aber dich liebe ich noch viel mehr.“ Er hielt inne und lachte kurz auf. „Das reimt sich ja.“

„Das reimt sich, das reimt sich“, sang Emmy und hüpfte um Ben herum. „Er liebt meine Mami sooo sehr, aber mich noch viiiieel mehr.“

Erst jetzt blickte Ben zufällig wieder in Iris' Richtung und sah, dass ihre Augen in Tränen schwammen, während sie Emmy beobachtete. Dann suchte sie Bens Blick, als er sich aufrichtete, und nickte ergeben. Sie nickte nochmal. Drückte Fionas Schulter, die noch in der Hocke saß und mit ihrer Tochter lachte, und nickte nochmals. Dann drehte sie sich um und ging.

Die Schlacht war gewonnen.

Emmy blieb abrupt vor Ben stehen, zupfte an seinem Hosenbein und schaute zu ihm hoch. Während Fiona sich noch aufrichtete, fasste er Emmy unter den Achseln und hob sie mit Schwung hoch auf seinen Arm. Dort fühlte sie sich sichtlich wohl, denn sie grinste ihn an und fragte: „Dann bis' du jeden Abend bei uns?“

„Ja. Außer natürlich an den Abenden, wenn ich Training oder ein Spiel habe.“

Emmys Grinsen wurde breiter. „Super! Dann kanns' du mir *immer* helfen, meine Puppis ins Bett su bringen und ihnen ein Gute-Nacht-Lied vorzusing'n.“

Bei den Worten ihrer Tochter und Bens einhergehendem Gesichtsausdruck begann Fiona, schallend zu lachen. Und sie lachte und lachte und hielt sich den Bauch.

Hatte sie nicht recht gehabt? Hatte sie es nicht vorausgesagt? Auch als Ben sie leicht befremdet anschaute und einige der anderen Mütter schon die Köpfe zusammensteckten, konnte sie nicht aufhören und wischte sich keuchend die Tränen aus den Augen.

Kapitel 32

Eine Viertelstunde vor Spielbeginn brodelte die Nebenhalle der SAP-Arena bereits wie ein Hexenkessel. Bis auf wenige Knopfheimer Mitbürger, die völlig immun gegen den Eishockeyvirus waren, waren alle gekommen, um *ihre* Mannschaft in diesem alles entscheidenden Finalspiel anzufeuern - obwohl das Team nur zur Hälfte aus Knopfheimern bestand. Aber das war den Fans egal.

Fiona befand sich mitten unter ihnen und war schon ganz aufgeregt. Sie war so stolz auf Ben und hoffte, dass ihn ihre Liebe zu ihm für dieses Spiel stärkte. Ihre Nachbarn, ein sehr nettes älteres Fan-Pärchen, standen direkt neben ihr und tauschten Informationen über das heutige Spiel und einige statistische Werte des letzten aus. Ein paar Mitglieder aus Spielerfamilien befanden sich auch darunter wie unter anderem die Mutter des heutigen Torwarts Rafael Bergmann. Sie war eine kleine zierliche Frau Ende fünfzig mit braunen Augen und einem sympathischen Lächeln. Natürlich trug sie ein Mannschaftstrikot mit der Nummer wie auch dem Nachnamen ihres Sohnes und eine Schildmütze mit dem Vereinslogo.

Nachdem sie schon eine ganze Weile nett mit Fiona geplaudert hatte, beugte sich Helga Bergmann leicht zu ihr vor und meinte vertraulich: „Heute haben die Heilbronner noch zwei Spieler aus der Oberliga Süd mitgebracht, hast du das schon gehört? Vermutlich haben sie die Hosen gestrichen voll, weil sie denken, sie können sonst nicht gegen unsere Jungs bestehen. Aber mein Rafi wird ihnen schon zeigen, was ein Spitzentorwart alles hält." Sie lächelte ein kleines bisschen selbstgefällig.

Fiona merkte, wie stolz sie auf ihren Sohn war, der - wie sie schon von vielen Seiten gehört hatte - wirklich so talentiert war, wie seine Mutter ihn beschrieb. Dann konnte ja eigentlich nichts mehr schiefgehen. Wenn Rafael keinen Puck ins Netz ließ, mussten die *Pitbulls* ja eigentlich gewinnen.

Wenn das immer nur so einfach wäre ... Denn der Puck machte nicht immer das, was man von ihm verlangte. Dennoch würde sie es Ben so sehr wünschen, dass seine Mannschaft den Meistertitel holte!

Ben saß auf seinem Platz und prüfte die Schnürsenkel an seinen Schlittschuhen, während Urs Decker neben ihm eine Banane zu schälen begann. In zehn Minuten wäre es soweit: Das hoffentlich letzte Finalspiel würde beginnen.

Die meisten Spieler hatten bereits ihre Rituale gepflegt, die ihnen zum Sieg verhelfen sollten: Mischa hatte seinen Babypuder in seinen rechten Schlittschuh fallen lassen. Kai hatte sich schon die Zähne geputzt, bevor er eine überaus willige Groupine mit einem Kuss beglücken durfte. Sinan 'der Metzger' Gökhan würde gleich mit seinem Kopf, der glücklicherweise in seinem Helm stecken würde, gegen die Wand neben der Tür donnern, was ihm – seiner Meinung nach – schon seit vier Jahren fast regelmäßig zu Siegen verhalf. Und Ben hatte Fionas Seidentuch auch schon an seinem Stammplatz über seinem Herzen verknotet wie beim letzten Spiel gegen die *Schneewölfe* in Heilbronn.

Und wenn man bedachte, dass dreiviertel der Teamkameraden zottelige Bärte trugen – ein Garant für ein erfolgreiches Finalspiel –, konnte eigentlich nichts mehr schief gehen.

Und doch zweifelten manche – ohne dass sie es laut aussprachen – an ihren Chancen, da die gegnerische Mannschaft mit verstärkter Aufstellung angereist war. Das spürte Ben.

Etwas nervös war Ben natürlich auch. Das war auch gut so. Ein bisschen Aufregung war wichtig. Man durfte den Gegner nie unterschätzen. Das hatte schon so manchem Eishockeyteam den Nacken gebrochen.

Doch ihn konnte die außerplanmäßige Heilbronner Verstärkung nicht wirklich schrecken. Sie würden einfach noch härter kämpfen und in der Defensive noch besser stehen müssen. Aber dazu waren sie fähig. Das wusste er.

Er gönnte sich einen letzten kurzen Gedanken an die vergangene Nacht, die er zum ersten Mal bei Fiona und Emmy zuhause verbracht hatte. In Fionas Bett. Er war so glücklich, dass er vor Zufriedenheit hätte platzen können. Kai hatte natürlich gleich an Bens strahlendem Lächeln gemerkt, dass etwas passiert sein musste. Aber sie hatten noch keine Gelegenheit gehabt, ein paar Worte zu wechseln.

Doch nun musste er alle gedanklichen Ablenkungen für zwei Stunden beiseiteschieben und sich auf das heutige Spiel konzentrieren.

Als der Trainer in die Kabine kam, wurden alle zweiundzwanzig Männer, die in ihrer Ausrüstung die Ausmaße von ausgewachsenen Bullen angenommen hatten, schlagartig ruhig. Nachdem er mit wenigen Worten die Aufstellung besprochen und jede Spielreihe daran erinnert hatte, was er von ihr erwartete, kam er zu den Schlussworten. „Ich sag nicht mehr viel." Mit ernstem Gesicht und scharfen Raubvogelaugen musterte er alle reihum. „Ihr habt eine höllisch gute Saison hinter euch. Habt trainiert wie die Bekloppten. Ihr seid in so guter Verfassung wie seit Jahren nicht mehr und jeder von euch weiß, was er tun soll. Deshalb könnt ihr *jeden* aus dieser Liga besiegen. Egal, wie stark er ist." Dann grinste er plötzlich, was seine hageren Gesichtszüge weicher wirken ließ. „Und jetzt geht raus und holt euch das, was euch zusteht!"

Während sich Fiona noch mit Helga Bergmann unterhielt, wurde es dunkel in der Halle und eine tiefe Stimme kündigte die *Pitbulls* mit heroischen Worten an. Die ausgelassene Stimmung der Zuschauer stieg noch um ein paar Grad. Dann ertönte wie vor jedem Spiel eine mitreißende, irisch-angehauchte Melodie, zu der die Mannheimer Spieler im Blitzlichtgewitter aufs Eis glitten.

Die Halle tobte.

Im selben Moment wurde ein Spot eingeschaltet, der zielgerichtet eine Gruppe mit mindestens fünfzehn jungen Frauen anstrahlte, die in der Nähe des Zugangs zur Eisfläche standen. Dann kam Kai Messner auf seinen Schlittschuhen und mit seinem Helm unter dem Arm mit großen Schritten auf sie zu. Meine Güte, dachte Fiona, der musste ja wirklich gut küssen können, wenn es bei jedem Spiel so viele willige Frauen gab.

Sein strahlendes Lächeln, das zwischen seinem zauseligen dunklen Bart aufblitzte, konnte Fiona bis zu ihrem Platz erkennen. Er strich sich mit einer Hand die langen Haare nach hinten, während er mit den Frauen herumflachste. Dann streckte er eine Hand aus, woraufhin eine junge Frau im superengen, bauchfreien T-Shirt vor Freude kurz aufschrie und vortrat. Kai reichte einem Betreuer seinen Helm und den Schläger, umfasste ihre Taille und lehnte sie über seinen linken Arm leicht nach hinten. Der anschließende tiefe intensive Kuss wurde von der ganzen Halle mit lautem Gejohle und Pfiffen quittiert. So, wie sich die betreffende Dame danach Luft zufächelte, musste der Kuss sie ziemlich in Wallung gebracht haben. Fiona grinste.

Dann ging das Licht wieder an und die gegnerische Mannschaft betrat das Eis. Obwohl doch gut fünfhundert Fans aus Heilbronn angereist waren, gingen ihre Jubelrufe im lautstarken Pfeifkonzert der Mannheimer Fans unter. Doch die *Schneewölfe* nahmen's gelassen.

Während die *Pitbulls* vor dem Anpfiff noch gemütlich übers Eis glitten, raute Rafael mit den Kufen seiner Schlittschuhe die Fläche vor dem Tor auf und machte die letzten Aufwärmübungen. Dann stellte sich die komplette Mannschaft in gebückter Stellung um ihn auf.

Fiona hatte weder Julian, noch Ben jemals gefragt, was die Spieler da zu besprechen hatte. Vermutlich so etwas wie „Jetzt treten wir ihnen in den Arsch!“ oder so ähnlich. Denn für lange Taktikbesprechungen reichte die Zeit nicht.

Gleich darauf richteten sich alle auf und boxten nacheinander mit ihrer behandschuhten Hand gegen die des Goalies, um sich Glück zu wünschen. Und dann stellten sich jeweils fünf Spieler einer jeden Mannschaft um den mittleren Anspielpunkt auf und warteten auf den Anpfiff.

Kaum hatte der Puck das Eis berührt, waren die Männer auf den Schlittschuhen nicht mehr zu halten. Die Scheibe wurde von einem zum anderen Mitspieler gepasst, einem anderen wieder abgejagt und zurückgespielt, sodass das Spiel schnell an Dynamik gewann.

Da die Heilbronner eine physisch sehr starke Mannschaft waren, verschafften sich die *Pitbulls* gleich zu Beginn des Spiels Respekt, indem sie ihre Checks gegen die *Schneewölfe* bis zu Ende fuhren – auch wenn solche Aktionen enorm viel Kraft kosteten. Als dann auch Ben mal dran glauben musste, zuckte Fiona zusammen. Mann, hatte das geknallt! Bei der Wucht flogen einem ja die Plomben raus! Doch Ben orientierte sich schnell neu und kreuzte ungerührt den Weg eines Heilbronners, um ihm den Puck abzujagen.

Und dann war es soweit: In der dritten Minute schoss jemand zum ersten Mal auf Rafaels Tor. Fiona hielt die Luft an. Routiniert wischte dieser jedoch mit seiner Fanghand einmal durch die Luft und hatte die schwarze Hartgummischeibe schon gefangen. Seine Mutter jubelte neben Fiona laut auf.

Das versprach, ein schnelles, laufintensives und extrem spannendes Spiel zu werden.

Ben war mit dem Beginn des Spiels sehr zufrieden. Sie hatten Heilbronn in seine Schranken gewiesen und viel Druck aufgebaut. Die Scheibe schien bei seinen Mitspielern am Schlägerblatt zu kleben, wenn sie über die Eisfläche aufs gegnerische Tor zujagten, und die Pässe wurden zielgenau ausgeführt.

Doch dann sollte alles anders kommen als geplant.

Als Ben mit seiner Reihe auf dem Eis war, stand Mikhail Petrow gerade in der Nähe von Rafaels Tor, um einen gegnerischen Mann zu decken, der auf eine Gelegenheit für ein Abstaubertor wartete. Ein anderer gab in dem Moment einen Schlagschuss von der blauen Linie auf Rafaels Tor ab, in dessen Fluglinie sich Ben mit einem Hechtsprung warf.

Doch er war zu spät. Der Puck traf Mischa mit geschätzten hundertvierzig Stundenkilometern unterhalb der Hüfte und prallte von dort ab: dummerweise – für Rafael unhaltbar – in die rechte obere Ecke des Tors. Die fast zweitausend Mannheimer Zuschauer jaulten auf. Nur die Heilbronner Fans schlugen frenetisch mit den Trommeln.

Da es beim Eishockey technisch gesehen kein Eigentor gab, wurde der Treffer dem Spieler mit der Nummer achtzehn zugeschrieben, der geschossen hatte und nun breit grinsend an der Heilbronner Auswechselbank entlangglitt, um mit der behandschuhten Faust die Linie der Mitspieler abzufahren und sich deren Anerkennung abzuholen.

Während Ben noch mit finsterem Blick zur Ersatzbank glitt und sich das Visier aus Plexiglas von innen mit einem sauberen Handtuch abwischte, konnte er an Rafaels Miene erkennen, wie sehr ihm dieses kassierte Tor stank. Er war einer der besten Goalies ihrer Liga, aber ein solcher Treffer war unhaltbar. Vermutlich hätte er den Torschützen am liebsten mit seinem Schläger verprügelt, weil er ihm seine fantastische Fangquote versaut hatte.

Doch in einer solchen Situation bestand die Kunst darin, diesen Treffer hinter sich zu lassen und mit neuem Schwung weiterzumachen. Deshalb schob Rafael seine Maske hoch auf den Kopf, um sich zu beruhigen und sich Wasser aus der Flasche in den Mund zu spritzen, die immer griffbereit auf dem Netz des Tores lag.

Der Rest des Drittels war ein einziger Kampf um die Scheibe – ohne wirkliches Ergebnis. Nach insgesamt zwanzig ereignisreichen, aber unbefriedigenden Minuten gingen die *Pitbulls* mit einem Null-zu-Eins-Rückstand und einer Stimmung gefährlich nahe am Gefrierpunkt in die Kabine. Flüche wurden ausgestoßen und der angestauten Anspannung lautstark Luft gemacht. Einige tranken etwas, andere motzten, wieder andere versuchten, sich mit den Mitspielern ihrer Reihe konstruktiv auszutauschen.

Kai entschuldigte sich bei Rafael, weil ihm die Hand im schweißnassen Handschuh beim Passen ausgerutscht war und er deshalb den Puck an einen Gegner verloren hatte, der fast ein Tor geschossen hätte.

„Da wäre ein Handschuhtrockner nicht schlecht, auch wenn Mischa jetzt wieder sagt, dass wir so einen Scheiß nicht brauchen, weil das nur was für Memmen ist." Mit einem Grinsen warf er einen Blick zu Mikhail, der an seinen Platz humpelte.

Auch Ben betrachtete Mischas unrunden Gang. „Wie geht's deinem Schenkel?"

„Geht so. Ich habe mir vom Sanitäter gleich Ibuprofen geben lassen, damit ich weiterspielen kann. Wenn ich's jetzt kühle, ist es morgen schon vergessen." Er zog das Trikot aus und ließ die Hose fallen, um sich die

Prellung anzusehen.

„Verfluchte Scheiße! Was ist denn das?!“, rief der sonst so schweigsame Sinan überrascht aus, als er zufällig in Mischas Richtung blickte.

Alle wandten die Köpfe um und starrten stumm auf Mikhails Oberschenkel. Unterhalb der Hüfte prangte ein geschwollener blauer Fleck, der mittlerweile deutlich größer als ein Puck war und in einem schillernden Violett leuchtete.

„O-ha“, meinte Mischa nur trocken. „Dann hat das Ibuprofen wohl doch besser gewirkt, als ich dachte.“

„Wie viel, um Gottes Willen, hast du dir denn eingeworfen, dass du keine Schmerzen mehr hattest? Eine ganze Schachtel?!“, fragte Urs Decker, der Verteidiger, während er noch fasziniert die intensiven violetten Schattierungen des Flecks betrachtete und sich mit der Hand über den Bart fuhr.

„Da hat das Arschgesicht von Heilbronner vermutlich gerade eine Stelle in der Hose erwischt, die nicht so gut gepolstert war“, vermutete ein anderer Spieler und wischte sich sein schweißnasses Gesicht mit einem Handtuch ab. Seine braunen Locken klebten verschwitzt an seinem Kopf.

Ein Betreuer kam schon mit einem großen Kühlbeutel an und drückte ihn Mischa in die Hand. Der Trainer trat zu ihm. „Kannst du weiterspielen oder soll ich dich ersetzen?“

„Klar spiele ich weiter. Du glaubst doch wohl nicht, dass ich denen die Genugtuung lasse, bei so einem Spiel flennend auf der Bank zu hocken.“

Der Coach schlug ihm zweimal grinsend auf die Schulter und ging mit den Worten „Außerdem willst du sicherlich noch eine Revanche für das Tor“ weiter zum nächsten Spieler.

Kapitel 33

Fiona hatte von Helga Bergmann in der Drittelpause viel über Rafaels Werdegang als Goalie erfahren, während die Eismaschine die Spielfläche aufbereitet hatte. Aber nun kamen die Spieler wieder aufs frisch geglättete Eis und das zweite Drittel begann. Schnell merkte Fiona, dass es dabei noch dreckiger zuging als im ersten. Jeder Angriff seitens der

Pitbulls wurde von den Gegnern erfolgreich gestört, weshalb sie nicht ins Spiel fanden.

Dass sie nach der Hälfte der Gesamtspielzeit nicht schon null zu sieben hinten lagen, hatten sie einzig und allein Rafael zu verdanken, der jeden heranfliegenden Puck so intuitiv abwehrte, dass es fast schon unheimlich war. Einfach bewundernswert! Fiona war bereits heiser, weil sie im Chor mit Helga die Spieler anfeuerte und deren Sohn bei jedem gehaltenen Schuss lautstark bejubelte.

In diesem Drittel gab es aber auch immer wieder Strafzeiten auf beiden Seiten, da keiner der beiden Teams sich etwas gefallen ließ und postwendend einen Angriff vom Gegner körperbetont beantwortete. Das hagelte einige Unterzahlspiele für die Mannheimer, die Fiona mit klopfendem Herzen und gedrückten Daumen überstand.

Der absolute Tiefpunkt war aber ein Check, bei dem Urs Decker von einem der beiden Heilbronner Profis in die Bande gestanzt wurde, wobei sein Helm verrutschte und er mit dem Gesicht nach unten reglos liegenblieb. Die ganze Halle schrie empört auf – und mit ihr Fiona, da er einer der fähigsten Verteidiger im Team war. Auf den durften sie nicht verzichten müssen!

Als Urs sich langsam aufrichtete und Fiona sah, dass auf beiden Seiten seines Nasenrückens Blut hinabfloss, grinste Helga breit: „Ja! Jetzt haben wir sie!"

Fiona starrte sie ungläubig an. Warum freute sie sich über eine Verletzung, bei der so viel Blut floss?

„Der Heilbronner Profi bekommt jetzt fünf Minuten und eine Spieldauer-Strafe aufgebrummt wegen übertriebener Härte mit Verletzungsfolge", erklärte sie und winkte dem zum Ausgang fahrenden Spieler übertrieben freundlich nach. „Den sehen wir in diesem Spiel nicht wieder. Und unsere Jungs haben fünf Minuten lang Power Play, bei dem sie die *Schneewölfe* in Überzahl so richtig fertigmachen können."

Der Sanitäter war sofort zur Stelle, als Urs an der Tür zur Mannschaftsbank ankam. Doch der Verteidiger sagte nur: „Tacker mir das Loch zu, dann geh ich wieder raus und tret' den Kerlen in den Arsch."

Der Sani säuberte die Wunde und klebte den kleinen klaffenden Riss an der Nasenwurzel kreuzweise mit Tape zusammen. „Du kannst echt froh sein, dass du dir nicht die Nase gebrochen hast, Urs", meinte er nur trocken.

„Egal, jetzt haben wir immerhin Power Play. Irgendwann muss doch mal die Scheibe ins Netz gehen!"

Nach dem Anpfiff stand die Reihe mit Ben, Kai, Mischa und Urs schnell in Power-Play-Formation im Halbkreis um das gegnerische Tor. Die Spieler passten sich den Puck in einem Affenzahn zu, immer auf eine Lücke in der Abwehr wartend.

Der Metzger hatte als fünfter Spieler die schwerste Aufgabe, nämlich sich direkt vor dem gegnerischen Goalie zu positionieren, ihm die Sicht zu nehmen und sich von den gegnerischen Spielern nicht wegschieben zu lassen. Das war eine Aufgabe, bei der er je nachdem viel einstecken musste, da er oft hart angegangen wurde. Allerdings war er dafür allein schon durch seine Körpermasse und Zähigkeit prädestiniert und meisterte seine Aufgabe stets bravurös.

Der Puck wechselte immer noch rasant die Mannheimer Spieler, bis Kai eine Lücke in der Abwehr entdeckte und einen Schlagschuss aufs gegnerische Tor abgab. Der Puck war versenkt, die Sirene heulte auf und die Halle jubelte zum eins zu eins.

Doch dann zeigte der Hauptschiedsrichter schon das internationale Handzeichen für ein ungültiges Tor. Die kurz darauffolgende Durchsage erklärte, dass der Treffer wegen Torraumabseits nicht gegeben wurde.

Ben schloss kurz die Augen. Das durfte doch nicht wahr sein. Gerade diesen Treffer hätten sie unbedingt gebraucht, um die Jungs wieder zu motivieren.

Dann wurde ein Bully vor dem gegnerischen Tor gegeben. Kai und ein Heilbronner Spieler stellten sich mit lauernden Blicken am Anspielpunkt auf, die anderen sieben Spieler außen herum.

Mann, das musste doch jetzt endlich was werden!, dachte Kai. Es konnte ja nicht sein, dass sie hier stundenlang herumeierten und keinen ins Netz brachten!

Er senkte den Schläger und schlug den Puck, sobald der Schiri ihn eingeworfen hatte, durch die Beine des Gegenspielers zu Mischa, der hinter ihm stand. Dieser sah ihn kommen, holte mit dem Schläger aus und schoss ihn in einer Direktabnahme einfach ins Tor. Wieder heulte die Sirene auf und es stand endlich eins zu eins.

Mit einem lauten Lachen stürmte Kai auf Mischa zu und legte einen Arm um seine Schultern. „Geiler Schuss!!! Und deine Revanche für den blauen Fleck!"

Ben grinste breit und schlug Mischa lobend auf den Helm. Manchmal war es ganz einfach: „Bully – Schuss – Tor!" und die Sache in weniger als zwei Sekunden geregelt. Endlich war Gleichstand. Das würde die Mannschaft beflügeln.

Doch ganz so einfach sollten es die Heilbronner Bens Team nicht machen. Kurz vor Ende des zweiten Drittels prallte ein Schuss von Rafaels Schienbeinschoner ab und sprang einem gegnerischen Stürmer vor die Füße. Doch der erwischte ihn mit seinem Schlägerblatt nicht richtig, sodass die Scheibe nach Bäumchen-wechsel-dich-Manier zwischen einzelnen Spielern hin und her kullerte.

Ben beobachtete das Treiben entsetzt von der Bank aus. Solch ein Hexenkessel vor dem Tor war die Hölle für jeden Goalie. Rafael warf sich immer wieder in den Weg, wenn jemand versuchte, ein Tor zu schießen. Hechtete von einer Ecke in die nächste und lag dann fast flach auf dem Rücken, nur um eine halbe Sekunde später trotz der unförmigen Ausrüstung wieder gebückt auf den Kufen zu stehen, bereit für den nächsten Schuss, den er dann auch mit seinem Ellenbogen abwehren konnte.

Doch diesen verdammten Puck bekam er nicht sicher zu fassen.

Fiona blieb fast das Herz stehen bei dem, was sie da auf dem Eis sah. Es konnte sich nur noch um Sekunden handeln, bis die Scheibe ins Tor rutschte. Das, was Rafael da wie ein Stehaufmännchen abzog, war wirklich eine Meisterleistung. Man sah ihm an, dass er nur über seine Leiche einen Puck ins Netz lassen würde.

Helga, die ganz erbost über die schlechte Verteidigungsarbeit der *Pitbulls* war, schrie zur Eisfläche: „Achtet mal auf eure Zuordnung! Da kommt ja sogar ein Elefant auf Schlittschuhen bis zu Rafi durch!"

Und dann trudelte der Puck raus aus diesem Kuddelmuddel aus gepolsterten Beinen, Handschuhen und Helmen direkt vor die Füße eines Heilbronners, der die Gelegenheit nutzte und aufs Tor schoss.

Wie er eine freie Ecke in diesem Chaos treffen konnte, würde für Fiona ewig ein Mysterium bleiben. Doch der Schiedsrichter, der die ganze Zeit hinter dem Tor gestanden und das Treiben auf Regelwidrigkeiten beobachtet hatte, streckte seinen rechten Arm waagerecht nach vorne und die Sirene ertönte.

Und dann brach die Hölle los.

Ein gegnerischer Spieler hatte seinen Schwung nicht mehr bremsen können und war kurz nach dem Tor voll Karacho gegen Rafael gefahren, hatte das Tor aus seiner Verankerung gerissen und lag nun wie in den Fangnetzen eines Fischkutters mit dem Goalie zusammen im Netz. Und dann ging die Prügelei los. Fiona wusste, dass beim Eishockey der Mann zwischen den Pfosten heilig war. Wer sich an ihm vergriff, bekam es mit der ganzen Mannschaft zu tun. Dementsprechend hatte es keine zwei Sekunden gedauert, bis die Fäuste vor dem Mannheimer Tor flogen.

Auch Helga war ganz erbost und kreischte wie eine Furie: „Du hast mein Baby attackiert! Ich komm gleich runter und mach' dich fertig!"

Bei diesen Worten aus dem Mund einer so zierlichen, fast sechzigjährigen Frau musste Fiona breit grinsen.

Die drei Schiedsrichter ließen sich von der Prügelei nicht aus der Ruhe bringen, sondern sahen ein paar Sekunden nur grinsend zu, bis die Spieler sich etwas abreagiert hatten, um dann routiniert dazwischenzugehen und die Kampfhähne zu trennen.

Auch wenn die Fans durch diese Prügeleinlage unterhalten worden waren, stand es dennoch zwei zu eins für die *Schneewölfe*. Rafael schlug wütend mit seinem Schläger auf den Boden, als er wieder vor seinem Tor stand, und wirkte mehr als angepisst.

Die Retourkutsche ließ nicht lange auf sich warten. Nach dem nächsten Bullygewinn, jagte Mischa ohne Puck auf den gegnerischen Goalie zu und stellte kurz vor ihm die Kufen quer. Eine Riesenwolke Schnee nebelte ihn ein, sodass er nicht merkte, wie Kai und Ben hinter sein Tor fuhren und es einfach auf ihn drauf kippten. Die Schiedsrichter nahmen die Aktion gelassen und stellten sich für den nächsten Einwurf auf.

Als die Sirene zur Pause heulte, dachte Fiona nur: *Oh-je-oh-je-oh-je! Das sieht nicht gut aus.*

Sie war schon ganz heiser vom Schreien. Aber sie wusste auch, dass ein Rückstand von einem Tor im Eishockey gar nichts zu sagen hatte.

Einer der letzten sonnigen Herbsttage neigte sich seinem Ende zu. Ben sog genießerisch die von der goldenen Sonne aufgewärmte Luft ein, die bereits den typischen Duft nach warmem Laub mit sich trug, das auf feuchte, fruchtbare Erde gefallen war. Der Himmel war den ganzen Tag über strahlend blau gewesen, als habe jemand aus Versehen einen vollen Eimer azurblauer Farbe darauf ausgekippt. Mittlerweile mischte sich jedoch schon ein goldener Ton mit hinein, der von den Strahlen der tief stehenden Sonne wie als pudriger Schleier drübergelegt worden war.

Wunderschön.

Ben hatte den ganzen Tag in einem großen Hörsaal ohne Fenster verbracht und war nur in der Mittagspause auf einer Bank auf dem Karlsruher Campus gesessen, um in der warmen Sonne eine überbackene Käse-Laugenstange zu essen, die er sich am Morgen in der Bäckerei um die Ecke gekauft hatte. In eine überfüllte Mensa mit den abgestandenen Gerüchen einer Großraumkantine hätten ihn an einem solch schönen Tag keine zehn Pferde hineinbekommen.

Als er durch einen schmalen Durchgang in den Innenhof seines Studentenwohnheims schlenderte, überfiel ihn wieder einmal der Gedanke, wie sehr ihn doch diese ziemlich neue Wohnanlage für Studenten an die Hotelanlagen am Mittelmeer erinnerten: viele kleine Einzelhäuser in einem schön angelegten Park statt eines riesigen Hotelkastens, der die Landschaft verschandelte. Nur waren die Häuser hier wie in zwei eckigen Halbkreisen angeordnet, die ineinandergriffen. Dadurch entstanden viele gemütliche Winkel, in denen Holzbänke, eingefasste Blumenbeete oder kleinere Bäume standen. Eine Insel der optischen Erholung für jeden gestressten Studenten. Ha-ha.

Nein, aber das Beste war, dass Julian hier ebenfalls ein Zimmer ergattert hatte, nur wohnte er in der Anlage daneben, die genauso aufgebaut, jedoch in einem anderen Farbton gestrichen war. Das hieß, sie konnten in ihrer Freizeit viel zusammen unternehmen – wie auch schon während ihrer Schulzeit, als sie noch in Knopfheim gewohnt hatten.

Als Ben in den zweiten Innenhof gelangte, in dem er in einer Wohngemeinschaft lebte, kam ihm eine junge Frau entgegen, die fast nicht über einen großen Stapel Ordner, Bücher und Hefter schauen konnte, die sie auf den Armen balancierte. Lernmaterial in jeder Farbe und Dicke. Sogar ein schmales Etui für Stifte lag ganz obenauf.

Da er von ihrem Gesicht nicht viel sehen konnte ließ Ben seinen Blick – schließlich war er auch nur ein Mann – automatisch über ihre langen, schlanken Beine wandern, die in blickdichten Strumpfhosen mit Rautenmuster steckten und unter einem dunklen ultrakurzen Minirock hervorschauten. Hübsch, dachte er und hob seinen Blick zu ihren mehr als nachlässig hochgesteckten, braunen Haaren, die von einer Klammer nur mühsam gebändigt wurden. Einige kurze Strähnen standen wie kleine gebogene Antennen daraus ab.

Auf einmal hörte Ben wildes Gekläff und sah, wie eine aufgescheuchte Katze in großer Hast seinen Weg kreuzte und im Gebüsch am Wegesrand verschwand. Dann schoss plötzlich ein kleiner junger Hund, der ihre Witterung aufgenommen hatte, hechelnd und mit wehender Leine von hinten auf die junge Studentin zu. Scheinbar wollte auch er im Gebüsch verschwinden und hatte nicht damit gerechnet, dass sich diese verdammt hübschen Beine vorwärts bewegten.

Bevor Ben auch nur „Vorsicht!" rufen konnte, war es schon geschehen: Ein in schwarzen Stiefeletten beschuhter Fuß stieß im Gehen gegen den kleinen Hund.

Dieser jaulte auf. Die junge Frau erschrak und kam ins Stolpern. Die Leine trug ihr Eigenes zu der verwickelten Situation bei. Dadurch riss die Studentin die Arme nach oben, um ihr Gleichgewicht zu halten – und katapultierte die geschätzten neun Kilo abgeheftetes Papier in die Luft. Glücklicherweise wurden weder die Frau, noch der kleine Hund von den herunterfallenden Ordnern getroffen.

Ben stürzte die paar Meter nach vorne, um ihr aufzuhelfen. Sie saß auf die Arme gestützt mit aufgestellten Beinen auf dem Boden und machte große Augen, weil sie nach dem Grund suchte, der sie so unsanft auf ihr Hinterteil gesetzt hatte.

Als sie dann das kleine zitternde Hündchen sah, das verängstigt neben ihr auf dem Boden kauerte, gab sie einen verständnisvollen Laut von sich und sagte mit weicher Stimme: „Ach, bist du ein Süßer." Sie entwirrte die Leine von ihrem Fuß und streichelte sanft über den Kopf des kleinen Hundes, um ihn zu beruhigen. „Was hat dich denn so wild gemacht, dass du so gekläfft hast?"

„Eine Katze", meinte Ben, der vor ihr stehenblieb und auf sie hinabblickte.

In dem Moment kam auch schon der Hundebesitzer angeschnauft und entschuldigte sich wortreich, der Hund habe ihm einfach die Leine aus der Hand gerissen. Er verstehe nicht, warum er wegen einer Katze so verrückt gespielt habe. Das sei noch nie passiert – und so weiter und so fort.

Ben hörte gar nicht mehr zu. In dem Moment, als die Frau aufblickte, versank er im Liebreiz ihres Gesichtes. Sein Brustkorb wurde eng, er bekam Atemnot und sein Gehirn fuhr kurzerhand auf Standby herunter.

Sie hatte wunderschön geschwungene Wangenknochen, die ihrem Gesicht fast eine Herzform gaben. Die Lippen waren weich, voll und rosig – und wirkten in ihrer ungeschminkten Natürlichkeit sehr verführerisch. Doch das Faszinierendste waren ihre ausdrucksstarken Augen. Sie wurden von langen dunklen Wimpern umrahmt und waren so dunkelbraun, dass man die Pupille fast nicht erkennen konnte. Augen wie ein sinnliches Versprechen. Zur gleichen Zeit war ihr Blick warm und herzlich und humorvoll und … Ben wusste selbst nicht, ob er mit der Aufzählung ihrer positiven Eigenschaften jemals fertig werden würde.

Als er merkte, dass sie sich erheben wollte, schüttelte er die Erstarrung ab und hielt ihr seine Hand hin. Dankbar ließ sie sich aufhelfen. Ihr locker gebundener Haarknoten hatte sich fast völlig aufgelöst und schaukelte mit der Klammer hinter ihrem rechten Ohr. Statt den Mann zu beschimpfen, der nach einer erneuten Entschuldigung weitergegangen war, schaute sie auf das Chaos um sich herum, das ihr Lernmaterial hinterlassen hatte, blickte dann zu Ben und brach in schallendes Gelächter aus.

Das war der Moment, in dem er merkte, wie sich sein Herz für sie öffnete und er völlig ihrem Charme verfiel.

Während sie den Vorfall noch mit Humor nahm, strahlten Ben wunderschöne Zähne an und ließen ihn geblendet zurück. Dann griff sie zu der Haarspange und grinste ihn mit den Worten an: „Na, das war ja jetzt ein Abenteuer!" – und öffnete die Klammer.

Ben musste sich sehr darauf konzentrieren, nicht mit offenem Mund die Pracht ihrer langen, seidig-braunen Haare anzugaffen, die ihr bis unterhalb der Schulterblätter fielen. Mann-o-Mann, war das eine Schönheit!

Damit er hier nicht wie der Dorftrottel vom Dienst dumm und stumm herumstand, sollte er jetzt einen lockeren Spruch bringen, das wusste er. Doch es fiel ihm absolut keiner ein, weshalb er einfach nur mit einem Lächeln nickte.

Ah, jetzt hatte er eine grandiose Idee! „Hast du dir wehgetan?"

Ganz toll! Das war ja jetzt ein begnadeter Geistesblitz an Kreativität und Coolness, dachte Ben ironisch und trat sich in Gedanken einmal in den Allerwertesten, damit er wieder zu Sinnen kam.

Fiona grinste kopfschüttelnd und rieb sich den Hintern – wobei er ihr wahnsinnig gerne geholfen hätte.

Während Ben mit ihr zusammen das Material aufsammelte, erzählte sie, sie sei unterwegs zu einer Kommilitonin, um mit ihr zu lernen, und hatte gedacht, sie bräuchte nicht alles für den kurzen Weg in Taschen und Tüten zu packen. Hätte sie es doch lieber getan, schmunzelte sie, dann hätte sie der kleine Hund nicht so überraschen können. Dann fragte sie, ob er auch hier wohne, sie sei erst vor Kurzem hier eingezogen und kenne noch nicht viele Studenten.

Und dann standen sie da und unterhielten sich über alles Mögliche. Ein Thema führte zum nächsten und Ben wünschte, er müsse nie aufhören, sich mit ihr zu unterhalten. Sie hatte ihn in seinem Herzen berührt – und er fühlte sich, als habe er sein Leben lang nach dieser einen Frau gesucht. Doch irgendwann wurde es leider dämmrig und empfindlich kühl.

„Jetzt sollte ich langsam doch weiter, sonst schickt meine Freundin noch einen Suchtrupp los." Sie zeigte auf die Haustür des nächstliegenden Hauses und grinste auf diese süße, einnehmende Art, die wie ein Blitz aus heiterem Himmel direkt in Bens Herz einschlug.

Bevor er sie jedoch einfach so aus seinem Leben ziehen ließ – er gab zu, dieser Gedanke war jetzt ein wenig theatralisch in Anbetracht der Tatsache, dass sie im selben Studentenwohnheim wohnten und sich vermutlich zweimal die Woche über den Weg liefen –, musste er es doch versuchen.

„Morgen findet bei den Bauingenieuren ein Studentenfest statt", begann er. „Ich gehe da mit einem Freund hin. Hättest du Lust, uns zu begleiten?"

Sag ja, bitte sag ja!, betete er im Stillen.

Sie überlegte kurz. „Ja, sehr gerne. Ich habe morgen Abend noch nichts ande-

res vor."

Ja!! *Ben versuchte, sein Glück nicht zu sehr in seiner Miene widerspiegeln zu lassen. „Dann hol' ich dich um acht ab?"*

Sie nickte.

Daraufhin fiel ihm noch etwas Wichtiges ein. „Wie heißt du eigentlich?"

Überrascht lachte sie auf. „Fiona. Entschuldige bitte, dass ich mich meinem Retter noch nicht vorgestellt habe."

„Ben", sagte Ben mit einem Lächeln und verabschiedete sich.

Auf dem kurzen Weg zu seiner Wohngemeinschaft wusste er ganz genau, von wem er heute Nacht träumen würde: von der liebreizenden Fiona. Er war mal gespannt, wie Julian reagierte, wenn er ihm die Frau seiner Träume vorstellte.

Kapitel 34

Zur zweiten Drittelpause marschierte Kai als Erster den Gang zur Umkleidekabine der *Pitbulls* entlang und pfefferte seinen Schläger quer durch den Raum, statt ihn in die dafür vorgesehene Halterung im Eingangsbereich zu klicken. „Scheiße, Mann! Was haben die Heilbronner heute nur vor dem Spiel gesoffen, dass die uns so klein halten können?"

Ben betrat hinter ihm den Raum und klopfte ihm beruhigend auf die Schulter. Nicht, dass Kai eine Antwort erwartete. Er hatte recht: Wenn sie dieses Spiel noch dominieren wollten, mussten sie sich schleunigst etwas einfallen lassen.

Ben setzte sich auf seinen Platz, spritzte sich aus der Plastikflasche Wasser ins Gesicht und wischte sich seufzend mit einem Handtuch darüber. Mann, war er froh, dass er nicht so ein Gestrüpp im Gesicht hängen hatte wie die anderen. Ein Bart wäre jetzt echt das Letzte gewesen.

Dann holte er einen kleinen Eisbeutel aus einer Kühlbox und legte ihn auf sein Handgelenk, das am Ende des letzten Drittels einen Schlag mit einem Schläger abbekommen hatte. Er liebte Spiele, bei denen es um alles ging und die auf Messers Schneide standen. Genau in solchen Momenten wie diesem, wenn die Umkleidekabine vor angestauter Energie und überschäumenden Emotionen nur so brodelte, fühlte er sich lebendig wie sonst nie. Er war heiß darauf, sein Bestes zu geben. Denn nur dann machte so ein Spiel erst richtig Spaß – vor allem wenn man es schlussendlich auch tatsächlich gewann. Ein solcher Sieg war so unendlich viel süßer als der eines Spiels, bei dem man nach zwanzig Minuten schon sieben zu null führte.

Mit einem kleinen Lächeln blickte er in die Runde. Zwei Spieler in der anderen Ecke des Raums bekamen sich fast in die Haare, weil sie sich wegen eines Fehlers beschuldigten, der zum Puckverlust in einer gefährlichen Situation geführt hatte. Ein anderer Spieler setzte sich einfach ruhig auf seinen Platz und begann, das Blatt seines Schlägers neu zu tapen. Vermutlich brauchte er das als meditative Insel in diesem Sturm, der durch die Umkleidekabine tobte.

Rafael kam fast als Letzter und zog jedermanns Aufmerksamkeit auf sich, indem er ein paar Mal mit dem Schläger gegen einen Metallschrank donnerte. „So was wie vorhin dürft ihr euch in der Verteidigung nicht mehr leisten. Mann, ich habe vor lauter Heilbronnern kein Eis mehr gesehen - *und* noch ein Tor kassiert."

Das führte natürlich erneut zu lautstarken Diskussionen, wer was falsch gemacht hatte und wie es zu diesem zweiten Tor kommen konnte.

Dann verschaffte sich Jo in seiner Eigenschaft als Kapitän Gehör: „Haltet mal endlich die Klappe und spart euch eure Kraft und Konzentration lieber fürs letzte Drittel auf!"

Dann wählte er seine Worte so, dass Ben überrascht aufhorchte. Jo, der zumeist die Sensibilität eines Vorschlaghammers hatte, stauchte nicht einfach einige Spieler zusammen und fertig. Nein, er wies auf Fehler im Spielverlauf hin, gab klare Anweisungen und motivierte sie mit Worten. Damit klärte er den Blick der Spieler, die sich dadurch wieder aufs Wesentliche konzentrieren konnten. Kein Wunder war er zum vierten Mal in Folge zum Kapitän gewählt worden. Ben war von Jo wirklich beeindruckt.

„Die werden wie Dampfwalzen aus der Kabine kommen. Ihr wisst aber alle, was in einer solchen Situation zu tun ist", beschloss Jo seine Rede. „Also tut es, verflucht noch mal, und zieht die verdammte Karre aus dem Dreck, damit wir den *Schneewölfen* zeigen können, was eine Harke ist."

Unter lautstarkem Indianergeheul wandte sich Jo an Ben: „Erinnerst du dich noch an die Kombination, die wir im letzten Training verstärkt geübt haben?" Ben nickte. „Wir machen das jetzt auch. Ich jage den Heilbronnern den Puck ab. Der Metzger macht uns dann den Weg frei. Und du zauberst wie schon so oft mit deinem Schläger." Bei dem nachfolgenden schiefen Grinsen fiel Ben auf, dass Jo ihn in seinem ganzen Leben noch nie angelächelt hatte.

Das machte einem doch Hoffnung!

Als die *Pitbulls* wieder auf dem Eis waren, traute Fiona ihren Augen nicht. Das war ein völlig neues Spiel, das sich ihr hier bot. Die Mannheimer Mannschaft machte von der ersten Sekunde an Druck und ließ die *Schneewölfe* nicht mehr ins Spiel kommen, ganz so, als habe jemand einen Schalter umgelegt.

Sehr schnell kam der Kapitän der *Pitbulls* in Scheibenbesitz und preschte auf das gegnerische Tor zu. Einen hartnäckigen Gegner räumte ein Mitspieler aus dem Weg, der in seiner Größe und Breite mehr als beeindruckend war. Dem wollte Fiona nicht im Dunkeln begegnen.

Doch halt ... was machte Jo denn jetzt? Fiona wie auch alle anderen Zuschauer hatten erwartet, dass er vor dem gegnerischen Tor wie eine Urgewalt abziehen würde. Doch Jo fuhr mit einem Affenzahn und dem Puck vor dem Schlägerblatt um das Tor herum und passte die Scheibe einem Mitspieler zu, der sich direkt vor dem Tor positioniert hatte. Das war ja Ben!, erkannte Fiona und sah nur noch, wie dieser mit dem Schläger eine kleine Bewegung aus dem Handgelenk machte und der Puck im Netz landete.

Tooooor!

Fiona hüpfte mit Helga vor Begeisterung auf der Stelle und klatschte, bis ihr die Handflächen brannten. Sie war so unendlich stolz auf Ben, der mit Jo zusammen ein Bravourstück an Passgenauigkeit und Präzision geliefert hatte. Gott, sie liebte diesen Sport! Die Geschwindigkeit und Eleganz, die so typisch für Eishockey waren, berauschten sie einfach jedes Mal! Und die Dramatik brachte sie fast um!

Die Stimmung in der Halle kochte über, als der Stadionsprecher mit überschlagender Stimme den aktuellen Spielstand durchsagte, und die Fans waren nicht mehr zu halten. Dem armen Trommler, der schon während des gesamten Spiels verschiedene Rhythmen für die Sprechchöre und kollektiven Gesänge der Fans getrommelt hatte, mussten mittlerweile schon die Arme abfaulen. Aber dieses Tor gab ihm wieder Auftrieb, die Spieler weiter anzufeuern, aus einem ausgeglichenen Spielstand in den letzten zwölf Minuten ein drei zu zwei zu zaubern.

Endlich! Ben fuhr breit grinsend an der Auswechselbank seiner Mitspieler vorbei und holte sich deren Anerkennung mittels einer Handschuhberührung ab, bevor er durch die Tür in der Bande von der Eisfläche ging. Sein erstes Tor heute – und wenn es nach ihm ginge, nicht das Letzte!

Zufrieden spritzte er sich Wasser ins Gesicht und in den Nacken und betrachtete das Spielgeschehen auf dem Eis. Jetzt konnte er sich einen kurzen Gedanken an Fiona erlauben. Er war so glücklich ihretwegen, dass seine Haut spannte und seine vor Stolz geschwellte Brust fast zu platzen schien. Nach elf endlosen und oft frustrierenden Jahren waren sie endlich zusammen – und er würde mit Sicherheit kein Jahr vergehen lassen, bis er sie fragte, ob sie seine Frau werden wolle.

Aber jetzt würde er erst mal abwarten und ihr Zeit geben, sich an die neue Situation zu gewöhnen. Er war schließlich schon die ganze Zeit mit einem Heiratsantrag im Herzen herumgelaufen, wohingegen für Fiona der Gedanke an eine gemeinsame Zukunft mit Ben noch ziemlich neu war. Aber er war zuversichtlich. Sie liebte ihn von ganzem Herzen, das wusste er nun. Und das war das Wichtigste. Da kam es auf ein paar Monate mehr oder weniger, bis er ihr einen Ring an den Finger stecken konnte, nicht mehr an.

Dann schob er seine Gedanken an Fiona beiseite, da er wieder an der Reihe war, aufs Eis zu gehen, und schwang seine Beine über die Bande.

Die Minuten verstrichen zäh. Es gab viele Zweikämpfe um den Puck, einige gefährliche Torschüsse, die Rafael gewohnt routiniert parierte, aber wenige Strafen, da sich kein Team bewusst schwächen wollte – schließlich war jede Mannschaft nur ein Tor vom Meistertitel entfernt.

Doch dann passierte es fünf Minuten vor Spielende. Ein Spieler aus Bens Team hatte bei einem abrupten Richtungswechsel seinen Stock zu hoch gehalten und einen Gegner an der Wange getroffen. Der Arm des Schiris ging senkrecht nach oben, das Spiel wurde abgepfiffen und eine Strafe von zwei Minuten verhängt.

Scheiße!, dachte Ben. Einen ungünstigeren Moment hätte es dafür nicht geben können. Der Coach gab ihm ein Zeichen, mit seiner Reihe aufs Eis zu gehen. Vier Spieler gegen fünf torhungrige Mistkerle, die schon mit gewetzten Messern und gefletschten Zähnen um den Bullypunkt herumstanden und auf den Einwurf warteten, um die *Pitbulls* zu Hackfleisch zu verarbeiten. Das würde nicht einfach werden, aber es war alles zu schaffen.

Natürlich gewannen die *Schneewölfe* das Bully und hatten sich schnell in Power-Play-Formation um Rafaels Tor aufgestellt. Der Puck sauste von einem Heilbronner Schläger zum nächsten, dass man ihn schon fast nicht mehr erkennen konnte. Doch Kai hatte gut aufgepasst und ging mit seinem Stock dazwischen. Daraufhin gab es wieder ein hohes Spieleraufkommen vor dem Mannheimer Tor, bei dem jeder versuchte, die Scheibe in seine Gewalt zu bringen.

Und dann passierte das Unfassbare. Der Puck rutschte Ben direkt vor die Füße, der zu diesem Zeitpunkt am Rande des Geschehens mit einem Gegner um den besten Platz kämpfte. Und dann war Ben nicht mehr zu halten. In seinem Hirn fiel ein Schalter um und aktivierte den Autopiloten. Nach einer rasanten Wende auf dem Eis preschte er mit dem Puck am Schlägerblatt in Richtung des gegnerischen Tors. Kraftvoll stießen sich Bens Kufen vom Eis ab, während er – den Oberkörper weit nach unten gebeugt und mit kraftvoll schwingenden Armen – mit schnellen, kontrollierten Schritten übers Eis jagte.

Er blendete alle Anfeuerungsrufe des Publikums aus, konzentrierte sich nur auf sein Ziel und das „Scht-Scht" seiner Kufen, die sich anhörten, als ob ein Koch sein Filetmesser schärfte. Und Ben würde den gegnerischen Goalie wie ein Stück Fleisch tranchieren. Das war so was von klar.

Als er die neutrale Zone in der Mitte des Spielfeldes passiert hatte, brannten seine Schenkel. Doch er ließ sich davon nicht ablenken, täuschte rechts an und schoss den Puck in die linke obere Ecke.

Der Puck schlug mit der Gewalt einer Atombombe ins Netz, dass es Ben nicht gewundert hätte, wenn er ein Loch durchgebrannt hätte.

Er riss die Arme mit dem Schläger hoch und strahlte glücklich seine Teamkameraden an, die auf ihn zugestürzt kamen, dass es ihn fast nicht mehr in der Senkrechten hielt.

Fiona kreischte auf, als der Puck im Netz landete und warf die Arme nach oben. Mein Gott, war das ein Konter gewesen! So schnell, wie Ben gerade auf Schlittschuhen unterwegs gewesen war, wäre ihm noch nicht mal ein Düsenjet wie die MiG-23 hinterhergekommen geschweige denn der Heilbronner Spieler, der es versucht hatte.

Das war die schönste Art überhaupt, ein Tor zu schießen: in Unterzahl einen Konter zu fahren, der mit einem Tor endete. Die Rache servierte man bekanntlich kalt. Und beim Eis-Hockey ganz besonders Eis-kalt.

Aufgeregt blickte Fiona auf die Anzeige. Noch drei Minuten und zwölf Sekunden zu spielen. Das konnte noch zu einer Zitterpartie ausarten. Natürlich meldeten die *Schneewölfe* jetzt eine Auszeit an, um die Strategie für die letzten Minuten des Spiels zu besprechen. Fiona konnte erkennen, wie der Heilbronner Coach hektisch auf seinem weißen Brett Spielerpositionen einzeichnete. Und logischerweise nahm er den Torwart zugunsten eines sechsten Feldspielers heraus.

Doch es sollte den *Schneewölfen* alles nichts bringen. Den *Pitbulls* schienen nach Bens Unterzahltor Flügel gewachsen zu sein. Obwohl sich die Heilbronner im Mannheimer Drittel festgesetzt zu haben schienen, um Druck zu machen, waren die *Pitbulls* immer und überall an der richtigen Stelle, um die Gegner zu stören und ihre Angriffe zu vereiteln, bis ... Kai den Puck so vor den Schläger bekam, dass er ihn mit einem Schlenzer quer über die gesamte Eisfläche schießen konnte – direkt ins leere Heilbronner Tor. Ein krönender Abschluss für ein hochkarätiges Spiel. Damit war die Niederlage besiegelt, auch wenn noch dreizehn Sekunden zu spielen waren.

Als die Schlusssirene ertönte flogen alle Schläger, Helme und Handschuhe aufs Eis und die Mannheimer Spieler sammelten sich in einer großen Traube um den Goalie. Ohne Rafael hätten sie dieses Spiel nicht gewonnen. Sie drängten sich in einer kollektiven Umarmung aneinander und hüpften auf dem Eis wie ein einziger Springball, so ausgelassener Stimmung waren sie.

Fiona und Helga fielen sich um den Hals und jubelten lautstark wie alle anderen Zuschauer um sie herum. Aus dem Lautsprecher dröhnte *We are the champions* und alle waren glücklich.

Alle, bis auf die Heilbronner Mannschaft. Sie hatten es nach fünf Jahren zum ersten Mal nicht auf den ersten Platz geschafft. Doch Fiona war sich sicher, dass sich bereits die ersten trotzigen Gedanken regten: „Wartet nur die nächste Saison ab ..." Denn nach dem Spiel war bekanntlich vor dem Spiel.

Fiona merkte, dass Ben unten übers Eis glitt und nach ihr Ausschau hielt. Sie verabschiedete sich von Helga und eilte die Stufen hinunter bis zur Bande, wo sie ihm durch die Plexiglasscheibe zuwinkte, mit dem Daumen nach oben gratulierte und ihm einige Luftküsse schickte.

Da er ihr die Richtung zum Durchgang wies, durch den sie aufs Eis gelangte, drängte sie sich durch die feiernden Fans und stand ihm plötzlich gegenüber. Auf Schlittschuhen war er nochmal gut zehn Zentimeter größer als sonst und strahlte auf sie hinunter. Und dann zog er sie aufs Eis und sie stürzte in seine Arme. Er war völlig verschwitzt, aber das war ihr egal. Sie war so stolz auf ihn, weil er alles gegeben hatte und durch sein fantastisches Spiel entscheidend dazu beigetragen hatte, den Meistertitel für seine Mannschaft zu erringen.

Dann zog Ben sie am Rande der Eisfläche auf die Zehenspitzen und küsste sie so ungezügelt, dass ihr fast die Luft wegblieb. „Ich liebe dich mehr als mein Leben", murmelte er, nur um sie wieder zu küssen.

Kai, der gerade in der Nähe stand, lachte laut auf, zeigte auf Ben und Fiona und rief: „Hey, jetzt ist es endlich offiziell! Gratuliere!!"

Dann stellten sich einige Spieler im Halbkreis um das knutschende Pärchen und gaben mehrere Laola-Wellen zum Besten.

Fiona löste sich leicht von Ben und bemerkte erst jetzt die breit grinsenden Spieler, die um sie herumstanden. Mit roten Wangen vergrub sie ihr Gesicht in Bens Trikot. „Gott, ist das peinlich!"

„Gar nicht", grinste Ben. „Je eher die Knopfheimer Klatschbasen von uns erfahren, desto schneller sind sie mit dem Getratsche fertig."

Dann sah er, wie Jo auf ihn zugeglitten kam. Fast hätte er seinen Kapitän nicht erkannt, so sehr veränderte ihn das zufriedene Grinsen, das in seinem Gesicht klebte und so breit war wie der Hintern eines Nilpferds.

Er blieb neben Ben und Fiona stehen und legte ihm seine Hand schwer auf die Schulter. „Bei gleich starken Teams kann *ein* Spieler den Unterschied machen – und das warst heute du. Danke für deinen Einsatz. Ohne dich hätten wir den Titel heute nicht geholt." Sie schüttelten sich respektvoll die Hände und Jo ergänzte: „Ich wünsche euch beiden alles Gute." Dann war er wieder weg.

Perplex starrte Ben ihm hinterher. Auf ein solches Lob hatte er nicht mal im Traum zu hoffen gewagt.

Dann wandte er sich wieder Fiona zu. „Am liebsten würde ich dich jetzt packen und mit dir unter der Dusche verschwinden. Aber das würde nur unnötig Aufsehen bei den Spielern erregen, wenn sie uns in der Umkleidekabine dabei überraschen."

Fiona lachte glücklich auf. „Da könntest du recht haben. Aber ich verspreche dir eins: Wenn wir gemeinsam mit deinen Teamkameraden bis zum Morgengrauen im *Bully* euren Titel gefeiert haben, verkriechen wir uns ins Bett und ich zeige dir, was einem Mann mit Meistertitel alles so zusteht."

„Da bin ich schon sehr gespannt", raunte Ben an Fionas Lippen und gab ihr – ungeachtet der vielen Zuschauer – einen zärtlichen Kuss, der voller Ehrfurcht und Hingabe von seinen Gefühlen erzählte und in den er seine ganze Liebe legte.

Epilog

„Ich gehe noch kurz in die Gärtnerei und lasse mich wegen der Blühpflanzen beraten, die ich im Vorgarten setzen will." Fiona gab Ben einen Kuss, der doch etwas länger ausfiel als geplant. Sie grinste und verschränkte ihre Finger mit seinen. „Später können wir dann noch Emmy bei ihrer Freundin abholen und vielleicht auf den Spielplatz gehen."

„Gerne", murmelte Ben an ihrem Hals und hauchte ein paar sanfte Küsse auf ihr Schlüsselbein. „Du kannst dir in der Gärtnerei gerne Zeit lassen. Ich habe Julian heute viel zu erzählen."

„Alles klar", lächelte Fiona und wollte gerade im kleinen Geschäftsraum der Gärtnerei verschwinden, als Ben murmelte: „Sieh da, die rostige Ente führt die E-Klasse aus."

„Welche Ente?", fragte Fiona verwirrt.

Ben zeigte auf ein älteres Pärchen, das die Straße überquerte und das örtliche Café anstrebte. „Rudi hat sich wohl doch noch ein Herz gefasst und meine frühere Lehrerin Frau Beckstein gefragt, ob sie mit ihm ausgeht." Er griff nach Fionas Hand und drückte sie. „Da er sich als Tankstellenbesitzer nicht gut genug für eine gebildete Lehrerin vorgekommen war, hat er sie jahrzehntelang aus der Ferne angehimmelt und sich nicht getraut, sie anzusprechen. Kommt dir das irgendwie bekannt vor?"

Fiona drückte seine Hand als Antwort und lächelte. „Dann ist es ja gut, dass ihr beiden auf eure alten Tage hin noch zur Besinnung gekommen seid, da die Liebe alle Menschen verbinden kann, unabhängig der Herkunft, Bildung oder Familie."

„Ja."

Ben bedeckte Fionas sinnliche Lippen mit einem tiefen, brennenden Kuss. Als er sie wieder freigab, konnte er sich ein Grinsen nicht verkneifen. Ihre Atemlosigkeit passte zu ihren vor Lust verhangenen Augen und den geröteten Wangen. Alles an ihr schrie: „Hier und jetzt!". Doch

Ben stupste mit einem Finger an ihr spitzes Kinn und flüsterte: „Später."

Fiona schluckte und murmelte trotzig: „Das ist echt gemein! Warum hast du nur immer eine solche Wirkung auf mich? Kaum berührst du mich, stehen alle meine Zellen in Flammen und schreien nach der Feuerwehr – und du verwehrst mir eiskalt das rettende Wasser!"

Gott, wie liebte Ben diesen störrischen Ausdruck auf Fionas schönem Gesicht! Am liebsten wäre er ihr immer und jederzeit zu Diensten. „Ich verspreche dir, mich sofort darum zu kümmern, sobald wir zuhause sind. So viel Zeit haben wir sicherlich noch, bevor wir Emmy abholen gehen", versicherte er ihr leise und freute sich, als ein gieriges Funkeln in ihren dunklen Augen aufblitzte. „Und jetzt geh und lass dich beraten, welche Blumen du vor dem Haus setzen willst." Er gab ihr einen sanften Klaps auf den Po.

Mit einem glühenden Blick über die Schulter verschwand Fiona im kleinen Geschäftsraum der Gärtnerei, der direkt neben dem örtlichen Friedhof lag und an den sich große Gewächshäuser anschlossen.

In sich hineinlächelnd schlenderte Ben zu Julians Grab und stand erst einmal schweigend da, um sich zu sammeln. Fiona hatte schon zwischen die vorhandenen, kleinen Buchsbüsche die ersten Frühblüher gesetzt, die das Grab mit sonnigen Farben schmückten. Es wirkte freundlich und friedlich.

„Wir haben uns den Titel geholt", begann Ben mit leiser Stimme. „Das war ein ganz schönes Stück Arbeit, aber wir haben es geschafft. Und stell dir vor, Jo hat mir tatsächlich zugelächelt und meine Leistung gewürdigt. Unfassbar." Ben schüttelte ungläubig den Kopf. „Und danach ist der Manager mit deinem Vater in der Kabine erschienen. Wolfgang hat verkündet, dass seine Firma sich entschieden habe, der Knopfheimer Nachwuchsarbeit eine Kunsteisfläche zu sponsern, um wetterunabhängig trainieren zu können. Bei der alten betonierten Fläche hatte man immer einen ziemlich kalten Winter gebraucht, dass das Wasser überhaupt beständig gefroren blieb, weißt du noch?" Ben lachte leise auf. „Kannst dir ja denken, was da los war. Wolfgang meinte, diese Anschaffung sei auch in deinem Sinne. Außerdem bekämen wir noch einen großzügigen Betrag, mit dem wir unser Equipment vervollständigen könnten. Kai hat sich wie ein Kind gefreut, dass wir uns jetzt ein paar Handschuhtrockner leisten können."

Als er an das Leuchten in Kais grünen Augen dachte, musste er wieder grinsen. „Die Feier danach im *Bully* hätte dir gefallen. Die Kneipe ist fast aus allen Nähten geplatzt. Gloria hat an dem Abend vermutlich den Umsatz ihres Lebens gemacht, obwohl sie den Gästen - und vor allem uns Spielern - viel spendiert hat. Irgendwann um drei Uhr nachts haben Mischa, Kai und Erik auf *Leave your hat on* von Joe Cocker auf den Tischen einen Strip hingelegt ... das hättest du sehen sollen. Auch wenn sie nicht bis aufs Ganze gegangen sind, sind die Frauen fast ausgerastet. In der nächsten Saison wird Kai vermutlich doppelt so viele freiwillige Mädels zum Abknutschen haben als sonst. Ich hoffe nur, dass er nicht *noch* eingebildeter wird, als er eh schon ist. Vielleicht tritt er Erik und Mischa ja auch noch ein paar Mädels ab, wenn er sich überfordert fühlt. Aber da trocknet vermutlich eher der Nil aus, bevor das passiert."

Ben zog etwas aus seiner Jackentasche. „Ich habe dir noch was mitgebracht. Du sollst ihn wieder haben. Ich verdanke dir so viel. Ohne dich wäre ich nicht ein so guter Eishockeyspieler geworden." Er bückte sich und grub vor dem Grabstein ein Loch in die Erde, in das er das Plexiglaskästchen mit seinem Puck legte und wieder bedeckte.

„Kannst du dich noch an unseren Schwur erinnern?" Ben schaute mit zusammengekniffenen Augen in den blauen Himmel. Jetzt würde der schwerste Teil seines Besuchs kommen. „Das war in dem Sommer, bevor wir in die erste Klasse kamen. Wir schworen uns, für alle Zeiten beste Freunde zu bleiben. Bis über den Tod hinaus. Und wir schworen, dass wir uns nicht gegenseitig irgendwelche Mädchen wegnähmen."

Ben steckte die Hände in die Hosentaschen seiner Jeans. „Tja, und dann kam Fiona. Schon von der ersten Begegnung an war ich ihr verfallen. Zu allem Überfluss entdeckte ich auch noch das vollkommene Glück in deinen Augen, als du mir von eurem ersten Kuss erzähltest." Ein Schmunzeln huschte bei der Erinnerung über Bens Lippen. „Ich hätte dich in diesem Moment am liebsten in den Schwitzkasten genommen und windelweich geprügelt. Doch als ich merkte, dass ihr euch ineinander verliebt hattet, wollte ich eurem Glück nicht im Weg stehen. Dafür warst du mir zu wichtig, mein Freund."

Gedankenverloren starrte Ben auf die Stelle, wo der Puck vergraben war. Es tat gut, über alles laut zu sprechen, auch wenn er nur vor sich hin murmelte. „Ich habe jahrelang versucht, mich zurückzuhalten und eure Freundschaft als Außenstehender zu genießen. Wenn meine Selbstbeherrschung nachließ, ging ich Fiona eine Zeit lang aus dem Weg. Ich floh sogar bis nach Kanada, als ich merkte, dass ich nicht mehr in unmittelbarer Nähe zu euch leben konnte, ohne dass es mir das Herz zerriss.

Ich dachte, dass ich mit der Zeit über sie hinwegkäme. Doch ich konnte sie nie vergessen. Und den Kontakt zu dir wollte ich auch nicht völlig abbrechen."

Ben stand ganz still an einer Stelle und ließ wahllose Erinnerungen durch sein Gehirn strömen, bevor er murmelte: „Aber wie du weißt, habe ich mich erfolgreich zurückgehalten – bis du es versaut hast, mein Freund. Wenn du nicht gestorben wärst, hätte ich meinen Schwur nicht brechen müssen. Aber du hast ein Kind gezeugt, dann einfach so den Löffel abgegeben und mich allein mit der Liebe meines Lebens zurückgelassen. Was hätte ich denn tun sollen? Ich habe mich nach deinem Tod um sie – und später auch um Emmy – gekümmert, so gut ich es eben von Kanada aus konnte. Aber … mein Gott", er seufzte auf, „deine Tochter ist so süß! Du wärst so stolz auf sie. Der Charmeoffensive dieser beiden Frauen kann echt kein Mann widerstehen. Dass Fiona ihre Liebe zu mir entdeckt hat, war ein großes Glück für mich, sonst hätte ich mich vermutlich nochmal elf Jahre lang gequält."

Nachdenklich zog Ben sein Resümee: „Wenn mein damaliger Rückzug bedeutete, dass du vor deinem Tod noch ein paar Jahre der absoluten Glückseligkeit mit Fiona erleben konntest, war mein Verzicht es wert. Ich habe ihr die Zeit mit dir gegönnt, da ich wusste, dass sie keinen besseren Ehemann bekommen konnte als dich. Es war schwer für mich, aber ich wusste, es war richtig so." Er hielt kurz inne und sprach dann weiter: „Doch nun kann ich nicht mehr warten – vielleicht ist jetzt die Zeit für *mich* gekommen. Ich liebe sie. Ich liebe Fiona und Emmy so sehr, dass ich manchmal vor lauter Glück nicht mehr atmen kann. Und ein Leben ohne die beiden ist für mich wie ein Leben ohne Licht. Ich hoffe, du verstehst das und gibst uns deinen Segen – auch wenn ich unseren Schwur gebrochen habe."

Dann legte sich ein breites Grinsen auf sein Gesicht. „Bevor du es durch die Knopfheimer Buschtrommeln erfährst, will ich dir gleich sagen, dass ich bei ihnen eingezogen bin und spätestens in einem halben Jahr um die Hand der beiden anhalten werde. Bloß, damit du's weißt."

Ein leises Knirschen kündigte Fiona an, die sich über die Kieswege Julians Grab näherte. Als sie neben Ben stand und ihren Arm um seine Taille legte, zog er sie fest an sich und fragte: „Hast du schöne Blumen für den Garten bekommen?"

„Ja, wir hatten ein sehr ausuferndes Gespräch, an dessen Ende ich mich für Hortensien entschieden habe." Sie hob den Kopf und blickte ihm in die Augen. „Und du? Hast du Julian alles erzählt, was du erzählen wolltest?“

„Ja. Jetzt geht es mir besser.“ Eine Weile standen sie in behaglichem Schweigen an Julians Grab und ließen ihre Gedanken wandern. Dann zog Ben seine Liebste an den Bauch und umfasste ihre Taille. „Falls du demnächst das Grab umgestaltest, wundere dich nicht, wenn du was findest. Ich habe Julian etwas mitgebracht.“

Fiona zog fragend die Augenbrauen nach oben.

„Ich habe mir gedacht, wenn ich jetzt schon mit dem Team den Meistertitel errungen habe, soll Julian wenigstens wieder meinen ersten Puck bekommen.“

„Das war sehr lieb von dir“, lächelte Fiona und gab Ben einen innigen Kuss, der ihr Herz zum Hüpfen brachte – so wie es das immer in seiner Gegenwart tat.

– ENDE –

Danksagung

Mein großer Dank gilt Roger Cicero mit Bigband, der mich mit seinem wunderschönen Liebeslied *Tabu* auf die Idee für das Beziehungsdreieck Ben–Fiona–Julian gebracht hat.

Sehr herzlich bedanken möchte ich mich auch bei Sebastian Wolf, Michel Obermann, Mathieu Fleury und Denis Machein von den *Baden Rhinos* des ESC Hügelsheim, die sehr geduldig meine vielen Fragen beantwortet haben, wie es in einem Eishockeyteam (in Deutschland und auch in Kanada) zugeht, was hinter den Kulissen passiert und was in den Köpfen der Spieler während eines Spiels abläuft.

Danke auch dem gesamten Team der *Baden Rhinos* des ESC Hügelsheim. Ihr begeistert mich in jeder Saison von September bis April mit eurer Spielfreude, eurem Können und euren Erfolgen!

Ich möchte mich noch herzlich bei Michael J. Franklin bedanken, der mich an seinen Eishockeyerfahrungen als ehemaliger kanadischer Soldat in Hügelsheim hat teilhaben lassen.

Ein großes Dankeschön gebührt auch meinen bewährten Testleserinnen Lilli Wall, Simone Wetzel und Silke Juschus – und den durch das Eishockeythema neu hinzugekommenen *Rhinos*: Sebastian Wolf, Manuel Kunz, Pascal Winkel, Reinhold Konstantinow und Bianca Schramm.

Danke auch meinem Mann, der mir in technischen Details immer mit Rat und Tat zur Seite steht und mit dem ich bei jedem meiner Romane stundenlang diskutieren kann, welche Autos zum Charakter meiner Helden passen. Außerdem noch ein Dankeschön an Nelli Funk und Elke Siegmund-Haas, die mir bei der Klärung medizinischer Fragen weitergeholfen haben.

Und zuletzt danke ich meinem Vater, mit dem ich schon als Kind viele Eishockeyspiele bei Weltmeisterschaften und Olympiaden im Fernsehen angeschaut habe und der damit den Grundstein für meine Eishockeybegeisterung gelegt hat. Ohne ihn gäbe es diesen Roman jetzt in dieser Form nicht. ;-)

Leseprobe zum Roman

Elementarteilchen küssen besser

von
Regina Wall

Klappentext

Was tun, wenn man auf einer Kreuzfahrt durch die Karibik permanent einem fremden, aber höllisch attraktiven Mann - wortwörtlich - über die Füße stolpert, weil einem die peinlichsten Missgeschicke passieren? Die leidgeprüfte Quantenphysikerin Linda Martin hat aufgrund schlechter Erfahrungen schon lange den Männern abgeschworen. Doch dieses Prachtexemplar kann sie einfach nicht ignorieren, da sie durch einen versehentlich vertauschten Koffer einen kurzen Blick in dessen Gepäck voll pikantem Chippendales-Zubehör werfen konnte. Seither quält sie die Frage, ob Philipp Graf wirklich nur ein seriöser Rechtsanwalt auf Gratifikationsfahrt ist oder doch eine verruchte, dunkle Charakterseite vor seinen Kollegen verheimlicht.

Umso mehr irritiert sie, dass er in ihr anscheinend mehr als nur eine graue Maus mit Figurproblemen sieht. Das zeigen ihr seine geduldigen, wenn auch äußerst charmanten Annäherungsversuche. Soll sie darauf eingehen oder doch lieber das Feld für seine attraktive, aber sehr ehrgeizige Kollegin Desirée räumen? Die macht nämlich hartnäckig ihre Ansprüche aus einer früheren Affäre auf ihn geltend und versucht, mit intriganten Mitteln seine damalige Leidenschaft zu ihr wieder anzuheizen …

Erotisch prickelnd, witzig und warmherzig - eine wunderbare Liebeskomödie.

Vierter Tag - abends

Ihr Kollege sagte trocken: „Wir haben's alle probiert!
Die ist kälter als 'n Eisblock! Das ist noch nett formuliert!"
[Roger Cicero]

Entschlossen trat sie aus der Toilette hinter den Paravent und machte sich auf, an ihren Tisch zurückzukehren. Doch zwei Stimmen ließen sie in der Bewegung innehalten, von denen eine ihr zu allem Überfluss schrecklich vertraut vorkam.

Wie festgenagelt stand Linda auf der Stelle und wagte sich keinen Schritt weiter. Philipp war der letzte Mensch auf Erden, der ihr jetzt in ihrer Verfassung über den Weg laufen sollte.

„Die wäre mir zu distanziert und zu unterkühlt …"

„Täusch' dich nur nicht. Ich denke, dass sie mehr Temperament besitzt, als sie nach außen hin zeigt."

„Das kann schon sein, Philipp." Der andere Mann machte eine kurze Pause, als ob er kurz über diese Frau nachdenken würde. „Immerhin sieht sie mit ihren langen Haaren und der atemberaubenden Figur aus wie 'ne ganz schön scharfe Mietze."

„Trotzdem denke ich immer noch, dass deutlich mehr hinter diesem hübschen Gesicht steckt. Gerade wenn ich an ihre intelligenten Augen denke …"

Einem vertraulichen Gespräch zu lauschen war sonst nicht Lindas Art. Aber sie war unfähig ihre Füße zu bewegen, weil sie Philipp jetzt einfach nicht begegnen wollte.

„Na, umso besser. Ein intelligentes Betthäschen ist doch mal eine nette Abwechslung. Das wäre doch die ideale Partnerin für dich, um wieder Schwung in dein verstaubtes Privatleben zu bringen. Du hast doch selbst gesagt, dass du die Frauen von der Sorte 'Dumm fickt gut' schon lange satthast." Der Kollege gluckste vor Wonne. „Gut, wie ich schon sagte, sie ist ein bisschen unterkühlt …"

„Ein bisschen ist ganz schön untertrieben", unterbrach ihn Philipp mit einem – wie sie empfand – leicht sarkastischen Tonfall. „Ich habe das Gefühl, dass sie grundsätzlich auf alles ein Auge haben muss wie ein Kontrollfreak: Immer die Haare ordentlich aufgeräumt in diesem festen, praktischen Knoten tief im Nacken. Immer korrekt angezogen, selbst im Urlaub …"

Wie Linda schon festgestellt hatte, war es schon schlimm genug, einem privaten Gespräch zu lauschen. Aber wenn man zu allem Überfluss auch noch bemerkte, dass man selbst der Hauptgegenstand dieses Gesprächs war, war das mehr als unangenehm.

Je länger Philipp also redete, desto klarer wurde ihr, dass die beiden Männer von ihr sprachen. Selbst Philipp hatte fast die gleichen Worte benutzt wie Anna, als sie sich vor dem Abendessen über ihr Aussehen unterhalten hatten. Lagen ihre Freundinnen vielleicht doch richtig mit ihrer Behauptung, sie sei nicht locker genug und könne sich nicht gehen lassen? Es wurmte sie, dass sie auf Philipp denselben Eindruck gemacht hatte.

„… und vorhin nach meinem Auftritt hat sie noch nicht mal gelächelt." Philipp hörte sich reichlich frustriert an. „Ein bisschen geklatscht schon, aber so ernst, als ob sie einer langweiligen Rede im Bundestag lauschen würde. Aber sie hat nicht gelächelt", betonte er und schien den Kopf zu schütteln. „Ich bin zwar etwas kurzsichtig ohne Brille, aber so blind nun auch wieder nicht. Sie hat einfach nur ziemlich konzentriert geradeaus gestarrt, als wenn mein Gesang mehr als grauenhaft gewesen wäre und sie mir vor lauter Widerwillen nicht in die Augen blicken konnte. Und dabei wollte ich sie nur ein bisschen beeindrucken ..."

Wenn Philipp wüsste, wie tief er mit seiner Stimme ihre Seele berührt hatte, würde er sich nicht so enttäuscht anhören, dachte Linda.

„Wenn es dir wirklich so wichtig ist, lass ihr Zeit", riet ihm der andere Mann.

„Weißt du, ich würde sie gerne dazu bringen, dass sie mich herzlich anlächelt. So richtig aufrichtig, weil sie es will und nicht, weil es sich so gehört. Sie hat nämlich ein wunderbares Lächeln. Ich habe sie mal beobachtet, als sie mit ihren Freundinnen gelacht hat, und habe dabei ein richtig warmes Gefühl im Bauch bekommen. Aber bei meinem Pech werde ich das - wenn überhaupt - erst am letzten Abend erleben."

„Wart's ab, die Reise dauert noch lang: Vermutlich trägt sie nach außen hin eine undurchdringliche Eisschicht und wird dann im Bett zu einer heißen Wildkatze, die dein Blut zum Kochen bringt."

Als Linda diese völlig falsche Einschätzung des Kollegen hörte, lachte sie verbittert in sich hinein. Wenn die beiden wüssten, wie wenig Erfahrung sie mit Männern hatte! Und wenn sie nur an die wenigen, aber völlig missglückten Kussversuche in ihrem Leben dachte, hätte sie heulen können.

„... weißt du, einmal denke ich, wir machen kleine Schritte aufeinander zu und können miteinander reden, ohne dass sie so überheblich und kalt wirkt. Wie letzte Nacht, als ich sie an der Reling getroffen habe. Und dann gibt es Situationen, in denen sie so nervös ist wie ein Teenager vor dem ersten Date. Und das bei einer dreißigjährigen Frau, die ihren Beruf erfolgreich im Griff hat." Tja, damit hatte Philipp den Nagel auf den Kopf getroffen. „Aber ich will dich nicht länger von deinem Toilettengang abhalten. Wie sieht's später aus? Hast du Lust, heute Nacht noch 'ne Runde zu schwimmen?"

„Gegen dich habe ich ja eh keine Chance!", lachte dieser.

„Wir müssen ja diesmal keinen Wettkampf veranstalten", gab Philipp grinsend zurück. „Wir sehen uns dann am Tisch."

Panik breitete sich in Linda aus. Sie würde dem Kollegen direkt in die Arme laufen, wenn sie jetzt zu ihrem Platz zurückging!

Geistesgegenwärtig schlüpfte sie wieder in die Damentoilette und schloss nachdrücklich die Tür. Schwer atmend ließ sie sich – überrascht vom plötzlichen Adrenalinstoß – mit dem Rücken gegen deren Innenseite sinken. Ihre Wangen fühlten sich rot glühend wie heiße Herdplatten an. Deshalb trat sie an eins der Waschbecken, um ihr erhitztes Gesicht mit kaltem Wasser zu kühlen.

Als sie sich im Spiegel betrachtete und mit der eben gehörten Beschreibung verglich, konnte sie einige Punkte gut nachvollziehen. Wie hatte Philipp sie genannt? Sie sei ein Kontrollfreak? Sachlich-unterkühlt? Ihm gegenüber zu keinem Lächeln fähig? Distanziert? Wieder einmal hatte sie jemand durch einen oberflächlichen Eindruck falsch eingeschätzt. Das war das Schicksal ihres Lebens. Sie sank mutlos in sich zusammen.

Trotzdem ärgerte es sie maßlos, dass Philipp ihr unterstellte, sie könne nicht locker sein oder jemandem herzlich zulächeln. Dem würde sie es zeigen. So schnell würde sie nicht aufgeben. Sie war schon immer eine Kämpfernatur gewesen – bei allen wichtigen Dingen des Lebens.

Was war das noch mal? Was hatte er Positives über sie gesagt? Sie habe intelligente Augen? Ihr Lächeln habe ein warmes Gefühl in seinen Bauch gezaubert? Sein Kollege traue ihr sogar – wenn auch fälschlicherweise – einen brodelnden Vulkan der Leidenschaft unter ihrer abweisenden Schicht zu? Das hörte sich doch schon mal nicht so übel an. Das gab ihr tatsächlich Hoffnung.

Ha, das wäre doch gelacht, wenn sie es für den Anfang nicht schaffen sollte, ihm ein herzliches, aber auch verführerisches Lächeln zu schenken. Sie hatte es schon tausendfach in alten und neuen amerikanischen, deutschen und französischen Filmen gesehen. Außerdem würde sie ihm ein Kompliment für seinen Gesang machen.

An ihrer Kleidung konnte sie im Moment nichts ändern – außer sie würde nur in Unterwäsche bekleidet in die Bar zurückkehren. Doch ihre Frisur konnte sie verbessern.

Bevor sie es sich anders überlegen konnte, griff sie in ihren Haarknoten und zog die Nadeln, die ihn zusammenhielten, heraus. Die darauffolgende Entspannung ihrer Haarwurzeln empfand sie wie an jedem Abend als wohltuend und schüttelte leicht den Kopf. Mit beiden Händen griff sie in ihr volles Haar und lockerte es mit ihren zehn Fingern auf, damit es in großzügigen Wellen ihr Gesicht umrahmte und bis unterhalb ihrer Schulterblätter fiel.

Plötzlich hatte Linda eine Idee. Vielleicht konnte sie doch etwas an der strengen Wirkung ihrer hochgeschlossenen Bluse ändern. Mit zitternden Fingern schob sie die Kette unter den Kragen und knöpfte die Leiste so weit auf, bis der Ausschnitt die verheißungsvolle Stelle zwischen ihren üppigen Brüsten erreicht hatte. Als sie die Enden ihres Kragens auseinanderzog, lugte ein kleiner Teil des Spitzenansatzes ihres BHs keck, aber doch dezent in der Tiefe ihres Ausschnitts hervor. Versuchsweise zog sie ihre Bluse aus dem Rocksaum, um sie über ihrem straffen Bauch – jedoch nur knapp über dem Gürtel – zusammenzuknoten.

Ihre Augen glänzten fieberhaft, als sie sich im Spiegel betrachtete, und ihre Wangen glühten vor Aufregung in einem zarten Rosé. Allein diese zwei kleinen Veränderungen an ihrer Bluse hatten eine dermaßen durchschlagende Wirkung, wie die Erfindung des Penizillins in der Medizin. Und ihre offenen Haare hinterließen ein männermordendes Versprechen, dessen Wahrscheinlichkeit auf Erfüllung mit einem Quantensprung in den Himmel schoss.

Das war nicht sie, stellte sie fest. Das war eine Frau, die den Männern den Kopf verdrehen sollte, es aber nicht konnte. Doch heute Abend würde sie den ersten Schritt in genau diese Richtung wagen.

Probeweise ging sie mit wiegenden Hüften hin und her und versuchte ein Gefühl für diesen lasziven Gang zu bekommen, den Sofia Loren und Brigitte Bardot perfektioniert hatten, ohne lächerlich zu wirken. Energisch zog sie anschließend die Tür der Damentoilette auf und wiederholte in ihrem Kopf die mantraesken Worte: „Ich werde Philipp beeindrucken. Ich schaffe das."

Der Rückweg führte sie in die Nähe von Philipps Tisch, wo dieser mit zwei Kollegen stand und sich entspannt unterhielt. Als er sie kommen sah, hielt er inne, wobei sein schönes Lächeln in sich zusammenfiel. Keine zwei Meter von ihm entfernt warf Linda ihm ein – wie sie hoffte – verführerisches Lächeln zu und meinte mit rauchiger Stimme: „Hallo Philipp. Dein Gesang war wirklich erstklassig. Danke."

Dann drehte sie ab und ging langsam und Hüfte schwingend zu ihrem Tisch weiter. Am liebsten wäre sie die letzten Meter zu ihrem Platz gerannt. Doch sie gab dem Impuls nicht nach, sondern atmete bewusst tief ein, um ihr flatterndes Herz zu beruhigen.

Als Anna Lindas neue Erscheinung erblickte, wäre sie fast vom Stuhl gefallen. Erschrocken fragte sie: „Was ist denn mit dir passiert?"

„Was soll schon passiert sein", fragte Linda fast schon ein bisschen beleidigt zurück. „Mir war warm und eine Strähne im Knoten hat unangenehm gezogen. Deshalb habe ich ihn aufgemacht. Sieht es so schlimm aus?" Jetzt war Linda doch ein bisschen verunsichert. Hatte sie sich vor Philipp vielleicht lächerlich gemacht?

„Nein, nein", versicherte Anna schnell. „Du siehst gut aus, nur eben ... ein wenig ungewohnt."

„Was sie meint, ist: Du siehst aus wie die Verlockung schlechthin. Eine verführerische Sirene, die einen Mann im Bett problemlos in den Wahnsinn treiben kann, sodass er auf den Knien rutschend verzweifelt um mehr bettelt", klärte Betty sie grinsend auf.

Linda hoffte nur, dass sie - wenigstens ansatzweise - diesen Eindruck auch bei Philipp hinterlassen und seinen bisherigen Eindruck von ihr korrigiert hatte.